东 亚 学

（第二辑）

主　编　江　静
执行主编　聂友军

上海交通大学出版社
SHANGHAI JIAO TONG UNIVERSITY PRESS

内容提要

《东亚学》是浙江工商大学东亚研究院编辑的学术论文集。其宗旨在于以东亚整体为研究对象，兼具全球视野，从原典出发，倚重文本细读，借助学理性的个案分析对东亚进行综合研究，探究东亚有别于它范围内的某一国或世界其他区域的区别性特征。

第二辑共收录论文 22 篇，分成"专家约稿""宗教民俗研究""历史文化研究""文学艺术研究""综述·智库""书评"6 个板块，从语言文字、文化、宗教、艺术、经济等多个角度对东亚历史发展和文化交流进行研究。

图书在版编目（CIP）数据

东亚学. 第二辑/ 江静主编. —上海：上海交通
大学出版社，2021
ISBN 978 - 7 - 313 - 24805 - 3

Ⅰ.①东…　Ⅱ.①江…　Ⅲ.①东亚—研究—文集
Ⅳ.①K31 - 53

中国版本图书馆 CIP 数据核字（2021）第 051470 号

东亚学（第二辑）
DONGYA XUE (DI-ER JI)

主　　编：江　静
出版发行：上海交通大学出版社　　　　　　地　　址：上海市番禺路 951 号
邮政编码：200030　　　　　　　　　　　　电　　话：021 - 64071208
印　　制：苏州古得堡数码印刷有限公司　　经　　销：全国新华书店
开　　本：787 mm×1092 mm　1/16　　　　印　　张：17.25
字　　数：342 千字
版　　次：2021 年 4 月第 1 版　　　　　　　印　　次：2021 年 4 月第 1 次印刷
书　　号：ISBN 978 - 7 - 313 - 24805 - 3
定　　价：88.00 元

编 委 会 名 单

目　　录

■ **专家约稿** ⋯⋯⋯⋯⋯⋯⋯⋯⋯⋯⋯⋯⋯⋯⋯⋯⋯⋯⋯⋯⋯⋯⋯⋯⋯⋯ (001)

东亚视域下的百济衣冠制度述论 ⋯⋯⋯⋯⋯⋯⋯ 宋成有 (003)

参与日明外交的被掳人——魏天和龙室道渊 ⋯⋯⋯⋯ [日] 伊藤幸司 (025)

■ **宗教民俗研究** ⋯⋯⋯⋯⋯⋯⋯⋯⋯⋯⋯⋯⋯⋯⋯⋯⋯⋯⋯⋯⋯⋯⋯ (035)

香港、坪洲岛的天后宫和中元建醮——清代南海的海商、海盗、渔民的妈祖信仰
及其历史与传承 ⋯⋯⋯⋯⋯⋯⋯⋯⋯⋯⋯⋯ [日] 松尾恒一 (037)

日本玉玦与勾玉的文化源流 ⋯⋯⋯⋯⋯⋯⋯⋯⋯⋯ 李国栋 (050)

从斩蛇传说看东亚三国的大蛇信仰 ⋯⋯⋯⋯⋯⋯⋯ 程海芸 (060)

赴日元僧明极楚俊与日本公武社会 ⋯⋯⋯⋯⋯⋯⋯ 曾昭骏 (069)

■ **历史文化研究** ⋯⋯⋯⋯⋯⋯⋯⋯⋯⋯⋯⋯⋯⋯⋯⋯⋯⋯⋯⋯⋯⋯⋯ (083)

1870 年柳原前光使团在华交涉始末 ⋯⋯⋯⋯⋯⋯⋯ 聂友军 (085)

《使清日记》中的中国形象 ⋯⋯⋯⋯⋯⋯⋯⋯⋯⋯⋯ 刘　菁 (102)

清末黔籍驻日外交人员群像考（之一）——从翻译学生到职宦的刘庆汾
⋯⋯⋯⋯⋯⋯⋯⋯⋯⋯⋯⋯⋯⋯⋯⋯ 李炯里　刘　曜 (109)

中岛端《支那分割之运命》述评 ⋯⋯⋯⋯⋯⋯⋯⋯⋯ 李继华 (117)

近代西方地理学东渐管窥——辻武雄及其《新编东亚三国地志》 ⋯⋯ 张明杰 (129)

清末留日学生与日语教科书的编刊及其影响——以唐宝锷、戢翼翚合著《东语
正规》为例 ⋯⋯⋯⋯⋯⋯⋯⋯⋯⋯⋯⋯⋯⋯⋯⋯ 孙莹莹 (136)

"面子观"形象的汉日对比研究——以第 109 小项"讲面子的人"为例
⋯⋯⋯⋯⋯⋯⋯⋯⋯⋯⋯⋯⋯⋯⋯⋯ 施　晖　李凌飞 (150)

■ **文学艺术研究** ⋯⋯⋯⋯⋯⋯⋯⋯⋯⋯⋯⋯⋯⋯⋯⋯⋯⋯⋯⋯⋯⋯⋯ (161)

林鹤梁与唐顺之——林鹤梁对唐顺之的评价 ⋯⋯⋯⋯⋯ [日] 铃置拓也 (163)

婚嫁喜歌中的传统童蒙读物初探 ……………………… 张新朋 黄婷婷 (170)

他者观照下的莫言作品日译研究 ……………………………… 陈 红 (177)

韩国茶礼的美学特征 ………………………………………… 李幸哲 (192)

从"九州万里"到"异域同天"——阿倍仲麻吕与唐代诗人的诗词交往

………………………………………………………………… 刘云佳 (200)

《五山文学全集》中所见"瓷"文初探 ……………………… 王 丽 (207)

■ 综述·智库 ………………………………………………………… (217)

中国学界清代中日文化交流史研究的回顾与展望 …………… 吕顺长 (219)

日本政策性金融支持中小企业的危机应对体系 ……………… 徐少丹 (252)

■ 书评 ……………………………………………………………… (263)

鲁迅研究的翻译转向与语言路径——评陈红新著《日语源语视域下的鲁迅
翻译研究》 ………………………………………………… 陈 彪 (265)

编后记 ………………………………………………………………… 聂友军 (270)

专家约稿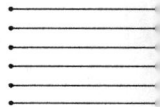

东亚学（第二辑）

东亚视域下的百济衣冠制度述论

宋成有

（北京大学历史系）

多年前，在东北亚史的教学过程中，发现百济的冠带制度居然是中国文化浸染朝鲜半岛并东传日本列岛的典型事例。若从东亚视域的观察视角观察百济的冠带、衣冠制度的演化过程，有助于进一步把握古代中国、朝鲜半岛与日本列岛之间的文化传递与互动关系。有鉴于此，本文拟从百济衣冠产生的国际环境、内容与特点、形成原因以及对外影响等问题展开探讨。

一、孕育百济衣冠制度的国际环境：东亚封贡体制及其运行规则

百济衣冠制度的孕育与发展，离不开东亚封贡体制。回溯起来，其由来可谓岁月悠久。在中国，华夏先民开启粟作、稻作农业文明，继而创造陶器、玉器文化，在古代东亚率先踏入开化之境。《易·系辞》曰"黄帝、尧、舜垂衣裳而天下治"①，是说黄帝、尧、舜采用衣冠礼仪而天下大治。"衣裳"成为告别野蛮，走向文明的标识。随着华夏先民走向文明，东亚封贡体制的酝酿与形成提上日程。

1. 夏商周三代古代东亚封贡体制的酝酿

公元前 21 世纪，大禹创立夏王朝。至第五代夏王相，国力充盈，遂用兵东方，"征黄夷"，于夷、方夷"来宾"②，表示臣服。公元前 16 世纪，融入华夏民族的东夷殷人灭夏，建立商王朝，开创以青铜器、甲骨文为代表的文明新时代。商王权辐射黄河中上游与江淮流域，"昔有成汤，自彼氐羌。莫敢不来享，莫敢不来王"③。夏商王权接受于夷、方夷的来宾与氐、羌民族的臣服，孕育了东亚封贡体制的萌芽。

公元前 1406 年，武王克商，奠都镐京宗周。周王自称天子，宣布"魏、骀、芮、岐、毕，吾西土也；蒲姑、商奄，吾东土也；巴、濮、楚、邓，吾南土也；肃慎、燕、亳，吾北土也"④。周代

---

① 王弼注，孔颖达疏：《周易正义·系辞下》，《十三经注疏》，北京大学出版社，2000 年，第 353 页。
② 朱右曾辑，王国维校补：《竹书纪年·夏书》，《古本竹书纪年辑校》，辽宁教育出版社，1997 年，第 3 页。
③ 毛亨传，郑玄笺，孔颖达疏：《毛诗正义·商颂·殷武》，《十三经注疏》，第 1721 页。
④ 左丘明传，杜预注，孔颖达正义：《春秋左传正义》卷四十五，《十三经注疏》，第 1459—1460 页。

国土之辽阔,远超夏商。基于"王土王臣"的原理,周王为天下诸侯共主,拥有土地的最高支配权。周王对王族、功臣及商王后裔分土封侯,诸侯再分赐给其臣属大夫、士,形成金字塔式的土地等级制度,形成封贡制度、畿服制、礼仪制度,包括冕服制度。公元前1043年,武王薨,发生武庚之乱。周公辅佐成王平叛后,筑洛邑成周、伐东夷,"通道于九夷八蛮"①,东北方的渔猎民族息(肃)慎来献弓矢,贺伐东夷②;"越常献雉,倭人贡畅"③。周边民族纷纷前来臣服朝贺,其盛况记作"成周之会"。虽其事确否尚待考证,但周王权凝聚力空前强大,当为不争的事实。

随着周王权与周边民族互动的展开,原本用于内的分封制扩展于外,东亚册封体制的萌芽破土而出。在海东,箕子朝鲜成为第一个不甚标准的成员国。至于日本列岛,还隐身于烟波浩渺的东海之中。参加"成周之会"的"倭人"来自何方,至今并无定论。公元前771年,申侯与犬戎、鄫人里应外合,灭西周。公元前770年,平王东迁洛邑,开新朝东周。周王权衰微,春秋五霸、战国七雄角逐天下。公元前249年秦灭东周,28年后统一中国。

回溯起来看,正是在诸夏兼并战争频繁、诸子百家争鸣不休的春秋战国,形成东亚封贡体制运行规则的初生形态。归纳起来看,主要包括:

(1)明华夷之辩。辨是一种区分,强调华夏民族的文化优势心态与防备意识。因此,《春秋公羊传》曰"内诸夏而外夷狄"④,中心与边缘的区分判然。《孟子》曰"吾闻用夏变夷者,未闻变于夷者也"⑤,主张文明领先的诸夏教化夷狄,以夏变夷。华夏族名的由来,《春秋左传正义》谓"中国有礼仪之大故称夏,有服章之美谓之华"⑥;或如《尚书注疏》所云"冕服华章曰华,大国曰夏"⑦。华夏民族的自尊自傲,源出《周礼》《仪礼》记述的礼仪制度。"夫礼始于冠,本于昏,重于丧祭,尊于朝聘,和于射乡。此礼之大体也。"⑧士冠、婚姻、丧祭、朝聘、乡射,均"事之以礼",强调礼的普适性;"殷因于夏礼""周因于殷礼"⑨则道出礼的持续性。孔子曰"礼之用,和为贵"⑩,是说建立礼乐制度,实现和谐、和睦、和平,也同样适用于建构华夷秩序。

作为体现华夷之别标尺的衣冠礼仪制度,备受重视。《周礼·春官宗伯》曰"司服掌王之吉、凶衣服","王之吉服"包括祀昊天上帝、五帝的"大裘冕",享先王的"衮冕",享先公的"鷩冕",祀山川的"毳冕",祭社稷、五祀的"希冕",祭群小祀的"玄冕";兵事用

---

① 孔安国传,孔颖达疏:《尚书正义·旅獒》,《十三经注疏》,第386页。
② 司马迁撰:《史记·周本纪》(第一册),中华书局,1959年,第133页。
③ 王充著:《论衡·恢国》,中华书局,1990年,第832页。
④ 公羊寿传,何休解诂,徐彦疏:《春秋公羊传注疏·成公十五年冬》,《十三经注疏》,第462页。
⑤ 《孟子·滕文公上》,《新编诸子集成》,中华书局,1983年,第260页。
⑥ 《春秋左传正义》卷五十六,《十三经注疏》,第1827—1828页。
⑦ 《尚书正义·武成第五》,《十三经注疏》,第346页。
⑧ 陈澔:《礼记集说》第十卷《昏义第四十四》,《新刊四书五经》,中国书店,1994年,第499页。
⑨ 《论语·为政第二》,《新编诸子集成》,第59页。
⑩ 《论语·学而下》,《新编诸子集成》,第46页。

"韦弁服",视朝用"皮弁服",凡甸用"冠弁服",凶事服"弁服",吊事用"弁绖服",瘟疫、大荒、大灾,用"素服",共计六冕九服①。公服同样存在明显的君臣差异,展示"衣冠上国"的礼仪严正,等级森然。诸夏所特有的衣冠制度,体现了华夷有别,映射出文化心理的优越感。

（2）为政以德。崇德为夏商周三代政治文化的传统。夏禹以"德惟善政,政在养民"为理政信条,"正德、利用、厚生、惟和",实施德政②。其后世子孙夏桀却因"灭德作威"而亡国③。《尚书》告诫王者德政与否关乎兴亡,即"皇天无亲,惟德是辅;民心无常,惟惠之怀"④。《周易》曰"地势坤,君子以厚德载物"⑤,意即身处大地的君子应厚修美德,容载万物。老子的《道德经》强调"万物莫不尊道而贵德",主张"含德之厚",与"厚德载物"相唱和。孔子主张"为政以德",期待"君子怀德"⑥,预言"德不孤,必有邻"⑦。阴阳家邹衍提出"五德终始说",认为土、木、金、火、水五种物质元素遵循五德天命,终而复始,支配王朝的兴衰隆替,将国祚与五德神秘化、崇高化。

（3）怀柔远人,协和万邦。孔子认为王者治国理政计有九件大事,对内为修身、尊贤、亲亲、敬大臣、体群臣、子庶民、来百工;于外,则为柔远人、怀诸侯。其中,"柔远人则四方归之,怀诸侯则天下畏之",增强王者的凝聚力。王者应"送往迎来,嘉善而矜不能",以"柔远人",还要"继绝世,举废国,治乱持危,朝聘以时,厚往而薄来",以"怀诸侯"⑧,尽显王者海纳百川、有容乃大的风范。因此,《尧典》称颂尧"允恭克让""克明俊德",以"协和万邦"⑨。《虞书》称赞舜"帝德广运,乃圣乃神,乃武乃文。皇天眷命,奄有四海,为天下君"⑩。《夏书》称颂禹"明明我祖,万邦之君,有典有则,贻厥子孙"⑪。此时的"万邦",多系部落联盟或酋邦等族群集团,但"柔远人"与"协和万邦"等意识对于建构东亚封贡体制来说,弥足珍贵。

上述规则与理念,多出自儒家论说,构成华夏族国家治国理政、处理对外关系的原理。虽然强调"华夷之辨"的文化优越意识不足取,但"德惟善政""继绝举废""厚往薄来"等理念和原理,累经岁月的凝练与升华,堪称古代东亚国际社会的"普世价值"。其运行泽被周边,对包括百济在内的国家产生向心力,为营造"万邦来朝"的东亚国际社会奠定基础。

---

① 《周礼·春官·宗伯·司服》,《十三经注疏》,第781页。
② 《尚书正义·虞书·大禹谟》,《十三经注疏》,第106页。
③ 《尚书正义·商书·汤诰》,《十三经注疏》,第238页。
④ 《尚书正义·周书·蔡仲之命》,《十三经注疏》,第534页。
⑤ 《周易正义·坤卦》,《十三经注疏》,第31—32页。
⑥ 《论语·为政第二》,《新编诸子集成》,第53页。
⑦ 《论语·里仁第四》,《新编诸子集成》,第74页。
⑧ 《中庸》,《新编诸子集成》,第30页。
⑨ 《尚书正义·虞书·尧典》,《十三经注疏》,第31页。
⑩ 《尚书正义·虞书·大禹谟》,《十三经注疏》,第104页。
⑪ 《尚书正义·夏书·五子之歌》,《十三经注疏》,第214页。

2. 秦汉之际,东亚封贡体制形成

公元前221年秦始皇统一中国,随即命秦军北逐匈奴,征服岭南开并置南海、桂林、象郡三郡;又拓辽东,渡海求药,瞩目域外世界。强秦独步天下,二世而亡。汉初,奉行黄老无为之策,和亲偃武,休养生息。至武帝,汉军横扫匈奴于漠北、收复河套地区,置朔方、五原郡;夺河西走廊、开通西域丝路,续设酒泉、武威、张掖、敦煌四郡;安抚西南夷族;又破卫满朝鲜,设临屯、真番、玄菟、乐浪等汉四郡,汉帝国文雄武强,夯实主导东亚的基础。夏商周三代以来不断融入夷戎成分的诸夏改称汉人,仍为东亚文明的先导族群。汉武帝罢黜百家、独尊儒学,设《诗经》《尚书》《周易》《春秋》等五经博士,儒家学说成为帝制下的官学,主导东亚封贡体制规则持续发展。

公元9年,王莽篡汉。其复古改制、贬斥外族的倒行逆施,激化内外矛盾,旋即败亡。公元25年,刘秀建东汉王朝,拨乱反正,恢复东亚册封体制规则。于是,"四夷来宾,虽时有乖畔,而使驿不绝,故国俗风土,可得略记"①。东亚地区的部落联盟、酋邦或初期国家竞相遣使洛阳,纳贡称臣,接受册封,绵延两千年的东亚封贡体制由此形成。随着汉人国际视野的开阔,史籍的记述内容日益丰富。例如,《史记》的列传记载匈奴、南越、东越、朝鲜、西南夷等;《汉书》的《西域列传》增为西域36国,《后汉书》再增至55国;班超一行出使远达里海、黑海沿岸,记入西亚大国安息(伊朗)、南亚天竺(印度)等国;《后汉书》的《南蛮西南夷列传》增加虎虎有生气的南蛮诸国诸民族。

在海东与列岛的记述中,《史记》与《汉书》仅记卫满朝鲜。《后汉书》则新增加《东夷列传》,记述夫余、挹娄、高句骊、句骊(貊)、东沃沮、北沃沮、濊、韩、倭等新内容。其中,记载与百济关联最密切的马韩"知田蚕",出产如梨大栗、长尾鸡;邑楼杂居,无城郭,平民以"缀衣为饰",头领"大率"皆"布袍草履";十月"农功毕",则"昼夜酒会,群聚歌舞",举"天君","立大木","事鬼神";还首先提及百济的国号,即三韩78国之中,"伯济是其一国焉"②。《后汉书》以上所载内容为《史记》《汉书》所无,这是东汉时期周边国家成长,国际交往普遍展开,"可得略记"周边国家的国俗风土的自然结果。

秦汉时期,东亚封贡体制的规则进一步完善。概括起来看,主要包括:

(1) 大一统意识。秦汉两大统一王朝前后相续,大一统意识应运而生。西汉的今文经学家董仲舒强调"天命论",即"王者必受命而后王",主张"王者必改正朔,易服色,制礼乐,一统于天下"③。东汉今文经学家何休将《春秋公羊传》"大一统也",解释为"统者,始也,总系之辞。夫王者,始受命改制,布政施教于天下","故云政教之始"④,突出王权的至尊至强。大一统意识在后来的演进中,进而被引申为政治体制、赋税财政、思想教化的高

---

① 范晔撰,李贤注:《后汉书》卷八十五《列传第七十五·东夷》,中华书局,1965年,第2810页。
② 《后汉书》卷八十五《列传第七十五·东夷·韩》,第2818页。
③ 董仲舒著,苏舆撰:《春秋繁露·三代改制文》,《新编诸子集成》,第185页。
④ 何休解诂,徐彦疏:《春秋公羊传注疏·隐公元年春正月》,《十三经注疏》,第12页。

度集权划一。

（2）细化华夷之辨。《礼记·王制》篇称"中国戎夷五方之民，皆有性也，不可推移。东方曰夷，被发文身，有不火食者矣。南方曰蛮，雕题交趾，有不火食者矣。西方曰戎，被发衣皮，有不粒食者矣。北方曰狄，衣羽毛穴居，有不粒食者矣"。认为"五方之民，言语不通，嗜欲不同"，主张"中国、夷、满、戎、狄，皆有安居"[①]。汉人概括了周边民族的特征，并将华夷的差异归结为生活习俗、居住与语言的不同，姿态相对平和。《后汉书》对东夷不乏善意，称其"言仁而好生"，且"天性柔顺，易以道御，至有君子、不死之国"，连孔子也"欲居九夷也"[②]。当然，也有歧视四夷的华夷之别论，指责"夷狄人贪而好利，被发左衽，人面兽心，其与中国殊章服，异习俗，饮食不同"，云云[③]。但无论持何种立场，均一致认可治国修身、朝拜进退、祭祀节庆、衣食住行、婚丧嫁娶等无处不在的礼仪规矩。其中，对朝见之礼的规定是："九夷之国，东门之外，西面北上。八蛮之国，南门之外，北面东上。六戎之国，西面之外，东面南上。五狄之国，北面之外，南面东上。"[④]周边国家的使节按照不同方位站立等待，并按不同方向进入殿堂行朝见之礼。

（3）不治夷狄，实行羁縻之策。《春秋公羊传注疏》评述鲁隐公二年"会戎于潜"说，"王者不治夷狄，录戎者，来者勿拒，去者勿追"[⑤]，主张不介入周边民族的内部治理，对其持宽松态度，任由其自由来去。秦惠王时，施行"羁縻"策，"并巴中，以巴氏以蛮夷君长，世尚秦女"，联姻遥控。刘邦为汉王时，"发夷人还伐三秦。秦地既定，乃遣还巴中，复其渠帅罗、朴、督、鄂、度、夕、龚七姓，不输租赋"[⑥]。将羁縻地首领多册封为王、侯、君长，通过朝贡或互市，加强笼络与操控。汉朝的羁縻之策受到欢迎，邛都夷作《远夷乐德歌诗》《远夷慕德歌诗》《远夷怀德歌》[⑦]，加以称颂。

（4）衣冠规制化。中元二年（57）汉明帝刘庄即位后，复兴儒学，劝奖农桑，抑制贵戚势力；同时，正服色，建立规制严整的衣冠制度，强化皇权。正史的"志"中，《后汉书》首次列入《舆服志》。汉代朝服规定"衣正色，裳间色"[⑧]。"正色"，即对应东南中西北五方的青赤黄白黑等五色；"间色"，即按照五行相生相克的理念，五方分别为东方绿色、南方粉色、西方碧色、北方紫色、中央赭石色。只有穿着符合以上正色、间色的朝服方可入公门。汉服的配饰"承秦制，用而弗改，故加之以双印佩刀之饰。至孝明皇帝，乃为大佩，冲牙双瑀璜，皆以白玉"[⑨]，对佩绶详加规范：皇帝"黄赤绶，四采"，"长二丈九尺九寸"；诸侯王"赤

　　① 郑玄注，孔颖达疏：《礼记·王制》，《十三经注疏》，第467页。
　　② 《后汉书》卷八十五《列传第七十五·东夷》；《中国正史朝鲜传》，韩国文教部国史编纂委员会，天丰印刷株式会社，1986年，第513页。
　　③ 班固：《汉书》卷九十四下《列传第六十四下·匈奴传》，中华书局，1962年，第3834页。
　　④ 《礼记集说·礼记卷之六·明堂位第十四》，《新刊四书五经》，第273页。
　　⑤ 公羊寿传，何休解诂，徐彦疏：《春秋公羊传注疏·隐公二年春》，《十三经注疏》，第35页。
　　⑥ 《后汉书》卷八十六《列传第七十六·南蛮西南夷·巴郡南郡蛮》，中华书局，1966年，第2842页。
　　⑦ 《后汉书》卷八十六《列传第七十六·南蛮西南夷·邛都夷》，第2856页。
　　⑧ 《礼记集说·礼记卷之六·玉藻第十三》，《新刊四书五经》，第260页。
　　⑨ 《后汉书》卷一百二十《志第三十·舆服下》，第3671—3672页。

绶，四采"，"长二丈一尺"；诸国贵人、相国"皆绿绶，三采"，长度同诸侯王；公、侯、将军"紫绶，二采"，长丈七尺；九卿等"青绶，三采"，长丈七尺；千石、六百石"黑绶，三采"，长丈六尺；四百石、三百石、二百石"黄绶，一采"，长丈五尺①。绶带的颜色、尺寸各异，君僚等级森然，对周边国家产生广泛影响。景初年间（237—239），曹魏明帝曹叡加赐马韩"邑君印绶，其次与邑长"，风气之下，"下户诣郡朝谒，皆假衣帻，自服印绶衣帻千有余人"②。马韩人对官员方有资格佩戴的印绶相当热衷，竞相模仿。

3. 魏晋南北朝时期（220—589），东亚封贡体制活跃发展

在此期间，中国自秦汉以来 400 余年的大一统局面不再，转入动荡、分裂时期。220年，曹丕称帝，魏蜀吴三国鼎立肇始。266 年，西晋完成统一，但迅速陷入内乱。316 年，匈奴贵族刘渊起兵攻灭西晋。317 年，司马睿南迁建康，是为东晋。乘中原的内部纷乱，散居长城内外的匈奴、羯、氐、鲜卑等五大北方民族建立十六国。420 年，刘宋取代东晋，与齐、梁、陈三朝前后相续，史称南朝。439 年，北魏太武帝拓跋焘统一黄河流域，创北朝。534 年，北魏分裂为东西两魏。550 年，北齐取代东魏；557 年，北周灭西魏，577 年灭北齐。581 年，隋灭北周，589 年灭陈，中国重归统一。

魏晋南北朝期间，东亚封贡体制多元化。高句丽、百济、新罗等海东三国，竞相与胡汉王权展开南北外交。魏晋时期，新罗西进，靺鞨南侵，百济腹背受敌，愈加频繁遣使通贡，倚重外援以求自保。西晋太康元年（280）、二年（281），古尔王"频遣使入贡方物"；七、八、十年，百济使节"又频至"③。进入 5 世纪，高句丽南下压力的加大，百济遣使愈频。义熙十二年（416），东晋安帝册封腆支王扶余映为"使持节、都督百济诸军事、镇东将军、百济王"④。南北朝时期，百济向南北"遣使称藩，兼收拜封"⑤。北魏延兴二年（472），盖卤王余庆遣使上表称臣，乞师伐高句丽⑥。北齐天保元年（550），武宁王余隆遣使通贡；武平元年（570），威德王余昌遣使朝贡，获"使持节、侍中、车骑大将军、带方郡公、百济王"等封号。北周建德六年（577）、宣政元年（578），百济复"遣使来献"⑦。

相对于高句丽多与地望临近的北朝打交道，百济更侧重与南朝通贡。元嘉二年（425）刘宋高祖表彰百济王余映"累叶忠顺，越海效诚"，册封为"使持节、都督百济诸军事、镇东大将军、百济王"；百济也"每岁遣使奉表，献方物"⑧。南齐皇帝萧鸾建武年间，东城扶余王牟大又多次遣使纳贡，求取封号。南梁武帝萧衍普通二年（521），对武宁王

---

① 《后汉书》卷一百二十《志第三十·舆服下》，第 3674—3675 页。
② 陈寿撰，裴松之注：《三国志》卷三十《魏书·东夷传·韩传》，中华书局，1959 年，第 851 页。
③ 房玄龄撰：《晋书》卷九十七《列传第六十七·四夷》，中华书局，1974 年，第 2533 页。
④ 金富轼撰，李丙焘译注：《三国史记》第二十五卷《百济本纪第三》"腆支王十二年"条，乙酉文化社，1986 年，第46 页。
⑤ 令狐德棻撰：《周书》卷四十九《列传第四十一·异域上·百济》，中华书局，1971 年，第 887 页。
⑥ 魏收撰：《魏书》卷一百《列传第八十八·百济》，中华书局，1974 年，第 2217 页。
⑦ 李延寿撰：《北史》卷九十四《列传第八十二·百济》，中华书局，1974 年，第 3121 页。
⑧ 沈约撰：《宋书》卷九十七《列传第五十七·东夷·百济国》，中华书局，1974 年，第 2394 页。

"宜率旧章,授兹荣命",其封号除"宁东大将军"略异之外,其他均同。隆死,其子圣王扶余明即位,照例遣使求封①。梁武帝中大通六年(534)、大同七年(541)、太清三年(549),圣王又遣使来聘②。从西晋到南北朝,无论中国大一统或南北分立,百济始终遣使通贡,往来频繁。

总之,360余年的冲突与融合之际,王权虽分胡汉,但对外交往悉遵夏商周三代与秦汉的规则,东亚封贡体制继续活跃发展。册封中心由一元而多元,胡汉王权各自辐射半岛、列岛。周边国家则选择双面外交,封贡体制多元化。与此同时,胡族王权频繁更替,却莫不以"中国"自居。北魏对操控下的周边国家,称作"夷狄之于中国,羁縻而已",此处的"中国",即北魏的自称。于是,无论是大一统汉族王权,还是分立的胡汉王权,均以东亚封贡体制的运行规则为外交半径,构筑各自的封贡体制。

二、百济的衣冠制度及其特点

在古代东亚,中国为"衣冠上国""礼仪之邦",冕服与王权统治合二而一,政治性明显。衣冠制度也同其他文明要素一样,对中国周边民族或国家产生广泛的影响。有汉以来,经过数百年间的交流与发展,诸多国家日臻古代东亚的文明世界。恰如《隋书·东夷传》所载"今辽东诸国,或衣服参冠冕之容,或饮食有俎豆之器,好尚经术,爱乐文史,游学于京都者,往来继路,或亡没不归"③,"冠冕之容"与"俎豆之器""经术""文史"相提并论,均为文明进步的重要标志。其中,朝服最能"参冠冕之容"的国家,非百济莫属,因为在接受中国儒学伦理为主干的衣冠文化方面,百济起步早且范围广,堪称佼佼者。中国史籍的相关记载,勾画了百济衣冠制度的演进轨迹。其中,《史记》记有朝鲜传,而无韩传。《后汉书》《三国志》等不记朝鲜,而将高句骊、濊、韩等列入《东夷传》。在马韩诸国中,记有"伯济国"。至于马韩人的衣着,仅记作"布袍草履"或"衣布袍,足履革蹻蹻"等④。在《宋书》《南齐书》《梁书》《魏书》等史籍中,方出现"百济国"的正式国号。然而,有关衣冠的记述却极为简略,如《梁书》仅记"呼帽曰冠,襦曰复衫,绔曰裈"寥寥11字而已⑤。

自《周书》起,中国史籍详记百济的冠带制度。其文曰:"官有十六品。左平五人,一品;达率三十人,二品;恩率三品;德率四品;扞率五品;奈率六品。六品已上,冠饰银华。将德七品,紫带;施德八品,皂带;固德九品,赤带;李(季)德十品,青带;对德十一品,文督十二品,皆黄带;武督十三品,佐军十四品,振武十五品,克虞十六品,皆白带。自恩率以

① 姚思廉撰:《梁书》卷五十四《列传第四十八·东夷·百济》,中华书局,1973年,第804页。
② 李延寿撰:《南史》卷七十九《列传第六十九·东夷·百济》,中华书局,1975年,第1971页。
③ 《隋书》卷八十一《列传第四十六·东夷·论》;《中国正史朝鲜传》,第557页。
④ 《后汉书》卷八十五《列传第七十五·东夷·韩》;《三国志》卷三十《魏书·东夷传·韩传》;《中国正史朝鲜传》,第518、851页。
⑤ 《梁书》卷五十四《列传第四十八·诸夷·东夷·百济》;《中国正史朝鲜传》,第540页。

下,官无常员,各有部司,分掌众务。内官有前内部、谷部、肉部、内掠部、外掠部、马部、刀部、功德部、药部、木部、法部、后官部。外官有司军部、司徒部、司空部、司寇部、点口部、客部、外舍部、绸部、日官部、都市部。都下有万家,分为五部,曰上部、前部、中部、下部、后部,统兵五百人。五方各有方领一人,以达率为之;郡将三人,以德率为之。方统兵一千二百人以下,七百人以上。城之内外民庶及余小城,咸分(肄)(隶)焉。"①对百济的官品、冠带与官署、执掌、统兵等,均有记载。

值得注意的是,《周书》还对百济的冠饰有进一步的说明:"若朝拜祭祀,其冠两厢加翅,戎事则不。"②冠饰插置在左右两侧,型如飞鸟展翅,可由出土的百济王金冠饰得到证实。若发生战争,出战的百济君臣不戴缀有冠饰的礼帽,而是戴上用于实战的头盔。《北史》对百济冠带记述几乎全文照录《周书》;作为其姊妹篇的《南史》,则沿袭《梁书》,仅记"言语服章略与高句丽同,呼帽曰冠,襦曰复衫,绔曰裈"等数语③。

《隋书》的记载类似《周书》,即"官有十六品:长曰左平,次大率,次恩率,次德率,次杆率,次奈率,次将德,服紫带;次施德,皂带;次固德,赤带;次李(季)德,青带;次对德以下,皆黄带;次文督,次武督,次佐军,次振武,次克虞,皆用白带。其冠制并同,唯奈率以上饰以银花"④。

在《旧唐书》的百济传中,不再记述六色绶带,而是突出了百济国君臣服色区别,由此可窥见其冠带制度转为衣冠制度的概貌。其文曰:"其王所居有东西两城。所置内官曰内臣佐平,掌宣纳纳;内头佐平,掌库藏事;内法佐平,掌礼仪事;卫士佐平,掌宿卫兵事;朝廷佐平,掌刑狱事;兵官佐平,掌在外兵马事。又外置六带方,管十郡。"又载曰:"其王服大袖紫袍,青锦裤,乌罗冠,金花为饰,素皮带,乌革履。官人尽绯为衣,银花饰冠。庶人不得衣绯紫。"⑤君臣朝服为"王服大袖紫袍",官员"尽绯为衣",庶人禁衣紫绯。

《旧唐书》具体记述了百济王袍服的制式与颜色、王冠及冠饰的质地,即"乌罗冠"饰以金花,腰带为"素皮带"而非绶带。乌罗冠当为黑色的丝织品,较难保存,因此考古发现的文物为冠饰金花。韩国第 154 号国宝,为出土于忠清南道公州武宁王陵的金制冠饰,通高30.7 厘米,宽 14.0 厘米,雕以忍冬纹,呈现枝叶茂盛、花蕾密布的强劲生命力。第 155 号国宝为武宁王妃金花冠饰,通高 22.6 厘米,宽 13.4 厘米,亦用金片雕琢而成,采用凤鸟莲花纹。两对金制冠饰轻巧灵动,整体呈火焰向上腾飞状⑥,从中不难看出百济金制品的高超雕造技艺。

朝鲜半岛现存最早的史籍为《三国史记》,其作者金富轼参照《周书》与《旧唐书》的相

① 《周书》卷四十九《列传第四十一·异域上·百济》,第 886 页。
② 《北史》卷九十四《列传第八十二·百济》,第 3119 页。
③ 《南史》卷七十九《列传第六十九·东夷·百济》,第 1973 页。
④ 《隋书》卷八十一《列传第四十六·东夷·百济》,第 1818 页。
⑤ 《旧唐书》卷一百九十九上《列传第一百四十九上·东夷·百济国》,第 5329 页。
⑥ 《百济冠饰》,《百济之冠》,2010 年世界大百济节特别纪念展,第 55—57 页。

关记载,将百济的衣冠制度表述为:古尔王二十七年(260)春正月,"置内臣佐平章宣纳事,内头佐平掌库藏事,内法佐平掌礼仪事,卫士佐平掌宿卫兵事,朝廷佐平掌刑狱事,兵官佐平掌外兵马事,又置达率、恩率、德率、扞率及将德、施德、固德、季德、对德、文督、武督、佐军、振武、克虞。六佐平并一品,达率二品,恩率三品,德率四品,扞率五品,奈率六品,将德七品,施德八品,固德九品,季德十品,对德十一品,文督十二品武督十三品,佐军十四品,振武十五品,克虞十六品";二月,古尔王"下令六品已上服紫,以银花饰冠;十一品已上服绯;十六品已上服青"。《百济本纪》还记述古尔王二十八年(261)春正月初吉,"王服紫大袖袍,青锦绔青锦裤,金花饰乌罗冠,素皮带,乌韦(革)履,坐南堂听事"①。

与《周书》《隋书》《旧唐书》比较,《三国史记·百济本纪》有关百济佐平至克虞的十六品官阶与执掌的记述,与前三部史籍基本一致,同时也存在两点差异。其一,衣冠制度实施时间的记述不同。《三国史记》的《百济本纪》将官阶十六品衣冠制度的实施时间,明确记述为古尔王二十七年,即公元260年;君臣服色的确定则为260—261年。《周书》《隋书》与《旧唐书》则只记其冠带、服色与官品,缺失实施时间的记录。其二,君臣冠带、服色的记述各不相同。《周书》《隋书》等同时记述冠带,即七品官"将德"以下至十六品官"可虞"则分别佩带紫、皂、赤、青、黄、白色等六色绶带,君臣的冠饰为金花或银花度,服色记述则告阙如。《旧唐书》《百济本纪》只记百济君臣的服色、金银花冠饰,绶带阙如。总之,标明官品等级的六色绶带,与展示君臣尊卑的三色朝服、金银冠饰,构成特色独具的百济衣冠制度。归纳来看,百济衣冠制度的特点主要包括:

1. 突出"德"意识,体现了儒家为政以德的理念

百济官职的称谓,强调"恩""德"等理念,特别突出为官牧灵之"德"意识。其中,四品官称"德率",七品官至十一品官分别以"将德""施德""固德""季德""对德"命名。粗略计算可知,四品官以下的官职中,带"德"字者有六,占十六品官位的三分之一强。从带"德"字官职的名称来看,特别是"德率""将德""施德""固德"等官职名,含有用道德来率领、实行道德或巩固道德的含义。这些并非随意命名的官职,自然给人留下强烈的以德治国的印象。

百济官制突出道德意识,又与诸官职分司掌有关。百济诸官分为内官和外官两大序列,都城有居民万家,分为上下前后中五部,由二品官达率统领;郡将三人,以四品官德率为之;都城内外民庶及其余诸城,由其他诸官分别统辖。换言之,德率及将德、施德、固德、季德、对德等诸品官,执掌民事及首都之外的地方诸城治安防务,多与地方官吏或庶民直接打交道。其官德如何,直接涉及中下层官僚管理机构的运转,涉及民心民意,事关国家的长治久安,因此对官吏的官纪规定相当严格。在树德的同时,古尔王二十九年春正月,

---

① 《三国史记》第二十四卷《百济本纪第二》"古尔王二十七年"条、"古尔王二十八年"条,第30页。

下令"凡官人受财及盗者,三倍征赃,禁锢终身锢"①,对贪墨官员罚收三倍的非法所得,处以终身监禁。可见,古尔王惩治贪官污吏,整顿吏治的手段相当果断。在海东三国的记事中,对官员如此赏罚分明的政令仅见于《百济本纪》。

2. 君臣服色尚紫

《百济本纪》载,古尔王"二十六年秋九月,青紫云起宫东,如楼阁"②。此条记述并非只是记述天象,内含"紫气东来""紫宫"显现的吉兆。二十七年二月,古尔王"下令六品已上服紫",六品以下的官僚或服绯或服青,服紫为尊;二十八春正月初吉,古尔王借此良辰吉日,穿上"紫大袖袍,青锦绔",戴上"金花饰乌罗冠",著"素皮带、乌韦(革)履",出现在南堂议政③。一国之君在新春大吉之日,身穿紫色大袖长袍,头戴金花乌罗冠,听群臣奏报。在颁发十六品官员的服色令的一年之后,古尔王亦衣紫现身与群臣面前,显然动用了一番筹划。匍匐于朝堂的六品官以上诸臣,皆身穿紫色朝服。其他等级官员的朝服则或绯或青,虽非衣紫之臣,服色却莫不近紫。可以想见,南堂里满眼皆紫色或近紫的尚紫景象,展示了百济衣冠文化的特色。

在南朝刘宋时代,南朝宫廷舞乐流行《百济伎乐》,再传入北朝。至唐代,《百济乐》的表演形式为:舞者"二人,紫大袖裙襦,章甫冠,皮履";伴奏的乐器则有"筝、笛、桃皮筚篥、箜篌"等,依然在紫色的脉动中,舞姿翩翩④。从古尔王到武宁王、义慈王,数百年间,百济冠带制度尚紫的文化特色未有变化。

在海东三国中,百济衣冠制度尚紫,构成又一个显著特色。《三国史记·新罗本纪》载,法兴王七年(520)"始制百官公服,朱紫之秩"。由此,不难想见新罗衣冠制度的简练鲜明。"朱紫之序",即官服为大红袍,佩戴紫色绶带。其特点是以朱为尊,紫色居后。《梁书》记有高句丽的衣冠制度,即"其公会衣服,皆锦绣金银以自饰。大加、主簿头所著似帻而无后;其小加著折风,形如弁"⑤。其中并无服色的说明,公会衣服"皆锦绣金银以自饰",与会者均戴各类冠巾。其服色若何,并无记载。有心者只能依据高句丽贵族墓壁画上身着土黄色、白色、朱红色、青绿色、赭石色袍服的人物图像,加以想象而已。

3. 百济的六色绶带制与汉制大同小异

汉承秦制,朝服为黑色,镶红边。至东汉,天命定为火德,朝服为赤色。朝臣佩玉并携带官印,用丝制绶带系于腰间,并垂于腰后,称佩绶。为区别朝臣地位与官阶的等级差异,对绶带的色彩作出严格规定。从诸侯王至俸禄二百石的县丞、县尉等地方官吏,分别为赤绶、绿绶、紫绶、青绶、黑绶、黄绶等六彩,颜色各异的绶带成为区分臣僚等级的

① 《三国史记》第二十四卷《百济本纪第二》"古尔王二十九年春正月"条,第 30 页。
② 《三国史记》第二十四卷《百济本纪第二》"古尔王二十六年秋九月"条,第 30 页。
③ 《三国史记》第二十四卷《百济本纪第二》"古尔王二十七年二月"条、"古尔王二十八年"条,第 30 页。
④ 《旧唐书》卷三十三《志第九·音乐二》,第 1070 页。
⑤ 《梁书》卷五十四《列传第四十八·东夷·高句丽》,第 802 页。

标识。上述衣冠制度,随着对外交往的扩展,对周边国家的衣冠制度影响广泛,百济即为其中之一。

如前述,百济按官阶,绶带分别为紫带、皂带、赤带、青带、黄带、白带等六色,与汉制绶带六色在色彩的数量上一致,其中赤、紫、青、黑、黄等五色相同。区别在于:一是汉制绶带有绿色而无白色,百济绶带有白色而无绿色;二是排列顺序不同,其中第一色泽,汉制为赤色,体现火德代秦的天命观;百济为紫色首位,尚紫的特点一以贯之。

4. 金铜冠及冠饰的种类繁多

迄今为止,在韩国和日本共出土了 10 项百济金铜冠,远超已发现的高句丽、新罗或加耶的金铜冠,且多为武冠。金铜冠鎏金,雕刻精美,冠体较高。其中,益山笠店里 1 号墓出土的点列纹冠高 13.7 厘米的金铜冠、罗州新村里 9 号墓出土的国宝第 295 号冠高 25.5 厘米的金铜冠、高兴吉头里雁东古坟出土的冠高 23.2 厘米的金铜冠、瑞山富长里 5 号墓出土的冠高 15.0 厘米的金铜冠、公州水村里Ⅱ-4 号墓出土的冠高 19.0 厘米的金铜冠。在日本,奈良县的藤木古坟、滋贺县鸭稻荷山古坟、茨城县三味冢古坟出土的金铜冠,与百济的制式相近①。

除了金铜武冠,梁《职贡图》中所绘百济使臣所戴的浅色礼冠,或唐代阎立本《王会图》里百济遣唐使所戴的深色礼冠②,生动展现了用于外交场合的礼冠。礼冠不同于武冠,造型美观,多用纤细藤条编织成型,外敷以丝织冠面。至于朝堂使用的礼冠,形制更大,以铁丝编制成铁心而固定成型,冠式外形优美,配以冠饰,庄重灵动。前述古尔王"金花饰乌罗冠"当属于此类礼冠。因为藤条和丝织品均为容易腐烂的有机物,千百年间早已化为腐土而不得见。铁丝编制的礼冠尚余锈迹斑斑的铁心,倒是冠饰金花依旧光亮优美,给人以无限遐想的空间。

作为百济衣冠制度重要构成的冠饰,同样种类繁多。在韩国扶余、公州、罗州、益山、南原、论山、瑞山、青阳等处百济时代的古坟出土的冠饰,总计有龟甲纹、云纹、唐草纹、忍冬纹、莲花纹、龙纹、凤凰纹、鱼鳞纹、点列纹、波状纹、双叶纹、三叶纹、火焰纹等 14 种之多③。其中,百济王的金花冠饰为忍冬纹,王妃冠饰为金制莲花纹。其他银制冠饰为各级臣僚使用,反映百济官僚不同的等级和地位。

三、百济衣冠制度的成因

在海东三国之中,百济最早形成相对完整的衣冠制度。究其因,一是国内改革的需要,二是中国文化浸染的结果。百济自立国以来,三面受敌,北有鞨鞨的不断袭扰,东有新

① 《百济之冠》,2010 年世界大百济节特别纪念展,第 22—25、34—39 页。
② 《百济之冠》,2010 年世界大百济节特别纪念展,第 22—25、34—39 页。
③ 《百济之冠》,2010 年世界大百济节特别纪念展,第 58—82 页。

罗争夺金官伽倻的西进压力。其中,高句丽南下的强大军事压力,迫使百济的王都一再南迁。475年,王都离开立足近500年的汉江南岸慰礼城,南迁至熊津城(今忠清南道公州)。538年,王都再南迁至泗沘城(今忠清南道扶余)。由于生存与发展的环境严峻,迫使历代百济王改善民生、劝农强兵,苦练"内功",夯实应对外来挑战,强化王权的基础。

实际上,自开国之君温祚起,百济王就善于纳谏,实施亲民之策。据传,卒本扶余朱蒙王之子沸流、温祚兄弟为避祸,率众一路南奔。进入汉江流域的马韩地区后,沸流不听劝告,执意前往海边湿地落脚。温祚则接受了乌干、马黎等十臣的建议,选择"北带汉水,东据高岳,南望沃泽,西阻大海",天险地利俱佳的河南之地,在汉成帝鸿嘉三年(公元前18年),建都慰礼城,国号"十济"。温祚王治理有方,"发使劝农桑,其以不急之事扰民者,皆除之"①,百姓闻风前来投靠,遂改国号为"百济",国势兴盛。穷途末路的沸流来归,惭愧而死。第二代百济王多娄王"器宇宽厚,有威望",体恤民间疾苦,对"贫不能自存"的庶民"给谷,人二石"②。第三代百济王己娄王劝奖农耕,逢"大雨浃旬,汉江水涨,漂毁民屋","命有司,补水损之田"③,恢复农业生产。此后,体恤民事、劝奖农桑成为历代百济王的治国准则。之所以如此的一个原因,是百济君臣来自北方,欲赢得当地马韩民众的支持,必须采取亲民、惠民、兴农的举措。总之,是势使之然。

至第八代王古尔王(234—286年在位),百济推行以组建官制为中心的改革,卓有成效。古尔王是盖娄王次子,王侄仇首王驾崩后,其世子嗣位,称沙伴王。小国王因年幼不能理政,年富力强的古尔危急中受命,即王位。为避免篡位之嫌,古尔王必须格外展示治国能力,不负臣民所望,借以稳固统治地位。

在位53年期间,古尔王励精图治,在国内大力推行富国强兵的举措。古尔王设南坛,祭祀天地,借助神权强化内部凝聚力。同时,实施强兵之策,起用能臣强将,拜真忠为左将,委以内外兵马事;又重用忠毅善谋的叔父扶余质为右辅,处理军国大计,左文右武,立足大势以谋划布局。古尔王还下气力操练兵马,精兵强将。他亲往石川阅兵,在校场射落双雁,率先垂范骑射技艺,鼓舞百济军的士气,增强其骑射的战斗能力。古尔王大力推行富国、惠民之策。他重视农事,体恤民意。在位期间,下令垦荒釜山,鼓励国人开发稻田于南泽,增加粮食产量,充实国库;每遇干旱则开仓赈恤,救济灾民,减免一年租调④。在外交方面,古尔王采用和战并用的两手政策。一方面,派遣使节与中国王权通贡,交结倭国大和朝廷,争取外援。另一方面,巧妙应对高句丽、靺鞨和新罗。对靺鞨加以拉拢安抚,减缓北方压力;调集重兵,阻遏西进的新罗,防备高句丽,并乘机开边扩土,奠定百济国势持续上升的基础。

---

① 《三国史记》第二十三卷《百济本纪第一(上)》"温祚王"条,第16、17页。
② 《三国史记》第二十三卷《百济本纪第一(上)》"多娄王元年"条、"多娄王十一年"条,第17页。
③ 《三国史记》第二十三卷《百济本纪第一(下)》"己娄王四十年秋七月"条,第18页。
④ 《三国史记》第二十四卷《百济本纪第二(上)》"古尔王六年"条、"古尔王七年"条、"古尔王九年"条、"古尔王十四年"条、"古尔王十五年"条,第30页。

在实施富国强兵治国策略的过程中,260年,古尔王建官制、正服色,推进官僚体制建设。其官制规定,一品官佐平共计内臣、内头、内法、卫士、朝廷、兵官佐平6人,分别执掌宣纳、库藏、礼仪、宿卫兵事、刑狱、外兵马事;又设置二品官达率,以及恩率、德率、扞率、将德、施德、固德、季德、对德、文督、武督、佐军、振武、克虞等三品至十六品的官位。各级官员分别执掌文武事务,处于基层的官僚均为武官。同年,古尔王"下令六品已上服紫,以银花饰冠;十一品已上服绯;十六品已上服青"①。官分十六品,一品至六品官员服紫,七品至十一品官员服绯,十二品至十六品官员服青,六品以上官员戴银花冠饰,通过确立衣冠制式,将官制规制化。261年正月初一,古尔王在南堂接受百官朝贺,穿着新衣冠:"紫大袖袍,青锦绔青锦裤,金花饰乌罗冠。"②

众所周知,整治吏治、组建有效率的官僚队伍,是中央集权体制顺畅运转的关键。古尔王建立的衣冠制度,执掌分工明确,官品等级清晰,还借助官员紫色、红色与青色等不同服色,以及冠饰的有无等区分等级,理顺群臣的尊卑关系,建立廷议的秩序,以求政通人和。与此同时,对受贿及盗窃的官员严惩不贷,罚赃三倍并监禁终身,奖罚分明,树立官场风纪。古尔王恩威并用,组建起高效而廉洁的官僚体制,落实内政改革的各种举措。值得注意的是,在海东三国中,衣冠制度不仅是古尔王内政改革举措的重中之重,而且先于高句丽和新罗,最早确立以衣冠制度为特色的官僚体制。

百济衣冠制度的形成,离不开中国政治文化的熏染。在中国史籍中,百济在很长一段时间里,被记作"韩""马韩"等。建武二十年(44),"韩人廉斯人苏马谍等诣乐浪贡献",光武帝对其实施羁縻策略,"封苏马谍为汉廉斯邑君,使属乐浪郡,四时朝谒"③。此为马韩与中国王权通交的最初记载。由于光武帝册封的封号为"汉廉斯邑君",而非"马韩王",此一出访当属地方豪强的个人行为。尽管如此,韩人地方豪强的"乐浪贡献",揭开百济与中国600余年交往的序幕。前述《后汉书》中已记载的三韩共计78国中有"伯济国",即百济国。"汉廉斯邑君"苏马谍是否为伯济国人,待考。若是,则不啻开通两国交往的先河。

魏晋南北朝期间,百济遣使中国的频度明显提高。《三国志》也提及"伯济国",即百济国;还记述了海东王权的变更和马韩人的风俗习惯④。马韩王遣使通贡在西晋时期:"武帝太康元年、二年,其主频遣使入贡方物,七年、八年、十年,又频至。太熙元年,诣东夷校尉何龛上献。咸宁三年复来,明年又请内附。"⑤晋咸宁三年、四年,分别为277、278年;太康元年、二年、七年,则分别为公元280、281、286年。这一期间在位的百济王恰恰是古尔王,9年之间遣使5次,其中4次连年遣使,不可谓不频繁。

① 《三国史记》第二十四卷《百济本纪第二》"古尔王二十七年"条,第30页。《后汉书》卷八十五《列传第七十五·东夷·韩》。
② 《三国史记》第二十四卷《百济本纪第二》"古尔王二十七年二月"条、"古尔王二十八年",第30页。
③ 《后汉书》卷八十五《列传第七十五·东夷·韩》,第2820页。
④ 《三国志》卷三十《魏志三十·乌丸鲜卑东夷列传·韩传》;《中国正史朝鲜传》,第526页。
⑤ 《晋书》卷九十七《列传第六十七·四夷》;《中国正史朝鲜传》,第531页。

频繁的往来,为百济吸收中国文化,包括衣冠制度提供了各种可能。相对于高句丽的政治文化中心丸都山城长期远在鸭绿江北,新罗首都金城远在东南沿海,百济立都汉江之南的慰礼城,从立国之初即接受汉四郡文化的影响,包括儒学、道教的传入。公元前109年汉武帝出兵灭卫满朝鲜,公元前108年设玄菟、乐浪、临屯、真番四郡。公元前82年,汉昭帝罢临屯、真番二郡,其地划归乐浪郡。翌年,玄菟郡迁至辽东。建安九年(204),辽东割据势力公孙康分乐浪郡为带方郡,但崇尚儒学、黄老之学的汉文化依然保持传统的影响力,在乐浪存续约400年,为地近乐浪、带方的百济提升文化档次创造了便利条件。

1. 在中国文化传入百济的过程中,儒学捷足先登

儒家"留意于仁义之际","祖述尧舜,宪章文武,宗师仲尼,以重其言,于道为最高",具有"助人君,顺阴阳,明教化"等多重功效①。春秋战国时代,百家争鸣,儒家不过是诸学派的一家。秦始皇焚书坑儒,儒学遭受重创。汉儒倡今古经文,以崇尚皇权、"助人君"为要,得以"独尊",社会影响力急剧扩大。魏晋南北朝时期,魏人夏侯玄、王弼、何晏等以老庄思想释儒,但儒学"祖述尧舜,宪章文武"以及"留意于仁义之际",即强调仁义道德的道统并未改变。

自汉代至魏晋,正值百济国家制度的草创时期,在大量引进汉儒的过程中,接受其影响。其中,山东琅琊郡的王氏为鸿儒之门。公元前177年北济王刘兴居谋反,王仲为避战乱,率族人渡海迁往乐浪郡,创乐浪王氏。其后世硕儒继世,名人辈出。据传,285年把《论语》传入倭国并为太子师的儒学博士王仁,即为乐浪王氏留名青史的佼佼者。《北史》载百济第六代王仇首(台)王"笃于仁信,始立国于带方故地",使百济成为"东夷强国"②。此说不无道理,因为在崇尚儒学传统的带方郡立国,自然使仇首王笃信儒学的仁义信义,在治国理政中发挥作用。至于《北史》称"汉辽东太守公孙度以女妻之",金富轼则质疑说"未知孰是"③。理由是恰好在仇首王嗣位的10年之前,公孙度死,因此"以女妻之"于仇首王是不可能的;另外,《三国志》的《公孙度传》记其二子为公孙康、公孙恭而未记其女。《北史》记述仇首王在位期间,"笃于仁信"④一语,足以说明儒学已浸润百济的政治文化。在某种意义上说,3世纪初期,至少是儒学进入百济的一个时间段。百济借助地理之便,得以大量吸收中国儒学、道教文化,以加强本国的制度建设。这样,其衣冠制度与汉文化产生了密切的联系。百济的衣冠制度突出道德意识,与儒学的影响不无关系。

2. 继儒学之后,道教传入百济

道教的教义源自道家,老子著《道德经》,道教认其为三大教祖之一。秦汉以来,道家

---

① 《汉书》卷三十《艺文志·诸子略·序》,第1728页。
② 《北史》卷九十七《列传第八十二·百济》,第3118页。
③ 《三国史记》卷二十三《百济本纪第一》"百济始祖温祚王"条,第15页。
④ 《北史》卷九十七《列传第八十二·百济》,第3118页。

通称"黄老之学",为汉初的治国之学。东汉末年,张陵(道陵)、张鲁等创建五斗米道(天师道),与干吉的太平道分别兴起。时逢瘟疫与饥馑接踵而至的大灾之年,道教赈灾、医病、救济庶民,信众急剧增加,社会基础深厚。魏晋南北朝时期,通过与佛教的竞争和吸纳,道教形成其经典、消灾除厄之法、符箓章醮等祭祀仪式和道观,成长为中国的本土宗教。东汉以来,百济大量吸收中国文化。道教与儒学一样,在海东迅速赢得追随者。

《三国史记》载,近仇首王元年(375),百济太子率军在半乞壤大破高句丽军,乘胜向北追击至水谷城。将军莫古解向太子上《穷寇勿追策》,劝谕说:"尝闻道家之言,知足不辱,知止不殆。今所多矣,何必求多。"①太子接受莫古解的建议,停止了追击,凯旋。莫古解所说的"知足不辱,知止不殆",来自老子《道德经》的"名与身孰亲?身与货孰多?得与亡孰病?甚爱必大费,多藏必厚亡。故知足不辱,知止不殆,可以长久"②。莫古的言论来自道教经典,太子则言听计从,并付诸行动。可见,道教的相关理念已东传百济,深入百济君臣的内心世界。

刘宋文帝元嘉二十七年(450),百济毗支王扶余映"上书献方物","表求《易林》、《式占》、腰弩,太祖并与之"③。道教典籍《易林》诠释《周易》卦象,用来占验吉凶;《式占》运用太乙、六壬、奇门等遁甲三式,预测吉凶祸福。上述典籍流行于南朝,百济王亦热心引进道教于宫廷,上表求赐。1971年百济武宁王陵与1993年古都扶余陵山里寺遗址的考古发掘,证明道教的四神信仰已进入百济的精神生活。其中,武宁王陵东西南北四壁上,分别绘有青龙、白虎、朱雀、玄武四神像,凸显百济政治文化深受道教文化的影响。

在衣冠制度方面,道教影响主要表现为尚紫贯穿始终。3世纪中后期古尔王时代的百济衣冠制度规定六品官以上者服色为紫,王服为大袖紫袍,君臣一体服紫。至7世纪初期武王临朝之时,百济衣冠制度出现若干变化,即"其王服大袖紫袍,青锦裤,乌罗冠,金花为饰,素皮带,乌革履";朝臣"尽绯为衣,银花饰冠。庶人不得衣绯紫"④。唯独国王身着"大袖紫袍",服紫已是百济王独享的特权。文武百官则一律穿用绯色的朝服,庶民百姓不得穿着紫色与绯色的服装。

百济衣冠制度何以尚紫,服紫的特权何以逐渐为王权所垄断?其原因主要是与道教的影响有关系。众所周知,道教尚紫。紫色由蓝红两色调和而成,蓝色代表阴,红色代表阳,紫色体现了阴阳相济的理念。道教讲究涵养天地正气,修炼成紫色的纯阳之气。在道教的神话传说中,教祖老子骑青牛西出函谷关化胡,"紫气东来"为祥瑞景象。在古人道教意识中,仙居亦称"紫海",仙饮则谓"紫泉"。在举行敬天谢神祈福的科醮、斋醮等重要的

---

① 《三国史记》第二十四卷《百济本纪第二》"近仇首王元年"条,第32页。
② 朱谦之撰:《老子校释》,《道德经》第四十四章,《新编诸子集成》,第179—180页。
③ 《宋书》卷九十七《列传第五十七·东夷·百济国》,第2394页。
④ 《旧唐书》卷一百九十九上《列传第一百四十九上·东夷·百济国》,第5329页。

正式场合,主祭的道长均身着紫色道袍,在香烟渺渺、钟鼓齐鸣的神秘氛围中,向天帝、三清天尊与诸神祈福并赐佑护。

在儒释道三学中,儒学与道教的尚紫不同,尚朱不尚紫,甚至"恶紫之夺朱也,恶郑声之乱雅乐也,恶利口之覆邦家者"①。儒学厌恶紫色夺朱,如同厌恶扰乱雅乐的郑国音乐,或者颠覆国家的鼓动三寸不烂之舌者。同样,汉传佛教虽然也多少受到道教理念的影响,但并不尚紫。佛教的理念是佛陀源自西方,僧众最终皈依西方极乐世界。西方白虎属金,故崇尚金色。可见,在儒释道三学中,唯独道教尚紫。百济迎取儒释道三学,但其尚紫的政治文化,只能从受道教的影响中得到解释。

与此同时,尚紫的风习与古代东亚王权的自我神秘化、神圣化与强化相关联。殷周之际,殷人将天与王权相融合,造就人神兼用的"天帝";周人进而赋予天以主宰王朝兴亡的神秘性,演化出"皇天上帝",周王自称为天帝之子即天子。天上的星辰随即与王权相照应,君主自视为"紫微星垣",居中布政,即如《后汉书》注疏所谓"天有紫微宫,是上帝之所居也。王者立宫,象而为之"之说②,或如《隋书》所谓"若夫法紫微以居中,拟明堂而布政"③。于是,君王居所亦称为"紫极""紫禁城""紫垣""紫宫""紫宸殿"等。由此不难看出,接受道教尚紫理念是百济君臣一以贯之,并逐渐由君王独享服紫特权的原因所在。在某种意义上可以说,尚紫是打开百济衣冠制度底蕴之门的一把钥匙。

3. 佛教传入百济及其影响

东汉明帝年间(57—75),佛教传入中国。魏晋南北朝时期,佛教进入活跃发展时期。百济枕流王元年(384)"秋七月,遣使入晋朝贡。九月,胡僧摩罗难自晋至,王迎之,致宫内,礼敬焉。佛法始于此"。枕流王对佛教持开放和礼敬的态度,"二年,春二月,创佛寺于汉山,度僧十人"④。于是,佛教三宝在极短的时间内进入百济,并得到迅速发展。南梁武帝中大通六年(534)、大同七年(541),百济圣王"累遣使献方物,并请《涅盘》等经义、《毛诗》博士并工匠画师等,并给之"⑤。作为雅文化主流的佛教、儒学经典及其高级教学研究人员,以及技艺高超的工匠、画师都被圣王引入国内,务求提升文化档次。

众所周知,佛教在传入东亚国家传播的过程中,与王权结下了不解之缘。无论是中国的汉族、胡族王权,还是在高句丽、百济、新罗或倭国,汉传佛教均得到各国王权的保护,受到黎民百姓的欢迎。在东亚,自魏晋以来,很快形成钟鼓齐鸣的梵音世界,以至于汉传佛教成为东亚文化的一个标识。

---

① 《论语·阳货第十七》,《新编诸子集成》,第 180 页。
② 《后汉书》卷七十八《列传第三十八·霍谞》,第 1617 页。
③ 《隋书》卷十九《志第十四·天文上》,第 503 页。
④ 《三国史记》第二十四卷《百济本纪第二(下)》"枕流王元年"条、"枕流王二年"条,第 32、33 页。
⑤ 《南史》卷七十九《列传第六十九·夷貊下·百济》,第 1973 页。

王权礼敬佛教的原因值得进一步探讨。其中，汉传佛教的七堂珈蓝的大雄宝殿，居中结跏趺坐的释迦牟尼佛庄严雄伟，礼拜之际，极易与俗界临朝高座、接受臣民匍匐礼拜的赫赫王权发生意象的重叠。实际上，恰恰是佛教与王权强化的微妙关联，揭开了东亚王权普遍接受佛教的谜底，无论是巩固王权，还是证实王权正统性等现实政治的需要，佛教均受到胡汉王权的青睐。在汉族王权看来，释迦佛与人世间君王在王权序列中的尊贵地位相同，尊王与礼佛别无二致。相形之下，胡族王权迎佛的心理更为复杂。后赵皇帝石虎的"佛是戎神，正所应奉"一语①，道出了狄戎帝王迎佛的弦外之音，即用佛教支撑皇权正统性的政治诉求。百济王权的迎佛、崇佛心理，与上述胡汉王权别无二致。佛教的传入，与百济王权趋向集权化的进程合拍，紫色袍服从古尔王时代国王与六品官以上臣僚同享，到武王时代的国王独享，从一个侧面展示了上述过程。正是在强化王权的关键点上，佛教发挥着与衣冠制度异曲同工的作用。

四、百济衣冠制度对日本的影响

百济衣冠制度以儒学的礼仪、德政为根干，兼采道教与佛教要素，实现了东亚传统文化与百济政治文化、朝堂礼仪的融合，在中国之外的周边国家中独树一帜。在中国文化辐射海东，传统文化率先传播的大背景下，百济发挥联结中国与日本列岛文化交流的桥梁作用，深刻影响大和朝廷政治文化的发展。一般认为，古代日本接受了来自中国和朝鲜半岛的先进文化。由于高句丽、新罗均与倭国长时期处于敌对状态，只有百济与之通好，扮演了传播中国文化的二传手角色，因此，这里的"朝鲜半岛"与百济同义。究其因，一是百济与倭国的民族、文化关系渊源久远，彼此亲和程度高。二是百济面临的国际生存环境使然。立国以来，百济受到高句丽、靺鞨、新罗的三面侵攻，压力沉重。百济不得不实施远交近攻策略，通贡中国的大一统王权或胡汉王权，遣使求封乃至乞师援救。然而，西晋王朝短命，北朝无意与高句丽轻启战端；东晋和南朝诸国，均偏安于江南，又远在海西，百济南北乞师无望。百济转而寄希望于倭国，建立济倭同盟，威慑新罗、高句丽，以守为攻。在这个过程中，文化输出是密切济倭关系的重要手段，百济成为中国先进文化输入日本列岛的重要渠道。

《日本书纪》载，神功皇后三十六年（205），倭国遣使百济。肖古王热情款待，赠送五色彩绢、角弓箭、铁铤等礼物，开启了两国的通交进程②。应神天皇十四年（283），百济古尔王送来缝衣女工真毛津，成为倭国"衣缝之始祖"；同年，自称秦始皇后裔的弓月君"自百济来归"③。应神天皇十六年（285），经百济使臣阿直岐的引荐，自称为汉高祖后

① 释慧皎撰：《高僧传》卷九《神异上·晋邺中竺佛图澄》，中华书局，1992年，第352页。
② 田溶新译：《日本书纪》卷九"神宫皇后三十六年"条，一志社，2006年，第163页。
③ 《日本书纪》卷十"应神天皇十四年春二月"条，第176页。

裔的百济博士王仁,携带《论语》等典籍南渡倭国,是为儒学进入日本的最早记载。太子菟道稚郎子师事王仁,"习诸典籍,莫不通达"①。上述文字的真实性有待确证,但儒学流经百济传入日本恐非子虚乌有。换言之,将王仁东渡作为儒学通过百济进入日本的标示性事件,当与事实相去不远。实际上,百济与倭国的官方往来不断,学人来访也屡见不鲜。在继体朝(507—531),百济五经博士段杨尔、高句丽五经博士高安茂、南梁司马达赴日讲儒。在钦明朝(539—571),百济五经博士王柳贵、易博士王道良、历博士王保孙等也来日授业,受到欢迎。大化改新后,天智朝设立大学寮和国学两级教育机构,培养官僚子弟,所用教材为《论语》《孝经》《周易》《礼记》《毛诗》等儒家经典,儒学依旧兴盛。751年汉诗集《怀风藻》成篇,此时距百济亡国已90余年,但日本朝野仍称颂自王仁启蒙以来,"遂使俗渐洙泗之风,人趋齐鲁之学"②。"唐化"的日本成为礼仪之邦,显示了汉唐儒学东传的社会效果。

百济圣王在位(523—554)期间,佛教传入日本。552年冬十月,圣王遣使"献释迦佛金铜像一躯、幡盖若干、经论若干卷",并在表文中盛赞佛法"于诸法中最为殊胜,难解难入,周公孔子尚不能知","此法能生无量无边福德果报";又赋诗赞美说:"譬如人怀随意宝,逐所须用尽依情。此妙法宝亦复然,祈愿依情无所乏。"钦明天皇"闻已,喜欢踊跃。诏使者云:朕从昔来,未曾得闻如是微妙之法,然朕不自决"③。经过大和朝廷内部的一番争论,钦明天皇命宿祢大臣苏我稻目迎入并兴隆佛教。与《日本书纪》同时代成书的《上宫圣德法王帝说》《元兴寺伽蓝缘起并流记资财账》等,皆记载钦明七年戊午十月、十二月百济圣明王遣使送来佛像、佛器和佛经。虽然钦明朝并无戊午年,上述两著在传入的年代上记载有误,但综合以上诸说,佛教来自百济,传入时间为6世纪前半期等说法,足资凭信。继圣王之后嗣位的威德王也多次遣使,将戒律、观音信仰带到日本,继续发挥佛教传播桥梁的重要作用。

一般认为,与道教相关的图书传入日本的最早记录,见于《日本书纪》推古天皇十年(602)记事。其文载:"冬十月,百济僧观勒来之,仍贡历本及天文地理书,并遁甲方术之书也。"推古朝廷选书生三四人学习于观勒,"皆学以成业"④。至大化改新时,孝德朝的祥瑞改元、天武朝盛行遁甲之术并设置阴阳寮、占星台,道教因素成为增强王权的工具。在藤原京遗址出土的木简上记有"道可道,非常道"等老子的《道德经》起篇的文字⑤,用实物见证了道教经典传入日本。总之,儒释道等东亚传统文化要素之传入日本,无一不与百济有关。

百济东传的儒释道文化,对日本国家的发展产生广泛影响。佛教传入后,围绕崇佛还

---

① 《日本书纪》卷十"应神天皇十六年春二月"条,第177页。

② 小岛宪之编:《怀风藻·序》,《日本古典文学大系》69,岩波书店,1964年,第59页。

③ 《日本书纪》卷十九"钦明朝十三年冬十月"条,第337页。

④ 《日本书纪》卷二十二"推古天皇十年冬十月"条,第382页。

⑤ 新川登龟男:《日本古代与道教》,《特集·反映在日本文化中的道教》,勉诚出版,1999年,第15页。

是排佛，物部氏与苏我氏两大家族展开激烈较量，最终，主张崇佛且与渡来系氏族关系深厚的苏我氏获胜。593年，大臣苏我马子将其外甥女炊屋姬推上皇位，是为推古天皇。同年，立厩户皇子为皇太子，摄理朝政，是为圣德太子。在圣德太子主持下，推行一系列推行强化王权的改革。594年颁发《兴隆三宝之诏》，圣德太子亲自讲解佛经，著《三经义疏》，主持营造法隆寺等七大寺佛寺，兴隆佛法，发挥佛教"镇护国家"的效用。604年，颁发《十七条宪法》，公布治国理政的纲要：① 倡导"笃敬三宝"，称赞佛法僧三宝为"四生之终归，万国之极宗"，礼佛敬法以凝聚民心，和谐社会。② 突出王权至上的中央集权，即"国靡二君，民无两主"，"君则天之，臣则地之"，诸臣应"背私向公"，"承诏必谨"。同时，主张王族和贵族"以和为贵"，"以礼为本"，"明察功过，赏罚必当"，"信是意本"。③ 提出治民之要，"无仁于民，是大乱之本"，即施仁政；"使民以时"，"勿敛百姓"，不可滥用民力民财；"治民之本，要在乎礼"，贯彻礼仪，理顺上下关系①。④ 调整对外姿态，600年派遣使节赴隋，开展对等外交，停止向中国帝王俯首称臣。同时，全面密切与百济的关系。同年，派兵万余，"为任那击新罗"②，巩固在半岛的立足点，并侧援百济。上述改革，为即将到来的大化改新提供了思路。其中，弘扬佛法、倡导儒学君臣伦理道德以及使民以时等举措，均导源于百济佛教与儒学的文化传递。

603年，圣德太子颁发《冠位十二阶》，确定朝廷诸臣的位阶制度。圣德太子"施行冠位十二阶。十二月，戊辰朔壬申，始行冠位，大德、小德、大仁、小仁、大礼、小礼、大信、小信、大义、小义、大智、小智并十二阶，并以当色纻缝，缝之。顶撮总如囊，而着缘焉。唯元日着髻华"；604年，"十二年春正月，戊戌朔，始赐冠位于诸臣，各有差"③。608年，秋八月，天皇会见隋使裴世清，"皇子、诸王、诸臣悉以金髻花著头，亦衣服皆用锦紫绣织及五色绫罗"④。裴世清的来访，给大和朝廷的衣冠制度提供了展现的机会，并录之以史。

由此可知，圣德太子的改革涉及衣冠制度。其中，朝臣的冠帽"顶撮总如囊"，类似后世"乌帽子"，分别以紫、青、赤、黄、白、黑六色，寓意儒学的德、仁、礼、信、义、智等六种伦理德目；再以浓淡相别，分为大小两个序列的冠帽，表明朝臣的十二阶等级与位次，尊卑有序。冠位制体现了《十七条宪法》的官僚序列的原则，即"群臣百寮，以礼为本。其治民之本，要在乎礼。上不礼而下非齐，下无礼以必有罪。群臣有礼，位次不乱；百姓有礼，国家自治"⑤。冠位不得世袭，升迁以功劳而非家门血缘为据，因此冠位十二阶制度的实施，有助于取代血缘家门等级世袭的氏姓制度。冠位十二阶制度在某种程度上是对百济的官位十六品的模仿。首先，冠位十二阶突出儒家的崇德意识，"德"居冠位之

---

① 《日本书纪》卷二十二"推古天皇十二年春正月"条，第385—386页。
② 《日本书纪》卷二十二"推古天皇八年二月"条，第381页。
③ 《日本书纪》卷二十二"推古天皇十一年十二月"条，"推古天皇十二年春正月"条，第383页。
④ 《日本书纪》卷二十二"推古天皇十六年秋八月"条，第390页。
⑤ 《日本书纪》卷二十二"推古天皇十二年夏四月"条，第386页。

首。第一、第二阶官位分别为"大德"或"小德",其下依次为仁、礼、信、义、智等儒家五常伦理。其次,朝服以紫色为尊,体现道教的尚紫理念。第一、第一阶官员冠帽为浓淡不同的紫色;在正式场合下,皇子与诸王的服色为"锦紫绣织",同样尚紫。换言之,贯穿冠位十二阶的儒学尚德、道家尚紫的理念,与百济的官位十六品并无二致。再其次,大和朝廷诸臣所戴的六色冠帽色彩,与百济官员绶带的六色完全相同,包括紫、青、赤、黄、白、皂等六色。以上三点理由,证实圣德太子制定的冠位十二阶参照了百济官位十六品制度。

与此同时,冠位十二阶又并非官位十六品原封不动的简单复制。圣德太子是从本国的国情、政情出发,建立官僚体制。因此,冠位十二阶与官位十六品又存在若干差异。其一,两国衣冠制度的适用对象不同。百济衣冠制度的适用对象为君臣全体,即如前述"王服大袖紫袍",金冠金饰;官员"尽绯为衣","银花饰冠"。但日本衣冠制度的实施对象为皇族、诸王与朝臣,天皇超越其外。因此,天皇服色若何,不得而知。《日本书纪》对官员区别位阶的冠帽记述具体,但服色则记述简略。其二,衣冠制度的完整性不同。大和朝廷的朝臣有冠而无带,冠帽的色彩、深浅不同,故称"冠位",但服色的记述语焉不详,难以构成衣冠制度完整的素材。百济的衣冠制度相对完整,其中,规定六品以上冠释银华,服紫;七品官至十六品官的服色或绯或青,绶带则分别为紫、皂、赤、青、黄、白等六色,"冠"与"带"齐备。其三,异同兼存。在两国绶带或冠帽紫六色的排列上,百济的绶带分别为紫带、皂带、赤带、青带、黄带、白带;日本的冠帽分别为紫冠、青冠、赤冠、黄冠、白冠、黑冠。在六色的排列顺序上,除第一位为紫色、第三位为赤色相同之外,其他四色的排列位置均不相同。可谓有同有异,异中有同。一般来说,异质文化进入不同国度,总要根据本国风土的需求,加以取舍。如同汉代的佩绶,自皇帝至县尉,分别佩戴黄赤绶、赤绶、绿绶、紫绶、青绶、黑绶、黄绶等六色绶带。百济冠带受其影响,虽也为六色,但有白带而无绿带,在绶带的配置顺序上,也与汉代佩绶多有差异。尽管如此,秦汉之际,在政治文化的发展程度和制度建设上,率先接受汉文化影响的百济还是走在日本的前面,衣冠制度的确立比其早了至少300余年。

孝德天皇大化三年(648),实行《七色十三阶之冠》制度,改新新官制。如同《官位十二阶》以衣冠区分官阶,新官制规定织冠、绣冠各有二阶,服色深紫;紫冠、亦有大小二阶,服色浅紫;锦冠有二阶,服色为真绯;青冠也有大小二阶,服色并用绀;黑冠有大小二阶,服色用绿;建武冠,以黑绢为之。"小锦冠以上之钿,杂金银为之;大小青冠之钿,以银为之;大小黑冠之钿,以铜为之;建武之冠,无钿"[1]。尚紫风气、以金银铜冠饰表示官阶高低等依然如故,但冠帽展示了丝绢、绣工的进步,与儒学伦理关联不甚密切,织冠、绣冠、紫冠位阶的朝臣服紫,锦冠、青冠、黑冠的服色分别为朱红、深蓝、翠绿等三色,显示位阶的服色更加

---

① 《日本书纪》卷二十五"孝德天皇三年"条,第 456 页。

具体化。大化四年,"罢古冠,左右大臣犹著古冠"①。五年,对官制再行调整,紫冠以上依旧;锦冠以下改设大花、小花、大山、小山、大乙、小乙的上下不同位阶,加上最低位阶的"立身",共19阶②,冠位制度走向日本化。日本改行《七色十三阶之冠》制度时,距离百济亡国仅12年,但其衣冠制度的影响依然存在。

近年来,在日本各地的考古发掘中出土了相当数量的百济式金铜冠头盔,其分布的状况为百济衣冠制度传入日本的路径,提供了可资参考的路线图。据研究,熊本县江田船山古坟出土的百济式金铜冠年代靠前,表明百济金铜冠自汉江下游经朝鲜半岛南部的陕川,渡海进入日本九州中部。此后,在香川县峰之冢古坟、福井县十善之森古坟、群马县古城古坟、富山县朝日长山古坟中,均有百济式金铜冠的陆续出土③。上述发现表明百济式金铜冠继续东传,经过四国和关东地区,最终进入东北地区。此一东传路径,与大和朝廷武力统一的进程相互重叠,证实了百济式金铜冠的历史价值。

结论

1. 百济衣冠文化特色独具

百济以崇德、尊礼、尚紫为理念的衣冠制度,是百济君臣对内实施改革,对外大量引进中国文化要素,加以消化与吸收的结果。在这个过程中,一方面,输入需求和输出优势互动,适应了百济政治文化的生长环境,因而落地生根,开花结果。另一方面,又根据自身的需要而有所调整与保留。其中,尚紫风习历久而不衰,虽然服紫逐渐归王权独享。崇德的政治风习始终伴随百济的兴亡过程,直至末代国王义慈王。义慈王身为亡国之君,却以"事亲以孝闻,友于兄弟,时人号'海东曾闵'"的私德而留名史册④。百济金铜冠、包括金银制冠饰的制作工艺精湛,备受赞誉。百济骄人的文化风采并未因君王的得失而黯淡其光辉。

2. 百济在古代东亚国际文化交流中的作用突出

在中韩文化交流的漫长过程中,交流渠道多样,交流领域广泛。其中,百济与中国的文化交流涉及典章制度、儒学训诂、道佛宗教、诗词歌赋、舞蹈演乐、天文历法、医学本草、阴阳卜筮等诸多方面。在海东三国之中,地望邻近使百济得益于乐浪文化的启蒙与熏陶,又在同汉族王权的交往过程中,全面吸收先进的中国文化。无形之间,百济"岁时伏腊,同于中国。其书籍有《五经》、子、史,又表疏并依中华之法"⑤,进入东亚文化先进

---

① 《日本书纪》卷二十五"孝德天皇四年夏四月"条,第457页。
② 《日本书纪》卷二十五"孝德天皇五年春正月"条,第457页。
③ 《百济之冠》,《2010年世界大百济节特别纪念展》,第85—95页。
④ 《旧唐书》卷一百九十九上《列传第一百四十九上·东夷·百济国》;《中国正史朝鲜传》,第579页。
⑤ 《旧唐书》卷一百九十九上《列传第一百四十九上·东夷·百济国》;《中国正史朝鲜传》,第578页。

国的行列。换言之,百济在文化输入的选择上,从一开始就瞄准了当时水平最高的中国文化。起点高、着手早、善于吸收和再创造,百济最终成为海东的"文化盛国"。与此同时,在中国、朝鲜半岛与日本列岛的文化交流过程中,百济扮演了向日本列岛文化输出的重要国际角色。众所周知,古代日本吸收来自中国和朝鲜半岛的先进文化,进入文明时代。其中的"朝鲜半岛",主要是指百济。换言之,文化先进国百济无愧于古代东亚国际文化交流桥梁的称誉。

3. 百济冠带文化依然是常谈常新的学术课题

本文涉及孕育百济衣冠制度的国际大环境,即东亚封贡体制及其运行规则,也对百济衣冠制度的内容及其特色,以及中国文化对百济政治文化和制度建设的浸染、百济对日本的政治文化及其制度建设的影响等问题,作了初步探索。但是,在接受中国文化之前,百济冠带文化的原生状态如何;在接受中国文化的过程中,如何实现"百济化";百济的冠带与日本冠位的异同原因、如何定位百济衣冠制度等问题,尚需发掘新史料并继续深入探索。

参与日明外交的被掳人

——魏天和龙室道渊

[日] 伊藤幸司 著
（九州大学大学院比较社会文化研究院）

顾明源 译
（九州大学大学院地球社会综合科学府）

序言

在参与日明外交日本方面的人才中，有一群被倭寇绑架后带到日本的人，他们被称为"被掳人"。自秋山谦藏以来，关于"被掳人"已经积累了大量的研究①；进入 21 世纪后，关周一又对这一课题做了系统的考察②。

与日明外交有关的被掳人，大多是被绑架到日本的中国人，后被朝贡使节的遣明船送回明朝。不过，被掳人中也有因为个人才能而成为通事或者遣明使官员的，特别是一些中国被掳人因语言能力得到赏识而被启用为遣明船通事③。

本文在成果丰厚的中世中日贸易研究的基础上，特别是有详细深化研究的日明关系④这一部分，聚焦于跨国境往来的代表者——"被掳人"这一群体，从中选取两位代表性人物，围绕他们的经历阐述一些个人见解。

一、成为通事的被掳人——魏天

15 世纪前半叶的应永年间（1394—1428），有一名叫作魏天的人物作为通事活跃在室町幕府周边。应永外寇⑤翌年，足利义持以求取《大藏经》为目的向朝鲜派出日本国王使，此后，

---

① 秋山谦藏「「倭寇」による朝鲜・支那人奴隶の掠夺とその送还及び卖买」，『社会経济史学』2(8)，1932 年；『日支交涉史话』，内外书籍，1935 年；『日支交涉史研究』，岩波书店，1939 年。
② 关周一『中世日朝海域史の研究』，吉川弘文馆，2002 年。
③ 小叶田淳『中世日支通交贸易史の研究』，刀江书院，1941 年；冈本真「通事」，收录于村井章介等编『日明关系史研究入门』，勉诚出版，2015 年。
④ 村井章介等编『日明关系史研究入门』，勉诚出版，2015 年。
⑤ 应永外寇是日本历史中对应永二十六年（己亥年，1419）李氏朝鲜进攻日本对马岛事件的称呼。朝鲜则称之为"己亥东征"。

宋希璟作为朝鲜回礼使来到日本。在他的《老松堂日本行录》中,关于魏天的记载如下:

> (四月)二十一日入王部落(京都)宿魏通事天家所咏
>
> 魏天中国人也。小时被虏来于日本,后归于我国(高丽),为奴于李子安先生家,又随回礼使还来日本。江南使适来见之,以为中国人,夺归江南。
>
> 帝见而还送日本为通事。天还来娶妻生二女。又见爱于前王,有钱财而居。年过七十,闻朝鲜回礼使来,喜之,持酒出迎于冬至寺(等持寺)也。能说我言,与我语如旧识,迎来其家。陈外郎先来,共坐厅,设酌以慰。天以私钱馈饷,予因宿焉。
>
> (汉诗文略)[①]

以这则史料为依据,中村荣孝编写了"魏天"这一人物的词条,其解说如下:

> 生卒年不详。中国人。幼年时被倭寇掳来日本,之后被送到高丽,成为李崇仁(陶隐)的家奴。与使节团来日本时,遇到明朝使节后被带走。但明太祖又将他送回日本,做了通事。娶妻,生有二女,受足利义满喜爱,颇有积蓄。应永外寇后,出使朝鲜的僧侣亮倪和平方吉久(住在博多)随回礼使宋希璟回国时,魏天住在京都,虽年过七十,仍迎入京的宋希璟归其家,和同为来自中国的归化人陈宗奇一起,共话外寇后的日本国内情势。魏天负责接待住在深修庵的朝鲜使节团,致力于调停斡旋,使朝鲜使节团与足利义持的交涉得以圆满成功。[②]

受制于史料,我们无法更详细地了解魏天跌宕起伏的人生。不过,他曾借着朝鲜回礼使和明使赴日的机会,跨越了国境。如果能够确定这些正式的外交使节的派遣时间,大概就可以在魏天已知的经历上追加新的情报。因此,本文首先想考察与魏天有关的朝鲜"回礼使"以及明使的情况。

二、魏天和朝鲜使节

应永二十七年(1420)宋希璟赴日时,魏天已是年过七旬的老人,由此可知他出生于1350年以前。1350年以前出生的魏天,幼年时在故乡中国沿海被倭寇绑架到了日本,之后又到了高丽,"为奴于李子安先生家",大概是说他被当作奴隶转卖出去了。如果是从日本卖到高丽的话,最有可能是经由博多的市场被转卖的。博多与朝鲜半岛关系深

---

① 村井章介『老松堂日本行録』,岩波文库,2000 年。
② 中村荣孝编写的"魏天"词条收录于吉川弘文馆《国史大辞典》(1984 年版)第四卷。

厚,是中世日本最大的国际贸易都市。不过可惜的是,魏天被卖到高丽的时间无法确定。

另外,"李子安先生"名为李崇仁(1349—1392),是高丽末期的朱子学者,和李穑、郑梦周等人活跃在同一时期。李崇仁有文集《陶隐集》,但是里面没有关于魏天的记录。

魏天从朝鲜半岛再次来到日本,是随"回礼使"一起的。旦然魏天赴日的具体原因不明,但多半是因为他通晓日语的缘故。从他之后作为通事被明朝皇帝派往日本的事例可以推想,魏天有一定的日语能力,他的日语能力可能是在被倭寇绑架到日本之后、转卖到高丽之前习得的。

高丽末期以来,有许多外交使节从朝鲜半岛渡海前往日本,他们的目的是要求日本禁绝倭寇,魏天跟随的"回礼使"大概就是其中的一批。从朝鲜半岛派出的使节中,有一些被派往对马岛和壹岐岛,但这些"回礼使"应该都不是跟魏天赴日相关的那批。因为就算魏天到达了日本的对马岛和壹岐岛,在那里也不会遇上明使。基于以上考虑,甄选出在史料中被记载为"回礼使"以及以"回礼"为目的派出的朝鲜使节(报聘使等),列表1如下:

表1　朝鲜赴日使节①

序号	派遣时间(朝鲜史料)	使节名目	使者	派　遣　对　象	备　　　考
①	1377(禑王三年/永和三年)	报聘使	郑梦周	九州节度使(今川了俊)	《高丽史》《高丽史节要》
②	1394(太祖三年/应永元年)	回礼使	金巨原梵明	九州节度使(今川了俊)	《太祖实录》
③	1394(太祖三年/应永元年)	回礼使	崔龙苏	镇西节度使(今川了俊)	第二年到达日本《太祖实录》
④	1395(太祖四年/应永二年)	回礼使	金积善	九州节度使(今川了俊)	《太祖实录》
⑤	1397(太祖六年/应永四年)	回礼使通信官	朴惇之	大内殿义弘(大内义弘)日本国王(足利义满)	途中,派遣名目由"回礼使"变为"通信官"《太祖实录》
⑥	1399(定宗元年/应永六年)	报聘使	崔云嗣	日本大将军(足利义满)	《定宗实录》
⑦	1402(太宗二年/应永九年)	回礼使	赵汉	日本大将军(足利义满)	《太宗实录》《老松堂日本行录》
⑧	1404(太宗四年/应永十一年)	报聘使	吕义孙	日本国王(足利义满)	《太宗实录》

① 参考桥本雄《朝鲜前期对日使节(含朝鲜国王使)一览表》(桥本雄「朝鮮国王使と室町幕府」,『中華幻想』,勉誠出版,2015)制作。

序号	派遣时间（朝鲜史料）	使节名目	使　者	派　遣　对　象	备　　考
⑨	1406（太宗六年/应永十三年）	报聘使	尹　铭	日本国王（足利义满）	《太宗实录》
⑩	1406（太宗六年/应永十三年）	回礼官	李　艺	日本	《太宗实录》
⑪	1408（太宗八年/应永十五年）	回礼官	金　恕	日本国	《太宗实录》

据此，可以把魏天跟随赴日的朝鲜"回礼使"的范围限定在这十一批中，他应该就是跟随其中某一批来到日本的。如果魏天跟随的是①至④的朝鲜使节，出使的对象是今川了俊，那么他到达日本后应该留在博多，与明朝使节的邂逅也当在博多。如果是⑤至⑪的朝鲜使节，那么魏天到达日本后应留在京都，遇到的是进京的明朝使节。

三、魏天和明朝使节

魏天"见爱于前王（足利义满）"，因此可以确知他和足利义满时代的日明外交有关系。足利义满时代赴日的明使一览表见表2：

表 2　足利义满时代的明朝赴日使节①

序号	出发年代（明历/日本历）	主要使者	目　的　地	备　　考
❶	1368（洪武元年/贞治七年）	不　明	推测为五岛列岛周边	
❷	1369（洪武二年/应安二年）	杨　载	推测为太宰府、征西府怀良亲王	
❸	1370（洪武三年/应安三年）	赵秩　朱本 杨　载	太宰府、征西府怀良亲王	
❹	1372（洪武五年/应安五年）	仲猷祖阐 无逸克勤	博多、九州探题（今川了俊） →　室町幕府（足利义满）	
❺	1380（洪武十三年/康历二年）	不　明	不明	
❻	1402（建文四年/应永九年）	天伦道彝 一庵一如	京都北山府邸（足利义满）	下赐《大统历》等物
❼	1403（永乐元年/应永十年）	赵居任 张　洪 雪轩道成	京都北山府邸（足利义满）	下赐诰命、金印、冠服、永乐勘合等物

---

①　参考桥本雄《赴日明使节一览表》（村井章介等编『日明関係史研究入門』，勉誠出版，2015）制作。

序号	出发年代（明历/日本历）	主要使者	目　的　地	备　考
❽	1404（永乐二年/应永十一年）	潘　赐 王　进	京都北山府邸（足利义满）	
❾	1406（永乐四年/应永十三年）	俞士吉	京都北山府邸（足利义满）	下赐"海舟二艘"
❿	1407（永乐五年/应永十四年）	不　明	京都北山府邸（足利义满）	下赐唐舆

　　魏天被明使带回明朝后，又受明皇帝诏命作为通事再次前往日本。明朝皇帝大概是为了顺利推动日明交涉，将精通中、日两国语言的通事派往日本。可以推断明朝皇帝给魏天下达命令的时机，应该在将魏天带回明朝的明使向皇帝复命之后、下一批明使被派往日本之前。至少，像魏天这样没有官职的人物跟明朝皇帝有所关联，除了将魏天带回明朝的明使向皇帝复命时以外，可能性甚小。

　　再者，从日本渡海到达高丽之后的魏天，从朝鲜半岛再次来到日本，至少是 1377 年以后的事。考虑到这点，和魏天有关的明使的组合只可能是第❻次→第❼次（第六次明使把魏天带回明朝，随后魏天跟随第❼次明使再次赴日，下同），或者第❼次→第❽次、第❽次→第❾次、第❾次→第❿次。

　　这样，就可以判定把魏天作为通事送往日本的明朝皇帝是永乐帝。在过去的研究中，中村荣孝认为魏天拜谒的明朝皇帝是洪武帝[①]，通过笔者的考察可知此判定有误。魏天应当是从建文帝手中夺取皇位的永乐帝为了顺利推动日明外交而送往日本的通事，这才是当时的实际情况。

　　魏天的经历可以联想到在明朝册封国的琉球久米村里流传的承担明琉外交事务的"闽人三十六姓"传说。传说，福建的匠人们被洪武帝下赐给琉球国。实际上，明朝确实曾公开派遣一些人才前往琉球，如奉旨前往琉球、从水手做到船长、于 1413 年请求回乡的潘仲孙，再如祖孙三代奉命于琉球国从事进贡事务的蔡璟一族等[②]。明朝为了与册封国顺利交涉而派遣优秀的人才，可想魏天便是其中一员。

四、朝鲜使节和明朝使节的邂逅

　　我们已经对与魏天有关的朝鲜使节和明朝使节有了一定程度的考察。那么，"回礼使还来日本，江南使适来见之，以为中国人，夺归江南"的魏天，其境遇究竟如何呢？当时的日本，以博多为中心的北部九州地区有许多被倭寇绑架而来的被掳人，其中当然有许多出生于中国的人。在这种情况下，为何只有魏天会被明使注意到呢？另外，随朝鲜使节赴日

---

①　中村荣孝「朝鮮世宗己亥の対馬征伐」，氏著『日鮮関係史の研究』上卷，吉川弘文館，1965 年。
②　上里隆史『海の王国・琉球』，洋泉社，2012 年。

的魏天,到达日本之后不回朝鲜而留在日本,真的可能吗? 这种情况有些难以想象。

带着这些疑问,笔者认为下面这条史料值得注意:

> 五月一日,唐人入洛,上下三百余人云云。当寺金堂旦休。其间高丽人为礼拜来,即于□(金)堂砌下礼唐人。此高丽人去三月廿八日入洛也。即一日唐人等参北山殿。(后略)①

根据这条史料可知,应永十二年(1405)五月一日,到达京都的明使在东寺的金堂休息时,早于三月入京的朝鲜使节恰巧前来参拜。明使节团人数众多,以潘赐和王进为首,进入京都的随行人员达 300 人之多。朝鲜使节则以吕义孙为正使,作为对日本国王使周棠的"报聘",于太宗四年(1404)十月癸巳(二十五日)派出②。

就笔者掌握的史料来看,关于朝鲜使节和明朝使节在同一地方邂逅的记载,此条史料为初见,且只有应永十二年(1405),在京都东寺这一特定的地方两国使节相遇。在这种情况下,与朝鲜使节同行的魏天直接遇到明使是可能的,且魏天是中国人一事明使也应该能够看破。朝鲜使节特地来到在东寺金堂休息的明使节处,在金堂的屋檐下对明使行礼(可能是肃拜),朝鲜使节对明朝使节行臣下之礼,上下关系一目了然。正因为如此,明朝使节在朝鲜使节中发现同胞魏天后,才有可能让他摆脱朝鲜使节,将其带回明朝。

笔者在本文中关注应永十二年(1405)的这次朝鲜使节和明朝使节的邂逅,认为魏天跟随的很有可能是以吕义孙为正使的朝鲜报聘使(表 1 第⑧次),而把魏天带回明朝的是以潘赐为正使的明使(表 2 第❽次)。如果魏天跟随的是吕义孙的朝鲜使节,由于他为家奴时的主人李子安于 1391 年去世,那么可以确定他至少在朝鲜半岛滞留了十数年。这就可以解释《老松堂日本行录》中魏天的朝鲜语极为流利,以致宋希璟发出"能说我言,与我语如旧识"的感慨了。

按照笔者这样的推测,回到明朝的魏天,奉永乐帝之命,于应永十三年(1406)随俞士吉为正使的明使再次来到日本。这次,永乐帝下赐日本大量的朝贡回赐品(唐物)以及"海舟二艘"③。提到明朝下赐进贡船的事例,值得注意的是自 1385 年洪武帝下赐给琉球中山、山南大型海船开始,至永乐年间,明朝向琉球无偿提供的海船总数多达 30 艘④。足利义满也和琉球一样,得到了永乐帝下赐的"海舟"。而且,根据笔者在本文的考察推测,魏天正是作为永乐帝为足利义满提供的通事,与"海舟"一同下赐的。这些,一方面是永乐帝为了维持与日本的册封关系而实行的举措,另一方面也是永乐帝为获取更多的册封国而

---

① 《东寺王代记》"应永十二年"条,《续群书类从》第 29 辑下,八木书店,2013 年。

② 《(朝鲜)太宗实录》"四年十月癸巳"条。

③ 《明实录》"永乐四年正月己酉"条;藤田明良「東アジア海域の交通と兵庫津」,『兵庫津の総合的研究』,大手前大学史学研究所,2008 年。

④ 上里隆史『海の王国·琉球』,洋泉社,2012 年。

实行的外交政策的一环。

总之,加入足利义满麾下的魏天由于"见爱于"义满,作为精通中、日、朝三国语言的通事,大概在室町幕府的外交活动中受到了重用,或许他还获义满赐妻。魏天育有二女,算是老来得子。义满虽在应永十五年(1408)五月六日突然去世,但从《老松堂日本行录》中有魏天的记载来看,义满死后他仍在室町幕府周边活动。

五、成为遣明船正使的被掳人——龙室道渊

足利义满时代建立的日明外交,虽然在义满死后,因义持有所中断,但义教时代重又恢复。其时为恢复遣明船而不懈努力的是以博多商人宗金为首的博多势力①。当时,被选为遣明船正使的是天龙寺第九十一世龙室道渊。关于龙室道渊的经历,可从《扶桑五山记》中的天龙寺住持位次得知:

> 九十一　龙室禾上,讳道渊。嗣圣福宏书记,宏嗣灵峰,□□(灵峰)嗣大觉。明州鄞县盐仓桥张氏子也。三十而越海来,易服于筑前州圣福寺为大僧。开法长州安国寺(东隆寺),又住圣福寺。后入洛。永享四年,奉公命,列天龙之位。永享四年,当大明宣德七年,此时奉日本国之使命入中华。对御告昄。明主(宣德帝)赐金襕伽梨诸道具。宣德八年七月廿日,示寂杭州仁和县中馆驿,寿四十有九。我永享五年癸丑。②

洪武十八年(1385),龙室道渊出生在明州鄞县(今宁波市鄞州区)盐仓桥的一户张姓家庭里。应永二十一年(永乐十二年,1414),30 岁的龙室道渊从中国来到日本,在博多圣福寺出家。

值得注意的是龙室道渊来日的时间。实际上,他到达日本的应永二十一年正是足利义持和明朝断交的时期。足利义持于应永十六年派遣坚中圭密为遣明使之后,却于应永十八年拒绝到达兵库的明使王进入京,中断了日明国交。自此以后,日本方面直到永享四年(1432)都未曾派出遣明使。另一方面,明朝数度遣使日本,要求义持朝贡以及禁绝倭寇。王进之后,吕渊使团于应永二十五年(1418)赴日。也就是说,龙室道渊赴日的应永二十一年,不存在来往于明朝和日本之间的遣明使或明使。在朝贡海禁体制下的明朝,生活于明州的龙室道渊是不可能凭自己的意愿就前往海外的。而永乐十一年(1413),"倭贼三千余人"袭击浙江③,可知当时正是倭寇频繁袭击中国沿海地区的时期。基于以上考虑,

① 伊藤幸司『中世日本の外交と禅宗』,吉川弘文館,2002 年。
② 玉村竹二校:《扶桑五山记》,临川书店,1983 年。
③ 《(明)太宗实录》"永乐十一年正月辛丑"条。

只能认为龙室道渊赴日是被倭寇绑架的结果。

被倭寇绑架的龙室道渊，大概同魏天一样被带到了博多，在那里由于某种原因，出家为僧，摆脱了被掳人的身份。被掳人为了避免变成奴隶而出家为僧的事例并不少见，比如博多出身的雪明，被对马岛人引诱到了茅浦，为了不被卖为奴隶，剃发为僧，遍参朝鲜诸山①。龙室道渊则是在博多圣福寺出家，嗣法临济宗大觉派的宏书记，受长门国东隆寺（诸山）、圣福寺（十刹）公贴而为住持。在博多势力的努力下，遣明船得以恢复以后，龙室道渊为了成为遣明船正使，于永享四年（1432）升为京都五山的天龙寺住持，成功为自己镀金，最终乘坐一号船（公方船）入明。

笔者推测龙室道渊被任命为遣明船正使的背景，和博多商人宗金有很大关系。宗金致力于恢复遣明船，自己也乘永享四年度遣明船入明。在都市博多，圣福寺既是贸易商人与僧人之间的纽带，也是贸易中心。在圣福寺出家后升为圣福寺住持的龙室道渊，应该和宗金关系非常亲近。

且身为中国人的龙室道渊精通中文，这一点也是他被选拔为正使的重要因素。因为14世纪后期以来，由于明朝的朝贡海禁体制，日本和中国的交流受到严重限制，导致日本禅林中的中国渡来僧逐渐消失，有渡海经验的日本僧侣也相继减少。15世纪以来，足利义满时期还有频繁的遣明船往来，日本禅林也勉强保留着中国的直接影响，但由于足利义持中断了日明国交，日本禅林同中国的联系彻底断绝。宋日、元日交流的时代以来，在日本社会中模仿创造出中国文化氛围的日本禅林，以应永年间为分水岭，开始急速日本化②。当然可以想见，过去由于渡来僧和渡海日本僧的存在而在日本禅林中很常见的中国话，也迅速变得无人能说了。在日本化后的日本禅林，经过20年以上的断交期，在永享四年派遣遣明船之际，已经没有足利义满时代遣明船的亲历者或是精通典故的人了。恐怕应永年间四度担任遣明船正使的坚中圭密已经去世，就算活着也是相当的高龄了。在这种情况下，作为担负恢复日明国交的重要外交任务的遣明船正使，会说中国话和日语的龙室道渊是一个非常有魅力的存在。笔者推测，在博多势力主导下，博多商人宗金在鼓动足利义教恢复遣明船之际，就已经断定精通中国话的博多圣福寺住持龙室道渊是遣明船正使的最佳人选，而向义教强烈推荐过他。

这样，作为遣明船正使入明的龙室道渊，于永享五年（1433）在明朝对日本外交的窗口宁波登陆，踏上了阔别20年之久的故土。他会有何感想呢？之后，他前往北京，顺利完成了使命，得到了宣德帝下赐的金襕伽梨③等物，与遣派日本的明使潘赐等人一起从北京踏上归途。潘赐此次是二度作为明使赴日，如前所述，他可能就是将魏天带回明朝的人物。

---

① 村井章介『中世倭人伝』，岩波新书，1993年。
② 村井章介「輸入文化としての禅宗」，『東アジアのなかの日本文化』，放送大学教育振兴会，2005年；伊藤幸司「遣明船時代の日本禅林」，『ヒストリア』235，2012年。
③ 据《（朝鲜）世宗实录》"二十九年五月丙辰"条记载，宗金言道渊获赐"满绣袈裟"。

但是,龙室道渊离开北京后,在杭州仁和县的馆驿去世。乘坐遣明船入明之人死在出使途中并不少见[①]。对于龙室道渊来说,使命未完就离世大概颇有遗憾,但身份虽为异国使节,却能在故国之地走完人生最后的道路,或许是不幸中的大幸吧。

结语

本文关注了魏天和龙室道渊这两位参与日明外交的被掳人。他们都被倭寇从中国绑架,或许都被带到了博多,推测二人均在博多学会了日本的语言,为日后参与日明外交打下了基础。

博多是中世日本对亚洲的窗口,以博多为首的九州地区还有许多如魏天和龙室道渊一样的被掳中国人。例如,和龙室道渊交情匪浅的博多商人宗金,于世宗二十九年(1447)携在博多滞留了三十余年的被掳中国人观音保渡海前往朝鲜[②]。恐怕在宗金的周围,还有许多像观音保一样的被掳中国人吧。另外,以靠近博多的博多湾港口街道箱崎为舞台的著名谣曲《唐船》中,有一位名为祖庆官人的被掳中国人登场,他是箱崎大人的手下。大多数被掳中国人,或被奴役,或被买卖,偶尔被遣明船送回中国,其中,也有像魏天和龙室道渊这样留名于历史的人。

[本文收录于大庭康时、坪根伸也、佐伯弘次编《九州的中世 1 岛屿与海的世界》(高志书院,2020)]

---

① 伊藤幸司「入明記からみた東アジアの海域交流」,『寧波と博多』,汲古書院,2013 年。
② 《(朝鲜)世宗实录》"二十九年五月丙辰"条。

宗教民俗研究

东亚学（第二辑）

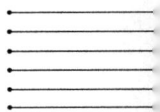

香港、坪洲岛的天后宫和中元建醮

——清代南海的海商、海盗、渔民的妈祖信仰及其历史与传承

［日］松尾恒一　著

（日本国立历史民俗博物馆、日本国立综合研究大学院大学）

梁　青　译

（湖北大学外国语学院）

一、日本华侨的先祖祭祀和妈祖信仰

日本的华侨社会往往围绕着中华街形成。自日本江户时代到近代期间，在长崎、神户、京都、横滨等与中国有着贸易往来的城市都建成了中华街，这里的华侨们也主要从事商贸活动。在中华街或其邻近地带，往往有供华侨使用的公墓。如长崎稻佐的国际墓地和中式寺院的墓地、神户的中华义庄、京都万福寺旁的公墓、横滨名为"地藏王庙"的中华义庄等。日本人扫墓常在春分和秋分的彼岸日以及农历七月的盂兰盆节进行，而华侨们多数仍遵循旧习，在4月的清明节扫墓，供奉鸡、猪、羊等"三牲"为供品，与现代中国的民俗有诸多共通之处[①]。

在京都万福寺、神户关帝庙、长崎崇福寺等地，农历七月的中元节时，也会进行佛教仪式"普渡胜会"，以祭祀先祖。日本在同一时期进行的盂兰盆会也起源于中国的佛教，在日本各地都呈现出自己的特色。现代中国的很多地方也举行盂兰盆会，然而与道教的中元节相结合的情况较多，有时会祭祀口吐火焰的"面然大士（饿鬼王、焦面大士）"。

这种通过祭祀面然大士祭奠先祖的做法，经黄檗宗的僧侣传到京都、神户、长崎等地的寺院和庙宇。其中值得注意的是，在长崎的祭祀活动中，还有祭祀航海安全女神"妈祖"和海上乘着龙的观音"南海菩萨"。而在京都、神户、横滨等地的先祖祭祀活动中，见不到

---

① 有关日本华侨公墓的形成及其相关民俗的特质，可参见松尾恒一《日本华侨公墓与后土、土地神信仰——旅日华侨社会的历史和记忆的表象》，《徐州工程学院学报》（社会科学版）2016年第2期，第1—10页；「日本華僑の共同墓地と后土・土地神—在日華僑社会の歴史と記憶の表象—」，『儀礼文化学会紀要』三・四合併号（通巻46号），2016年。

这样的妈祖祭祀行为①。

　　江户时代,日本实行锁国政策,长崎是日本与荷兰、中国进行贸易的唯一港口。中国在清初时,也同样实行了海禁政策,其主要目的是遏制以台湾为据点,试图反清复明的郑成功势力。清政府的海禁政策非常彻底,甚至在 1661 年颁布了"迁界令",要求沿海居民移居到远离海岸的地方。此外还向海上派警戒船,防止商船出海。迁界令在郑氏势力灭亡后,于 1684 年被废除,海禁也随之解除②。在这段时间内,清朝商人要躲过警戒船的监视,偷偷前往日本进行贸易非常困难,即便是乘坐大型帆船也是如此。因此他们在船上安置妈祖神,派人专门负责祭祀妈祖,以保证在整个航海过程中都不会断了香火和供品,并祈愿航海安全③。

二、香港坪州岛的中元节和妈祖祭祀

　　清朝的海商对妈祖有着很深厚的信仰,因此他们到达长崎后,自然而然地在当地中式寺院中同时祭奠先祖和祭拜妈祖。事实上,中国也有在祭奠先祖的中元节上同时祭祀妈祖的事例。

　　2016 年和 2018 年的 8 月,笔者前往香港调查中元节、盂兰盆会时,在香港文化博物馆助理馆长林锦源博士和香港古物古迹办事处马文光馆长的带领下观看了坪洲岛的"中元建醮"。道士们对祖灵等诸神灵进行祭奠,妈祖也位列其中。此外,天后宫中的妈祖也是由道士们负责祭祀的。

　　进行妈祖祭祀的地点在坪洲乡事委员会总理馆前的广场(根据该委员会官方网站记载,该馆建于 1947 年)。所谓"乡事委员会",是英国占领新界时的遗留,是当时的行政单位之一。坪洲乡事委员会设于香港离岛区,这里设有摆放迎接先祖牌位的祭坛。委员会总理馆旁边建了天后宫,门口有一个约五米高的面然大士立体像,形貌可怖,头上还顶着一个观音菩萨。

---

　　① 关于日本华侨普度会为中心的先祖祭祀,可参照松尾恒一《长崎、神户、京都地区华侨之普渡胜会的传承与当下—福建同乡会祖先祭祀仪式的形成与特质》,《中国俗文化研究》第 12 辑,四川大学出版社,2016 年,第 99—118 页;「在日華僑の先祖祭祀、普度勝会の歴史と現在」, 名古屋大学大学院人類文化遺産テクスト学研究センター編『HERITEX』vol.1,勉誠出版,2015 年。

　　② 清朝、郑氏、荷兰以及日本等势力围绕台湾地区的攻防和贸易,可参见松竹武雄『タイワンをめぐる十七世紀の海外貿易 (十七世紀围绕台湾的海外贸易)』(『東南アジア研究年報』三十一,1989 年)。虽然与本文主旨有所偏离,但该论文中参考了荷兰东印度公司的《长崎荷兰商馆日记》,提到诸如老一官(郑芝龙)一系的海商是天主教徒,因此许多清朝海商在长崎被拷问等事项。这对于我们了解当时欧洲人对亚洲领土的野心,以及这一背景下的中日关系是有帮助的。

　　③ 在江户时代,长崎进行的与清朝海商的贸易以及中式寺院、唐馆等相关情况,可参见松尾恒一在 2016 年福建莆田市举办的第二届妈祖文化高峰论坛——2016 年国际妈祖文化学术研讨会上的发言《历史与现代:清代商人的航运事业与妈祖信仰——在长崎旅日华侨社会之中的传承与现状》,收录于莆田学院妈祖文化研究院编《2016 年国际妈祖文化学术研讨会论文汇编》,2016 年;松尾恒一在民俗艺能学会 2016 年度大会上的发言『長崎の春節と媽祖行列—華僑による歴史の復興と持続—』。

近些年,坪洲乡事委员会的附近建起了现代化的高层建筑,"坪洲政府合署"也设在这里,统辖离岛的行政工作。而在以前,离岛的行政中心就是旁边的坪洲乡事委员会。天后宫作为临近行政中心的宗教设施,在强化离岛的统治方面应当发挥了不少作用。

坪洲岛在过去,至少在清代后期,曾经是被称为"疍民"的渔民们生活的地方。疍民不同于那些居住在陆地上,乘船出海打鱼的渔民,他们居住在停靠于港口附近的船上,不仅打鱼时在船上,日常生活也都在船上。疍民的数量曾经很多,但在政府的政策驱动下,很多疍民慢慢转入陆地生活,现在疍民的数量已经大为减少。如今坪洲岛仍然有渔业活动,但是并没有疍民的船只出现。

以捕鱼为生的渔民,难免会遇到海难等事故,"中元建醮"便是对死于海难的"幽魂"做法事的活动。法事往往由道士进行,渔民们则在一旁观看(见图1)[①]。此外,与海洋有关的仪礼中,"走龙船"也是值得注意的。长度超过1米的纸龙船被供奉于祖灵的祭坛前,在仪式后被运到龙母庙(悦龙圣苑)前的海滩上,让它随波漂走。这个仪式的主要目的是让幽魂得到超度,前往冥界(见图2)。仪礼结束后,将竹子或铁丝扎成的,用彩色纸糊的天官、地官、水官这三官大帝、五谷王、城隍以及送"疏文"上天的鹤和马等,运到龙母庙前的海滩上。道士们点起线香,祭祀亡灵(见图3)。

图1　坪洲"中元建醮"时,道士在海边供奉"幽魂"(松尾摄于 2016 年 8 月)

①　以下关于坪洲岛的天后宫中元建醮,可参见共同参与调查的广岛大学荒见泰史教授的调查记录和论文「香港盂蘭勝会の現状と餓鬼供養」,『アジア社会文化研究』第 18 号,2017 年。笔者同荒见教授还共同调查了铜锣湾维多利亚公园的香港潮属社团总会举办的盂兰文化节、筲箕湾的潮州南安堂福利协进会盂兰胜会、油麻地旺角区四方街街坊的盂兰胜会等祭祀活动,本论文也将涉及这些调查内容。此外,关于坪洲岛天后宫、中元建醮中的"走龙船"仪礼、龙母庙(悦龙圣苑)等都有指南手册,其中渔农自然护理署的《香港的岛》系列《坪洲》(郊野公园之友会天地图书有限公司,2008 年)中,对各仪式和传说的介绍非常珍贵。

图 2　走龙船（荒见泰史摄于 2018 年 8 月）

图 3　龙母庙前的祭祀（荒见泰史摄于 2018 年 8 月）

水陆道场一般是对海洋、河流、山谷等水生陆生动物的"孤魂"进行祭祀,在坪洲岛的中元建醮,主要是以道士"走龙船",渔民在旁边观看的形式进行的。载着祖灵的纸龙船,在天后宫前受到道士的祭祀后,被运到坪洲岛的龙母庙前的沙滩上,让它随浪潮漂走。他们不仅祭祀家里的先祖,对生活在岛上、在海里营生的祖先的祭祀也是他们的重要活动。

2016—2018 年,笔者在香港市内其他地区调查了多个中元节、盂兰盆会活动(铜锣湾维多利亚公园的香港潮属社团总会主办的盂兰文化节、筲箕湾的潮州安堂福利协进会的盂兰胜会、油麻地旺角区四方街街坊的盂兰胜会等)①,在这些地方都未见到迎接妈祖等与妈祖信仰相关的祭祀活动。可以说香港离岛的坪洲岛的先祖祭祀中,关于妈祖信仰的活动是其重要特色。

在中元节,除了先祖以外,对无人供养的"孤魂"进行祭祀也是非常重要的。"孤魂"相当于日本盂兰盆会上的"无缘佛""饿鬼"之类。值得注意的是,在祭祀先祖之灵、孤魂以及重视妈祖祭祀等方面,坪洲岛的活动与重视海洋、航海的长崎的中元节"兰盆胜会"有诸多共通之处(见图4)。

图4　坪洲"中元建醮"时供奉"孤魂"(松尾摄于2016年
8月15日,即农历七月十四日,中元建醮第三日)

在妈祖的故乡福建莆田的文峰天后宫,每逢中元节和下元节都会由僧侣举行佛教式的水陆道场,同时也有道士举行道教式的水陆道场,他们为先祖制作纸船,可见对先祖祭祀是非常重视的②。

在邻近海洋的地区,中元节、先祖祭祀的同时还对妈祖进行祭祀,以及在妈祖庙、天后宫进行中元节的水陆道场等,在岁时节日里祭祀先祖的例子或许不是孤例,关于这一点还需继续调查。

三、坪洲岛、疍民的《奉禁封船碑》和南海海盗"张保仔"传说

坪洲岛的"中元建醮"中,最引起笔者注意的是与妈祖关系密切的天后宫旁所立

---

① 关于铜锣湾维多利亚公园的香港潮属社团总会主办的盂兰文化节、筲箕湾的潮州南安堂福利协进会盂兰胜会、油麻地旺角区四方街街坊的盂兰胜会的祭祀活动,也可参照进行共同调查的广岛大学荒见泰史教授的调查记录和论文「香港盂蘭勝会の現状と餓鬼供養(香港盂兰胜会的现状与饿鬼供养)」,『アジア社会文化研究』第18期,2017年。
② 中元节、下元节时,莆田文峰天后宫的为祭祀先祖而举行水陆道场的情况可参见文峰天后宫官方网站。

的《奉禁封船碑》。这块碑是清道光十五年（1835）由疍民所立。碑文如下：

奉禁封船碑

署新安县正堂加十级纪录十次盛

为准即立石以垂久远事。现据蛋民黄胜兴、黎正兴、李凤大、冯广益、高発安、黄胜长、黎蕃业、樊创贵、黄日金、张昌喜、黄胜祥、黎金有等呈称：案奉宪行，每月轮雇蚁等渔船两只送官，扮商诱缉，各按舵水名数日给口粮，并无苛刻。惟是蚁等驾船谋生，全资采捕，虽奉差，固非号腹，而安家究有不敷。况船内多有挈眷同居，与弁兵□集处，终属不便。当经蚁等联呈叩，蒙梁前宪会同吴游府，联禀督宪。蒙批：据禀，官县公同捐制虾苟艇二只，以资缉捕；将轮雇渔船送官诱缉一事，永远停止，以免扰累。所办甚好。仰东布政司，会同按察司、督粮道、行县遵照，等因。虽蒙梁前宪、吴游府联衔示禁，但未蒙立石，诚恐日久弊生，贻累无穷。今蚁等公同商酌，情愿捐资立石，伏乞准即勒石，永远禁止，以免日久弊生，等情，到县。据此，查本案，先据黄胜兴等具呈，当经前县会同官员，禀奉督宪批行，永远禁止，业经会官示禁在案。兹据前情，除批示外，合再勒石示禁。为此示谕：合邑船户及诸色人等知悉，所有轮雇渔船送官诱缉一事，前已奉行，永远停止。尔船户人等即各安本业，有不法匪徒反冒兵差名色，仍有捏称封船，送官诱缉，勒索滋扰情事，许该船户人等投同澳甲，金困解，或指名禀赴本县，以凭饬差拿究。各宜凛遵毋违。特示。

道光十五年七月十九日给示勒石　　　　　告示

碑文的内容让笔者不禁产生了这样的怀疑：疍民们是否真的遭到了海盗的袭击？如果他们果真遭到海盗袭击，那么协助清政府，把船借给士兵们是有助于他们恢复渔业生产活动的。

带着这样的疑问，笔者着手调查广州沿岸、南海海域的历史，发现疍民们的要求是有充分的理由，并且符合他们自身利益的。

在诸多调查资料中，邓家宙、陈觉聪、香港史学会所著的《文物古迹中的香港史 I》[①]为笔者解答了不少疑问。原来当时南海上的确有规模大小不等的海盗，但清政府想要征讨的是那些拥有多门大炮和全副武器装备，有数百艘帆船和数万士兵的军事势力，这些势力同时也从事海商活动，将抢来的货物充作商品进行买卖。

他们不仅在海上与清朝对峙，还与以澳门为据点的葡萄牙人、英国人交战。在这些人中，名气最大的是自称郑成功远亲的郑一（1765—1807），以及率领郑一海盗团的张保（张

---

① 邓家宙、陈觉聪、香港史学会著：《文物古迹中的香港史 I》，香港中华书局，2014 年。

保仔，Cheung PoTsai，1786—1822）。在张保仔死后，他的位置由其妻郑一嫂（Ching Shih，1775—1844）继承。他们的势力很大，甚至在香港拥有造船厂。

值得注意的是，清末袁永纶《靖海氛记》（成书于道光十年，1837）一书中有"张保，新会江门渔人子"的记载，张保仔和郑一嫂都是渔民出身①（见图5、图6）。不知是否因为出身的关系，他们虽然会袭击大型商船，但从不去侵扰小型渔船。张保仔在兵船上悬挂红旗，因此也被人们称为"红旗帮"。在张保仔之后，船队由郑一嫂继承下来。她从欧洲人那里得到了最新的火器，在南海上与英国人交战。

图5 张保仔像（《张保仔投降新书》插图，收录于肖国健《〈乙〉靖海氛记原文标点及笺注》）

图6 郑一嫂率领"红旗帮"进行战斗的场景（收录于1836年的《全球海盗史》，*History of the pirates of all Nations*）

张保仔在疍民中非常受欢迎。据坪洲岛的老人说，张保仔非常信仰妈祖神，同时为坪洲岛的发展做了很多事情②。

值得一提的是，张保仔在1810年两广总督镇压海盗政策发布之前就投降清政府，从海盗变为清政府的官员，并在清政府禁止与英国、葡萄牙的鸦片贸易、走私活动相关的一系列事件中，为清政府提供英国人、葡萄牙人动向的情报（见图7）③。

《文物古迹中的香港史Ⅰ》的记述中"海盗多由渔民兼任"④的说法值得注意，也就是说疍民中可能有不少海盗。他们往往在农历十月到十一月趁着季风出海打鱼，而这一时

---

① 袁永纶编著的《靖海氛记》收录在《田野与文献》2007年第46期，内容基于萧国建的《〈乙〉靖海氛记原文标点及笺注》的翻刻文。该翻刻文中有关于张保的介绍。
② 参见《文物古迹中的香港史Ⅰ》"坪洲与海盗传说"。
③ 井上裕正「清代嘉慶・道光期のアヘン問題について」，『東洋史研究』41（1），1982年。
④ 《文物古迹中的香港史Ⅰ》，香港中华书局，2014年。

图7 《靖海全图》(香港海事博物馆藏,记录了1800年前后清政府的海军在广东海域征讨海盗的情景)

期海盗的活动骤减。这些"海盗"很有可能就是张保仔和郑一嫂的"红旗帮"的成员。如果把时间上溯到明代,《明实录》中关于疍民的记载如下:

> 洪武十五年三月癸亥,命南雄侯赵庸籍广州疍户万人为水军。时疍人附海岛,无定居,或为寇盗,故籍而用之。[①]

南雄侯赵庸因为战事的缘故,征调广州附近各岛上的疍民,编入水军。从其意图来看,这些疍民本就居无定所,还往往成为海盗,不如收编为水军。赵庸的战绩也很显赫,他平定了福建、广东的叛乱,俘虏叛军八千,可以说是为明政府立下大功。但后来因胡惟庸案的牵连,在1390年被朱元璋处死。

从以上这些状况我们可以了解到,明代开始,邻近南海的广州就有了这样一批从事海盗活动的疍民。即便政府采取了种种措施,其生存状态直到清代也没有什么改变,尤其是葡萄牙、英国人介入后,形成了清朝、海盗、欧洲等多方势力交流、纷争的局面。

从《奉禁封船碑》的碑文来看,疍民们拒绝为清政府征讨海盗而提供渔船是有自身利益考量的。对于疍民们来说,比起政府,同为疍民出身的张保仔和郑一嫂更加具

---

① 《明实录》的文本摘录于红格本《明实录》的影印本,第2252页,其中洪武十五年(1382)条目见于卷一百四十三第五叶。

有亲近感,他们中的不少人在捕鱼期之外还作为海盗团的成员进行活动。此外,海盗们进行的商业活动也能为疍民们带来利益。他们声称的"提供渔船对于生计有影响"当然是一个表面上站得住的理由,但也不得不考虑他们站在海盗这一方的可能性。

四、帆船模型和天后宫

在坪洲岛的天后宫内,陈列着一艘据传是清代制作的古朴的帆船模型。帆船造型十分逼真,从甲板上船员的衣着来看,这些人应当是商人而不是渔民。因此这艘船也应当是商船而非渔船的模型。值得一提的是,天后宫内妈祖神正面的祭坛中央有一个香炉,旁边摆放着金属制的狮子和大炮摆件(见图8)。

图8　坪洲天后宫的帆船模型以及中央香炉两边装饰的金属狮子和大炮模型(松尾摄于 2016 年 8 月)

坪洲另一个祭祀有女神像的地方是龙母庙(悦龙圣苑),在神前供奉着一艘由金、银、红、蓝、绿等各色彩纸折成的帆船(见图9)。龙母庙面海而建,其一角有水涌出,祭祀着"水龙"。这里的龙母是守护海洋和饮用水的女神,因此供奉的船只也是非常重要的。

此外,在澳门的妈阁庙里,也有帆船模型,帆船甲板上有操控大炮的船员以及伫立着的妈祖(见图10)。

笔者还在广东省东南的惠州巽寮凤凰池妈祖庙里见到帆船模型(见图11)。不同的是,这艘帆船是捕鱼用的。凤凰池妈祖庙建在海边的小村里,据说这个渔村向天后宫供奉帆船模型主要是为了祈求渔业丰产①。

---

① 　2016 年 4 月,笔者对巽寮的妈祖信仰进行调查,得到了中山大学王霄冰教授及其学生任洪昌、胡玉福、王玉冰、邵思逸的大力协助。

图9 坪洲龙母庙的女神像和神前供奉的彩色纸船(松尾摄于 2016 年 8 月)

图10 澳门妈阁庙里的帆船模型和船内的妈祖像、大炮(《澳门旅行记》,http://4travel.jp/travelogue/10812210)

图11 巽寮凤凰池妈祖庙的帆船模型(邵思逸摄于 2016 年 4 月)

　　巽寮面朝南海,多产鲈鱼、真鲷、黑鲷以及虾蟹、牡蛎等海产品,传统上是以渔业和养殖业为主要产业的。近年来,金融街巽寮湾成为国家 4A 级滨海旅游风景区,并以成为"世界级滨海旅游胜地"为目标,大力发展"滨海娱乐、休闲度假、商务会议、生态观光、高雅运动、文化体验、健康养老、消闲居住"等项目。作为开发项目的一环,巽寮湾天后宫也得以重建。金融街惠州置业有限公司为天后宫的重建出资 20 万元人民币,是所有单位中出资最多的。其次是惠东浩胤实业有限公司出资 3 万元、惠州市滨海龙腾实业发展有限公司出资 3 000 元等,可见金融街惠州有限公司出资之多。与渔业相关的单位也有出资,渔业理事会、红累湾各出资 1 000 元,当地旅游部门惠州市稔平半岛旅游有限公司出资

1 000 元。

巽寮湾的沿海渔业也被打造成自然体验式的观光活动,渔民用渔船载着游客拉网捕鱼,把捕到的鱼出售给游客们;而周边的餐馆大都提供海鲜加工服务,形成了产业链。妈祖祭祀的最大节日"妈祖诞",自 2012 年起都由金融街主办,并命名为"金融街·巽寮湾首届中华妈祖文化旅游节"。活动中,众人围着载着妈祖的轿子走遍周边的村落,这种带有观光性质的游行活动会一直持续两天①。

天后宫里供奉的大型帆船模型上,装载有不少货物,这是为了祈愿商业活动的顺利进行。而船舷上的大炮模型则告诉我们,他们的先祖在明清时代为了对抗海盗,需要武装起来的事实。

李玉昆在论文《略谈妈祖文物的价值及其保护》②中提到,在沿海地区,像这样在天后宫供奉帆船模型的情况并不少见。在甲午战争时,为了祈愿战争胜利,甚至有人向妈祖庙中供奉军舰模型。作为佐证,文中还介绍了装有大炮的帆船模型。此外在建造新船时,也有为了祈愿顺利完成,向妈祖庙供奉帆船模型的事例。可见妈祖信仰同木造船相关的民俗也有不少联系。

古代木帆船在海上航行主要靠风力。由于对天时变幻不能完全掌握,于是把安全的希望寄托于妈祖的保佑。船在海上航行遇到危险时,如果化险为夷,就认为是妈祖保护的结果,就要制作一只船模送到附近妈祖庙供奉,这样就能继续得到妈祖的保佑。古代造船厂建有妈祖庙,造新船前要先造船模送妈祖庙供奉,这样造出来的船能得到妈祖的保护。

我国沿海许多妈祖庙供奉船模,最多的当推山东长岛县庙岛天后宫。该宫原有船模三百五十多只、其中包括福船、沙船和中日甲午战争口邓世昌乘坐的"威远号"军舰模型。该宫现辟为长岛县航海博物馆,珍藏几十只船模,有元末的燕飞,明初的关东船、改撬、风网船、大瓜蒌、大椎子、东海船、沙船、青岛宝、机帆船等。辽宁东沟县大孤山天后宫、莆田港里妈祖庙、晋江东石妈祖庙均保存有船模。台湾鹿耳门圣母庙内有莆田制作的帆船模型。香港北堂天后宫正殿中门悬有木刻帆船、正殿天后神位前桌旁左右墙边各有一中国式帆船模型,船上装有古炮及天后像。澳门妈祖阁原有一只仿明代万历年间漂流来澳门的闽人货船模型,在殿旁有一只用巨石雕刻的石船。这些船模是研究中国造船史的实物资料。

海盗船上是否安放有妈祖像还未经确认,但大规模的海商和海盗之间的界限十分模

① 关于广州巽寮湾天后宫"妈祖诞"的研究,可以参见王玉冰在第二届妈祖文化高峰论坛——2016 年国际妈祖文化学术研讨会上发表的论文《女性在妈祖金身巡安仪式中的角色扮演》。该论文对巽寮湾天后宫妈祖祭祀中女性承担的角色进行了考察。

② http://www.chinamazu.cn/rw/gd20131121/21004.html,2013 年 11 月 21 日。

糊,可以推测海盗船上很可能也安放有妈祖像。

在日本,虽然也有像将军神一样身披盔甲,手持武器弓箭的神像,但将女神像与大炮、欧洲的现代兵器等一同摆放的情况是难以想象的。

妈祖在元世祖忽必烈时(1281)被封为护国明著天妃,在清代康熙二十三年(1684)被封为天后,成为护国之神。在历史上,无论官方还是民间、渔民还是海盗,甚至连册封使等政府要员都信仰妈祖。在暴风雨、恶劣气候袭来时他们向妈祖祈祷,在受到欧洲人或者海盗的威胁时向妈祖祈愿,航海时也在船上安置妈祖像,祈求航海安全,妈祖成为被广泛信仰的民俗神。

五、结语:妈祖信仰和先祖祭祀

以上我们考察了香港坪洲岛天后宫前的祭坛上进行的中元建醮,并对在海滨、海上进行生产生活的人们进行的先祖祭祀和妈祖祭祀活动做了探讨。通过探讨,我们了解到这里的妈祖祭祀与包含祭奠海中幽魂的先祖祭祀相结合,并将这种独具特色的祭祀仪礼传承下来。

日本的华侨社会以长崎、神户、京都、横滨为中心形成,一直持续至今。其中历史最为悠久的是在室町时代成为中日贸易中心的长崎。长崎的妈祖神除了在中式寺院,如崇福寺(也称福州寺,福建省北部海商的檀那寺)、兴福寺(也称南京寺,上海、浙江省海商的檀那寺)、福济寺(也称泉州寺、漳州寺,福建省南部、台湾海商的檀那寺)、圣福寺(广东省海商的檀那寺)以外,还在清朝海商的居住地、商品交易地的唐馆被祭祀。

日本的各个村镇都建有佛寺,起源于佛教礼仪的盂兰盆会作为祭祀先祖的活动,在中元节,即七月十三至十五日期间进行,一直持续至今。

在这一背景下,我们发现在长崎的中式寺院、隐元禅师开创的京都万福寺、神户的关帝庙中,都有为华侨举行的基于佛教的盂兰盆会,但其中只有在长崎的崇福寺,同时还进行祭祀妈祖的活动。

在崇福寺,僧侣依照佛教礼仪举行水陆道场,只有在此期间,"南海观音菩萨"像才被抬出来,由出身于福建的华侨组织"三山公帮"对她进行祭祀。

长崎的三山公帮成立于日本近世时期。关于佛典并未出现的"南海观音菩萨"究竟是谁,无论崇福寺的僧侣,还是长崎华侨都不清楚。这个"南海观音菩萨"像呈现出海上乘着龙的女神的姿态,笔者推测是舟山普陀山上作为东海航海安全神的观音。很可能福建海商在去长崎的航路上遥拜普陀山,或者是在途中靠岸时登上过普陀山。这可以与他们所信仰的与航海相关的妈祖一同进行考察。

本文主要聚焦香港坪洲岛天后宫的中元建醮,关注海边那些曾经以渔业为主的地区,对他们与妈祖信仰相关的先祖祭祀进行了考察。在维持共同体、维系代际关系方面,先祖祭祀是不可或缺的。除了香港坪洲岛天后宫的中元建醮,还有福建文峰宫的中元节、长崎中式寺院的盂兰盆会中的妈祖祭祀。沿海地区的妈祖信仰、祭祀与地方上的先祖祭祀相结合的例子,可能在其他地区也有传承。

关于妈祖信仰,我们不仅关注它与地方共同体的生存环境、共同体的维持、以传承为目的的先祖祭祀的关联,也将其放在历史和面向现代的传承方面进行考察,希望能在人类文化遗产的视角下,对妈祖信仰有更多发现。

此外,值得注意的是,在清代,由于南海海域是葡萄牙、西班牙、英国的船只来往东南亚和中国的重要航路,率领着大船队与清政府和欧洲人对峙的海盗们往往在沿岸或者岛上的渔民中招募水兵。天后宫里装饰着带有大炮的大帆船,恐怕与他们的妈祖信仰中留存了海上作战的记忆有关吧。

在同一海域的长洲岛,据说有一个大洞窟,里面藏有张保仔留下的财宝,有很多游客从各地前来观光。这座岛以前是以渔业为主的,现在观光业成了岛上的重要产业。这里也祭祀着与海洋相关的妈祖和观音,游客们也会前往参拜。

中国在 2015 年拍摄了以张保仔为主人公的电视剧,而他也是著名电影《加勒比海盗3·世界的尽头》中 9 名"传说中的海盗"之一的原型。

在近代的前夜,海盗作为装备着大炮和洋枪的私军,得到渔民们支持的同时,时而与政府对峙,时而成为抵御外敌的英雄。张保仔和郑一嫂的形象超越了国界,得到了世界的关注,在电影和电视等新媒体中不断被赋予新的形象。

[本文系国家社会科学基金重大项目"海外藏珍稀中国民俗文物与文献整理研究暨数据库建设"(项目号:16ZDA163)、国家社科基金项目"东海海岛民间信仰谱系研究"(项目号:14AZJ005)、日本科研基盘 B"9、10 世纪敦煌佛教、道教、民间信仰融合资料的综合性研究"阶段性研究成果]

日本玉玦与勾玉的文化源流

李国栋

(浙江工商大学东亚研究院)

一、玉玦的起源与种类

1993年，日本福井县北部的芦原市桑野遗址出土了85件玉玦(见图1)，年代可以追溯到绳纹早期末至前期(7000—6500年前)。1996年，日本九州岛南端的鹿儿岛县、宫崎县一带也出土了年代大致相同的玉玦和石玦(见图2)。日本九州岛南端的玉玦和石玦出土于"火山赤土层"(akahoya)以下，而导致"火山赤土层"出现的"鬼界火山口"喷发是在6500年前(近年来，也有人按碳14加速器年代将其标注为7300年前)，所以很多日本学者认为，九州岛南端出土的玉玦和石玦才是日本最古老的。

图1 日本远古玉玦(福井县芦原市乡土历史资料馆)

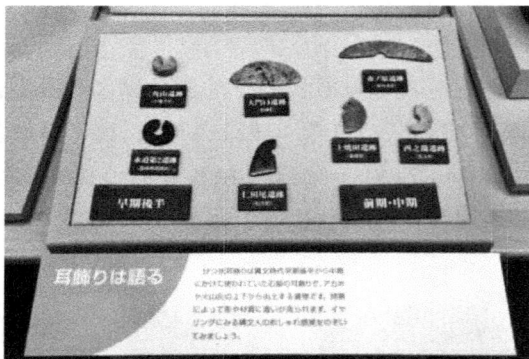

图2 日本远古玉玦(李国栋摄于鹿儿岛县上野原绳纹之林展示馆)

玉玦起源于中国内蒙古东南部及西辽河流域的兴隆洼文化圈(见图3)，年代可以追溯到8200年前。属于同一文化圈的辽宁阜新查海遗址也出土了8000年前的玉玦(见图4)。

7000—6500年前，长江下游的马家浜遗址(见图5)、河姆渡遗址(见图6)以及田螺山遗址也都出土了玉玦和石玦。这些玉玦和石玦与日本福井县桑野遗址和九州岛南端各遗址出土的玉玦和石玦基本同时，或略早。

图 3 兴隆洼玉玦(李国栋摄于赤峰市敖汉史前文化博物馆)

图 4 查海玉玦(李国栋摄于辽宁省博物馆)

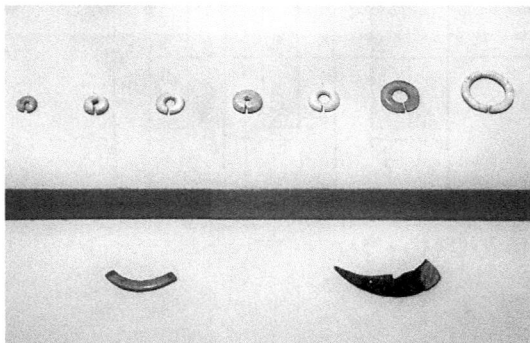

图 5 马家浜玉玦(李国栋摄于浙江省博物馆武林馆区)

图 6 河姆渡玉玦(《河姆渡文化精粹》[1])

　　日本学者川崎保曾在论文《玦状耳饰》[2]中将日本出土的玉玦和石玦按年代早晚分成以下 7 种类型:① 浮圈形,② 金环形,③ "有明山社"形,④ 指贯形,⑤ 圆盘形,⑥ 三角形,⑦ 椭圆形。

　　根据这个分类(见图 7)可知,浮圈形和金环形很古老。不过,从兴隆洼文化圈出土的圆盘形玉玦和日本宫崎县永迫第二遗址出土的圆盘形石玦判断,第五种圆盘形玉玦或石玦的起始年代肯定要早于绳纹前期中段,应该与浮圈形、金环形玉玦或石玦的起始年代大致相同,甚至更早。

---

① 河姆渡遗址博物馆:《河姆渡文化精粹》彩图 13,文物出版社,2002 年,第 36 页。
② 川崎保「玦状耳飾」,『季刊考古学』第 89 号,2004 年,第 19 页。

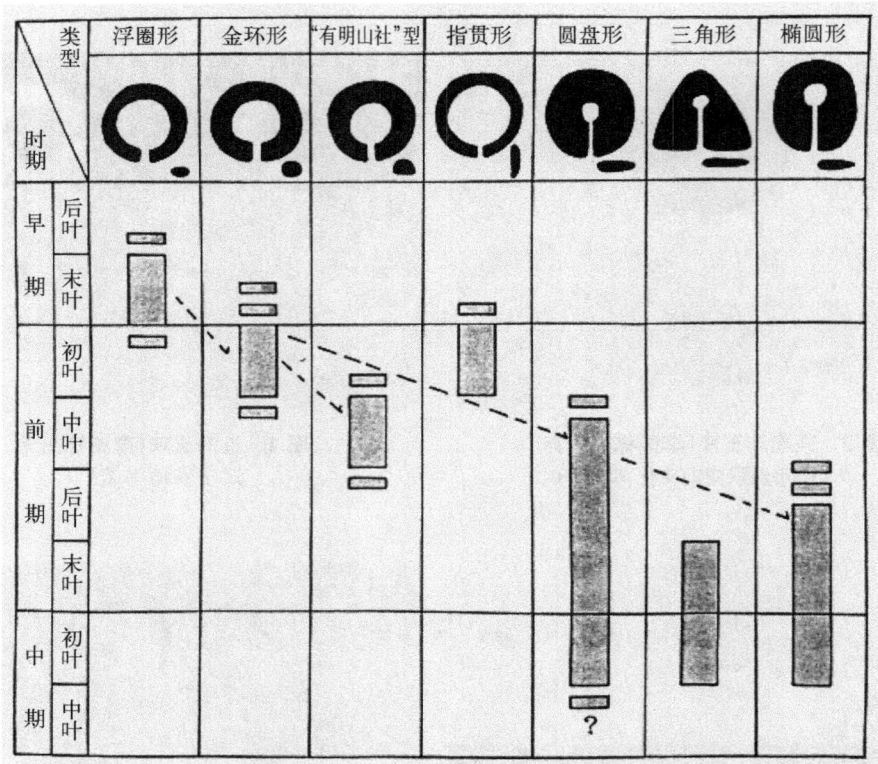

图 7　玉玦样式编年图表(《玦状耳饰》)

二、玉玦的传播及其形态学意义

关于长江下游的玉玦和石玦,人们推测应该源自北方的兴隆洼文化圈。特别是从时间上看,兴隆洼文化圈出现玉玦 1000 年后,日本列岛和长江下游几乎同时出现了玉玦和石玦,很像是从同一个源头同时传播出去的。另外,河姆渡玉玦和石玦中最古老的形态也是金环形和圆盘形。

但值得怀疑的一点是,兴隆洼文化圈的玉玦出土时会伴有玉匕(见图 8),而 7000—6500 年前长江下游的遗址中从来没出土过玉匕。因此,长江下游的玉玦和石玦是否源自兴隆洼文化圈,还不确定。相比之下,日本桑野遗址出土的玉玦倒是伴有玉匕,所以可以肯定,兴隆洼文化圈应该是日本桑野遗址出土玉玦的文化源头之一。

2002 年,韩国东海岸的江原道高城文岩里遗址出土了一对 8000—5000 年前的圆盘形玉玦。从形态上看,与兴隆洼文化圈的圆盘形玉玦近似。笔者推测,从朝鲜半岛东海岸到日本本州岛日本海一侧,应该有一条玉玦传播的海上通道。

日本玉玦研究专家藤田富士夫曾认为朝鲜半岛的玉玦是从日本传过去的。但是,

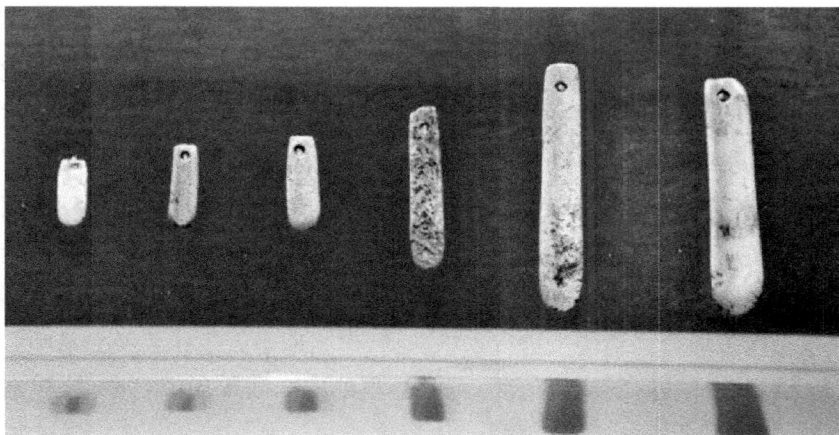

图 8　查海玉匕（李国栋摄于辽宁省博物馆）

当看到高城文岩里遗址出土的这对圆盘形玉玦（见图 9）后，他改变了想法，提出日本玉玦有两个文化源头——兴隆洼文化和河姆渡·马家浜文化。笔者基本同意他的意见。

其实，日本桑野遗址出土的玉玦比较复杂。除一些玉玦与兴隆洼玉玦近似以外，也有一些玉玦接近长江下游的马家浜

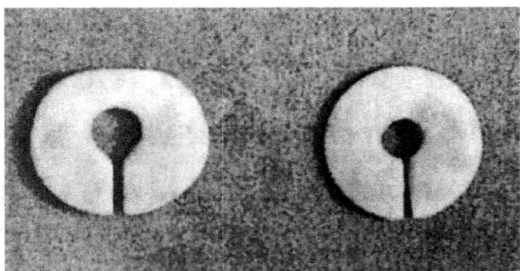

图 9　朝鲜半岛的远古玉玦（《环日本海玦饰始源的基础性研究》①）

玉玦或河姆渡玉玦，而且长江下游与日本列岛之间，从 9000 前起就存在一条海上通道——黑潮。

黑潮是一条巨大的暖流，春末夏初发源于菲律宾群岛东侧，由南向北流，流经台湾岛东侧后，从主流分出一条支流，称作"台湾暖流"，流向浙闽沿岸。"台湾暖流"受到舟山群岛阻挡，于是转向东流，这样便与黑潮主流的另一条支流"对马暖流"相接，然后流向日本九州岛北部和朝鲜半岛南部，最后进入日本海。其主流则流经日本九州岛南端，融入北太平洋环流，一直流向美国西海岸。

另外，中国江南一带的沿岸流是由北向南流，所以如果没有舟山群岛，仅靠人力划船是很难冲出沿岸流的。倘若冲不出沿岸流，也就根本去不了日本九州岛。但是，舟山群岛挡住了南下的沿岸流，使其转向东流。于是，江淮一带的稻作民便可以舟山群岛为跳板，顺利地冲出沿岸流，然后再在舟山群岛东侧接上"台湾暖流"，继续东进，最后进入"对马暖流"或黑潮主流。笔者认为，这就是长江下游玉玦和石玦传入日本本州岛

---

① 藤田富士夫「環日本海の玦飾の始源に関する基礎的研究」，『環日本海の玉文化の始源と展開』，敬和学園大学人文社会科学研究所，2004 年，第 9 頁。

日本海一侧和九州岛南端的具体路径。

福井县桑野遗址出土的玉玦多达 85 件,明显超出了个人使用范畴,所以我们可以将这些玉玦理解为交易品。也就是说,桑野遗址可能是日本玉玦进口地以及日本列岛的玉玦批发地,而它的海外交易对象则是长江下游和兴隆洼文化圈。兴隆洼文化圈至日本列岛日本海一侧的传播路径留待日后研究,仅就长江下游与日本列岛日本海一侧的传播路径而言,长江下游的玉玦交易者在夏季出海,在舟山群岛东侧乘"台湾暖流",然后接"对马暖流",然后进入日本海。进入若狭湾后,海流就会把船引向福井县桑野遗址一带。登陆后,他们应该是以玉玦与当地倭人进行物物交易,但当地倭人拿什么做交易呢?迄今为止几乎没有人探讨这个问题,但笔者猜测,可能是当地盛产的优质玉石原料,包括优质蛇纹石等美石。

当然,交易完成后,长江下游的玉玦交易者并不能马上返回。因为返回也需要等待合适的洋流。在日本海靠近朝鲜半岛一侧有一条寒流,叫"里曼寒流"。里曼寒流秋末冬初发源于堪察加半岛西侧的鄂霍次克海,由北向南流,经鞑靼海峡进入日本海,并继续南流。因此,长江下游的玉玦交易者只有等到冬季才能乘里曼寒流返回。也就是说,每年只能往返一次,夏季去,冬季回。

当然,7000—6500 年前还没有大型木船,只有长 10 米左右,宽 0.5—1 米,深 0.2—0.4 米的独木舟。长江下游的跨湖桥遗址出土了 8000 年前的独木舟(见图 10,残长 5.6 米,宽 0.53 米,深 0.2 米),田螺山遗址出土了 7000 年前的木桨(见图 11),而在日本本州岛日本海一侧也出土了许多远古时代的独木舟和木桨。1981 年,福井县鸟滨贝冢遗址出土了绳纹前期(7000—5500 年前)的独木舟,京都府教育委员会也保存日本绳纹前期的独木舟残部;福井县若狭湾历史民俗资料馆展示着绳纹前期独木舟的残部和绳纹后期(4500—3300 年前)的完整独木舟;新潟县立历史博物馆也展示着绳纹晚期(3300—2800 年前)独木舟

图 10 跨湖桥独木舟(李国栋摄于浙江省博物馆武林馆区)

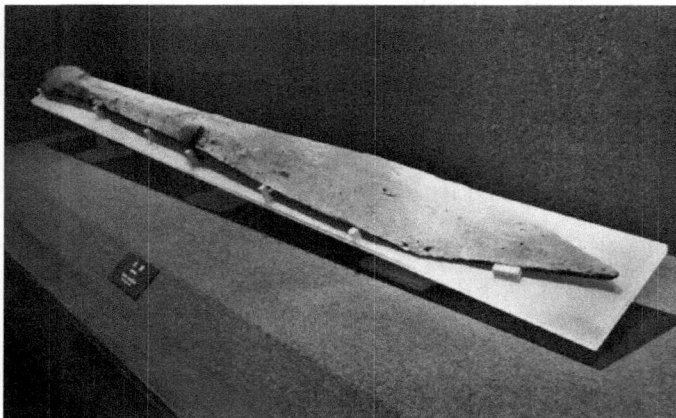

图 11 田螺山木桨(李国栋摄于河姆渡遗址博物馆)

的残部(见图 12)。今天,也许我们会认为用独木舟远洋航行极其危险,甚至连想都不敢想。但是,长江下游和日本列岛出土的玉玦、石玦告诉我们,危险并不能阻挡长江下游与日本列岛之间的文化交流。

迄今为止,很多人认为中日两国的古代交流始于日本弥生时代(3000—1700 年前)。但是,日本出土的绳纹早期末至前期的玉玦、石玦、独木舟、木浆以及黑潮和里曼寒流向我

图 12 日本独木舟图片(李国栋摄于新潟县立历史博物馆)

们证实,中日两国的古代交流一直可以追溯到 7000—6500 年前。

至于玉玦的形态学意义,一些中国学者以兴隆洼文化及红山文化为主线,认为玉玦是龙,甚至有人认为它就是红山文化"玉猪龙"的祖形。但在笔者看来,它不是龙,是蛇。玉玦是耳饰,中国远古时代有"珥蛇"习俗,但从来没听说过"珥龙"。再说,红山文化的"玉猪龙"也不是耳饰。

《山海经·大荒东经》曰:

> 东海之渚中,有神,人面鸟身,珥两黄蛇,践两黄蛇,名曰禺䝞。(中略)大荒之中,有山名曰孽摇頵羝。上有扶木,柱三百里,其叶如芥。有谷曰温源谷。汤谷上有扶木,一日方至,一日方出,皆载于乌。有神,人面、犬耳、兽身,珥两青蛇,名曰奢比尸。

大荒东经所说的"东海之渚"应该是指山东近海的某个岛。渚上的大神"禺䝞""珥两黄蛇,践两黄蛇"。从发音上看,这个"禺䝞"在文化脉络上应该与山东半岛海边的"嵎夷"相连。

"大荒之中"的山应该是指遥远海中的日本列岛。《三国志·魏书》"倭人"条曰:"倭人在带方东南大海之中,依山岛为国邑。"可见三国时代以前,日本列岛是以"山岛"为中国人所认知的。

"大荒之中"有"孽摇頵羝"山,山上有"奢比尸"神,"珥两青蛇"。山上有"扶木",山下有"汤谷",可见山上的"扶木"与太阳有关,应该就是传说中的扶桑树。日本远古被称为"扶桑国",而"扶桑国"的"奢比尸"神又"珥两青蛇"。结合日本远古时代的玉玦耳饰,笔者认为"奢比尸"神所珥的两条青蛇,应该就是两个青玉制作的玉玦。

三、勾玉的起源

在日本,玉玦大致流行于7000—5300年前,以后则被勾玉取代。关于勾玉的起源,学界尚无定说。在兽牙上穿孔,然后将其作为项饰曾被认为是勾玉的起源。但近年来,越来越多的学者认为勾玉是玉饰的一种,应该在各种玉饰的演变交替中探求其起源。日本勾玉研究专家铃木克彦在其论文《绳纹勾玉——从曲玉到勾玉》中指出:

> 关于勾玉,自坪井正五郎倡导牙玉起源说以来,牙玉起源说几乎成为定说。但近年来,人们更加重视勾玉对玦状耳饰半边再利用的可能性,以及勾玉最早在玦状耳饰工玉遗址制作等事实。(中略)勾玉的起源是绳纹勾玉,而绳纹勾玉的源流是曲玉(弯曲,或有凹曲)。曲玉有两个系统,一个是从绳纹中期开始出现的翡翠曲玉,另一个是从绳纹前期开始出现的翡翠之外的滑石类曲玉。我们可以发现,曲玉的盛行与玦状耳饰的衰退相伴,所以作为曲玉产生的动机,两者相互联动的可能性应该很大。相反,从绳纹早期到绳纹晚期一直都存在的牙玉对勾玉施加影响的可能性则很小。(笔者自译)[①]

以上引文中有三个重点。第一点,日本勾玉的源流是曲玉,而曲玉最早出现在绳纹前期(7000—5500年前);第二点,玉玦衰退与翡翠曲玉盛行相互联动;第三点,勾玉的起源应该源自对断裂后的玉玦的再利用,即"玉玦改造说",与加工兽牙无关。

在日本,最早出现的玉饰就是玉玦,主要流行于绳纹前期。不过在绳纹前期,滑石类曲玉也是存在的。仔细观察这个时期的滑石类曲玉,确实可以发现有些曲玉是由断裂后的玉玦改造而成的。

图13　田螺山玉玦与曲玉(李国栋摄)

在中国也是如此。2018年11月,笔者去浙江省余姚市的田螺山遗址参观,在浙江省文物考古研究所孙国平研究员的特别关照下,有幸参观了田螺山遗址现场馆的库房,并在那里看到了一些玉玦和由断裂后的玉玦改造而成的曲玉(见图13)。

因此从这意义上讲,曲玉的"玉玦改造说"是站得住脚的,而且由此我们也可以断定,始于绳纹前期的滑石类曲玉在形态学意义上也应该继承了玉玦的蛇意象。

---

① 铃木克彦「縄文勾玉——曲玉から勾玉へ」,『季刊考古学』第89号,2004年,第25页。

四、勾玉的形态学意义

从绳纹中期起,日本出现了翡翠曲玉。材质的变化也带来了形态的变化。首先,翡翠曲玉的一端开始变尖,新潟县丝鱼川市绳纹中期长者原遗址出土的曲玉就带有这种倾向。到了绳纹晚期前段(3300—3000 年前),翡翠曲玉的形态已经大致接近定型勾玉,但仍有一些区别。

日本北部的青森县有著名的朝日山遗址,属于绳纹晚期。该遗址出土了头部带有尖嘴状的曲玉(见图 14),可以看出鸟的意象,但尾部仍然是蛇。这种曲玉应该是鸟与蛇的结合。

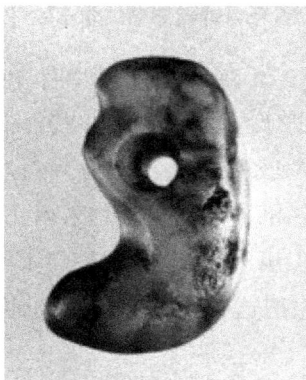

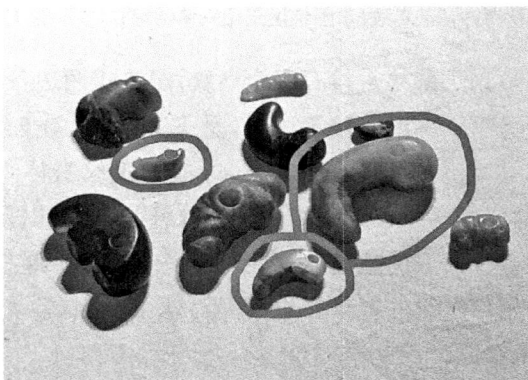

图 14　日本绳纹晚期勾玉　　　图 15　绳纹晚期至弥生中期的勾玉(李国栋
　　　　(青森县立乡土馆)　　　　　　　 摄于菜畑遗址末庐馆)

日本南部的九州岛唐津市有著名的宇木汲田遗址,始于绳纹晚期,弥生中期达到鼎盛。1930 年,该遗址出土了 15 件翡翠曲玉和定型勾玉,图 15 就是其中的一部分。图 15 中有定型勾玉(最大红圈中的勾玉,长 4.9 厘米),但也有非定型曲玉,还有非常接近定型勾玉但又尚未定型的曲玉,即图片下方红圈中的曲玉(2.3 厘米)和图片左上方红圈中的曲玉(1.8 厘米)。从形态上看,图片左上方红圈中的曲玉明显属于绳纹晚期或弥生早期,但图片中下方红圈中的曲玉则应该介于绳纹晚期曲玉与定型勾玉之间,年代上可能属于弥生前期。如果将这 3 件曲玉和勾玉作为一个时间系列来判断,我们则可以清楚地看到非定型曲玉在弥生中期演变为定型勾玉的变化过程。

另外,图片下方红圈中的曲玉和图片左上方红圈中的曲玉都继承了绳纹晚期翡翠曲玉的鸟头形,所以笔者认为,弥生中期以后虽然鸟嘴不见了,但定型勾玉中肯定依然包含着鸟信仰,而这层含义则是滑石类绳纹曲玉所没有的。

笔者曾去绍兴博物馆参观。绍兴是古越国的都城,绍兴博物馆里展示着许多长江下游古越族的文物，其中一件春秋时代的铜镈钟引起了笔者的特别注意。其钮部呈三角形，上面铸满了鸟纹和勾玉纹（见图16）。

图16　春秋镈钟钮部鸟纹（李国栋摄于绍兴博物馆）

图17　春秋镈钟钮部鸟纹勾玉纹（同图16）

　　三角形顶尖部第一排有四个鸟纹，第二排两边各有一个鸟纹，第四排和第五排两边又各有一个鸟纹。鸟纹都位于边缘，呈飞升状，但勾玉纹都位于中间。图17红圈内的都是典型勾玉纹。不过值得注意的是，这些勾玉纹身体上的纹样与鸟纹相似，而且形态也相通。另外，作为鸟纹和勾玉纹的背景纹样，我们可以在钮部支架上发现许多由正三角形和倒三角形组合而成的蝮蛇纹（见图18、图19）。由此我们可以知晓，蛇纹是勾玉纹的底色，而鸟纹则是勾玉纹的升华。也正因为这个原因，笔者想把这铜镈钟钟钮上的勾玉纹称为"鸟蛇勾玉纹"。

图18　春秋镈钟钮局部蝮蛇纹
　　　（同图16）

图19　蝮蛇三角纹（百度图片）

　　按照新的"弥生时代公元前10世纪起始说"[①]断代，春秋时代正好相当于日本弥生时

---

　　①　2003年5月，日本国立历史民俗博物馆运用碳14加速器（AMS）年代测定法，对弥生时代早期陶器表面的炭灰进行检测，然后再参照以1950年为数值0的"校正曲线"，提出了"弥生时代公元前10世纪起始说"。请参看藤尾慎一郎著『弥生時代の歴史』，講談社，2015年。

代前期和中期。在春秋战国时代的战乱中，曾有大量的吴越王室贵族战败后逃往日本列岛避难，文献中记载的吴泰伯之后入海为倭，或笔者考证出来的越国灭亡后越国子爵逃往日本九州岛南端避难①等，都可视为例证。在这一背景下，"鸟蛇勾玉纹"也自然会传入日本。因此笔者推测，日本弥生中期定型勾玉的出现，应该与此背景有关。

程海芸曾在其论文《日本铜镜、铜剑、勾玉的外来性与本土化》②中援引日本富雄丸山古坟出土的石制琴柱上的飞鸟形勾玉，指出日本弥生中期的定型勾玉中包含鸟信仰。虽然富雄丸山古坟本身是4世纪后期的古坟，但勾玉的形态与弥生中期的定型勾玉完全相同，所以确实可以作为弥生中期定型勾玉中包含鸟信仰的证据。不过，如果把视野扩展到长江下游的话，我们就会发现春秋时代的"鸟蛇勾玉纹"具有更强烈、更直接的证据性。在中国春秋时代到日本古坟时代这个大跨度历史背景下，我们可以更加清晰地看到日本弥生中期定型勾玉产生的必然性及其所蕴含的鸟蛇一体性。

［本文系浙江省哲学社会科学重点研究基地课题"稻作文化东传日本之研究"（项目号：20JDZD017）阶段性研究成果］

① 李国栋：《稻作背景下的贵州与日本》，贵州人民出版社，2012年，第114—123页。
② 程海芸：《日本铜镜、铜剑、勾玉的外来性与本土化》，《日语学习与研究》2019年第4期，第13页。

从斩蛇传说看东亚三国的大蛇信仰

程海芸

（日本广岛大学大学院文学研究科）

中国有《刘邦斩蛇起义》《孙叔敖杀双头蛇》《韦子春杀蛇》《李寄斩蛇》等杀蛇故事，日本有《八俣大蛇》，韩国有《消灭大蛇（蜈蚣）传说》，其中《李寄斩蛇》的故事与《八俣大蛇》《消灭大蛇（蜈蚣）传说》的故事有惊人的相似性。故事都涉及童女祭祀与大蛇信仰。所谓大蛇，指的是又粗又长的蟒蛇，在东亚范围内，只有中国长江下游有蟒蛇生存。耐人寻味的是，日本列岛与朝鲜半岛虽无大蛇生存，却都有大蛇传说乃至大蛇信仰，这一点值得我们深入研究。

一、大蛇吃童女

成书于东晋（317—420）的《搜神记》中有故事《李寄斩蛇》，内容大致如下：在福建东南地区有一条大蛇，长七八丈，六十余围，为祸一方，每年八月都要送去童女祭祀，已食九女。今年轮到将乐县李诞的小女儿李寄，李寄访求好剑和会咬蛇的狗，将数石米糍，用蜜麨灌之，置于穴口引蛇出洞，斩杀大蛇。后来李寄因斩蛇有功而成为越王妃。①

成书于公元712年的《古事记》中记载有八俣大蛇的故事。天照大神的弟弟须佐之男命在高天原做尽恶事，被放逐到出云国肥河鸟发地区，遇到国津神大山津见神之子足名椎与其妻手名椎正在哭泣，询问后得知八俣大蛇每年从高志来食一女，此番将食其女栉名田比卖。八俣大蛇体型巨大，据《古事记》记载："彼目如赤加贺智而，身一有八头八尾，亦其身生萝及桧榅，其长度溪八谷峡八尾，而见其腹者悉常血烂也。"②须佐之男命让足名椎酿造多次发酵的烈酒，将栉名田比卖变为汤津爪栉插于头上，然后用米酒醉倒八俣大蛇，最后用十拳剑斩杀了它，并于其尾部取出一把草薙剑。草薙剑即"日本三种神器"之一。

《朝鲜民谭集》中收录的《消灭大蛇（蜈蚣）传说》讲述了一户贫苦人家的遭遇。女儿与母亲相依为命，好心收养一只蟾蜍，蟾蜍日益长大，食量增多亦毫无嫌弃之意，仍将自己的

① 干宝：《搜神记》，中华书局，2009年。

② 神田秀夫、太田善麿校注《古事记》上，朝日新闻社，1962年，第219页。

米饭分于蟾蜍食用。村中有条大蛇要求每年选一名处女献给它，不然就引发灾祸，这次轮到这家女儿。蟾蜍悄悄跟在女儿后面，在洞口用毒气与大蛇搏斗，最终与蛇同归于尽。村民将大蛇从洞中拖出，焚烧了三个月零十天，自此之后再无牺牲处女的恶俗。①

三个故事都涉及大蛇吃童女。笔者认为此处的"吃"应有"娶"的含义，童女即尚未婚配的女子。《史记·滑稽列传》中有河伯娶媳的故事，虽是以西门豹治邺为主题，但内容谈及人们为安抚水神河伯而为其娶媳。其实，故事中出现的大蛇是男性的象征，近藤良树在《昔話·神話にみる蛇の役割——知恵·生命·異性の象徴となる蛇》一文中指出，蛇的头部与男根相似，象征男性②。吉野裕子也指出，八俣大蛇的神话是将蛇作为男祖先神的神话③。因此，象征男性的蛇要求人们供奉未婚女子，自然有娶妻之意。

《李寄斩蛇》的故事发生在福建。福建自古为古越人聚居地，气候湿润，种植水稻十分普遍。《八俣大蛇》的故事发生在出云国肥河（现在的岛根县斐伊川），其附近亦以大规模水稻种植为主。《消灭大蛇（蜈蚣）传说》的故事收录于韩国西南部的全北道全州郡完山町，当地作物亦以水稻为主。

从内容来看，三个故事也都如实反映出各自的稻作背景。李寄引诱大蛇出洞时有这样的描述，"先将数石米糍，用蜜麨灌之，以置穴口"，于是"头大如囷，目如二尺镜"之蛇，"闻糍香气，先啖食之"。这里的"米糍"又称糯米糍，也称糯米粑，是稻米的精华。在《八俣大蛇》故事中，须佐之男命是用八桶米酒来引诱八俣大蛇的。《诗经·豳风·七月》云："八月剥枣，十月获稻，为此春酒，以介眉寿。"米酒与米糍一样，都是稻的精华。另外，足名椎与手名椎女儿名叫"栉名田比卖"，古日语读"kushinadahime"，其中"名田"（nada）为稻田之意，"kushi"指梳栉，所以"栉名田比卖"的本义即"头戴梳栉的稻田姑娘"。笔者在贵州做田野调研之时发现，作为传统稻作民族的苗族女性每人都头戴梳栉，所以梳栉习俗应该与稻作文化相关。在《消灭大蛇（蜈蚣）传说》中，女儿将米饭分与蟾蜍食用。但是，蟾蜍本不食米饭，据此亦可看出其稻作背景。

在稻作文化圈，大蛇为水神，是水源的控制者和洪水的制造者，直接左右湿地稻作的丰收与否。在采集狩猎文明时期，女性负责采集野生稻米，男性负责外出猎物，所以女性自古与稻作密切相关。而大蛇象征男性，所以大蛇与女性结合则预示稻谷丰产。

在贵州，苗族妇女的耳饰中多有蛇形，她们的银饰项圈亦为盘蛇状，让人联想到古代项蛇的巫人。在福建也是如此，清施鸿保曾在《闽杂记》卷九《蛇簪》中记载："福州农妇多带银簪，长五寸许，作蛇昂首之状，插于髻间，俗名蛇簪。"④

吉野裕子在《蛇——日本の蛇信仰》一书中指出，日本原始祭祀是以蛇神与蛇巫为中

---

① 孙晋泰·增尾伸一郎『朝鮮民譚集』，勉誠出版，2009 年。
② 近藤良樹「昔話·神話にみる蛇の役割——知恵·生命·異性の象徴となる蛇」，西日本应用論理学研究会·広島大学論理学研究室，『HABITUS』2012 年第 16 期。
③ 吉野裕子『蛇——日本の蛇信仰』，講談社，1999 年。
④ 施鸿保：《闽杂记》卷九《蛇簪》，福建：福建人民出版社，1985 年。

心展开的,主要表现为女性蛇巫与蛇神交合,生蛇神并祭祀蛇神。日本邪马台国的女王卑弥呼是精通鬼道的侍蛇巫女。《魏志·倭人传》记载:"倭国乱,相攻伐历年,乃共立一女子为王,名曰卑弥呼,事鬼道,能惑众,年已长大,无夫婿,有男弟佐治国。自为王以来,少有见者。以婢千人自侍,唯有男子一人给饮食,传辞出入。居处宫室楼观,城栅严设,常有人持兵守卫。"①卑弥呼被众多学者认为是《日本书纪》中所记载的倭迹迹日百袭姬命,其丈夫是蛇神"大物主神"。

> 是后,倭迹迹日百袭姬命,为大物主神之妻。然其神常昼不见而夜来矣。倭迹迹姬命语夫曰:"君常昼不见者,分明不得视其尊颜。愿暂留之,明旦仰欲觐美丽之威仪。"大神对曰:"言理灼然。吾明旦入汝栉笥而居。愿无惊吾形。"爰倭迹迹姬命心里密异之。待明以见栉笥,遂有美丽小蛇,其长大如衣纽,则惊之叫啼。时大神有耻,忽化人形,谓其妻曰:"汝不忍,令羞吾。吾还令羞汝。"仍践大虚,登于御诸山。爰倭迹迹姬命仰见而悔之急居,此云芫岐于,则箸撞阴而薨。乃葬于大市。故时人号其墓谓箸墓也。是墓者,日也人作,夜也神作,故运大坂山石而造,则自山至于墓,人民相踵,以手递传而运焉。②

倭迹迹日百袭姬命因箸撞阴部而死,而箸则可以理解为男蛇的化身。由此判断,卑弥呼确实是侍蛇之巫。卑弥呼也非常重视铜镜,《三国志》记载,魏明帝曾赐予卑弥呼铜镜百枚。日语中"镜"的日语读音是"kagami",本义为"蛇目"。三角缘神兽镜被认为是卑弥呼之镜,而日本环境考古学家安田喜宪在《日本神話と長江文明》一书中曾指出,三角缘神兽镜的三角纹为蛇纹③。中国福建樟湖镇的游蛇灯上也有三角纹,可见卑弥呼所喜欢的三角缘神兽镜也与蛇有关。

另一方面,在济州岛地区蛇神常与祖先崇拜结合在一起,而主持者是女性。蛇被看作是村里的守护神,可以带来丰收、祛除疾病,由女性来主持巫俗礼仪。玄珍瑚在「研究ノート 韓国済州島における蛇神信仰考:環東シナ海文化領域における比較の視点から」一文中指出,济州岛地区祭祀的是蛇神七星,在家庭内祭祀的蛇神称为内七星,在家庭外祭祀的蛇神称为外七星。祭祀内七星时由家庭主妇持供物在储藏食物的库房中祭祀,一般与祖先崇拜结合在一起。祭祀外七星之时选在内庭清净的场所,将收获的五谷种放在瓦片中,上面铺上稻秆来祭祀④。崇拜蛇神与祖先和稻谷结合在一起,可见蛇信仰之于济州岛人民的重要性。村上祥子在「諸文化圏における龍と蛇の様相(役割と姿・形・イ

---

① 石原道博訳『魏志倭人伝·后汉书倭伝·宋书倭国伝·隋书倭国伝』,岩波書店,1951年,第112頁。
② 坂本太郎·家永三郎·井上光贞·大野晋『日本书纪』,岩波書店,1994年,第507頁。
③ 安田喜憲『日本神話と長江文明』,雄山閣,2015年。
④ 玄珍瑚「〈研究ノート〉韓国済州島における蛇神信仰考:環東シナ海文化領域における比較の視点から」,『比較民俗研究』2000年第17期。

メージ）の研究——民俗からみる朝鮮半島の蛇」一文中指出："蛇在韩国社会有很大的意义，远古在冥界为死者的守护者，意味着死亡、新生和收获，象征王权。"①由此可见，"新生"与"收获"应是其本质含义。

综上所述，女性与稻作密不可分，稻作又需要蛇神来护佑，女性与蛇神又具有阴阳交合的象征意义。因此，三者相互结合，完美地表达出稻作民族祈求稻作丰产与人丁兴旺的愿望。

二、童女的救助者

三个故事的主要情节都是救助童女而杀蛇，但杀蛇者截然不同。在《李寄斩蛇》中，作为牺牲的李寄为自救杀蛇，体现出英雄主义。李寄斩蛇后其行为受到褒奖，成为越王之妃。如果再结合故事开头所描述的"东越闽中"，可知李寄所嫁之人应为东越王余善。结合汉武帝时期对闽越地区的征伐，可知东越确实具有塑造弱者李寄战胜强者大蛇的必然性。另一方面，这个故事也体现出闽越人由敬畏大蛇，到试图征服大蛇，再到信仰大蛇的转变过程。

闽越地区气候湿热，草木繁盛，适合大蛇生存。《汉书·高帝纪》记载，汉武帝欲出兵征讨闽越，淮南王刘安则上书曰："南方暑湿，进夏瘅热，暴露水居，蝮蛇益生。"闽越人因畏蛇而仿蛇避害，《汉书·地理志》中提到，古越人"文身断发，以避蛟龙之害也"。《李寄斩蛇》中也谈及"祭以牛羊，故不得害"。大蛇因不满足于牛羊，进而转向童女。但是，人类不希望一直被支配，于是想试图征服大蛇，固有杀蛇传说。但是，蛇神被物化成水神后，人类又逐渐产生了大蛇信仰。

《说文解字》曰"闽，东南越，蛇种，从虫门生"，由此可见闽越人"重巫尚蛇"。古闽人以蛇为图腾，常常将蛇供奉于门内。闽越地区现在也有蛇神祭祀的活动。魏苏宁在《闽越人蛇图腾崇拜研究》中讲到闽越地区有蛇王节和游蛇灯节日②。蛇王节在每年六月下旬，当地男丁捕蛇交到蛇王庙集中喂养，到了农历七月初七，每人认领一条，参加蛇王节游行活动。游行队伍中间抬着蛇神塑像和神龛，神龛中置一大盆，装有大蛇，其余游行众人各拿一条蛇，或执于手中，或盘于肩上，或缠于身上，谓之人蛇共游。当人蛇游行队伍经过时，各家都要恭迎蛇神。游行结束后，蛇被带到闽江边放生。游蛇灯活动在每年正月十七、十八、十九日三天举行。游行前民众用不同颜色的纸糊好蛇形象，蛇嘴张大，双眼圆睁。游行时各户出一个男丁，手持一木制灯板。傍晚时分游蛇灯活动正式开始，前有一蛇头，中间由各块灯板组成游蛇灯队伍，最后是蛇尾，队伍可长达几里路。

① 村上祥子「諸文化圏における龍と蛇の様相（役割と姿・形・イメージ）の研究——民俗からみる朝鮮半島の蛇」，『人文・自然・人間科学研究』第 20 号，2008 年，第 30—50 頁。
② 魏苏宁：《闽越人蛇图腾崇拜研究》，《闽西职业技术学院学报》2008 年第 1 期，第 50—52 页。

午夜时分,游行结束后要将蛇头、蛇尾抬到蛇王庙焚化,祈祝蛇神上天,保佑五谷丰登,国泰民安。不论是蛇王节的活动还是游蛇灯活动都是稻作民族祈求稻作丰收而举行的祭祀活动,体现了蛇信仰。特别是游蛇活动中的大蛇,笔者认为极有可能就是《李寄斩蛇》中大蛇的原型。

在《八俣大蛇》故事中,斩杀八俣大蛇的是须佐之男命。据《古事记》记载,须佐之男命拒绝管理海原,在姐姐天照大神治理的高天原作乱,被流放出云国鸟发,并在当地征服统治者八俣大蛇,娶国津神的女儿栉名田比卖为妻,这些情节都反映出外来势力侵入新领地,并与当地土著融合的过程。正如琼琼杵尊登陆日向国后,便迎娶当地山神女儿木花开耶姬为妻一样。须佐之男命斩杀大蛇之时将栉名田比卖变成梳子戴在头上,这其实也象征着当地统治权已转移到须佐之男命身上。

虽借助斩蛇神话传达统治权的更迭,稻作民族的大蛇信仰却代代相传。当今的出云大社神乐殿前悬挂着一条巨大的注连绳,象征两条交尾的大蛇。在日本鸟取县的倭文神社,每年 10 月 10 日都会举行蛇神祭祀。人们用水稻秸秆编织成五米长的大蛇,众男子抬“蛇”游行,其中一男子骑在蛇上。供品为 12 个人形御供,御供包含一个人形面,还有海带、御币和米饼等。在蛇神祭祀的最终阶段,人们将稻秆蛇点燃,于是,蛇由有形的蛇变成无形的神。

在《消灭大蛇(蜈蚣)传说》故事中,杀蛇的是蟾蜍。朝鲜半岛自古有蟾蜍信仰,《三国史记·高句丽本纪》记载,高句丽始祖东明圣王朱蒙之母为河伯之女柳花,因与解慕漱私通,被流放于优渤水,被扶余王金蛙带回,后受日光照射而怀孕。故事中的金蛙即蟾蜍。河伯是水神,应为蛇神,其女与太阳神结合而生朱蒙,又受金蛙眷顾。这一情节反映出蛇信仰、蟾蜍信仰与太阳神信仰,但从故事结局蟾蜍杀蛇报恩来看,应蟾蜍信仰更强[1]。

从生态学角度看,蛇与蟾蜍都喜水,且两者皆食害虫,都有利于稻作丰产。古时候,日属阳,月属阴,蟾蜍是“阴”的象征物,是月亮的象征,《淮南子·精神训》中有“日中有踆乌,而月中有蟾蜍”的记载,西汉马王堆汉墓里出土的帛画右上方体现为日中有鸟,左上方体现为月上有蟾蜍,中间为人首蛇身。这些体现的应该是稻作民族的太阳信仰、蛇信仰、蟾蜍信仰。马王堆汉墓位于湖南省长沙市芙蓉区的马王堆乡,是西汉初期长沙国丞相、轵侯利苍的家族墓地,那里有大片的稻田湿地。当然,在北方地区也有蟾蜍信仰,距今 8000 年前的查海遗址中出土了蛇衔蟾蜍陶罐,这在新石器时代考古遗址中尚属首次发现。查海遗址位于辽宁省阜新市的缓坡台地之上,距离高句丽不远。

福冈县京都郡苅田町 5 世纪末到 6 世纪初的番冢古坟中出土了百济系陶器和蟾蜍形饰金具。此外,在福冈县浮羽郡吉井町富永珍敷塚古墓里壁画有蟾蜍、四神、马以及手拿

---

① 金富轼著,金思烨訳『三国史记』,明石书店,1997 年。

罩网的人物,齐藤忠在《日本考古学研究2　壁画古墳の系譜》中认为该壁画受到中国图文影响,与高句丽的古坟壁画相似①。由此判断,中国的蟾蜍信仰是经过朝鲜半岛传到日本九州岛北部的。

蟾蜍信仰与蛇信仰本为稻作民族的共同信仰,但蟾蜍食害虫,北方旱作畜牧民族也视蟾蜍为益虫。高句丽的祖神朱蒙的父亲金蛙王与蟾蜍信仰相关,便是一例。《三国史记·百济本传》记载,高句丽建国后,朱蒙的儿子沸流和温祚南下,沸流选择海边建国,但因受不了湿气而亡②。可知北方旱作畜牧民族曾有南下征伐的历史。朝鲜半岛南部是稻作文化圈,信仰大蛇。因此,《消灭大蛇(蜈蚣)传说》中蟾蜍与蛇同归于尽的结局所反映的,应该就是北方旱作文化南下时与南方稻作文化的冲突。

朝鲜半岛有一种"龙纹席"(见图1),图中两"龙"头部呈现三角形状,身体犹如流水,可推断其图案原型是蛇,中间是蟾蜍。蟾蜍与蛇分别象征两种不同的文化,而从这个意义上讲,"龙纹席"正反映出朝鲜半岛南北两种不同文化的融合。

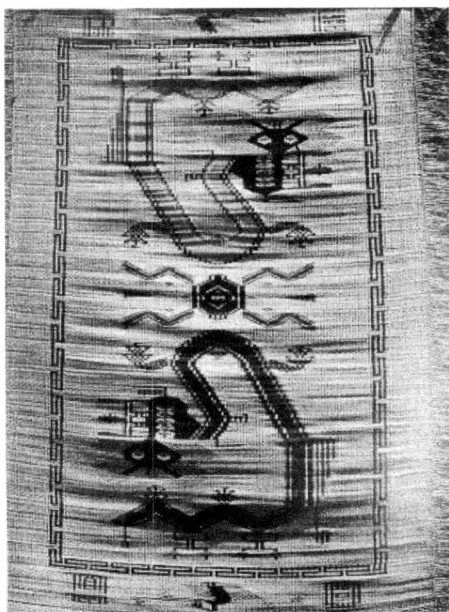

图1　龙纹席(印炳善『韓国の藁と草の文化』,法政大学出版局,2006)

三、大蛇信仰的由来

《李寄斩蛇》与《八俣大蛇》都提到以剑斩蛇。在中国,青铜剑始于商代,剑身短,犹如柳叶,但制作技术相对粗糙,直到春秋战国时期,其制作技术才渐变纯熟。

越王勾践之孙州句的铜剑上有两蛇交尾图案(见图2),应为祭祀所用剑。越王勾践剑亦与蛇有关。其剑长55.7厘米,柄长8.4厘米,剑宽4.6厘米,剑首外翻卷成圆箍形,内铸有间隔为0.2毫米的同心圆,剑身上布满规则的黑色暗格绞索纹,笔者认为这与日本神社前悬挂的标绳相似,象征交尾蛇。剑首同心圆,应是太阳的象征。这也体现出剑本身作为武器所具有的实用性与作为祭祀器所具有的神圣性。

其实,早在3000多年前闽越地区的陶器上就已出现许多蛇纹样。例如,在福建闽侯黄土仑遗址出土的黄土仑陶器仿铜纹样中,就随处可见蛇纹样(见图3),与后代青铜剑上的蛇神符号一脉相承。

① 斎藤忠『日本考古学研究2　壁画古墳の系譜』,学生社,1989年。
② 『三国史记』,明石书店,1997年。

图 2　州句剑（程海芸摄于浙江省绍兴博物馆）

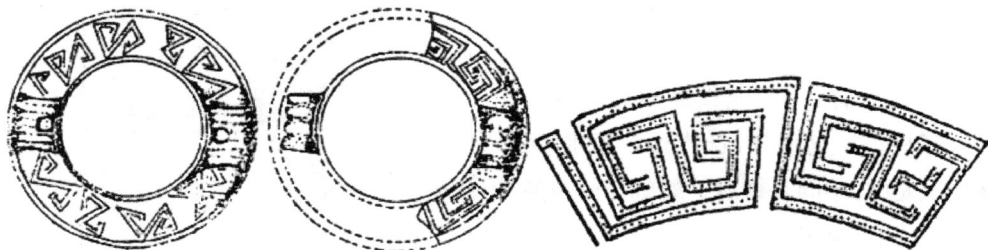

图 3　黄土仑陶器仿铜纹样（引自常浩：《黄土仑类型的文化
因素与社会性质分析》,《福建文博》2009 年第 3 期）

另一方面，根据日本《古事记》记载，草薙剑取于八俣大蛇尾部，由须佐之男命献给天照大神。天照大神将草薙剑等三种神器授予其孙琼琼杵尊，自此草薙剑便作为天皇的象征被长期保存在内宫。但崇神天皇时，草薙剑被从内宫请出，送往热田神宫，传承至今①。

《八俣大蛇》故事的发生地附近有荒神谷遗址，该遗址出土了 358 本铜剑，属于中细型铜剑，其体积比北九州出土的铜剑大，多数铜剑上刻有×字纹。关于铜剑上×字纹的含义，学术界虽未有明确的解释，但从长江流域的传统纹样来看，×字纹代表火灵，同时也代表蛇神交合。×字形如日本神社屋顶两端的千木（chigi），而“chigi”的日语本义就是“蛇神之木”。

丰田有恒在《開かれた知の世界—アジア史学会と北東アジア研究—》一文中指出，荒神谷遗址出土的 358 把铜剑中 1 把来自朝鲜半岛，343 把来自中国华北，14 把为两者混合。出土的铜矛中 4 把来自朝鲜半岛，10 把来自华北，2 把是两者混合。出土铜

①　武田佑吉・中村启信『新订古事记』，角川文库，1979 年。

铎中 5 个来自朝鲜半岛,1 个来自华北[1]。这说明,荒神谷曾是日本、中国、朝鲜半岛的文化交流地。

实际上,日本九州岛北部是青铜器最早的传播区,最古老的青铜器可以追溯到公元前 8 世纪末福冈县今川遗址出土的铜刃,由辽宁式铜剑的碎片加工研磨而成。在稻作萌芽期的菜田遗址也发现了目前已知日本最早的石剑和最早的稻田。李国栋曾在《稻作背景下的贵州与日本》一书中指出,菜田遗址“菜”发“na”音,其本义为“稻”;奴国的“奴”也发“na”音,奴国即“稻国”。而且奴国王墓中还出土了 30 多面西汉镜,8 把以上细形、中细形铜剑、铜戈和铜矛。

至于九州岛北部的铜剑与本州岛出云地区铜剑的关系,武光诚在『邪馬台国がみえてきた』一书中指出,1 世纪前半北九州沿岸到出云地区是发达地区[2];李国栋也在『「いづものくに」の来歴』一文中指出,九州岛北部与出云地区本为一体,奴国对出云地区的影响很大。

日本弥生时期出现的细形铜剑源于辽宁式铜剑(曲刃青铜短剑),细形铜剑经朝鲜半岛东南部传到日本九州岛。笔者在《日本铜镜、铜剑、勾玉的外来性与本土化》中曾指出,弥生时代中期以后铜剑开始大型化,逐渐变成祭祀对象,从这一点可以清楚地看到铜剑在日本的本土化[3]。九州岛北部吉武高木遗址 3 号墓中出土了 1 把铜矛、1 把铜戈、2 把铜剑、1 枚多纽细文镜、1 个翡翠勾玉、95 个碧玉制管玉。这是铜镜铜、剑和勾玉第一次在王墓中一起出土,由此可见,铜剑传到日本列岛后,它不仅具有作为武器的实用性,也同时兼具宗教祭祀性。

从《八俣大蛇》的故事情节来看,八俣大蛇每年从高志(koshi)来到出云国鸟发,而草薙剑又取自八俣大蛇尾部,所以也可以理解为草薙剑来自高志。当然,高志(koshi)指日本“越”(koshi)地区,这个“越”则让人联想到中国长江下游的越地区。

《李寄斩蛇》的故事发生在“东越闽中”。“越”字在福建闽东语中读“uɔh”,在闽南语中读“uat”[4],而日本古代倭人就叫“wa jin”,与闽南语“越”字读音“uat”相同。由此可见,日本古代倭人与闽越人同种,都是古越族的一个支系。

森浩一在《列岛的地域文化》一书中指出,出云系神话是以水神、蛇神、雷神崇拜为中心的宗教和政治组织为特征,基于农耕经济的神仙祭祀占据了重要地位,而且明显地表现出与朝鲜半岛的文化交流[5]。文中的农耕,应该是指稻作农耕。

稻作农耕起源于中国的长江中下游。崎谷满通过分析染色体基因,认为 Y 染色体单

①　豊田有恒「開かれた知の世界—アジア史学会と北東アジア研究—」,『総合政策論叢』(5),島根県立大学総合政策学会,2003 年。
②　武光誠『邪馬台国がみえてきた』,筑摩書房,2000 年。
③　程海芸:《日本铜镜、铜剑、勾玉的外来性与本土化》,《日语学习与研究》2019 年第 4 期,第 13 页。
④　李珍华,周长楫:《汉字古今音表》(修订本),中华书局,1999 年,第 246 页。
⑤　森浩一『列島の地域文化』,中央公論社,1986 年。

倍群 O1B1/O1B2 系统出自传播长江稻作农耕的一群人,O1B1 和一部分 O1B2 南下,成为百越,剩下的 O1B2 则去到了山东半岛、朝鲜半岛以及日本列岛[①]。藤尾慎一郎也在《弥生时代的历史》中指出,水田稻作起源于 7000 多年前的长江下游,经由朝鲜半岛南部,于公元前 10 世纪后半叶传至日本九州地区。李国栋指出,出云大社附近有稻佐之滨,在那里,每年农历十月十日都要举行“迎神祭”,显示稻作神是从海外来到日本的[②]。笔者推测,蛇信仰就是这样随稻作农耕传到朝鲜半岛和日本列岛的。

朝鲜半岛的铜剑样式主要分为辽宁式铜剑(曲刃青铜短剑)与韩式铜剑,但这两种铜剑中并未表现出明显的大蛇信仰。从考古成果来看,曲刃青铜短剑是从中国东北地区传入朝鲜半岛的,但朝鲜半岛没有大蟒蛇,所以自然缺少与大蛇的关联性。

但是,日本列岛也有很多来自长江下游的越人。李国栋曾根据黑潮海流图指出,长江下游的越人可以通过黑潮海流的支流“对马暖流”进入日本海,并到达日本“越”地区[③]。因此,日本铜剑与朝鲜半岛的铜剑不同,整体上显示出鲜明的剑蛇一体性。因此从这个意义上讲,中国的《李寄斩蛇》、日本的《八俣大蛇》和韩国的《消灭大蛇(蜈蚣)传说》所表现出来的蛇信仰以及蛇剑一体性的有无,恰好折射出东亚三国远古文化交流的共通性和差异性。

[本文系浙江省哲学社会科学重点研究基地课题“稻作文化东传日本之研究”(项目号：20JDZD017)阶段性研究成果]

---

① 崎谷満『DNA・考古・言語の学際研究が示す新・日本列島史』,勉誠出版,2009 年。
② 李国栋「「いづものくに」の来歴」,『広島大学大学院文学研究科論集』2010 年第 70 期。
③ 李国栋：《稻作背景下的贵州与日本》,贵州人民出版社,2012 年。

赴日元僧明极楚俊与日本公武社会

曾昭骏

（关西大学文学研究科）

  日本镰仓时代后期，中国禅宗僧侣相继赴日，将禅宗带入日本社会，成为日本社会的新兴宗教，被称为镰仓新佛教。对于禅宗在日本社会的受容，日本学者关注已久。川添昭二认为探讨镰仓佛教的形成离不开中国佛教，而宋元之际赴日的禅宗僧侣自然功不可没①。村井章介将 13 世纪中叶到 14 世纪中叶——中国禅宗僧侣赴日的大约百年间称为"渡来僧的世纪"②。中国学者夏应元、孙东临也对这批东渡日本的中国禅僧的事迹及影响作出了高度评价③。近年来，中国学术界对赴日僧研究的关注也逐渐增多。

  然而就目前中日相关研究成果来看，对南宋时期赴日僧的研究和关注多于元代，研究成果相对集中在宋僧兰溪道隆、无学祖元和元僧一山一宁这三位史料留存相对丰富并有突出影响力的僧侣，其中扛鼎之作当属江静的《赴日宋僧无学祖元研究》④。该书在对无学祖元赴日事迹进行详细调查的基础上，深入分析了无学祖元对当时日本镰仓幕府的武士以及后世法脉的影响。受该研究影响，此后相继出现了对元代赴日的清拙正澄、竺仙梵仙的相关研究⑤。然而，对于与清拙正澄、竺仙梵仙同时期赴日的明极楚俊，至今在中日学界仍无专门研究⑥。

  明极楚俊（1262—1336）是赴日僧中唯一一位赴日以前有十刹官寺住持经历的禅僧，正因如此，其赴日在当时的日本社会引起了巨大轰动。后醍醐天皇更是置镰仓幕府于不顾，破格亲自接见。日本著名军记物语《太平记》中专门有一章节为"元朝俊明极渡朝之

---

  ① 川添昭二「鎌倉仏教と中国仏教—渡来僧を中心として—」，氏著『対外関係史の史的展開』第四章，文献出版，1996 年，第 117—143 頁。

  ② 村井章介『東アジア往還：漢詩と外交』，朝日新聞社，1995 年。

  ③ 夏应元：《中国禅僧东渡日本及其影响》，《历史研究》1982 年第 3 期，第 181—192 页。孙东临：《东渡日本的宋元僧侣及其在日本文学史上对贡献》，《日本问题》1987 年第 1 期，第 48—54 页。

  ④ 江静：《赴日宋僧无学祖元研究》，商务印书馆，2011 年。

  ⑤ 许语：《赴日元僧清拙正澄在日活动研究》，浙江工商大学硕士论文，2018 年。程璐璐：《赴日元僧竺仙梵僊研究》，浙江工商大学硕士论文，2018 年。

  ⑥ 目前关于明极楚俊的研究主要集中在文学史、美术史领域，如田中一松「明極楚俊贊南叟慧居士寿像について」（『国華』第 71 編第 3 册，1962 年，第 131—136 頁）、荫木英雄「明極楚俊の詩」（氏著『五山詩史の研究』，笠間書院，1977 年）、江静《天历二年中日禅僧舟中唱和诗辑考》（《文献》2008 年第 3 期，第 144—152 頁）。

事",讲述了后醍醐天皇慕名接见问道的经过①。该书还称,此等外国尊宿的招请实乃千载一遇。当代日本禅宗史学者玉村竹二也认为明极楚俊"令当时的日本禅林唯恐礼让之不及",其赴日标志着日本禅宗达到了与中国禅宗界对等的水平②。明极楚俊赴日的意义非同一般。然而,由于明极楚俊赴日正处于日本镰仓幕府灭亡天下大乱之际,其语录及相关资料保存情况欠佳,又多未刊刻③,造成现今通史中必谈而无专门研究的现状。

因此,笔者拟对明极楚俊的赴日背景及其赴日后的活动进行考察。同时,由于明极楚俊赴日时已年近古稀,在元代丛林有丰富的演法经历,相较于其他赴日僧而言,对明极楚俊赴日背景的考察不但有助于丰富中日禅宗文化交流史的研究成果,也有望加深目前相对薄弱的元代禅宗的研究。

一、明极楚俊在元朝禅林的活动与地位

1. 基本行状

明极楚俊的基本传记史料有元僧无梦昙噩撰写的《佛日焰慧禅师明极大和尚塔铭》④(下文简称《塔铭》)和日僧铁堂楚心撰写的《明极禅师行状》⑤(下文简称《行状》)。《塔铭》写成于至正二十二年(1362),是时任天童寺住持的无梦昙噩受明极楚俊弟子即入元僧得闲所托,在孤峰德明所作行状基础上编撰而成。该《塔铭》史料可信度很高,也是后世僧传中明极楚俊传记内容的主要出典。而日僧铁堂楚心所作《行状》,成书年代不明,作者身份亦不明。其中有些描写与史实有出入,现在普遍被认为是后世的加工创作。

除传记资料以外,明极楚俊也有语录刊本和写本若干版本存世。然而由于明极楚俊在元朝就已经刊行过《明极楚俊语录》(以下简称《语录》),赴日后又五坐道场,再付梓行。《语录》在流传的过程中出现了漏抄混抄,造成现存《语录》编年混乱,几无完本。上村观光在《五山文学全集》中虽然收录有《明极楚俊遗稿》⑥,但是只摘取了《语录》中的诗文部分,难窥其全貌。本节中主要就《塔铭》,辅以部分《行状》及《语录》的内容对明极楚俊在元朝期间的活动进行考察。

首先,据《塔铭》可知,明极楚俊俗姓黄,四明昌国(今舟山市定海区)人。12岁时,于乡里灵岩寺礼竹窗喜出家,次往同郡九峰吉祥寺坐夏三年,再往天童山参月坡普明,又于

---

① 长谷川端校注:《太平记》卷四,《新编日本古典文学全集》55,小学馆,2002年,第179—182页。
② 玉村竹二「元末名尊宿の日本への招聘」,『禅文化』第6號,1956年,第7—11页。
③ 《明极楚俊语录》的刊本有仿元刊本和五山版。仿元刊本收录了其在中国期间的《四会语录》,刊刻于明极楚俊赴日之初。此后日本南北朝中期(14世纪三四十年代)刊刻的五山本仅收录了明极楚俊先后两次住持建长寺的内容。而其语录写本有神户广严寺藏本、东京内阁文库藏本、京都建仁寺两足院藏本。据笔者考察,三写本均成书于15世纪以后,所用底本为前述刊本及其他佚失本,但三者之间内容又各有差异。
④ 《续群书类从》第9辑第230卷,续群书类从完成会,1924年,第416—418页。
⑤ 《大日本史料》第6编第3册,东京大学史料编纂所,1968年,第782—785页。
⑥ 《五山文学全集》卷三,思文阁,1937年。

阿育王山参叩横川如珙,昼夜精进。其时,恰逢虎岩净伏旺化灵隐,明极楚俊即怀香往参。虎岩净伏一见明极楚俊,大以为器,命为烧香侍者。其间,明极楚俊似乎也曾挂单净慈寺,在净慈、灵隐两度秉拂之后,明极楚俊再次返归天童寺,在时任住持的止泓道鉴会中职掌藏钥。而正是在天童寺职掌藏钥期间,明极楚俊受僧录司之请,出世开法金陵奉圣寺,此后又历迁庆元瑞岩、庆元普慈、婺州双林三刹。其中双林为十刹之一,也是为日本禅林所熟知的南宋名僧虚堂智愚与赴日僧兀庵普宁所住持过的寺院。

虽然董席名刹,但是明极楚俊认为住持寺院是迫于僧录司之命,非己志焉,因此在住各寺均"不多时便退"。然而,明极楚俊从双林寺退山之后,禅刹五山纷纷以第一座交聘。同时代的赴日元僧清拙正澄在明极楚俊住持日本镰仓建长寺时所著《诸山疏》中称其"元朝师德,四登雄席,若大国楚并吞湖江;三压上班,类老将军久经场阵"[1],可见明极楚俊曾四住道场,三任首座。天历二年(1329),日本文侍者远访径山,以"夙昔之约"邀明极楚俊赴日。

以上即是明极楚俊赴日以前的大致行状。其中,除出家之年有明确记载以外,有关明极楚俊的出世开法时间以及具体经过均不甚明了,只能结合明极楚俊参学过的其他僧侣行状等相关史料进行推考。《塔铭》中说道,明极楚俊是在天童止泓道鉴会下时拈公帖入院。依据吉田道兴的考察,止泓道鉴住持天童的时间大致为至元二十一年至大德四年(1284—1300)[2]。同时,值得注意的是,明极楚俊在金陵奉圣寺的入院仪式中,拈嗣香"供养前住灵隐见住径山虎岩大和尚"[3],说明明极楚俊的初住是在虎岩净伏升住径山寺之后。现行僧传史料及寺志等史料中均未记载虎岩净伏住持径山的时间。然而,虎岩净伏前一代住持云峰妙高(1219—1293)于至元三十年(1293)在径山任中迁化[4],据此大致可以判定虎岩净伏升住径山的时间应当为至元三十年,即明极楚俊的初住开法应在1293年以后。

而亦是在虎岩净伏住持径山期间,与明极楚俊同为虎岩净伏嗣法弟子的月江正印(1268—1351)出世常州碧云禅寺,时间为元贞元年(1295)。月江正印亦在入寺时拈香道:"此一瓣香,供养见住径山兴圣万寿禅寺佛惠定智禅师虎岩大和尚。"[5]此后,大德七年(1303)月江正印迁住松江淀山禅寺,其间有法语曰"双林和尚至上堂"[6]。该双林和尚即时任双林寺住持的明极楚俊。按照宋元禅林"拾阶而上"[7]的住持顺序来看,明极楚俊的出世开法时间可能早于月江正印,即可能是在1293—1295年之间。据野口善敬

---

① 东京大学史料编撰所藏《清拙和尚语录》卷四。
② 吉田道兴「天童寺世代考」(六),『禅研究所紀要』22,1994年,第75—94頁。
③ 神户广严寺藏《明极和尚语录》卷一。
④ 《径山志》卷三,《中国佛寺史志丛刊》第1辑第31册,明文书局,1980年。
⑤ 月江正印:《月江和尚语录》卷一,《大日本续藏经》第123册,藏经书院,1912年。
⑥ 月江正印:《月江和尚语录》卷一,《大日本续藏经》第123册。
⑦ 恕中无愠:《山庵杂录》卷上,《国译禅学大成》卷七,二松堂书店,1929年。

氏对元代禅僧住持开法年龄所做考察可知,元代禅僧的平均初住年龄为 42.7 岁[1]。虽然明极楚俊的初住年龄无法准确判定,然而大德七年前后,年甫四十的明极楚俊已经四坐道场,担任十刹之一的双林寺住持,远早于同期平均水平,可谓是少壮出世,成绩斐然。

2. 与南北曹洞宗僧侣的交往

从出世开法到天历二年赴日,明极楚俊在元朝禅林往来五十余年,与其交往密切的僧侣及受其教化的学僧自然不在少数,其中最引人注目的当属其与曹洞宗僧侣乃至北方佛教僧侣之间的交流。明极楚俊语录中有一则《和天童云外和尚·大都华严长老酬唱韵》[2]的诗偈反映的正是当时被称为"洞上孤宗"的四明曹洞宗与北方曹洞宗的往来。这种跨越宗教派系乃至地域的交流在留存资料相对稀少的元代来说,极为罕见。现将内容抄录如下:

> 一住南邦一北京,叶辞真可集为经。
> 谁云洞上宗风坠,复见大阳投子青。
> 华严六相洞然明,破一微尘出大经。
> 从此真如妙明旨,发机不在竹青青。

南宋末期至元代,江南禅林中曹洞宗渐呈衰微之势,仅直翁德举一系仍以四明禅寺为中心进行弘法。云外云岫、东明慧日就是彼时四明曹洞的代表性僧侣。云外云岫(1242—1324)先后住持过智门、天宁等寺,延祐二年(1315)五月出住天童,为第四十九任住持。"华岩长老"为大都大龙光华严禅寺长老筠轩惟寿。金元之际,北方曹洞宗迎来中兴,万松老人行秀门下打出五杰,筠轩惟寿即其法脉。明极楚俊诗中所言"一住南邦一北京"即是指住持南北两地的云外云岫与筠轩惟寿。遗憾的是,两者的语录中均未收录此则酬唱,无法知其原韵。然而通过明极楚俊的这首和韵可以窥见元代南北曹洞禅者交流之一斑,不可谓不珍贵。

此外,明极楚俊语录中还有赠予北地曹洞宗学僧的题跋,如《跋林泉印空付授法语轴后》[3],内容如下:

> 万松林泉老子,以三星片月之法,付授双梼印空和尚。洞上一宗之旨,止如是乎,别更有在。印空略不拟议,忻然领之,抑必有以焉。吾莫知其所趣。玉庭座元,执祖

---

① 野口善敬「元代江南における臨済禅の展開」,氏著『元代禅宗史研究』第一章,禅文化研究所,2005 年,第83 頁。
② 《五山文学全集》卷三。
③ 《五山文学全集》卷三。

父契券,欲于失利处拔本,真跨䴑之英子孙也。过门求证,因掇笔,乐为之书云。

求语者玉庭座元为万松行秀下四世,过访明极楚俊时,以所持林泉从伦付授双栖印空之法语求明极楚俊为之作跋文。明极楚俊虽然在跋文中称"吾莫知其趣",然而无论从前文明极楚俊唱和南北曹洞长老之偈,还是此则应北方曹洞宗弟子所题跋文来看,明极楚俊对曹洞宗无论宗旨还是法脉历史都有相当的了解。云外云岫的同门师弟东明慧日曾经参学并求语于明极楚俊,也可证明这一点。

东明慧日(1272—1340)17岁起参学于直翁德举,有所契悟之后开始诸方行脚。于双林寺造访明极楚俊,得明极所作《赠东明日侍者》①法语。有趣的是,东明慧日此后于至大二年(1309)东渡扶桑。待明极楚俊赴日之后,东明慧日写信道:

> 步行骑了一头牛,又道桥流水不流。
> 说与扶桑人不信,风前几度忆双栖。②

"双栖"为双林寺的代称,因此可见东明慧日在赴日前曾屡次与明极楚俊相聚,而今又在扶桑聚首,可叹法缘之妙。明极楚俊赴日之时,已经在日本禅林弘法的中国僧人还有清拙正澄。清拙正澄(1274—1339)是明极楚俊同门师兄月江正印的弟亲,因此也与明极楚俊关系颇亲,在得知明极楚俊即将启程前往日本时,还曾特意书信以贺之③。启程之际,时任雪窦寺住持的竺田汝霖(1274—1339)也特意赶至海滨为明极送行,并将同行明极弟子孤峰明德招至会下代为教化④,可见两者交情匪浅。诸如此类的明极楚俊与同为临济宗僧人的交往事例还有很多,以后另行考察,暂不一一列举。

3. 与儒士的往来

除了禅林法友之间的交往,明极楚俊与元代名儒之间也交往颇深。明极楚俊住持十刹之一双林寺,即是应当地檀越之请开堂。其《语录》中也保留着《湖州方提举看法华求警策》《湖州陆提举字宗宝求说》诸如此类赠予地方官僚的法语⑤。其中,与明极楚俊有交往的士大夫中最不得不提的当属清容居士袁桷。

袁桷(1266—1327)出生于四明官宦家庭,字伯长,号清容居士,谥号文清公。元成宗大德年间受举出任翰林国史院检阅官,后改翰林直学士知制诰,又迁翰林侍讲。泰定初年,辞归四明。著有《延祐四明志》20卷及文集《清容居士集》50卷等。袁桷不但学识丰富,禅宗造诣也是匪浅。袁桷早年入室参学于横川如珙,最终成为嗣法弟子之一。明极楚

---

① 日本内阁文库藏《明极和尚语录》卷三。
② 东明慧日:《东明和尚语录》,《五山文学新集》别卷二,东京大学出版社,1967年,第53页。
③ 《月江和尚语录》卷一,《大日本续藏经》第123册。
④ 宋濂:《护法录》卷二《住持净慈禅寺孤峰德公塔铭》,《嘉兴藏》第21册。
⑤ 日本内阁文库藏《明极和尚语录》卷三。

俊早年亦久参学于横川如珙。从这点来看,二人可谓有同门之谊。泰定四年(1327)正月十一日,袁桷应请为明极楚俊《语录》作序,其中写道:

> 明极长老,以其示世语俾有叙,盖其不得已于言者,归于大朴,而其足以陶冶性情,见之于歌诗,发之于言辨,声从字顺,使人得以知其指示,非过为稚鲁,以诳盲聋者。余壮岁读四家语于育王珙禅师,曰:"语有实地,有证地,若华严所演,岂空幻哉?"明极语将大行于世,敢叙以证之。①

　　值得注意的是,该序文所作时间 1327 年正是袁桷生命中的最后一年,此时亦能不惜笔墨为明极语录作序,可见二人交情之久之深。明极楚俊虽然嗣法虎岩净伏,然而参习于横川如珙门下的时间似乎亦久。他在日本建长寺说法时说道"余在天童,而常往育王",即明极楚俊在天童寺担任藏钥期间依然不断往育王参扣横川如珙,更是亲切地以"师翁"称之②。

　　除袁桷以外,与明极楚俊交好的士大夫还有牟应龙及其父牟巘。牟氏父子与赵孟頫并称"吴兴八俊",其中牟巘(1227—1311)字献甫,始仕于南宋朝廷,任大理少卿。南宋灭亡以后,退隐于吴兴(今浙江省湖州市),誓不仕元,其品格与文笔备受敬仰,世人称之为"陵阳先生",以得其一语而为终生之幸事。

　　明极楚俊过吴兴时,曾登门造访牟巘。二人相谈之下机锋相投,牟巘大赞明极楚俊为"僧中之杰"。多年后,延祐五年(1318)孟春,明极楚俊再次与弟子大云造访牟府。于时牟巘已逝,其子牟应龙忆起往昔唏嘘不已,为明极楚俊《语录》书序云:

> 先大理府君,晚喜接方外士。一日四明明极师来见,深通宗门奥旨,酬对之间,机锋捷甚。予在旁具闻其语。师退。先府君目送之,曰:"是僧中杰出者也。"今年春,师复游雪,与其徒宝屏云公,过予衡宇下,则先府君弃诸孤八年矣。对之不觉垂涕洟。云从容出一编书视予。(中略)予始观之。(中略)于是抚卷叹曰:"自景定咸淳来,僧之以语录行多矣,往往喜新奇,以追时好,不知愈新愈奇,去古愈远。今是书皆实际语,不务夸毗,殊得古尊宿遗意,譬之与琴操古调,虽不入筝笛耳,而知音者许焉。"③

　　南宋景定咸淳年间,江南禅林中吟诗作赋风气大盛,颇有重词藻而轻禅理之势,世称"景定咸淳之浮华"。而明极楚俊注重务实,因此牟应龙认为明极之语"殊得古尊宿遗意"。

---

① 《大日本史料》第 6 编第 3 册,第 778 页。
② 日本内阁文库藏《明极和尚语录》卷三。
③ 《续群书类从》第 9 辑第 230 卷,第 777—778 页。

可见牟氏父子二人皆对明极楚俊作为禅僧的修为赞叹有加。明极楚俊与牟氏父子两代的交往亦不失为元代禅者与士大夫交往中的一段佳话。

从上述明极楚俊壮岁开法的经历及其与南北曹洞宗僧侣、名儒的往来中不难发现,明极楚俊在当时元代禅林是一位交游广泛且道誉甚佳的有为禅杰。正因为此,当时参学于江南禅林的日本僧侣亦有许多参扣于明极楚俊。接下来,就明极楚俊的赴日背景进行分析。

二、明极楚俊的赴日背景

1. 日僧的参学及招聘

正如上文中分析过的那样,明极楚俊虽是临济宗僧人,与之往来的曹洞宗禅者也不在少数。来华参叩明极楚俊的日本僧侣中亦不乏曹洞宗僧侣。

日本曹洞宗开宗祖师道元禅师曾经入宋参学于天童如净并嗣法。返回日本之后,于福井县开创永平寺,兴隆洞上一宗。道元示寂以后,其弟子寒岩义尹携道元语录入宋,并在天童如净塔为道元入牌。若干年后,日本曹洞宗僧人宗可跨海入元,到天童见祖堂内祖宗牌位损坏严重,乃发心重刻。明极楚俊赞叹宗可之举,曰:"非惟悯念祖宗之名泯灭于唐,亦担隆祖道之心切切焉。可谓洞宗之下代,不乏贤也。"[1]禅宗历来重视师资相承,宗可入元参学之余,不忘祖师之恩德,为之重修祖堂,故此明极楚俊称"洞宗之下代,不乏贤也"。明极楚俊对久参于元即将归国的宗可禅人,更是拳拳告知曰"宗可禅人遍参大唐诸禅德,必有所印授。若有,便请呈露与老僧看,是则与你证据,不是与你划却",可见明极楚俊体恤海外学子求学之苦,期冀其求得正法之心[2]。

除曹洞宗僧宗可以外,到访明极楚俊的日本僧人还有文上人、不昧与志、月翁照、箭溪巩、灭宗兴、夫藏主等。明极楚俊的《语录》中保留有给这些日僧的法语,但身份多不可考。其中,文上人于天历二年与明极楚俊、竺仙梵僊共同赴日,被认为是明极楚俊的招聘专使。

天历二年,文上人来到径山,造访时任径山寺首座的明极楚俊,以"有夙昔之约,特来取之"[3],邀明极楚俊赴日传法。"夙昔之约"即在径山再会之前,文上人已经与明极楚俊有过接触。文上人道号及入宋时间均不明,在跟随明极楚俊返回日本以后,成为其座下弟子,更名为士林得文[4]。之上人在元期间,曾经长期挂褡灵隐寺。据笔者推测,文上人初次拜访明极楚俊的地点应当就是灵隐寺。明极楚俊在给文上人的一则法语中

---

① 日本内阁文库藏《明极和尚语录》卷三。
② 日本内阁文库藏《明极和尚语录》卷三。
③ 竺仙梵僊:《竺仙和尚语录》,《大正新修大藏经》第80册,大藏出版,1932年,第361页。
④ 玉村竹二:《五山禅僧传记集成》"明极楚俊"条,思文阁,2003年,第617页。

如是说道：

> 僧从异国来，远访瑞云顶。
>
> 语音殊未谙，道理却能省。
>
> 问我求发明，先须受警戒。
>
> 戒行贵坚持，世缘宜远屏。
>
> 佛祖本无传，纵劳故参请。
>
> 若是英灵儿，不向言下领。（后略）①

其中"瑞云"正是明极楚俊之师虎岩净伏在灵隐寺的塔所。此时文上人虽然还未习得汉语，但与明极楚俊的沟通并无大碍，明极也肯定其能省道理，可见其对文上人的赞赏。并且，明极楚俊还告诫之"戒行贵坚持，世缘宜远屏"，这可能与明极楚俊自身住世非己愿，长期隐于五山助化的经历有关。此后，明极楚俊在径山寺担任首座时，文上人又再次来访，邀请明极楚俊赴日。文上人的两次造访也足见日本方面招聘明极楚俊的诚意。

2. 对日本禅林的认知

文上人到访径山以"夙昔之约"邀请明极楚俊赴日之事，后者在日本建长寺的上堂法语中如是说道："前年上径山国一祖师塔院，藏隐深密，自谓得其所哉。不料被业风所扇，远诣外邦……此亦缘幸也。"②可见明极楚俊自认与日本僧俗大众有缘，来日之事为"业风"所使然。上文中说道，明极楚俊赴日之际，与其关系亲近的清拙正澄、东明慧日都已经在日本。然而，明极楚俊所言"缘幸"与"业风"并不仅于此，其所属法流与日本禅林渊源已久。

据大谷大学所藏《诸宗仪范》记载，日僧秀崖全俊曾经入元参学于虎岩净伏并嗣法③。然其经过已不可考。但可以肯定的是，明极楚俊赴日以前，其所在法脉已传入日本禅林。南宋末年，日僧桂堂琼林入宋参学于时任灵隐寺住持的虚舟普度，返回日本以后将《虚舟和尚语录》在京都胜林寺进行开版④。虚舟普度即是虎岩净伏之师，明极楚俊之师公。正因为此，明极楚俊赴日以后，在南禅寺住持梦窗疏石的协助下，易胜林寺为"少林院"，此寺成为明极楚俊及其弟子在京都的主要活动场所⑤。

除了自身法脉以外，明极楚俊对日僧南浦绍明的法脉亦有很强的亲近感。明极楚俊

---

① 日本内阁文库藏《明极和尚语录》卷三。
② 日本内阁文库藏《明极和尚语录》卷三。
③ 日本大谷大学藏《诸宗仪范》。
④ 《虚舟和尚语录》"序"，《大日本续藏经》第 123 册，第 159 页。
⑤ 《天下南禅记》，《群书类从》第 24 辑第 227 卷。

在南浦绍明语录《大应国师语录》跋文中以"法侄比丘"自居①。南浦绍明曾于 1259 年入宋参学于虚堂智愚并嗣法，其法流被称为"大应派"。而明极楚俊早年间参学过的竹窗喜、闲极法云等多为虚堂智愚的法脉，会中多有入元日僧参学。明极楚俊对虚堂智愚也是以"师公"相称②，足见其对虚堂法脉即南浦绍明法脉的亲近感。

值得注意的是，无论是虎岩净伏还是闲极法云等人会下，皆活跃着许多日本入元僧，因此明极楚俊对日本并不陌生。这从明极楚俊对日本曹洞宗历史的了解也可见一斑。在开法以后，明极楚俊对前来参访的日本僧人也有很高的评价。正是通过这些往来于中日的入元僧，使明极楚俊对日本禅林有所认识并产生了亲近感。可以说这也无形中增强了明极楚俊赴日弘法的意愿。

面对日本方面的邀请，明极楚俊力邀古林清茂的弟子竺仙梵僊与自己一同前往。明极楚俊说"汝于此，但此国之人识汝，有何利益"，接着又说"你底佛法，也去外国行些子也好"③。从明极楚俊对竺仙梵僊的鼓励中不难看出明极楚俊自身也有积极前往日本传播佛法的愿望。

三、明极楚俊与日本公武社会

1. 与镰仓武士的关系

关于派遣文上人招聘明极楚俊的幕后主导人物，历来日本学界猜测可能是当时镰仓幕府的核心人物安达高景或其父时显。依据是安达高景皈依明极楚俊，成为其俗家弟子④。但据笔者考察，招聘明极楚俊的更有可能是高景之父安达时显。安达时显作为当时幕府执权北条高时的肱股之臣，在政治决策上具有很强的影响力。其自幼笃信禅宗，皈依于赴日僧西涧子昙门下。其在西涧子昙、一山一宁等赴日僧相继示寂之后，派遣入元僧向元朝僧侣如中峰明本、清拙正澄等寻求法语，并成功聘请清拙正澄赴日⑤。

明极楚俊赴日以后，安达时显亦对之礼待有加，将京都产量稀少的高级栂尾茶赠以慰劳。明极楚俊也以诗言谢⑥。虽然现无明极楚俊对安达时显说法的相关史料，然而，时显作为当时镰仓幕府禅宗保护政策的实际推动者，在他强有力的庇护下，镰仓禅林的法灯派（日僧无本觉心所创门派）与明极楚俊、清拙正澄联系密切，共谋发展，成长壮大为此后室

---

① 南浦绍明：《圆通大应国师语录》卷下，《大正新修大藏经》第 80 册。
② 日本内阁文库藏《明极和尚语录》卷三。
③ 日本内阁文库藏《明极和尚语录》卷三。
④ 《竺仙和尚语录》，《大正新修大藏经》第 80 册，第 361 页。
⑤ 安达时显在日本政治史上具有很高的知名度，然而其在禅宗史上的功绩至今未被发现。笔者就此另有拟发表论文「北条貞時・高時政権期における禅林政策と安達時顕・渡来僧の存在」。
⑥ 《五山文学全集》卷三。

町时代日本禅林五山派的重要力量①。

安达高景对明极楚俊的尊崇可以说是受其父时显的影响。明极楚俊受北条高时之命出住建长寺住持以后,高景以净智寺住持之位为交换条件,要求竺仙梵僊嗣法明极楚俊②,意在壮大明极楚俊法脉。

正如前文所说,明极楚俊赴日在当时的日本社会产生了极大的轰动。除了主导明极楚俊招聘的镰仓幕府的核心政治人物安达时显及其子高景以外,掌管日本海外交通港的九州的大名大友贞宗也在明极楚俊一行抵达之初即设宴款待。大友贞宗法名显孝寺殿直庵具简,受其兄贞亲的影响皈依禅宗,道心虔诚。其兄贞亲在丰后国开创了蒋山万寿寺,不久,大友贞宗也效仿之,在筑前国多多良(今日本福冈县西北部)建立了显孝禅寺。以显孝寺为中心,大友贞宗积极开展与来日的大陆僧人及留学归国日僧的交流,极大促进了禅宗在日本尤其是在九州博多地区的发展③。

明极楚俊与大友贞宗初见之时,双方语音不通,只能依靠纸笔及翻译进行简单的交流。明极楚俊在寄赠大友贞宗的书信中写道:

客舍邻居未久时,缔交来往熟相知。
通心吾以笔传舌,领意君将眼听辞。
展席尚存唐宴礼,对宾尤习汉冠仪。
最忻洞晓禅中旨,话葛藤时略露眉④。

明极楚俊对大友贞宗的禅学修养表示肯定的同时,也赞扬其在待人接物时处处合乎礼法,可见其对包括禅宗在内的大陆文化的受容程度之高。明极楚俊与大友贞宗的往来一直维系到大友贞宗病殁。日本元弘三年(1333),明极楚俊出任南禅寺住持以后,大友贞宗随日僧中岩圆月一起前往南禅寺造访,不幸于此时病殁⑤。

除了上述镰仓幕府的高级幕僚和大名,地方豪族亦对明极楚俊信仰颇笃,如活跃在泉州(今大阪西南部)地方一带的安东圆惠。明极楚俊途经京都时,安东圆惠闻讯前往拜访,请求明极楚俊为其自身及其父安东莲圣的顶相作赞文⑥。安东父子身为武士的同时又以居士身份掌管着寺院。

安东圆惠最初跟随赴日僧西涧子昙参禅,受此影响,父子二人虽为居士,但也效仿禅僧绘有顶相,从中不难看出禅宗作为当时最先进的中国文化对日本武士阶层的影响。这

---

① 《竺仙和尚语录》,《大正新修大藏经》第80册,第361页。
② 《竺仙和尚语录》,《大正新修大藏经》第80册,第361页。
③ 川添昭二「鎌倉時代の対外関係と文物の移入」,『岩波講座　日本歴史』6,岩波書店,1975年。
④ 《五山文学全集》卷三。
⑤ 中岩圆月:《东海一沤集》,《五山文学新集》别卷一,第619页。
⑥ 田中一松「明極楚俊賛南叟慧居士寿像について」,『国華』第71編第3冊,1962年,第131—136頁。

也正是镰仓幕府积极招聘中国僧侣赴日传法的原因所在,更是镰仓幕府用以彰显自身武士文化、抗衡京都皇室贵族文化的一种手段。即使贵为天皇,与赴日僧的接触都需要征得幕府同意①。而明极楚俊的到来确实大有不同。明极楚俊寓居京都期间,后醍醐天皇在未知会镰仓幕府的情况下,破格于内宫召见明极楚俊。接下来,就明极楚俊与后醍醐天皇的关系进行分析。

2. 与京都皇室的关系

日本历史上的后醍醐天皇是一位富有政治抱负的天皇,渴望摆脱幕府的束缚,结束当时由两统迭立造成的天皇权力分散,实现宋元式的君主独裁制。因此,后醍醐天皇对中国表现出了异乎寻常的关心,积极引进吸收中国文化。他不但在日常用唐物赏赐大臣及贵族,并试图模仿元朝钞法制度发行纸币。对于由镰仓幕府引进的禅宗,后醍醐天皇也试图仿照元代僧服将日本禅僧的衣服统一成黄衣②。可以说,后醍醐天皇对明极楚俊的秘密召见正是源自他对元代政治文化、佛教文化的密切关注。

元德元年(1329 年)十月,明极楚俊应后醍醐天皇召入紫宸殿觐见,在后醍醐天皇面前按照元朝礼仪进行拈香恭祝万寿之后,后醍醐天皇开始向他问法,他们的对答如下:

> 元弘帝(后醍醐天皇)问师曰:“栈禅航海得得来,和尚何以度生?”师答曰:“以佛法紧要处接众。”帝云:“正当恁么时如何?”对云:“天上有星皆拱北,人间无水不朝东。”此时有兵革,帝逊位。师相之云:“君虽有亢龙之悔,后必践祚。”因是帝不祝发。建物复位,师言果然。③

从后醍醐天皇与明极楚俊的问答之中,可以看出后醍醐天皇具有较高的禅宗素养。事实上,后醍醐天皇极度信仰密教,与真言宗醍醐寺文观、法胜寺圆观等僧侣相交甚密,自身也接受了密教灌顶仪式。与此同时,后醍醐天皇对梦窗疏石、虎关师炼等禅僧亦多有亲炙,甚至模仿元朝举行过禅教辩论④,其对中国文化尤其是佛教文化的关心可见一斑。

后醍醐天皇避开六波罗探题与明极楚俊在紫宸殿见面的消息传到镰仓时,幕府方面连呼“不可然觉候(实不可为)”⑤。而这令原本就紧张的后醍醐天皇与镰仓幕府的关系更加雪上加霜。正中元年(1324),后醍醐天皇推翻幕府的计划不慎败露,镰仓幕府为此处决了后醍醐天皇身旁近臣日野资朝等,史称“正中之变”。此事件之后,后醍醐天皇倒幕的意

① 原田正俊「中世仏教再編期としての一四世紀」,『日本史研究』第 540 號,2007 年,第 40—65 頁。原田正俊「室町殿の室礼・唐物と禅宗」,『日本仏教綜合研究』第 90 號, 2011 年,第 13—31 頁。
② 佐藤進一『南北朝の動乱』,中央公論社,2005 年。桃崎有一郎「建武政権論」,『岩波講座　日本歴史』7,岩波書店,2014 年。
③ 《太平记》及《大日本史料》中均有相关记载,此处录引《大日本史料》第 6 编第 1 册,第 257—258 页。
④ 中村直勝「後醍醐天皇の興禅護国」,『史迹と美術』38‐8, 1968 年,第 282—286 頁。
⑤ 『鎌倉遺文』第 30984 号,东京堂,1989 年。

志有增无减。元弘元年(1331),后醍醐天皇的倒幕计划再次败露,逃往京都郊外的笠置山(今京都府相乐郡笠置町)时被捕,史称"元弘之变"。被捕之后,后醍醐天皇被幕府定罪为谋反,流放至隐岐岛(现日本岛根县隐岐诸岛)。此间,后醍醐天皇皇子护良亲王暂替后其带领倒幕军继续举兵,而后醍醐天皇亦不祝发,伺机准备卷土重来。元弘三年(1333),在足利高氏和新田义贞等反北条氏势力的帮助下,后醍醐天皇带领的倒幕军攻陷镰仓,正如明极楚俊所预言"虽有亢龙之悔,后必践祚"。

得知此事后,明极楚俊即刻上书《贺后醍醐院天下一统表》(下文简称《天下一统表》),赞言"妖气减而紫色腾腾,天道好还",并说道:"某向观光上国之初,首趋殿陛。蒙顾问禅宗之要,亲奉冕旌。"①不难想见,初到异邦即得到紫宸殿上召见,对于长年生活在元朝官寺体制中的明极楚俊来说是一份荣耀,而紫宸殿上后醍醐天皇对禅宗要义的倾心询问也正契合明极楚俊赴日弘法之初心。除了《天下一统表》,明极楚俊还在建长寺中特为后醍醐天皇上堂,唱道:"圣明帝王,出兴兵阵,干戈偃息,久旱忽逢甘雨,南亩禾苗秀实,衲僧如登春台,万姓同居乐国。太平无象日熙熙,诸法本源常寂寂,喝一喝。"②

元弘三年五月,后醍醐天皇实施新政。其中之一便是下令让原本住持镰仓建长寺的明极楚俊迁住京都南禅寺。南禅寺原名禅林寺,是由后醍醐天皇祖父龟山上皇别宫改建的,全名"太平兴国南禅寺"。德治二年(1307),后宇多法皇在得到幕府的授意后,将南禅寺定为准五山③。在令明极楚俊住持南禅寺的次年初,醍醐天皇再次降旨升南禅位居五山之上,并加拨田地庄园给南禅寺,打破了一直以来北条家对禅宗五山的管制。明极楚俊特为此谢恩上堂,说偈曰:"南禅不比旧南禅,超出建长圆觉先。寺宇辟开庄产富,广安禅衲祝尧年。"④

同时,后醍醐天皇又命同为赴日僧的镰仓圆觉寺住持清拙正澄移幢建仁寺。由此,原本聚集在镰仓北条氏处的著名高僧集中到了京都禅林。而原本参学于镰仓的日僧们亦接踵而至,在京都各处禅寺挂褡参学,京都禅林迎来了前所未有的盛况⑤。为此,明极楚俊称赞后醍醐天皇"寿庆一人乘万世,人王尊又法王尊"⑥。遗憾的是,由于建武新政仅仅持续三年半就结束了,南禅寺的五山之上地位最终在室町时代才成为定制。然而,后醍醐天皇新政中启用明极楚俊为五山之上南禅寺的住持,足见他对明极楚俊地位和影响力的认可。

除了后醍醐天皇,明极楚俊住持南禅寺时期,后醍醐天皇皇子护良亲王及近卫忠经等

---

① 『五山文学全集』卷三。
② 日本内阁文库藏《明极和尚语录》卷五。
③ 樱井景雄:《南禅寺史》卷上,大本山南禅寺,1940 年。
④ 日本内阁文库藏《明极和尚语录》卷五。
⑤ 原田正俊「中世仏教再編期としての一四世紀」,『日本史研究』第 540 號,2007 年,第 40—65 頁。
⑥ 日本内阁文库藏《明极和尚语录》卷五。

近臣权贵皇室亦向他问道求语,可见京都公家社会对明极楚俊的倾倒。这种倾倒的背后,除了有后醍醐天皇的影响,亦与明极楚俊自身的佛法造诣紧密相关。后醍醐天皇皇子护良亲王到南禅寺拜访明极楚俊之时,明极楚俊为之上堂说法曰:

> 禅子明心,放和违法以之武故恰恰相当。要在精进勇猛,如虏庭飞骑,勇士赴敌邦,无问大小阔狭,须立五岳为钳捷,立八极为封疆。教法亦然,以五时譬五岳,以八教譬八极,以六识喻六韬,以三乘喻三略,以唇喻枪,以舌喻刃,以戒喻鍪,以定喻甲,以惠喻戈。矛铦锐者,以解脱为奏凯南回之信旗,以解脱知见为享太平之乐具,如是一一匹配,互相融通,互相摄入,然后用武,故赴敌场百战百胜,全始全终。[①]

护良亲王 15 岁时(元亨三年,1323)依后醍醐天皇之命入室梶井门迹,以增强皇室对天台宗寺院的影响,拉近皇室与寺院的关系。嘉历二年(1327),护良亲王又升任天台座主。然而,身居天台宗最高领袖之位的护良亲王依然每日坚持练习武艺,被后世认为是一位尊崇武力的皇族。此后护良亲王卸任天台座主,成为后醍醐天皇倒幕运动中的得力助手[②]。明极楚俊在为护良亲王所说的这段法语,不一味拘泥禅宗公案,将佛教教义与用武用兵相比喻,鼓励护良亲王勇敢地与幕府残余势力对抗。此法语现在也被称为"兵佛一致说"[③]。

通过上述镰仓幕府及京都皇室对赴日元僧明极楚俊的皈依不难发现,作为日本社会新生事物的禅宗最初是在镰仓幕府的庇护下进入日本社会的。因此,南宋时期的赴日僧的活动中心多为镰仓。而随着禅宗文化在日本社会的不断渗透,元朝时期赴日僧的活动中心也发生了变化,不但受到镰仓幕府的保护,也拥有京都皇室和贵族社会的支持,在日本政治二元结构中,有效地促进了禅宗在日本全国的形成和发展。

四、结语

本文以元代初期赴日僧明极楚俊为研究对象,对其赴日背景及赴日后的活动进行了考察。明极楚俊作为赴日僧群体中地位最高的元僧,其具体开法时间并不明确。通过考察可知,明极楚俊开法时间远早于同期平均水平,可谓少壮出世。并且,他在元期间交友广泛,跨越地域与宗派,与元代南北方曹洞宗及文人儒士均有深入往来,在元朝颇有地位。其在接化入元求法的日僧过程中产生了对日本僧人的良好印象,并且由于其所在法流及

---

① 日本内阁文库藏《明极和尚语录》卷五。
② 龟田俊和『征夷大将軍・護良親王』,戎光祥出版,2017 年。
③ 《大日本史料》第 6 编第 1 册,第 325 页。

其参学师僧的法流已经在日本禅林传播，造成他对日本禅林法脉同源的认识，并因此形成赴日传播禅宗的美好愿景。从明极楚俊抵达日本以后与日本社会上至天皇、幕府首脑，下至地方豪族武士的接化活动中，可以发现赴日僧在日本政治二元结构中有效地促进了禅宗在日本全国的形成和发展。明极楚俊的历史功绩应当被铭记。

［本文系国家社科基金重点项目"古代中日佛教外交研究"（项目号：19ASS007）、浙江省哲社基地东亚研究院重点项目"宋元赴日禅僧相关资料整理与研究"（项目号：16JDGH004）阶段性成果］

历史文化研究

东亚学(第二辑)

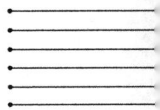

1870 年柳原前光使团在华交涉始末

聂友军

（浙江工商大学东亚研究院）

1870 年（清同治九年，日本明治三年）日本外务省委任柳原前光（1850—1895）出使中国，"谋通信贸易之事"（《使清日记序》）。柳原前光以典雅的汉文撰有《使清日记》一卷三册[1]，详细记载了使团往还数月的行程见闻，亦翔实记录了近代中日建交前的外交交涉细节。柳原等在上海登岸，与地方官接洽后决定进京，他们取海路经烟台抵天津，接获总理衙门照会与回函后返沪归国。

柳原使团主要与沪、津两地地方官员、通商大臣以及时在天津的曾国藩、李鸿章密集接触，在接获总理衙门婉拒换约要求、强调维持既有贸易形式的回复后，积极运作，公私并用，多方开展交涉，终于再次接到总理衙门允以换约的答复。

柳原使团适时抓住了清民伪造日钞案大做文章，议结清民在日、在沪两桩伪造赝钞案，为"谋通信贸易之事"增加了合法性和必要性方面的助推。他们在上海、天津反复提出委员驻沪的诉求，并在成林的慷慨帮助下如愿达成，实现了两国虽无邦交，但已在事实层面存在官方认可且行使部分领事职权的日本官员驻沪。

一、谋通信贸易之事

《使清日记》篇首开宗明义，点明此次出使的目的"谋通信贸易之事"。《使清日记序》谓"汉土与我隔一带海，文既同，俗又近"，以此强调两国修好的必要性。柳原使团在出使过程中始终秉持这一立场，在与清朝地方官员交涉时也多持此说，为从感情上拉近彼此距离极尽劝诱、说服之能事。

柳原使团主要通过在天津展开外交交涉达成使命，虽然使团与天津道台丁寿昌、知府马绳武、知县萧世本及时在天津的曾国藩、李鸿章都有不少公私往来，但外交交涉主要与三口通商大臣成林对接，依靠成林作中介与总理衙门建立起联系。成林与李鸿章对于总

---

[1] 柳原前光：《使清日记·明治三年》上、中、下册，写本，临时帝室编修局，1922。以下凡引用《使清日记》处，皆随文夹注"《使清日记》×月×日"，不再出脚注。

理衙门及恭亲王奕䜣改变对日态度、最终允以换约通商助力良多。

1.《委办限单》定职权

柳原前光等在面见苏松太道员涂宗瀛时，向他出示日本外务省出具的《委办限单》及外务卿、外务大辅致清总理衙门的公信抄底。其《委办限单》曰：

> 我国与清国一苇可航之地，论其交际之义，固非别外国之比，往之彼国，切宜自重，言必忠信，行必笃敬为要。应陈述望彼国亦派公使与我国修约之意。应商议为管束居住彼地之我国人民及居住我国之彼国人民，作何妥协之法。方今未遣即发钦差大使照例定约，应将士民往来通商事宜权议约束，请旨定夺。除以上各件外，不得越权行事也。（《使清日记》八月十七日）

《委办限单》以"切宜自重，言必忠信，行必笃敬"作为对使团成员的根本要求，并揭示了外务省赋予柳原使团的三项使命：陈述希望两国修约之意，商议管束彼此侨民之法，权议约束士民往来通商事宜。

《使清日记》所载《委办限单》第一句"我国与清国处一苇可航之地"，在《日本外交文书》收录的版本中作"我皇国与清国处一苇可航之地"[1]。向涂宗瀛呈送的抄底中不称"皇国"而径称"我国"，我们有理由相信，如此重要的外交文书当不至于在抄写时因不小心而漏写了"皇"字，而有意识地将其略掉的可能性大。其出发点或考虑使团初到中国，最后不要因外交文书中的个别措辞引起中国地方官员的特别留意或拒斥，从而影响外交使命的达成。据此判断，不称"皇国"当系有意为之的做法。

两个收录版本的另一处不同是《使清日记》中的"固非别外国之比"，《日本外交文书》中作"固非别外诸国之比"[2]，意在强调"我国与贵国不过单隔一水，固非他邦之比"（《使清日记》八月十一日，郑永宁登府拜会陈福勋时所言），"诸"字无论有无都对意思的表达没有减损或影响。

其公信抄底曰：

> 大日本国从三位外务卿清原宣嘉、从四位外务大辅藤原宗则等，谨呈书大清国总理外国事务大宪台下：方今文明之化大开，交际（按，写本作"除"，误）之道日盛，宇宙之间无有远迩矣。我邦近岁与泰西诸国互订盟约，共通有无，况邻近如贵国，宜最先通情好、结和亲，而唯有商船往来，未尝修交邻之礼，不亦一大阙典也乎？曩者我邦政治一新之始，即欲遣钦差公使修盟约，因内地多事，迁延至今，深以为憾焉。兹经奏

---

① 外务省调查部编『大日本外交文书』第三卷，日本国际协会，1938年，第199页。
② 外务省调查部编『大日本外交文书』第三卷，日本国际协会，1938年，第199页。

准,特遣从四位外务权大丞藤原前光、正七位外务权少丞藤原义质、从七位文书权正郑永宁等于贵国,预前商议通信事宜,以为他日我公使与贵国定和亲条约之地。伏冀贵宪台下款接右官员等,取裁其所陈述。谨白。(《使清日记》八月十七日)

此公信包含四层含义:当今派遣使节订约交际为国际关系通例,日本已与泰西诸国订约通商,中日两国为近邻却无国交,乃一大缺典,遣柳原等预议通信事宜,以为将来订和亲条约做准备。

公信先从世界大势说起,也提到日本国内的状况,一则曰近岁"内地多事",即指王政复古、壬辰之役等变故;一则曰"政治为之一新",指经过明治维新,建立起君主立宪政体,给日本政治与社会带来新气象。以日本近年与西方诸国签订条约为参照,映衬中日两国虽为近邻却无邦交,实不足取,彰显柳原使团此行的必要性,并明确表示希望两国接下来探讨商定"和亲条约"的愿景。

2. 进京与换约请求遭拒

柳原一行八月十七日拜会涂宗瀛时,涂宗瀛建议由他代为转递日本外务省致清总理衙门的公函,待听取回信后再定行止。柳原等了解到要得到总理衙门回信需 60 天,嫌耗时太久,坚持亲往北京:

> 前光等曰:"下官等奉使命,不面付总理衙门而却付他人以自逸,可耶?要当雇轮船往天津耳。"
>
> 宗瀛曰:"公等既有委办限单,须自要去。然我国与贵国音信久绝,而今甫来,况事关两国通商条约,须期历世不渝,非一朝一夕可办得之,故当事者越从容越妥当。本道非敢劝阻,但相商耳,请三思。"
>
> 前光等曰:"至如缔约通商之事,是在钦差大臣自来调停。本使今日之事,专在递信总署,先议将来事宜耳。"(《使清日记》八月十七日)

柳原等表达了希望到亲到北京亲递信的要求,国书不面付总理衙门而托中国官员转致为"自逸",系属失职,实为委婉说法,意在表达必须前往北京的决心。涂宗瀛因当时尚不知总理衙门的态度如何,不好径直拒绝他们的进京要求,于是以"事关两国通商条约,须期历世不渝"相劝,让柳原等不必急在一朝一夕,并以颇具哲理意味的"当事者越从容越妥当"相劝慰。但柳原等仍坚持进京,涂宗瀛遂以天津教案余波未平相劝阻:

> 宗瀛曰:"据愚见,现在天津有惨杀法国人一案,和战未定,不可谓无危险,不若待下官将各位来意细告上司各宪,听取回信,而后定其行止,此乃万无一失之策也。"
> (《使清日记》八月十七日)

柳原等于八月二十八日离沪赴津,九月三日在天津面见三口(天津、牛庄、芝罘)通商大臣成林①,柳原反复陈说"愿速赴北京,谒恭亲王,面陈交际事宜,了使命",成林以与从前外国与华交涉的"成案"不符,劝其不要进京:

> 成林曰:"从前外国官员初到敝邦,则应在津与通商大臣先行酌议,是系成案。今贵使等到此,所有公事亦须与本大臣先议,而后禀请王大臣。然闻贵使远来,专欲进京,已将涂道来禀咨请总署,而回答未到也。若王大臣委本大臣先议一切事宜,即将信函交付本大臣递送总署可也。"
> 前光曰:"本国外务卿大臣修书,使赍呈贵国总理各国事务衙门,则本使等自要进京面交,不然难以回国复命。"
> 成林曰:"本大臣系总理王大臣派委在津,为三口通商大臣,办理各国事务,今贵使等若要进京,请俟本大臣先通报总署,得其可否,以决进止。"(《使清日记》九月三日)

成林的答复较之此前涂宗瀛之说态度更加鲜明,拒绝柳原一行进京的理由也更为充分。涂宗瀛当时劝说无效后还说:"亦非劝阻,但相商耳。"柳原等终不肯听。而此时成林明确告知柳原等,凡有外国官员初到,需一律在天津与通商大臣酌议,"是系成案";又说自己作为三口通商大臣,系奉总理王大臣委派在津,专门负责办理各国事务的,接收并处理柳原等递交的国书正是自己职权范围内的事;最后直接表示,无论总理衙门是否允许柳原使团进京,都需要自己先行向总理衙门通报。当了解到若由成林向总署递书,听取回音,往返只需五日,柳原等表示赞同。

《使清日记》载成林送柳原等总理衙门照会,以及九日和十一日分别接到的总署致成林的两封来函抄稿。其照会中称:"各国官员初次到津欲请议约通商事宜,应在津与通商大臣先行酌议。"(《使清日记》九月十一日)如此回复无疑是重申了成林与柳原面谈时所表达的立场。

九月二十一日夜间成林致书柳原等,递送总理衙门回复日本外务卿、外务大辅的信函抄底(因回函封固,柳原等不悉内容,所以抄送)。复函中说日本系邻近之邦,"自必愈加亲厚",并举"同治元年……贵国头目助七郎等八人带领商人十三名,携有海菜等物来上海贸易""三年四月贵国官锡次郎等复携带货物数种,在上海贸易而回"两例,即日本"千岁丸""健顺丸"到沪寻求通商的两次尝试,称"足征中国与贵国久通和好,交际往来已非一日""贵国既常来上海通商,嗣后仍即照前办理,彼此相信,似不必更立条约,古所谓'大信不

---

① 《使清日记》载其职衔为钦命二品顶戴大理寺卿、稽查左翼觉罗学事务大臣、总理各国事务大臣、三口通商大臣兼管天津等关。(《使清日记》九月三日)

约’也"。回函中还认为不更立条约之法"似较之泰西立约各国尤为简便",也更能体现中国与日本因系邻近之邦而"格外和好亲睦之意"。

恭亲王不仅以"与成案不符""有违体制"的理由拒绝了柳原等的进京要求,其回复日本外务省的公函甚至称"大信不约",认为不必更定条约。总理衙门针对日方的换约通商请求,坚持"准其通商,以示怀柔之意;不允立约,可无要挟之强"①的原则。柳原等看到如此答复的函件,"惘然自失,终夜不能眠",遂决定第二天约成林面议,以贯彻奉差出使的来意。

3. 公私并用大打感情牌

柳原等感觉总理衙门不准换约的回复与自己来意不符,故向曾国藩、李鸿章、成林等多方游说、数番交涉,一面将国书加封信函,托成林转递恭亲王,一面将应议各事宜拟稿送交成林,打算和成林"面商酌定"。成林与李鸿章受其请托,分别致信总理衙门劝说,总理衙门终于同意另复日本外务省照会一件,准以换约。

九月二十二日面见成林时,柳原前光以"王大臣或小视敝邦而不肯换约乎"一问先声夺人,表示总理衙门"不必更立条约"的回复令使团"实难奉回缴报",成林答以柳原所言"甚不能解",自己"万难再禀"。柳原前光遂改变策略,大打悲情牌:"贵大臣所谕之言只看王大臣一面之语,不思本卿大臣一片苦心。本使等愿为贵大臣详说之。"(《使清日记》九月二十二日)

柳原在接下来的"详说"中着重表达以下三层含义:第一,渲染因无约而导致中国商民总归外国收管,被外人在货价上抽利,处境可怜。第二,日人助七郎、锡次郎等载货物到上海时,上海道台以无约前来做买卖有碍别国规例相拒,之后日人不愿再发船前来中国。第三,浓墨重彩地渲染日本外务卿因同情在日中国商民而曾与应宝时通信,俾免他们被外国人收管;外务卿进而力排众议,一心与中国交好,若得不到允以换约的回复,其苦心孤诣必遭向日反对者笑话。

开始时成林一意为恭亲王辩解,柳原前光眼看请求无望的,遂改变了恳求的方式与策略,大打悲情牌,陈说恭亲王未能体察日本外务卿的一片苦心,说外务卿因留心于邻交,才提出要与中国换约通商的;他尤其详细阐述了尽管国内有难之者,外务卿仍力排众议,坚持向"唇齿旧交之邦"的中国直接派遣使节以通消息;又极言两国无约对双方商民皆不利;最后甚至表示,若办不成,自己"有何面目见卿大臣""只要死而后已",则带有近乎要挟的意味了。

成林闻听柳原如此解说,大为感动,当下表示自己愿意尽情申详,并乐观地预测,恭亲王或会同意换给允以换约的回信:

---

① 《奕䜣等又奏议复成林奏日本来函折》,宝鋆等编:《筹办夷务始末·同治朝》第八册,中华书局,2008年,第3131页。

贵使所言，彻底明白。本大臣办了几年的各国事务，却不晓得此等详细缘故，怪不得王大臣了。贵国既留心于邻交如此，吾当尽情申详，想王大臣或可别换一封回信。（《使清日记》九月廿二日）

九月二十六日柳原将日前与成林面议时详谈的内容具于照会，委托成林转达恭亲王。照会表达了三层含义：

第一，表示"经本外务卿大臣轸念，贵国之民自从明末络绎通商，柔绥已久，不宜置之膜外"，又说两国不互设领事保护侨民，"正与西人实行不符，似非子爱人民之道"，"即有比邻相信之名，并无行诸久远之实"。

第二，言及通过与原上海道台应宝时的书信往来，将清人在日贸易从西方国家手中收归日本管辖，但终因两国未曾换约而不免西人横议。

第三，当日本国内反对者认为与清交际须经西人介绍时，外务卿"乃与诤论"，强调两国"唇齿邻邦""至厚友谊"，"须以一片至诚之心，修函直达彼国当涂"。

照会最后提出，希望恭亲王允许使团与成林"预议条款""并祈换给准以换约信函"。尤其"子爱人民"一说，可谓深谙儒学思想指导下的中国朝廷牧民之道。日本国内反对遣使通款者认为"非由西人绍介，事恐不谐"，外务卿驳之，谓："我国与清国唇齿邻邦，至厚友谊，何必自弃夙好，专倚外人为耶？"（《使清日记》九月二十六日）柳原在此大打感情牌，将恭亲王回函中不必换约的答复置于与日本外务卿的一片苦心截然相反的境地；借外务卿之口，以驳斥日本国内反对者的方式，明言"专倚外人"的方式不足取。

十月三日成林到访柳原寓所，告知已接到恭亲王回文："顷接王大臣回文，云贵使等所再请告极有情理，自当别作一封回信，定要与贵国换约。"因为总理衙门回信的本函还未发，故成林先行告知，令柳原等会意。柳原等一旦获悉恭亲王同意换发信函，对成林的感激之情溢于言表："此次欲预议换约，不意总理王大臣回说不必换约，本出使等正在进退无措之际，全赖贵大人鼎力周旋，方得王大臣准以换约回信换给，本使等得旋国销差，此皆贵大臣厚惠。"（《使清日记》十月三日）

十月十一日恭亲王再次回函，推重柳原等"情意之各洽"，感其"坚持来意"，故"如其所请，以通交好之情"，同意两国就立约事进行接洽，但旋即又指出："惟议立条约事关重大，应特派使臣，与中国钦派大臣会同定议。"（《使清日记》十月十一日）即认为柳原前光无此权限，希望日本后续特派大臣到天津，与中国钦派大臣"会议章程，明定条约，以垂久远而固邦交"。至此柳原一行已经出色地达成了此番"谋通信贸易之事"的使命。

大喜过望的柳原等当即决定宴请成林表示谢意，成林因病先行辞去，遂留连兴、刘森欢饮。柳原欣幸终于得以完成使命，口占一首，曰："万里入清和议成，千余年后订前盟。奏功自喜才三月，成就皇州使节名。"名仓信敦次其韵，曰："到底精神何不成，断然航海结鸥盟。多年阙典向人愧，初领邻交鲁卫名。"《使清日记》载，当夜柳原前光梦回日本，游历墨江，醒来复作诗一首："奉使方从清国回，惊涛卷舶响如雷。归来今日多吟暇，立马墨江间见梅。"(《使清日记》十月十一日)九月十五日，适有轮船第二天开往上海，柳原作书寄送外务省，汇报使命即将达成的消息。

4. 围绕"成案"的纠葛

九月九日总理衙门回复成林五日来函，内称：

> 本衙门查阅日本函稿，内叙明此次委员前来商议通信事宜，以为他日定条约之地。似乎此来意在专议通商，而于立约一层，仅于此次陈述其意。然换约事宜必须派有钦差，方能与中国大臣面议，若仅止委官前来，尚不能遽行议约，此系历届办法。如果专议通商，亦应先由尊处晤面商议，毋庸遽给护照进京，方与成案相符，缘总署王大臣断难与该委员接见也。倘有应议之件，亦应由阁下代为转达，在津听候回信，切勿遽令来京，致与从前办理泰西各国在津议约成案不符。(《使清日记》九月十一日)

总理衙门此函由恭亲王、宝鋆、董恂、沈桂芬、毛昶熙、崇纶共同签署，数番强调"历届办法"与"成案"，表示柳原等欲进京亲递信函的要求与历次在津办过的成案不符，诸多碍难。而且总理衙门还根据日本函稿认定，柳原一行此来"意在专议通商"，至于立约，则仅陈述有此意向。因柳原等系外务省委派的官员而非钦差大臣，故不能遽行议约。应该说，总理衙门的这一判断是准确的，符合日本外务省为柳原等出具的委办限单本意。

总理衙门又据"历届办法"，责成成林与柳原等"晤面商议"，倘对方尚有应议之件，也须由成林代为转递，令其"在津听候回信"。无论递信还是专议通商，都不宜令其进京，否则与从前办理过的"泰西各国在津议约成案"不符。

总理衙门九月九日复接到成林另一封来函，回复称"查日本与中国相距一海，人皆朴实，俗尚儒雅，素称礼义之邦"，赞赏柳原等人"历经风涛之险，跋涉重洋之路"，但仍坚持柳原等进京"与历届成案不符"，嘱咐成林"详细切实相告"。复函中还说，倘若柳原等不听劝告，遽然来京，"决不能相见，有违体制，彼时勿谓本王大臣有意轻视也"，(《使清日记》九月十一日)声言柳原不听劝阻贸然进京也断不会获得接见。回函最后又敦促成林"敦和谊"，与柳原等"速为商定妥慎"所有预前应议各事宜，以便使团及早旋国销差。

几番接获同样的答复后，柳原等人意识到成案确实难违，遂同意将外务省卿、外务大辅致总理衙门的信翰文件加封，托成林转递恭亲王，等候领其回信。

翌年在订约谈判时，因李鸿章等不肯把"一体均沾"字样写入条文，柳原前光专函致帮办李鸿章的应宝时与陈钦，言及"去年柳原等来津，欲奉本国信函，面递总理王大臣，则云不可遽令来京,致与泰西各国历届成案不符,是知邻好之不足以破西人成格也"①,指责中方以"成案"为借口,只为寻求对己有利的解说。

事实上,柳原前光在此偷换概念,将未经立约之国不准赴京引申为条规即可照抄照搬,力争约同西例,遭到应宝时、陈钦语带傲慢的驳斥,谓:"贵国特派大臣前来,原为通两国之好,若以迹类连横,虑招西人之忌,则伊大臣不来中国,痕迹全无,更可周旋西人,岂非上策?"两人还不忘强调系日本方面主动提出换约通商请求的:"中国非有所希冀,欲与贵国立约也。"针对日方此番送交的条约草案与上一年柳原等送交成林的条约草案存在诸多不同,提出严厉的批评:"此次尊处送到章程,全改作一面之词……竟与去岁拟稿自相矛盾,翻于将前稿作为废纸,则是未定交先失信,将何以善其后乎?"指责日方"未定交先失信",是一个很重的断语,联系后来《中日修好条规》尚未正式换约生效之际,日本以条约有欠妥处为由,1872年春再派柳原前光来津要求修改②,应宝时、陈钦一语成谶。

5. 流产的条约拟稿草案

《使清日记》九月十三日条作:"此日起条约稿。"十六日条载:"此日条约稿成,副以照会,交付刘森,递与成林查阅一过,并言俟其校阅毕,前光等自来酌议。"柳原等在致成林的照会中写道:"即希贵大臣细加校阅,注脚示下,方叩贵署,面商酌定。"十六日条末尾又记:"条约拟稿以未妥议,今除之。"虽未详细说明"未妥议"的缘由,但基本可以推断,当是中方认为柳原此行不具备就条约内容乃至签约本身进行谈判的权限,故此拒绝。

柳原前光未获外务省授权,私自拟好条约草稿送交成林,并欲就细则展开讨论。藤村道生对柳原的条约草稿作过较详细的分析解读,认为柳原私拟条约虽是越权行为,不能代表日本的国家意志,其草案却正确反映了当时日本的外交路线,即以形式上的平等来掩盖实质上的不平等③。事实上,柳原的本意并非真的要自作主张与中方商谈条约细则,因为不仅自己未得到授权,而且从中方角度也看不出任何可以着手商谈条约细则的迹象。我们倾向于认为,柳原此举乃是一种策略的做法:有意提出一个对方难以接受的条件,过后各退一步,从而实现自己真正想要的结果,那就是顺利推进"谋通信贸易之事"。

九月十七日成林照会柳原等,表示业已将他们送交的条约稿查照在案:"本大臣现将送到所拟应议各事宜详加查核,除俟校阅完竣别行知照贵出使等再为商酌外,拟合照覆。"待到二十一日成林转交总理衙门复日本外务卿、外务大辅函后,第二天柳原匆匆前来面议,请求成林转致恭亲王,恳请换给准以换约的回函。成林针对柳原日前提出的面商酌定

---

① 《日本副使柳原前光等来函》,李鸿章:《日本议约情形折(同治十年七月初六日)附来往公函》,《李鸿章全集》第二册,海南出版社,1997年,第628页。

② 李鸿章开始不准柳原进见,后经陈钦疏通,允予接见,责其失信,不收照会;柳原再求陈钦转圜,李鸿章最终收下照会,附照驳斥,谓:"两国初次定约,最要守信,不能旋允旋改。"(李鸿章:《日本使员到津片(同治十一年四月初三日)》《辩驳日使改约折(同治十一年五月二十八日)附清单二件》,《李鸿章全集》第二册,海南出版社,1997年,第666、685页)

③ [日]藤村道生『日清戦争前後のアジア政策』,岩波書店,1995年,第70—75頁。

条约稿的态度有了明显改变："本月十一日接到总署来函,内所称'柳原等所有预前应议事宜,即与阁下速为商定妥慎'之意,并非令本大臣与贵使商议条约之义也。"较之日前收到柳原信函与条约拟稿时的答复,此番成林拒绝的态度更加明确。究其原因,在于总理衙门复函中已清楚地表示不同意日方提出的换约之请。

十月三日成林到柳原寓所,告知已接到恭亲王允以换约的回文,同时也言及"至于九月十六日接到贵使等送来条约拟稿,存王大臣处,一俟贵国派钦差来,方可酌定施行"。此后《使清日记》不再提及"换约"一事,却反复出现柳原等明年春天再到中国的期待,使团成员与中国士商都多有论及。待到伊达宗城(1818—1892)使团1871年来华,中日双方才真正开始正式讨论换约一事。

在中日订约交涉前夕,曾国藩深刻反省与英法美等列强所定条约之失,明确提出与日本订约时"不可载明比照泰西各国总例办理等语,尤不可载后有恩渥利益施于各国者一体均沾等语",他进而提出"中国之处外洋,礼数不妨谦逊,而条理必极分明"[1],这一指导思想极具见地。后来"利益均沾"果然成为中日订约谈判之际双方争论的一个焦点,由此愈发彰显出曾国藩所虑极其周密,既富有预见性又带有很强的现实针对性。1889年张之洞所上增设洋务的奏议中说,"泰西各国以邦交立公法,独与中国之交涉恒以意相挟,舍公法不用"[2],在一个普遍信奉强权即公理的时代,指责列强不守公法,多少有些无奈。

中日议约谈判前,李鸿章借助柳原前光递交的议约底稿做足了功课。他先与署直隶津海关道陈钦逐条签注意见,取其合用者,不合用者则另拟条规;继之抄送副本致送曾国藩,请其督饬苏沪精通洋务的专门人才悉心酌核;最终江苏按察使应宝时、江海关道涂宗瀛拟就《日本通商条规》,送给李鸿章参考。柳原前光大概想不到,自己留下的立约拟稿会转而成为中方有备而来的议约基础。

柳原未获授权,在华期间以急就章的方式草拟的条约草稿,在日本政府内部,甚至在外务省内部都未获得认可,所以才会出现1871年议约过程中双方争论的情况,而且在日本来华使团内部,正使伊达宗城与副使柳原前光二人很多时候意见不一致,柳原往往表现得过于强势。

二、满足"权委员驻沪"诉求

柳原等虽未获委办,却创造性地提出了权委员驻沪的诉求,以约束在华日本商民为理由,试图将原受日本大藏省委派驻沪、具有半官方地位的"通商权大佑"变成清政府官方认

---

[1] 《曾国藩奏遵筹日本通商事宜片》,宝鋆等编:《筹办夷务始末·同治朝》第八册,中华书局,2008年,第3235页。

[2] 张之洞:《增设洋务五学片(光绪十五年十月十八日)》,《张之洞全集》第一册,河北人民出版社,1998年,第732页。

可且具有一定外交权限的准领事。经多方运作，终如其所愿，达成了这一诉求。

1. 在沪初提要求

早在柳原一行来华之前，日本大藏省已委派品川忠道为通商权大佑，客寓沪上。不同于与清缔约国在上海派驻领事的做法，也不同于无约国常选择在中国生意做得最大的本国商人代行部分领事职责的惯例做法，品川忠道实为日本官方委派，以半官方身份留驻上海的，其发挥职能的方式等同于无约国。柳原前光虽未获授权，到上海后却临时起意，向涂宗瀛提出"权留"品川等在上海，"暂令管理"在沪日本商民，实际上是想借助自己正式出使的身份，为他们驻沪谋取一个中国官方许可的正式身份，同时也以此请求为契机，实现"谋通信贸易之事"的效果最大化。

陈福勋设宴为即将赴天津的使团一行饯行时，柳原前光趁机提出：

> 我邦商民现在上海羁留者已数十人，想必逐渐加多。下官等一旦进京，无复人管理之，恐事属涣漫，欲权留品川忠道、神代延长等暂令管理。（《使清日记》八月二十二日）

陈福勋答应向道署代为递交日方所具事由，听候道台决定，貌似态度积极，实则未置可否。

柳原等随即修书致涂宗瀛，告欲留品川忠道、神代延长之状，内称"本国人民来沪羁住，必须委员以便管束"，并详细解释委员驻沪的必要性。信中指出，随着来华日本人日渐增多，"则难保无奸宄之徒于阗以入"，明确表示委员驻沪的目的在于"约束我国士民"。（《使清日记》八月二十三日）信中提到"一照应公所示"的"应公"指曾任上海道尹的应宝时，他与前后两任长崎奉行有过数通书信往来，曾言及约束双方侨民的方式方法。

相较于前一日与陈福勋议及该请求时谈到的内容，柳原前光在此信中又额外增加了"倘遇伊等（指品川忠道、神代延长）有事回国，应派别员替代"的新说辞，还希望道台能够"准付示复"（《使清日记》八月二十三日），不仅要求更加明确、具体，而且更进一层：既希望委员驻沪获得中国官方正式许可，还期待委员驻沪一事常规化、制度化，而非仅仅针对此时已在上海的品川忠道、神代延长两人，以免因人事变动而被取消。柳原前光甚至进一步提出，希望得到上海道台的书面答复，确保以公文或至少是书面的形式留下有说服力的凭证。

八月二十四日陈福勋对归国辞行的蔡佑良转达了涂宗瀛的意见：一方面肯定"其留品川一事，深为允当"，另一方面又表示"今要道台作书回复，此事非禀上司各宪不可。与其候咨取决，不若不弃文书，两下心照公办为便捷也"。（《使清日记》八月二十四日）涂宗瀛以层层上报、流程繁复为由，只答应"两下心照公办"，并将柳原致送的信退还。

涂宗瀛在不清楚朝廷及总理衙门对柳原此行的明确态度之前，只希望维持现状，不愿做任何实质性的改变，哪怕对形式上的改变也是拒斥的。虽无朝廷或总理衙门的许可，涂宗瀛事实上已经允许日方委员驻沪。于中方而言,此前已有日本大藏省派员驻沪,中国视同为无约国做法,即便许可柳原所提请求也并无实质性改变;于日方而言,"两下心照公办"已经是最好的结果。

因为两国尚未订交,涂宗瀛断不肯行此文书,但柳原所言"约束本民"一说似又有较强的说服力,不宜竣拒,故采用心照不宣的方式,既同意日方的驻员要求,但又非出于官方名义,特别是将柳原前光致送的书信原璧奉还,且不肯作书回复而代以口头转达,可谓处理得无懈可击,将来上司各宪无论许可与否,都为自己留下了转圜的余地。

柳原也认同这一结果,他当日致书外务省,称:

> 皇国士民来住沪者渐多,至三十余名,不置主宰,恐生纷扰。前光等已以此意告其道台涂宗瀛,宗瀛亦以为然。故使品川忠道、神代延长等权行管束。然此二人皆系奉大藏省命来者,不便久假,愿本省于判任内急撰二三人充之。(《使清日记》八月二十四日)

柳原前光首先向外务省建言委员驻沪权行管束日本商民的必要性,继之汇报自己的交涉努力,以"宗瀛亦以为然"肯定交涉结果。考虑到品川忠道系奉大藏省命而于1870年三月来上海任通商大佑的,而神代延长则系奉大藏省与长崎县之命①前来调查在日清民伪造日钞案,因通中国话而被柳原等留下帮助使团的,二人都"不便久假",遂建议外务省赶紧选派合适人选充任此职位。

2. 在津积极推动

十月三日成林到柳原寓所,告知恭亲王同意换给允以换约的回信,柳原向成林提出,希望留员约束在上海的日本士商,并期望成林写信知照涂宗瀛:

> 现今上海已有我国士商来,将及三四十名。本使等回国,更发钦差之间,或有不妥当者亦未可知。必须留两三小员在上海照料约束,以便使本国士商守法。然留员看守之事,未敢擅专,望贵大臣特为发一封信,知照上海道台会意,于本使等回国时留两三小员而去,则庶免顾虑。(《使清日记》十月三日)

柳原等希望在使团离去、再发钦差前来之间,留两三小员照料、约束日本士商守法,成林对此深表赞同,当场慨然应允:"贵使防备贵国士商在上海有不妥当的事,欲留小官员照料看守,这事极是容易。本大臣知照道台,便贵使留人看守。"成林答应得毫不犹豫,后来

---

① 《使清日记》载,柳原等返程途经长崎时,对来访的知事野村盛秀说:"神代延长留在上海,须转为外务省官员,予欲白卿收之,何如?"野村盛秀表示同意。(《使清日记》闰十月十九日)

他也果有信函致涂宗瀛,称柳原等就委员驻沪一事"商之于弟,已面允,并达之总署衙门矣"(《使清日记》十月十四日)。后来总理衙门也同意了日方这一要求,从而迈出了两国虽无正式邦交但日本得以先行委员驻沪的实质性一步,即提前获得了中国官方认可,得以暂行领事职责,大大超越了无约国的常规做法,也预示了两国都相信立约订交指日可待。

在允许柳原等所提出的日本委员驻沪要求一事上,成林的态度至关重要。大致也是从此时开始,李鸿章的对日思想渐成主导,尤其他所揭示的避免让日本浼托欧美诸国后再获允准,正契合了总理衙门最大的担心,即因受天津教案影响,列强威压有进一步加剧的危险。在成林和李鸿章的关说下,最终总理衙门对日本换约通商请求的态度有所改变,出现某种程度的松动。

3. 基本满足诉求

应柳原前光之请,外务省委派的外务权少录斋藤丽正于十月二十六日抵达上海。柳原等在当日致涂宗瀛的照会中,照录日本外务卿来函的部分内容:"今有我国商民当渐入申,俟换约间必须委员钤束,故加任品川忠道以外务大录,仍兼通商大佑,在留沪地,派斋藤丽正为副,命熊延长充翻译事,共相约束本民,毋使有犯他国典型。"翌日柳原前光等到涂宗瀛处拜别辞行,特意带品川忠道、斋藤丽正、神代延长三人同往,拜托涂宗瀛嗣后照料,还请他"即发允准收照",希望中方以公文的形式确认日本委员驻沪的合法性。二十九日柳原前光作书报外务省,汇报已就品川忠道、斋藤丽正、神代延长留上海事与涂宗瀛交涉妥当。日本自幕府时代以来梦寐以求的夙愿终于得偿,与中国建立起正式的官方交往关系。

闰十月初八日柳原等游历完宁波回到上海,品川忠道转交涂宗瀛日前送来的书束,内称收悉成林来函,并谓:"现在品大录等留沪,遇有交涉事件,望就近与陈司马商办,本道自当随时照料,以副雅嘱。"让品川忠道与负责上海租界会审事务的陈福勋对接,等于从制度层面上确认了品川的外交权限。

闰十月十四日柳原前光、郑永宁到涂宗瀛处告别,"又嘱以善待忠道,遇有本邦商民自己发船进口,必由忠道具单报关,一如订约国领事",涂宗瀛允诺。此前柳原争取"委员驻沪"时,一直以约束本国在沪商民为说辞,但"一如订约国领事"才是他极力推动实现该诉求的真实意图。

回到日本复命已毕的柳原前光专门作书谢陈福勋,其中提道:"老先生和蔼性成,固行其所无事,而不音品川、斋藤之所尤依赖,伊商民之在申者受泽亦不浅也。谚云'造塔到顶',前光等窃望之于阁下焉。"(《使清日记》十一月七日)所谓"造塔到顶",意同"帮人帮到底,送佛送到西",用以拜托陈福勋继续关照品川忠道、斋藤丽正及在留上海的日本商民。

1872年春,柳原前光奉命到天津,试图商议修改双方约定的条文,向李鸿章面呈外务卿副岛种臣的照会,其中提及拟让外务大录品川忠道任代理事,在沪管理本国人民通商事务。李鸿章复照不允:"至品川忠道在沪管理贵国人民,应俟两国互换合约事毕,再行查照约章开办。"[1]但日本仍利用《中日修好条规》中的相关条款规定和品川忠道已在上海事实上开展领事工作的便利，于1872年3月8日正式设立驻上海领事馆，同年11月15日兼管镇江、汉口、九江、宁波等地。1891年日本驻上海领事馆升格为总领事馆。

三、交涉清民伪造日钞案

交涉清民伪造日钞案原本不在柳原等的出使任务之列，他们抵沪后偶然遇到，便牢牢抓住并大做文章。柳原等将长崎县派往上海调查在日清民伪造日钞案的事权收归使团，并积极展开交涉，继之又奉外务省之命，交涉清民在沪伪造日钞案，终使两桩案件都得到妥善处置，达成令两国都满意的判决结果。交涉的最大动因在于在为使团"谋通信贸易之事"寻求更多合理性、必要性与迫切性，为促成双方换约并建立正式外交关系增加谈判筹码。

1. 在日清民伪造日钞案
《使清日记》载：

> 长崎县准少属蔡佑良、大村藩士桥口正弘亦奉本县令来，与忠道等同探侦清民伪造我国官钞者。（《使清日记》八月九日）

日本方面没有第一时间知会中国朝廷或地方政府予以必要的协查，而是自行派人到上海侦办；待柳原等了解这一情况后，做出了将清民伪造日钞案与"谋通信贸易之事"捆绑到一起进行交涉的策略调整。

九月二十三日日本外务省将清人竹溪等的罪案文件经品川忠道送至柳原处。二十七日郑永宁着手将该案卷宗及竹溪等的供状、结案等文件翻作汉文，至二十九日翻译完成，并以照会形式送交成林处。照会中提到"清民竹溪等仿造官钞一案，审拟斩徒"，据外务省来函翻译稿，审定私铸日币的三名主犯竹溪、善吉、峰吉"斩枭示"；判趁英国公使出外，私借该馆楼厅为作案场所的清民亚福"徒三年"，但"念本出使等出在清国预议条款之际，如若立斩似伤比邻之谊，必得本出使等经申贵国政府查核，火速寄回信函，方可裁决"。原本分属日本大藏省、长崎县与外务省的不同官员与他们分别来华的不同任务被有效地整合到一起，共同服务于柳原的出使使命，显示出柳原使团善于审时度势的智慧，能够整合资源以增加交涉筹码，亦足见与清政府换约通商是当时明治政府对华接触的首选项。

外务省来函中还援引外务卿泽宣嘉在担任长崎奉行时收到上海道尹应宝时信函的有关内容，并不厌其烦地抄录了1867年（清同治六年，日本庆应三年）长崎奉行河津佑邦致

---

① 李鸿章：《辩驳日使改约折（同治十一年五月二十八日）》，《李鸿章全集》第二册，海南出版社，1997年，第685页。

应宝时的信、1868 年三月应宝时复河津佑邦的信、1868 年四月继任长崎奉行泽宣嘉致应宝时的信、1868 年十一月应宝时复泽宣嘉的信。四通书信都围绕两国通商并往来用印章为证这一中心议题展开,但外务省来函详加抄录的最关键用意在于援引应宝时后一封回信中提出的在地管辖两国侨民的内容:"两间苟有逾越法度、作奸犯科,宜依犯事地方律例科罪,其本国官勿庸过问。"(《使清日记》九月廿九日)以此作为依照日本律例判决在日清民伪造日钞案的根据。

"属地管辖"不同于无对等权利的片面最惠国待遇,也不同于有损司法独立的领事裁判权,以所在地而非所属国法律法规约束侨民,因系双方共同约定,是符合国际法的公平原则。照会中不惮其烦地抄录这些通信,一方面意在表达"今斩竹溪等,皆取断于此";另一方面也希望清政府从子爱人民的角度出发,同意早日与日本建立正式外交关系,以便管理、约束侨民:

> 我邦商民通商西洋各国,只靠本国条约自做买卖,不曾在外国管下做。唯贵国人在我邦者,因他没有条约,不得不靠外国人做,其中苦情有不可言。我卿大臣怜他如此,曾写公信送到上海道台应宝时,云以后两国商民来贸易,由地方官专主照料,或有罪犯,各在其地照依己民处法。(《使清日记》九月廿二日)

应宝时还在信中不无得意地写道:"而卒未闻华民在贵国有大过犯者,斯非畏法,而益守法之明验欤?"不加掩饰地表现出对传统文化熏染下的中国民众道德水准的自信。《使清日记》中载有在日清民伪造日钞案、清民小盗窃案[①]、清民吸食买卖鸦片等件,将它们与这四通书信一起放到同一天的日记中,虽不一定出于有意,但多少有些始料未及的讽刺意味。

十月九日成林收到总理衙门为斩竹溪事的复文,十一日抄送柳原等,内中照录应宝时在 1868 年十一月复函中建议的"属地管辖"的话,谓:"既有成言在前,今中国民竹溪等在日本国仿造官钞,其应如何惩办之处,仍由日本国自行酌核办理。"(《使清日记》十月十一日)同日成林致柳原等的信中说:"查该犯竹溪等私造官钞各情,经拟斩徒,罪名律以中国之条亦属罪有得。"柳原前光十月十四日作书致外务省,报告使事已成,并报告竹溪等一案中方并无异议。

2. 清民在沪伪造日钞案

柳原等办理交涉的清民伪造日钞案,除在日清民竹溪等一案外,尚有一桩清民在沪伪造日钞案。

---

① "清民小窃盗案"系指清民阿绅买菜时于青菜铺钱柜中偷取金钞四两三铢,清民阿时于横滨外国人房屋内偷取锁件及铁器,分别被判监禁一月,赶回香港,不许再到日本。

根据《使清日记》闰十月十五日条所录陈福勋致品川忠道的信函,九月二十一日品川忠道与神代延长访闻上海有私刻钞票印板事。闰十月初九日郑永宁往陈福勋处,告知使团已结束宁波之行回到上海,并问清人在沪仿刻日钞一案如何着落,希望在他们辞沪之前审结明白,以便回国有所交代。十二日陈福勋邀柳原前光、郑永宁、品川忠道、神代延长同往会审衙门,提在狱钞犯到案,公同审结。

品川忠道与柳原前光都强调,"私刻钞票,若照日本国例,其罪甚重,应将吴吉甫、曹阿毛严行治罪,以期咸使闻知,可儆将来",主张将案犯严加治罪。陈福勋却认为"吴吉甫等均系华民,不知此为违禁之物,只图获利,刊刻时尚无规避情形,较之有意私刻者有别,自应量从未减,酌治杖枷"。最终判决基本按照陈福勋的意见执行:判定擅刻钞板之吴吉甫责四十板、枷号一个月,经卖钞板之曹阿毛(曹松甫)责二十板、枷号半个月,均期满释放。李子根(李子忠)、张复生①二名管押已久,格外从宽,具结保释完案。"至于所有起案板模,已经品川忠道等带回销毁②。一面禀明道宪,并请严行示禁。"(《使清日记》闰十月十二日)参加会审的柳原等人未表示异议。

闰十月十三日陈福勋到柳原等寓所,说昨天审结的案件必须申报道署方能定罪名。柳原等提出"将定罪惩治之结末知照忠道以为证据",陈福勋答应照办。十五日陈福勋作书致品川忠道,备言惩治钞犯案件的复讯定断缘由。

3. 租界内涉外讼案会审

1853年(咸丰三年)三月太平军攻占南京,上海形势日趋紧张。同年九月小刀会起义爆发,并攻陷上海县城,许多华人逃入租界避难,租界内开始华洋杂居。英、美、法三国领事擅自修改原有的《土地章程》,另订《上海英法美租界租地章程》,成立由外国领事直接控制的"工部局"(Municipal Council)作为租界内的行政机构,并攫取警察和陆海军指挥权,建立巡捕房。

在商业城镇和通商口岸的外国人不仅要求自己享有治外法权,而且"还企图使他们的商务雇员和宗教皈依者享有治外法权"③。1862年应宝时接受英国领事巴夏礼(Sir Harry Smith Parkes,1828—1885)的建议,派理事一人(海防同知)赴英国领事馆,由英国副领事做陪审官,共同审理英租界内涉及华人的讼案。1864年领事团又策划在工部局设立伪警法庭,后商定创立"洋泾浜北首理事衙门"。

1868年应宝时和英美等领事商订《洋泾浜设官会审章程》,年底理事衙门审理案件的场所从英领事馆迁到南京路,《章程》于1869年4月20日公布生效,据此英美租界内的洋泾浜北首理事衙门改组为会审公廨(也称会审公堂,英文名为 Mixed Court),同年法租界

---

① 经追查,供职于外国裁缝店的张复生(即张荣昶)得假钞于无约之白耳旗(土耳其)国人孟打。品川忠道等曾同张复生赴白耳旗国公寓,会同该国官员讯问。据孟打供称,其处曾有字纸交与张复生烧毁。
② 据《使清日记》"闰十月十五日"条陈福勋致品川忠道的信函。
③ 芮玛丽著,房德邻等译:《同治中兴:中国保守主义的最后抵抗(1862—1874)》,中国社会科学出版社,2002年,第179页。

会审公廨亦成立。会审公廨设正会审官 1 人,总管公廨事务;副会审官 6 人,办理刑事、民事案件;另设秘书处、华洋刑事科、华务民事科、洋务科等。陪审官则由外国领事担任。

随着租界不断扩张,上海英美租界会审公廨改名为上海公共租界会审公廨,裁判权实际由会审官操纵,亦不得上诉。陈福勋于 1869 年 4 月至 1883 年 10 月任第一任正会审员(谳员)。上海租界会审公廨在其数十年演变过程中权力日益膨胀,最后凡公廨所审理的一切案件,都须由外国领事会审,实际上是由他们主审。租界会审公廨是外国侵略者继取得在华领事裁判权之后,进一步严重侵犯中国司法主权的又一表现①。

4. 同质案件,差别判决

中日双方共同会审的这桩清民在沪伪造日钞案,比较罕见地以中国会审员的意见结案,与此前此后强势的外国领事插手并主导大多数涉外案件的处理方式和判决结果大不相同。而且,相比较而言,同是清民伪造日钞案,在沪清民案犯比在日清民案犯的判决要轻得多。

一方面,因遵循"属地管辖"原则,虽有品川忠道、柳原前光"严行治罪"的建议,但陈福勋仍以不知违禁为由,定性为"与有意私刻者有别",并以此作为量刑依据,以杖枷主犯、保释从犯结案。坦率地说,"不知违禁"的辩护有些牵强。另一方面,因柳原使团业已圆满完成使命,心下大为快慰,既无意揪住该案不放,又乐得送陈福勋等中国地方官员一个人情,且如此判决也足以回国销差。是以陈福勋从轻发落的想法成为主导这次中日公同审理的原则。

回国后的柳原等作书谢陈福勋,其中写道:"兹回忆惩办钞犯一事,非荷仁人一片慈祥之念,未易使民有耻且格,而安能协成两邦之好哉?老先生和蔼性成,固行其所无事,而不啻品川、斋藤之所尤依赖,伊商民之在申者受泽亦不浅也。"(《使清日记》十一月七日)夸赞陈福勋对案犯都能"慈祥",从"仁"出发处理对待,希望他能同样"荷仁人一片慈祥之念",关照品川、斋藤及在沪日本商民。陈福勋则在复书中称:"承示前办钞犯一案,本分府推念贵国之慈爱,且思既已通商,来日方长,今日之宽其既往,正所以警彼将来,并以代仁老先生暨诸君子宣布仁惠之心,有如是优渥者也。"(《使清日记》十一月二十七日)陈福勋也承认当时判决"宽其既往",并顺水推舟,将这笔人情记到柳原头上。

上述两通书信显示,中日双方对清民在沪伪造日钞案诸犯从轻发落的处罚结果都比较满意。尤其陈福勋自主持会审公廨以来,历来断案都难以摆脱受西方外交官摆布的命运,此番以其意见主导审判,是以格外满意,加之受到柳原的来信称赞,自然越发得意。

曾国藩曾非常细心地留意到,柳原向中方递送的换约拟稿中"有严禁传教、严禁鸦片"二条,主张"中国犯者,即由中国驻洋之员惩办,或解回本省审办,免致受彼讥讽,相形见

---

① 蒯世勋等编著:《上海公共租界史稿》,上海人民出版社,1980 年。

绌"①。曾国藩对西方列强的领事裁判权极为不满,趁与日本讨论修约的机会,拟将审判华民涉外案件的权力收回来。日后签订的《中日修好条规》第八条规定:"两国指定各口,彼此均可设理事官,约束己国商民。凡交涉财产词讼案件,皆归审理,各按己国律例核办。"应宝时当年与日本长崎奉行通信时明确提出的"属地管辖"方式,经曾国藩着意强调,得以贯彻下来。

[本文系国家社科基金后期资助项目"柳原前光《使清日记》研究与校注"(项目号:20FWWB002)阶段性成果]

---

① 《曾国藩奏遵筹日本通商事宜片》,宝鋆等编:《筹办夷务始末·同治朝》第八册,第3234—3235页。

《使清日记》中的中国形象

刘 菁

（浙江工商大学东亚研究院）

《使清日记》为柳原前光所著,记载了 1870 年(明治三年)柳原前光等人出使清朝的相关事宜及途中的所见所闻,日记内公私事并录,是明治时期日本与中国交往的极其珍贵的史料,对于研究明治时期日本的中国观有非常重要的价值。柳原前光是日本幕末至明治时代著名的外交家,为日本开拓了近代外交。明治三年,柳原前光任外务省外务权大丞并第一次出使中国,谋求与中国通信通商并商议签订修好条约之事。此次出使,他们途经上海、烟台、天津、宁波等地,《使清日记》中记录了他们与中国官员的日常交谈及公文往来。经过柳原等人的不懈努力,终于说服大清总理衙门同意商订条约。1871 年,柳原前光再次出使中国,与李鸿章谈判签订了《中日修好条规》。

一、出使前的对华认识

19 世纪以来,西方帝国主义国家用坚船利炮打开了亚洲各国的国门,打破了东亚传统的以中国为中心的朝贡体系,转而迈入以西方国家为中心的条约体系。在这种体系下,各国之间的交往均以条约为依据,因此,日本政府认为与中国签订通信通商条约是必要之举。柳原前光在《使清日记》序中写道:"奇器神巧,日新一日,竟毫厘于方寸以相贸易,无远不通,今日之势也。"[1]西方国家科学技术日新月异,电话电报、轮船、火车的发明使世界各国的交流和交通越来越方便,东西方贸易不断增加,国家之间签订条约建立对外贸易关系成为当时的趋势。中日之间虽然一直都存在着贸易往来,但是 1547 年后两国对勘合贸易的态度日趋消极,导致了两国官方贸易的终结,此后两国间仅存在民间贸易[2]。日本在开国之后,与西方国家签订了许多贸易条约并以此开展对外贸易,而中日两国的贸易往来没有任何官方条约,不免受到西方各国的阻扰。1870 年外务省给太政官辨官的《关于外交问题的答申》中谈论道:"随着与西洋各国签订条约而开港及自由贸易的进行,清商的利

---

① 柳原前光著,田中保之校正:《使清日记》上卷"序",日本临时帝室编修局大正十一年(1922)写本。
② 王芳:《古代中日官方贸易述论》,曲阜师范大学硕士论文,2005 年,第 44 页。

益也很少了,特别是往年通信与贸易的方式等也变成了专门的商贸,加上与各国的障碍,几乎停止了。"①外务省认为日本与西洋各国签订条约后,中日间的贸易往来受到了冲击,但是两国间开展贸易对双方都有利,中日之间相隔咫尺而没有商人往来的话,这是缺乏深远谋划的,因此外务省决定应尽快和清朝签订条约,开通信通商之道。

另一方面,日本不再视中国为天朝上国,试图以平等的地位与中国商订条约。名仓信敦向外务省的上书中谈到缔结通商条约之事,他指出"彼此交接之事,要充分陈述是比肩同等之交的旨趣"②,强调了中日之间协商条约时"比肩同等"的重要性。但是在交涉修约的过程中,柳原前光于1870年9月16日私自拟好条约草稿,将草稿交予三口通商大臣成林,欲待其校阅后交给恭亲王决定。藤村道生对柳原的条约草稿作了详细的介绍和分析,他认为柳原前光私拟条约虽是越权行为,不能代表日本的国家意志,其草案却正确反映了当时日本的外交路线,即以形式上的平等来掩盖实质上的不平等③。

二、东亚区域战略中的中国认识

明治维新以后,日本全方面向西方学习,国力日益强盛,国内军国主义势力不断发展,逐渐显现了对外扩张的野心,因此,出使中国只是其作为"经略"的修好④。

《使清日记》序中写道:"夫万里异文之邦,犹且如此,况汉土与我隔一带海,文既同,俗又近,而旧好不修,非一大缺典邪?"⑤中国与日本仅一海之隔,且文风俗近,因此旧好不修成为两国间的一大缺憾。日本国内关于应该通过西人与中国协商还是直接派本国使者与中国谈判曾有过争论,有日本大臣提议通过西人使者来与中国结好,然而名仓信敦在上书中论述了由西人介绍之五不可,认为应该由日本使者直接与中国交涉⑥。名仓信敦此前一直主张日本应"与清国合纵而行攘夷之事"⑦,此次他献策直接派使者出使清朝商议修好,反对通过西方国家与清朝建交,或许是为了推进联合清朝攘除西方的计划。

日本急于向清朝建交的另一个目的是为了控制朝鲜。19世纪初,日本曾向朝鲜提出建交,但是朝鲜屡次拒绝。1870年日本外交官佐田白茅给政府的《征韩论》中认为朝鲜蔑视皇国,"必不可不伐之"⑧,并提议"当天朝加兵之日,则遣皇使于清国,说所以伐之者。而清不听之,出援兵,则可并清而伐之。全皇国为一大城,则若虾夷、吕宋、琉球、满清、朝

---

① 日本外务省编『大日本外交文书』第3卷,日本国际连合协会,1938年,第191—192页。
② 『大日本外交文书』第3卷,第187页。
③ 藤村道生『日清戦争前後のアジア政策』,岩波書店,1995年,第70—75页。
④ 杨栋梁主编,刘岳兵著:《近代以来日本的中国观 第三卷(1840—1895)》,江苏人民出版社,2012年。
⑤ 《使清日记》上卷序。
⑥ 『大日本外交文书』第3卷,第186—187页。
⑦ 志贺重昂『界写真図説雪・名倉予何人筆那破翁墓の詩』,東京地理調査会,1911年。
⑧ 『大日本外交文书』第3卷,第139—140页。

鲜,皆皇国之藩屏也。虾夷业既创开,拓满清可,交朝鲜可,伐吕宋、琉球可唾手而取矣。"①佐田白茅的上书不仅提出了对朝鲜的征伐战略,也包含了日本对东亚各国的扩张计划,表现了明治维新后日本国内民族自信心的大增和军国主义思潮的盛行。外务省在1870年给太政官的《对鲜政策三条》中写道:"朝鲜服从支那,唯受其正朔节度,因此先向支那派遣皇使,以相继达成通信条约等程序,其归途而胁迫朝鲜王京,在皇国与支那相定比肩同等规格之后,朝鲜自当位低一等,对其所用礼典当无异议可言。万一犹有不服,则再论及和战。既然已经远同清国达成通信之仪,则不易发生如壬辰之役明朝军队援助朝鲜之事,所谓远交近攻之理亦可有之。与朝鲜交际相比,支那通信虽非急务,但从怀抚朝鲜之意趣而论,从程序而言可以说是最急之事。"②日本政府认为朝鲜服从清朝,想要控制朝鲜首先应和清朝达成通信条约,为了避免清朝援助朝鲜抵抗日本,也应先同中国修好,因此与朝鲜相比,和清朝建交才是当下最急之事。日本明治维新后国力日益强盛,企图仿照西方帝国主义国家实行对外殖民扩张的政策,朝鲜与日本距离极近,且朝鲜国力弱小,成为日本对外扩张的第一步。因此,日本此次出使清朝谋求建交,表面上是为了与中国重修旧好,实际上是为日后的对外扩张进行布局。

三、趋于衰败的中国封建教育体系

晚清时期兴起的洋务之风对中国传统的封建教育体系产生了深刻的影响。名仓信敦在天津参观一所府学,看到"文庙荒圮,学中寥寥,生员亦不多。有教官丘浚恪者,忧文学不振,冰檗自矢,颇有慷慨之色云"③。文庙是祭祀孔子的祠庙建筑,自北魏孝文帝起就将中央或地方官学置于文庙之内,因此文庙是中国传统儒学教育体系的重要象征。但是,名仓信敦在当时所看到的天津府学的文庙呈现出一片荒凉的景象,学生寥寥无几,更有教官生出了文学不振的忧虑。之后,柳原前光等人与来访客人讨论时事,也谈论到府学荒凉的问题,来访客人说"此地文人寥寥,故府学亦属荒凉。官员皆俗吏,只李鸿章、丁寿昌有文才耳。今帝方今专修英学,不出多年,洋化必当盛开"④。他认为是因为天津文人太少,所以府学才越来越荒凉,而且官员也都是才智平庸之人,只有李鸿章、丁寿昌是有文采和能力的人,还认为当时朝廷专门学习英国文化,社会必然会洋化。可见当时大部分知识分子有忽视学习传统文化的倾向,而倾向学习外来的西方科学技术与文化,从而出现了府学不兴、文学不振的现象,并逐渐导致清朝官方教育体系的衰败。

19世纪60年代以后,以李鸿章为代表的洋务派认识到清朝国力的匮乏,掀起了一场

① 『大日本外交文书』第 3 卷,第 139—140 页。
② 『大日本外交文书』第 3 卷,第 145 页。
③ 《使清日记》中卷"明治三年九月十四日"。
④ 《使清日记》下卷"明治三年十月十日"。

以"自强""求富"为口号的洋务运动,大力引进西方军事装备、机器生产和科学技术,同时洋务派逐渐认识到国内近代人才的匮乏,从而创办了一大批新式学堂,以培养懂得西方科学技术文化的人才①。洋务派创立的新式学堂推动了西学在中国的进一步传播,一方面促进了中国近代教育体系的形成,另一方面也冲击了传统的封建儒学教育体系。1864年,李鸿章向朝廷提出改革科举的问题,认为科举"应于考试功令稍加变通,另开洋务进取一格"②,要求把懂得西方科学技术的人才也纳入科举中。在李鸿章的主导下,清朝的科举制度也出现了改变。新式学堂的兴办和科举的改革使得封建教育制度受到了极大的冲击,普通民众的入仕之路不再局限于学习四书五经,还可以通过入读新式学堂,学习西方科学技术来入仕。由于当时清政府极力倡导学习洋务,社会上洋务之风盛行,此外,还有不少人认为传统的八股科考会束缚人的思想,因此大量的人选择入读新式学堂,学习近代科学技术,而传统的儒学逐渐为人们所忽视,从而导致了中国传统的封建教育体系的衰败,出现了府学荒凉无人的现象。

四、商业及休闲娱乐业繁荣的上海租界

上海租界内店铺林立,商业繁荣。柳原前光等一行人出使清朝时,途经上海、烟台和天津三地,都在各地租界内有过游玩。他在上海租界游玩时描写如下:

> 据地图视之,自苏州路南至洋泾浜,东西由大马路亘黄埔埠头。英程一里间,店铺栉比纵横成街,是谓英国租界。沿洋泾浜一路,有粉壁库楼,过其门口,内掩亮槅,娼妓数头与似虔婆者在内谈笑;又有青衣红娘立门倚望,拉人诱延者,盖小娼家;而帕首大脚者,广东妓女也。……街市间有茶馆、酒肆、剧场、杂店,有张灯卖卜者,有提篮叫卖果食者,肩背相摩,道路沓躔。③

据此可见上海租界商业发展之景象,店铺鳞次栉比且种类繁多,有酒肆、茶馆、剧场、杂店、小商贩等,人流量也非常大,其繁荣之景可见一斑。然而,烟台和天津租界却没有上海那么繁华,烟台租界"领事公馆及商行店铺共有一百余家,然大半尚斥地鸠工,闻开港至今已十余载,而洋商结构不甚昌旺。比之我神户港伯仲之间,而买卖不大云。……背街一带俱小民家,其市店污秽恶臭更甚于上海城矣。"④天津租界紫竹林"比之上海居留地,不过五分之一"⑤。

---

① 杜录华:《洋务运动对中国近代教育发展的积极作用》,《商》2015年第19期,第296页。
② 李鸿章:《筹议海防折》(同治十三年十一月二日),《李鸿章全集·奏稿》,时代文艺出版社,1998年。
③ 《使清日记》上卷"明治三年八月九日"。
④ 《使清日记》中卷"明治三年九月朔"。
⑤ 《使清日记》中卷"明治三年九月三日"。

上海作为鸦片战争后第一批开埠的通商口岸,其有利的地理位置和便利的交通,让上海的对外贸易发展迅速,商业也加速向近代化转变。1845 年 11 月 29 日,英国与上海道签订了《上海租地章程》,设立了中国近代第一个英租界。随着上海租界的开辟,"其所谓租借地者日拓而北,辟皇途,起崇楼,朝棒芜而夕成落"①。上海城市的商业中心逐渐北移至租界区,上海成为一个外贸型的商业城市,商业逐渐向资本主义近代化转变,外国资本主义的侵略,上海近代轮船业、电讯和金融业以及工业的发展,都加速了上海商业近代化的发展②。

洋泾浜北岸商业的繁荣带动了休闲娱乐业的发展。《使清日记》中上海官员常带柳原前光等人去茶馆、剧场等处玩乐:

> 七郎引至一剧场,门匾大字曰:丹桂茶园。门外轿舆藉藉,候客还也。直入场内,则当面戏台,左右两层棚子。观客麇至,地上凳板设椅桌者数十座,排列糕饼瓜子。客到则有执事者出,看坐看茶,每一客需洋一元。此时已开了场,有两武将仗剑舞于台上,叮当聒削(金鼓共噪声也)之中,说白演唱。茶毕,送戏目来,朱砂小帖列剧题:丹桂茶园、初九夜演龙虎斗、打登州、黄河渡、铡包勉、翠屏山、战樊城、长亭会、药王传、青石山、新彩新切(以上剧目)。③

又记:"黄昏,应昌槐请使员等赴同新楼钱宴。酒酣辞归,路过金桂轩观剧。剧目曰《打龙袍》《虹霓关》《黄鹤楼》《双钉记》《闹嘉兴》《祭江》《退婚》《南阳关》,趣会此处亦京都班也。"④

据上所述,上海租界内开设多所茶馆,而茶馆内有众多客人观看戏曲,喝茶看剧成为上海居民日常的娱乐方式。租界内茶馆多称茶楼,高档而华丽,茶楼内上演的戏曲类目繁多,表演精彩绝伦。1860 年以来上海茶楼迅速发展,成为市民休闲娱乐的重要场所,洋泾浜北岸是上海最先繁荣起来的区域,也成为茶馆最初的"福地",表现了商业和娱乐业相融、中国文化和外来文化相互交织的特点⑤。

五、沉迷风俗业和吸食鸦片的中国民众

由于鸦片战争的战败,中国被迫向西方殖民国家打开国门,外国的侵略、战败、丧失国土、被殖民等事件的接连发生,使晚清时期民间社会风气日益萎靡,随之而来的是民间风

---

① 中国人民银行上海市分行编:《上海钱庄史料》,上海人民出版社,1960 年,第 10 页。
② 潘君祥,陈立仪:《十九世纪后半期上海商业的演变》,《历史研究》1986 年第 1 期,第 155—166 页。
③ 《使清日记》上卷"明治三年八月九日"。
④ 《使清日记》下卷"明治三年闰十月十五日"。
⑤ 陈恬:《权力与市场:晚清上海租界戏园的职业化进程与冲突》,《南大戏剧论丛》2015 年第 2 期,第 53—63 页。

俗业的发展和吸食鸦片之风的盛行。

上海的风俗业随着近代化的发展而高度商业化,往返妓馆成为民众屡见不鲜的消遣之事。上海租界内开设多所妓馆,柳原前光等人随上海接待官员游玩洋泾浜时,看到洋泾浜沿路的妓馆内有数名娼妓与虔婆正在谈笑,馆外有青衣红娘站在街边拉人进馆,可见当时社会风气非常开放,妓馆风俗业的营业方式张扬而不避讳,且从业的妓女诸多,特别是广东妓女,占据了风俗业者的一大部分,而且"粤东伎女皆不缠足,间有佳者洁白无比"①,不缠足说明广东妓女较其他女子更为开放,也因此更为风流客所喜爱。

除了妓馆内有娼妓营业,一些茶馆戏园也提供风俗服务。"丹桂园兼一美园,笙歌从不问朝昏。灯红酒绿花枝艳,任是无情也断魂(戏园不下十所,丹桂、一美最著者。一美亦名满庭芳,招伎同观,俗称叫局,夜剧来者尤多)。"②这是《使清日记》中描写丹桂茶园的一首竹枝词,茶园内客人一边观戏一边召妓同观,而且晚上观剧者尤其多,弥漫着萎靡享乐的风气。"丽水台高雉堞齐,评茶有客日攀跻。绕楼四面花如海,倚遍阑干任品题(丽水台,茶肆名,环台皆青楼也,又名沪江弟一楼)。"③此竹枝词中提到沪江第一楼丽水台,陆士谔的《新上海》中描写了丽水台的盛景:"四围都是么二堂子,夕阳西下的时光,群妓都凭栏闲眺,紧对着茶楼,可以隔楼情话,所以茶客都赶向那边去了。"④丽水台本是茶馆,但馆内也有许多妓女提供风流服务,可以说,茶馆作为晚清民间的休闲娱乐场所,不仅娱乐功能丰富,而且有着逐渐"色情化"的趋势。

1839年林则徐虎门销烟事件成为第一次鸦片战争的导火索,而鸦片战争的战败迫使清政府签订了一系列不平等条约,鸦片贩子利用特权更加肆无忌惮地在中国倾销鸦片,进一步加剧了鸦片对清末民众的荼毒。日本外务省寄给柳原前光的信函中说清朝"从前禁吸鸦片一事,迩来渐致怠弛"⑤,示意柳元前光告诉清朝官员可借鉴日本的治鸦片之法,加强对吸鸦片的管制。《使清日记》中记载了柳原前光在上海娼妓家中的情景,"唱妓设果泡茶,又弹琵琶数出,次鼓洋琴清歌低唱,莺啭度曲。弹罢卧于炕床,装鸦片烟进之,仆从故大吹本国烟叶,笑其所握烟具浑不似也,以示不解食鸦片之态"⑥。娼妓弹完琵琶后,便开始躺在床上吸食鸦片,应该是妓女吸食鸦片上瘾所致。姚裕廉的《重辑张堰志》中也写道"鸦片之传染,咸同以来,日盛一日,至光绪间列肆通衢"⑦。

① 《使清日记》下卷"明治三年十月廿七日"。
② 《使清日记》下卷"明治三年十月廿七日"。
③ 《使清日记》下卷"明治三年十月廿七日"。
④ 陆士谔著,章全标点:《新上海》,上海古籍出版社,1997年,第95页。
⑤ 《使清日记》中卷"明治三年九月廿八日"。
⑥ 《使清日记》下卷"明治三年十月廿七日"。
⑦ 姚裕廉、范炳垣:《重辑张堰志》卷一《风俗》,金山姚氏松韵草堂,1920年。

六、结语

19 世纪中后期,日本和中国都处于被西方国家统治的条约体系之中,日本派遣柳原前光出使中国,既是出于签订条约为两国互通贸易有据可依,也是为了日后对外扩张而提前布局。

《使清日记》中所展现出的中国形象让我们直观地感受到了晚清时期中国的大致景象,透露出当时中国的日渐颓败之势。明治时期日本人曾对中国多次进行实地考察,他们对中国的印象已不再是昔日主宰东亚的辉煌帝国,而是一个被西方列强瓜分、日显颓势的封建落后国家,日本对中国所持的态度也经历了一个从崇拜到同情再到鄙视的过程[①]。

《使清日记》是柳原前光所处的那个时代的产品,必然带有当时的时代烙印。《使清日记》中所表现的中国形象,虽然并不一定完全符合当时的社会现实,但仍然为我们还原并重新认识晚清时期的中国形象提供参考。同时,《使清日记》中所反映的中国形象可以帮助我们察古洞今,为以后国与国的交往提供更为恰当的态度和方式。

[本文系浙江工商大学 2020 年度研究生科研创新基金项目"《使清日记》中的中国形象"(项目号:109)研究成果]

---

① 《近代以来日本的中国观 第三卷(1840—1895)》。

清末黔籍驻日外交人员群像考(之一)

——从翻译学生到职官的刘庆汾

李炯里　刘　曜

（贵州大学外国语学院　贵州省图书馆）

一、引言

晚清的中国因为列强侵入，不得不打开国门，大开海禁，被迫开始了与世界各国的接触与交往。在此背景下，咸丰十年（1861）清政府成立了"总理各国事务衙门"，并于光绪元年（1875）效仿西方国家开始派遣驻外公使。彼时，偏居西南一隅的贵州似乎还游离于这轰轰烈烈的历史大变革时代之外，仍旧在千年的旧梦中酣然沉睡。不过事实上尽管远离政治文化中心，变革之风还是悄然拂进了闭塞的黔中大地。接触到新思潮的官员和知识分子成为贵州近代化变革的先锋。其中，有一位黔籍人士在中国外交史上是绝对不可忽视的人物，他就是黎庶昌。黎庶昌作为"曾门四弟子"之一，是桐城派文人和遵义"沙滩文化"的代表人物。作为外交官在欧洲工作五年，游历了西欧各国。其后，又曾两次以公使身份被派驻日本。在两次出使日本之时，陪同黎庶昌赴日的随员中有黎汝谦、刘庆汾、陈矩、刘汉英、蹇念恒、赵曼娟[①]（赵曼倩）等六位贵州籍人士。相较于学术界对于黎庶昌研究的硕果累累，关于这几位外交人士的研究成果可谓寥寥无几。黎庶昌在文学领域的成就和在外交领域的贡献度决定了他的历史地位，被投以高度关注自然不用赘言。其他几位黔籍人士，特别是黎汝谦、陈矩辅助黎庶昌在日本收集了大量的中国古书秘籍，刻印出版了《古逸丛书》，在以文会友的外交活动上也常有他们二人的身影。归国后，因为具有更为广阔的国际视野，几位人士也分别在文学、经济、政治等领域有着不同的发展，作为大动荡时代下的一员，为推动历史前进的车轮贡献了一份力量，特别是给闭塞的黔中之地带来了清新的异文化之风，这对于之后的清末民初大批黔籍学子留学日本也有着一定影响。

然而，对于几位外交人士的研究长期以来还仅停留在简略的生平介绍，或是散见于黎庶昌的相关研究中，未能深入且成体系。特别是遵义籍人士刘庆汾，或是笔者对史料的收

---

① 赵曼娟原籍江苏苏州，15岁嫁与黎庶昌为妾，生一子尹骢。光绪十六年（1890）十月六日，从日本归国返回遵义途中，在湖北嘉鱼县因病去世，后葬于遵义。因与贵州多有交集，故本研究中也将赵氏视为研究对象。

集整理不足,即便是在省志或是地方志中都未见相关文字介绍。事实上,作为中国早期的日文翻译家,他的译作为清末中国知识分子了解明治维新后的日本打开了一扇窗。归国后又辗转任职于各地,虽不是权高位重,但其政绩也是值得后人评价的。

　　本文将梳理刘庆汾在日以及归国后的活动轨迹,明晰外交生涯对其归国后的职业生涯有何影响,在日本所接触的新思想、新思潮以何种方式传播,而对于家乡贵州又有怎样的回馈。探寻这些问题的答案,这也正是本研究的目的所在。

　　刘庆汾,字子贞,清咸丰四年(1854)出生于遵义县(今天遵义市)三岔镇周家田①,二十三岁时与黎庶昌之弟黎庶诚的女儿结婚。清光绪七年十二月(1882年1月),黎庶昌第一次被派驻日本担任公使时,作为随员②一同赴日。初到日本时并未在使馆内任职,而是在使馆内开设的东文学堂学习日语。在习得日语后,成为使馆翻译官,其后又担任副领事官、参赞等职。回国后任川东道台、苏州知府,继而出任内阁总理衙门章京,随后外放兴泉(厦门)道台,辛亥革命后闲居天津,1929年去世,享年七十五岁③。

二、在日轨迹——从学习翻译到外交官

　　首先梳理一下刘庆汾在日本的生活轨迹④。王宝平整理了从清朝驻日第一任公使何如璋(光绪三年,1877)至第七任公使裕庚时期(光绪二十四年,1898)的"外交使节名录"。从该名录中可以发现,在黎庶昌第一次担任公使时期(光绪七年至十年,1882—1884),刘庆汾的名字未有记载⑤,直至第三任公使徐承祖时期(光绪十年至十三年,1884—1887),才有了刘庆汾作为东文翻译官的记载。任职时间分别是光绪十二年三月一日(1886年4月4日)至八月三十日(9月27日),光绪十二年九月一日(1886年9月28日)至十三年十一月三十日(1888年1月12日)⑥。那么,1882年年初随黎庶昌抵达日本后,直至1886年10月任职翻译官,这期间其踪迹又何在呢?《清代官员履历档案全编6》中有如下记载:"刘庆汾现年四十三岁,系贵州遵义县人,由附生光绪七年调充东文学生,十一年充日

　　①　关于刘庆汾的原籍地有学者提出质疑称,其父刘庆汾(1832—1891)为遵义县(今遵义市)乐安里土石村人,故刘庆汾也应为土石村人,而不是三岔镇人。参见刘丽《刘庆汾——遵义人的骄傲》,http://js.zunyi.gov.cn/sxjs/llyj/201611/t20161122_443417.html /2017.0208/2019.10.09。

　　②　"随员"在清朝早期的外交官制度中定义较为模糊,可泛指公使随从,也可指具备类似于参赞等身份的外交官。刘庆汾第一次赴日后即入东文学堂学习,因此可推断并无外交官身份。关于"随员"参见李文杰《中国近代外交官群体的形成 1861—1911》,生活·读书·新知三联书店,2017年,第358—361页。

　　③　该处内容参考李连昌《遵义人编译〈日本维新政治汇编〉》,《贵州文史丛刊》2017年第1期,第2页。原文如下:刘庆汾,字子贞,清咸丰四年(1854)出生于遵义县三岔镇周家田,他本一乡间士族子弟,中过秀才,依门当户对之例,二十三岁时做了沙滩黎庶昌之弟黎庶诚的女婿。清光绪七年(1881),黎庶昌被朝廷派驻日本钦差大臣,就把自己的女婿张沆和侄女婿刘庆汾带去日本亲自栽培,张沆未成气候半途而废,提前回国。刘庆汾学成,先为使馆翻译,侍从于黎庶昌左右,得以谙熟外交,数年就被提拔为大清国驻日使馆的文化参赞,回国后任川东道台,苏州知府,继而调内阁总理衙门,外放兴泉(厦门)道台,辛亥革命后闲居天津,1929年去世,享年七十五岁。

　　④　参见文末附表《刘庆汾在日履历》。

　　⑤　王宝平『清代中日学術交流の研究』,汲古書院,2005年,第151—152頁。

　　⑥　《中国近代外交官群体的形成 1861—1911》,第154页。

本使署学习翻译"①。此外,"由于京师同文馆并未开设日文学堂,总理衙门无法提供合适的人选,故而黎庶昌之后的历任公使在赴日时,皆须自带学生,派在使馆日文学堂学习"②。由此可以推断,刘庆汾初抵日本时并未在使馆内任职,而是在使馆内开设的东文学堂学习日语。东文学堂设立的初衷是为了解决日语翻译人才严重缺乏的问题。虽始倡于清朝第一任驻日公使何如璋,正式开办则是在第二任公使黎庶昌上任之后。因而,可以推测的是黎庶昌让刘庆汾以随员身份赴日,目的是安排他在使馆内学习日语,精通之后担任使馆翻译。刘庆汾的学习经历未见系统研究,只是散见于东文学堂的一些相关研究资料中。例如,王宝平在谈及东文学堂毕业留日学生时,有如下评价:"其中,陶大均、罗庚龄、卢永铭、刘庆汾和唐家桢为翘楚之秀";"以陶大均、罗庚龄、卢永铭、刘庆汾和唐家桢等5人为中心的翻译体制的确立,宣告了近代中国第一批日语翻译官的诞生,同时也意味着何如璋时代以来一直困扰清朝政府的日语翻译问题,终于迎刃而解"③。东文学堂自光绪八年(1882)开办,其间有过撤馆停办、复又开馆的波折,直至光绪二十年(1894)最终停办,12年间共有29名学生在此学习。但就教学效果来说,并不尽如人意。第七任公使裕庚曾指出,"学生'饱食而嬉';一经传语,动辄贻笑,翻译东文,错谬多端"④。可见即便是毕业后成为使馆翻译的毕业生,其翻译水平大多也是被诟病的。实际上刘庆汾的日语能力在一众学生中是属于较高的,这从他在日本编译的几本颇具影响力的译作中也可看出。对于自己的日语能力,刘庆汾在诗作中有这样的评价:"每忆北京成阔别,深惭东语未全谙。"⑤该诗是黎庶昌第二次担任公使时期的光绪十六年(1890)春天,黎宴请日本文人雅士时所作。此时,刘庆汾已是箱馆等处副领事兼东文翻译官,但仍对自己未能完全精通日语心怀羞惭之意。也许这不过是谦逊之词,但从一定程度上也反映出他对自己要求颇高。

刘庆汾在东文学堂的学习结束之后,第三任公使徐承祖任职期间,光绪十二年三月一(1886年4月4日)日即被派往长崎担任东文翻译官:第四任公使黎庶昌时期的光绪十三年十二月一日(1888年1月13日)至十六年十二月二十(1891年1月29日),任职箱馆(函馆)等处副领事兼东文翻译官:光绪十六年十二月二十日(1891年1月29日)至十八年八月十九日(1892年10月9日),第五任公使李经方时期,仍旧延续前职在箱馆履职:第六任公使汪凤藻时期的光绪十九年年八月二十日(1893年9月29日)至光绪二十年七月十日(1894年8月10日),任职参赞衔东文翻译兼调任筑地副理事官:光绪二十一年七

---

①　秦国经主编:《中国第一历史档案馆藏　清代官员履历档案全编6》,华东师范大学出版社,1997年,第438页。

②　《中国近代外交官群体的形成 1861—1911》,第351页。

③　王宝平:《近代中国日语翻译之滥觞——东文学堂考》,《日语学习与研究》2014年第2期,第85页。

④　《中国近代外交官群体的形成 1861—1911》,第352页。

⑤　原文出自刘庆汾作《即席再次星使原韵,恭呈钧诲》:"芝山山畔好停骖,红叶红花几度探。每忆北京成阔别,深惭东语未全谙。朋从情洽樽开五,文会才疏舍退三。卅六人中谁最少?诗心灵慧属槐南。"黎庶昌等著,孙点编次,黄万机点校:《黎星使宴集合编》,贵州人民出版社,1992年,第148页。

月二十五日（1895 年 9 月 13 日）第七任公使裕庚上任后，刘庆汾的名字已不在外交使节名录中。《清代官员履历档案全编 7》记载"二十年奏充参赞，是年七月回华销差"。由此可以得知，刘庆汾是在光绪二十年七月（1894 年 8 月）离开日本回国的。其从 1882 年年初赴日到 1894 年 8 月离开，居日本约十二年。其间，作为当时颇具实力的翻译官，笔者还未能从目力所及的史料上发现刘庆汾参与的重要会晤或是谈判等重大外交活动的记载。不过，他所编译的《日本国事集览》《日本海陆兵志》《日本维新政治汇编》这三部书，向当时渴望获取外部信息的国人介绍了日本的社会文化状况、政治军事制度以及明治维新的相关情况。晚清教育家、数学专业杂志《算学报》创始人黄庆澄曾于光绪十九年（1893）赴日考察，与驻日外交官、留学生、日本学者广泛交流，写下了《东游日记》。他在日记中提到，从第六任公使汪凤藻处得以阅读《日本国事集览》的中译本，不禁大喜。原文为："汪星使以《日本国事集览》见示。是游也，予延路访问彼国之政治、风俗，舌所不通，以笔代之。然仅粗得大段，其细节处则不胜探查，至是向汪星使索阅署中译书。星使以此书见示，不禁狂喜。书凡十二卷，刘君子贞所译也。纪日本新政颇详备，惟铁路章程宜隶之递信省中，方合条例。司法省中，于彼国律文付之阙如，未为完璧。据刘君云，现方补译，但未脱稿耳。"[1]《日本海陆兵志》光绪二十年（1894）的石印本目前国内所藏仅有六卷中的三卷。收藏有《日本维新政治汇编》复刻本的国内图书馆不少，而光绪版《日本维新政治汇编》通过个人藏书家的贡献，被收录于新出版的《遵义丛书》[2]中。

除了在翻译上的成就之外，刘庆汾在日期间也留下了与日本文人交往时所创作的诗歌。黎庶昌在每年的上巳节、重阳节都会举办文酒之会，招待日本文人雅士赋诗作文，其诗作经使馆官员孙点编校后集成《黎星使宴集合编》。刘庆汾的诗作在《黎星使宴集合编》[3]中收录有六首，《黎星使宴集合编补遗》[4]中收录有两首，共计八首。这些诗作多属于宴会上的应景之作，较之随黎庶昌赴日的黔籍外交官黎汝谦、陈矩等人的文学成就来说似乎难以比肩。但从这些诗作中可以知晓，刘庆汾与日本文人的交往也是较为频繁的。

三、归国后的轨迹——从外交官到职官的转变

光绪二十年（1894）从日本回国后，刘庆汾的职业生涯可谓纷繁多姿。整理其履历档

---

① 黄庆澄等撰，陈庆念点校：《东游日记 湖上答问 东瀛观学记 方国珍寇温始末》，上海古籍出版社，2005 年，第 20 页。

② 李连昌提及将联系编委会，把自己收藏的光绪版本的《日本维新政治汇编辑》收录在丛书中。参见《遵义人编译〈日本维新政治汇编〉》，第 2 页。2018 版《遵义丛书》笔者还未见，本文暂付阙如。

③ 《黎星使宴集合编》，第 61、62、82、147、148 页。

④ 黎庶昌等著，孙点编次，黄万机等点校，中国人民政治协商会议贵州省遵义市委员会宣教文卫委员会编：《黎星使宴集合编补遗》，贵州人民出版社，2001 年，第 112、124 页。

案得知,他曾在江苏、四川、福建等地以及总理各国事务衙门等部门任职①。其归国后的职业生涯中,尽管已不再有外交官身份,但工作内容仍与各种外交活动有着一定程度的关联。下文将以时间为轴梳理他的职官生涯。

刘庆汾回国之初即在苏州海防营务处稽查各国船只。光绪二十一年(1895)由于《马关条约》条约的签订,日本侵略者力图将势力范围扩展至中国内地,拟在苏州、杭州、重庆、沙市开辟商埠。中日苏州开埠交涉时,刘庆汾经张之洞推荐,作为中方代表之一参与其中。关于刘庆汾在交涉时所担职责、具体工作情形等相关资料还有待查证。不过,在杨天石关于黄遵宪与《马关条约》的研究中,有如下记述:"命苏州刘庆汾在谈判中'按切时势,设法补救'";"四月初九日,张之洞致电赵舒翘,肯定刘庆汾在谈判中的作用,电称'刘庆汾所议地价八条,均有裨益'"②。由此可以看出,刘庆汾的工作应是得到了张之洞的肯定。

光绪二十四年五月(1898年6月),经江苏巡抚奎俊保举,刘庆汾成为总理各国事务衙门章京。保举奏折中称:"在洋十余年,凡东洋语言文字、政治风俗,皆考求精确,洞达渊源。于各国形势政教亦素留心。"任职总理衙门期间,他"面奉谕旨,条陈圜法利弊,蒙恩采纳"③。光绪二十四年七月二十四日(1898年9月9日),上奏主张铸造铜元,历陈铜元的四大利处,"成本低、制造精、钱价划一、防止中饱和漏卮"④。次年,即光绪二十五年四月二十六日(1899年6月4日),再次上奏请铸铜元。不过这次是由总理各国事务大臣弈匡代替刘庆汾上折奏请的。刘庆汾居日本12年,深知铜元的便利性,主张用机器铸造铜元,同时也提出了铜元的标准样式。不过,建议虽然得到朝廷的采纳,但事实上铜元的铸造最初在京城并未得以实施,而是从广东开始试铸,其后地方各省才积极响应。当然,因为清末复杂的社会和政治形态,刘庆汾开始所设想的"钱价划一、防止中饱和漏卮"的利好之处,并未能实现。但不可否认的是,他所提出的币制改革,不仅充分体现出了他的经济才干,还反映出他将国外先进理念和技术为我所用的积极态度。

光绪二十五年六月(1899年7月),刘庆汾调任四川。光绪二十七年七月(1901年8月)升为道员,在四川曾任职于武备学堂、大学堂、巡警局、厘金局等。让笔者颇为感兴

---

① 引自《中国第一历史档案馆藏 清代官员履历档案全编7》,第596—597页。原文为:"经前两江总督刘坤一委派海防营务处,稽查各国往来船只,办理租借章程。十月,前浙江巡抚廖寿丰调往杭州议定租借章程。旋经前署两江总督张之洞奏留江南差委。二十二年,经刘坤一委派上海洋务改留江苏补用。历充江苏牙厘总局提调,总巡洋务商务工程,并上海租界会审事宜等差。二十四年四月,因办理洋务出力,奏保补缺后,以道员仍留原省前先补用。五月,前江苏巡抚奎俊保荐使才,奉旨来京,预备召见。七月,蒙恩召见一次,旋奉旨在总理各国事务衙门章京上行走,并蒙恩以使才存记。面奉谕旨,条陈圜法利弊,蒙恩采纳。七月请假回苏,十月奉旨来京。二十五年六月奉旨发往四川,交奎俊后差委,蒙恩召见一次。二十七年七月,捐升道员,仍留原省补用。十二月,经过奎俊奏留四川前先补用。历充武备学堂大学堂,并法商保富公司,巡警局,厘金局等差。二十八年,应试经济特科,经财政处王大臣派充总办。三十年,在山东赈捐案内移奖二品顶戴。八月奉旨发往南洋,历充洋务巡警及海州通州开埠等差。三十二年八月,学部电调来京,襄校试卷。本月二十五日奉旨补授福建兴泉永道。"
② 杨天石:《黄遵宪与苏州开埠交涉》,《学术研究》2006年第1期,第94页。
③ 《中国第一历史档案馆藏 清代官员履历档案全编7》,第596页。
④ 中国人民银行总行参事室金融史料组编:《清政府统治时期1840—1911》,《中国近代货币史资料》第1辑,中华书局,1964年,第658—659页。

趣的是,光绪二十七年(1901)、光绪二十八年(1902)由四川派出的赴日官费留学生中有两位黔籍黎氏子弟,黎渊①和黎迈②兄弟二人③。二人负笈东瀛前并未长居四川,为何能考取川籍官费留学生呢?有研究者指出"兄弟两人是因黎庶昌侄婿刘庆汾任职川东,得以川东官费生资格留学"④。二人考取官费生的时间与刘庆汾任职四川的时间确实相重合。黎渊在其诗作中,也有内容谈到与姑丈刘庆汾的交往,但大多是在辛亥革命后刘庆汾寓居天津之时⑤,对于如何考取四川官费生一事却未见提及。刘庆汾从青年时代渡日,归国后辗转各地任职,与家乡的交集甚少。如果上文所述属实,那么他作为贵州人,也是为提携贵州后辈青年尽了一份心力。不过,当时的四川总督奎俊与黎庶昌也多有往来,故而对于黎氏子弟的关照想来也应是自然之事。遗憾的是,目前所集资料还未能证明渊、迈二人的留学与刘庆汾或是奎俊有何种直接关联。因此,有必要对相关资料进行更为细致的探寻。

光绪三十二年八月(1906年9月),刘庆汾成为第二届学部考试的襄校官。所谓的学部考试是为了给从海外学成归国的留学生给予功名,授予官职的考试。部试设有主试官、襄校官。襄校官主要负责出题、阅卷等工作。第二届考试的襄校官共有严复等七人,刘庆汾是其中之一⑥。因为考试中有外语试题,而参加本次考试的考生中有留日学生23人⑦,刘庆汾应是发挥其日语优势,主要负责留日学生的日语考试事宜。

光绪三十三年二月三日(1907年3月16日)刘庆汾赴福建,任兴泉(今厦门市)永兵备道员,两年后的宣统元年闰二月一日(1909年2月20日)因"天仙戏园"事件被调离厦门。"天仙戏园"事件是由原同安县人、后加入西班牙国籍的洋行老板玛甘保(黄瑞曲)在百日国丧期间,公然在戏园内设台唱戏娱乐所引发的。玛甘保父子不仅违反国丧禁制,还私自囚禁和打伤巡警,引发了厦门民众的极大愤慨。刘庆汾在接到民众要求对外交涉、维护国家尊严的请求之后,列出"八项不解",有理有据地向法国领事提出质问,希望严惩玛甘保父子。不过,彼时的清政府凡遇此类外交纠纷,大多采取息事宁人的态度。因此,该事件终以福建提督松寿将刘庆汾调离厦门,不再追究玛甘保父子之责而结束⑧。纵观整

---

① 黎渊(1879—1935),字伯颜,贵州遵义人,祖父黎庶焘与黎庶昌为同胞兄弟。1901年以四川官费留学生进入日本法学院大学(现中央大学)专修法律,1905年8月获法学学士学位。回国后在天津创办"北洋法政学堂",担任校长,培养和造就了李大钊、白坚武等一批历史名人。民国后,历任北洋政府总统府秘书、政治会议议员、约法会议议员、参政院参政,后任国务院法制局参事。

② 黎迈(1882—1953),字仲苏,以四川官费留学生入东京帝国大学工科学习,获理工硕士。归国后经梁启超推荐任四川兵工厂副经理。晚年回黔,著有《工隐庐诗钞》《工隐庐随笔》等稿本。

③ 房兆楹辑:《清末民初洋学学生题名录初辑》,"中央研究院"近代史研究所,1962年,第5、34页。

④ 李芳:《严修〈东游日记〉中的黔籍留日学生》,《贵州文史丛刊》2013年第3期,第104页。

⑤ 刘作会主编,遵义市地方志编纂委员会办公室编:《黎氏家集续编》,贵州人民出版社,2005年,第337—339、382—383、390页。

⑥ 荣庆著,谢兴尧整理、点校、注释:《荣庆日记:一个晚清重臣的生活实录》,西北大学出版社,1986年,第107页。荣庆在日记中有如下记述:"少顷范孙同作主,客为联、唐,塔三考官,魏、严、詹、屈、吴、陈六襄校,刘子贞以病辞,三丞参来陪。"

⑦ 《荣庆日记:一个晚清重臣的生活实录》,第106页。荣庆在日记中有如下记述:"八月二十七日,辰初到署,与范孙,同联,唐塔三试官点名,监考欧美日本游学生。计英二名,德一名,美十六名,日本二十三名,午初行。"

⑧ 洪卜仁:《厦门辛亥风云》,厦门大学出版社,2016年,第5—8页。

个事件，刘庆汾在外交事务中所展现出的有礼有节、不卑不亢的态度，体现出一个成熟的爱国外交人士的风范。刘庆汾与当地商绅林嘉尔"一同合作创办'商品陈列所'，欢迎美国海军军舰；共同在两湖开设樟脑公司、电报公司""是清末官绅合作的一个缩影"[1]。此外，刘庆汾还在厦门大力兴办教育。科举考试被废止后，他主持创办了厦门官立中学堂，集资创办了晋江的华侨子弟学校——毓英中学。他主政厦门期间得到当地民众的较高评价："实近时清国官界中所罕见者，是于政治上有光辉者也。"[2]

刘庆汾还曾通过保荐，参加了光绪二十九年（1903）的经济特科考试，奏派财政处总办。光绪三十年十月（1904 年 11 月）他奉旨发往"南洋"（江苏以南沿海地区），历任洋务巡警、海州通州开埠等职[3]，但任职时间都比较短暂。他也是戊戌变法参与者之一，不过，因非核心人物，变法失败后最终只是被外放而已。回顾他的职业生涯，尽管辗转各地任职，但总体上来看，多数工作还是涉及了与国外事务相关的内容，也可谓是用其之长了吧。

四、结语

刘庆汾作为清末黔籍翻译家、外交家、政治家，在迄今为止的地方史研究中也是被忽略的人物。相对于黎庶昌、黎汝谦这些被世人所熟知的历史人物，而刘庆汾这样各方成就也许不算十分显赫的人士，同样也在动荡变革时期发挥了作用。也许他们的力量与功绩在历史长河中微不足道，但是一个国家、一个地区，甚至一个家族的发展与变迁无不与千千万万这样的一些"小人物"息息相关。他们的历史足迹以及贡献不应该淹没于历史的滚滚洪流中。从这一点上来看，刘庆汾作为地方志、地方人物研究应该是有一定价值的。

本文试图梳理刘庆汾的生涯履历，但因史料爬疏不足，仍有许多尚未明晰、模糊之处。例如，前文所提及的刘庆汾与刘汉英的父子关系还有待考证。关于刘汉英，在地方志和地方文学史研究中有少量的资料能够查询。但令人疑惑的是，其中并未能发现能证明父子关系的资料。此外，关于黎渊、黎迈取得官费留学生是否与刘庆汾有直接关系？第六任公使汪凤藻时代，作为"投效学生"入学东文学堂的黔籍学生朱光忠，与当时还留任日本的刘庆汾又有何交集？刘庆汾归国后，与家乡的往来又是如何的？这一系列的问题还有待找寻明确的答案。本文作为引玉之砖，希望今后能有更为深入的研究。

① 郭权：《台湾内渡士绅施士洁研究》，福建师范大学博士学位论文，2013 年，第 230—231 页。
② 《台湾内渡士绅施士洁研究》，第 229 页。原文出自《鹭江琐谈》，《台湾日日新报》1908 年 5 月 8 日第 5 版，黄哲永、吴福助编：《全台文》第六十八卷《台湾日日新报文辑二》，文听阁，2007 年，第 870 页。
③ 《中国第一历史档案馆藏 清代官员履历档案全编 7》，第 597 页。

	身　份	起　止　时　间	公　使
东文学堂 在学时期	学生	光绪十年十二月一日—光绪十一年二月二十日 （1885 年 1 月 16 日—1885 年 4 月 5 日）	徐承祖
	学生	光绪十一年三月一日—光绪十一年十一月三十日 （1885 年 4 月 15 日—1886 年 1 月 4 日）	徐承祖
	学生	光绪十一年十二月一日—光绪十二年二月二十日 （1886 年 1 月 5 日—1886 年 3 月 25 日）	徐承祖
使领馆任 职时期	东文翻译官	光绪十二年三月一日—光绪十二年八月三十日 （1886 年 4 月 4 日—1886 年 9 月 27 日）	徐承祖
		光绪十二年九月一日—光绪十三年十一月三十日 （1886 年 9 月 28 日—1888 年 1 月 12 日）	徐承祖
	箱馆兼新潟、夷港副 理事兼东文翻译官	光绪十三年十二月一日—光绪十五年七月十八日 （1888 年 1 月 13 日—1889 年 8 月 14 日）	黎庶昌
		光绪十五年七月十九日—光绪十六年十二月二十日 （1889 年 8 月 15 日—1891 年 1 月 29 日）	黎庶昌
	箱馆兼新潟、夷港副 理事兼东文翻译官	光绪十六年十月二十日—光绪十八年八月十九日 （1891 年 1 月 29 日—1892 年 10 月 9 日）	李经方
	参赞衔东文翻译兼筑 地副理事	光绪十九年八月二十日—光绪二十年一月十九日 （1893 年 9 月 29 日—1894 年 2 月 24 日）	汪凤藻
		光绪二十年一月二十日—光绪二十年七月十日 （1894 年 2 月 25 日—1894 年 8 月 10 日）	汪凤藻

［本文系贵州大学人文社会科学项目"清末黔籍驻日外交人员群像考"（项目号：GDYB2019007）阶段性研究成果］

---

① 根据《近代中国日语翻译之滥觞——东文学堂考》第 86、88 页制成。

中岛端《支那分割之运命》述评

李继华

（山东华宇工学院马克思主义学院）

一、引言

中岛端（1859—1930），日本的亚细亚主义者之一，著译甚多。他自幼接受旧式教育，六岁开始读《论语》，十三四岁开始用汉语作文、写诗，具有浓厚的忠君思想。1902 年春至 1908 年 10 月，他在中国的上海、苏州等地任职，并游历杭州、武汉、北京等地。在上海时，先为上海商务印书馆编译所编译员；日俄战争爆发时，翻译法国人波留著《俄罗斯》共三编，同时编印《日俄战纪》（画集），前后共出 30 册。1904 年 11 月至 1907 年 10 月，被设在苏州的江苏师范学堂聘为翻译。1908 年 10 月末到北京，亲历了光绪、慈禧去世和出殡及国会请愿运动等重大事件。1911 年春末回日本。辛亥革命后开始撰写此书，历时一个半月完稿。起初以《支那的将来与日本》为题，后改名《支那分割之运命》。

该书日文本出版后，迅即激起在日华人的愤怒，买了几十册分寄中国各方面。主要由北洋法政学堂（在天津）学生组成的北洋法政学会得到此书后，在李大钊等人的主持下，立即组织翻译，并予以驳斥。驳议的主要形式是"译者曰"（即按语）、眉批和少量的夹注，共计按语 58 段、眉批 183 处、夹注 7 处[①]李大钊作为北洋法政学会的编辑部长之一（另一编辑部长是郁嶷，列第一位），负责统筹全书的翻译、写作和出版、发行事宜，同时也是主要翻译和撰稿人员。该书定名为《〈支那分割之运命〉驳议》（北洋法政学会编译、发行，天津华新印刷局印，1912 年 12 月"初一日首版"，"十五日发行"）。北洋本迅速引起关注，发行较为顺利，1913 年 4 月即再版，1915 年又再版。1962 年，由上海图书馆"悉照原书版式，重予排印"（以下简作"重印本"）。

自 20 世纪 50 年代，特别是 80 年代开始，国内外学者关于李大钊研究的成果累累，成为近代人物研究的重要领域之一。对李大钊等人的《〈支那分割之运命〉驳议》一书，也取得了某些研究成果。刘民山的《李大钊与天津》（天津社会科学院出版社，1989 年），对该书既作了较为具体的述评，也提供了较为翔实的研究资料。1999 年的《李大钊全集》，首

[①] 朱文通等：《李大钊全集》第一卷，河北教育出版社，1999 年，第 431、437、438、448 页。以下简作"点校本"。

次将该书由黄霞、唱春莲、赵洁敏点校整理,全文收录(以下简称"点校本"),为研究者提供了便利。2005—2006年,日本学者后藤延子的《中岛端〈支那分割之运命〉泛论——一个亚细亚主义者的选择》长文(4万余字,分载日本信州大学人文学部《人文学科论集　人间情报学科编》第39号、第40号),对中岛端其人其书和北洋法政学子们的"驳议",既有较为详尽的介绍和客观评价,也有值得斟酌之处(主要是关于中岛端对华基本倾向的评述)。其他一些关于李大钊的论著,对该书也多有提及。

但是总的来说,学术界对《〈支那分割之运命〉驳议》的研究还相当少,甚至对该书中的一些人名、地名、思潮、报刊、事件等也不甚了解,对书中一些由于翻译和排印造成的错误缺少鉴别。中国的有关著作,对中岛端的《支那分割之运命》往往简单地予以否定,甚至斥之为"胡说八道""信口雌黄,百般污蔑",对其中的合理因素则甚少正视;对李大钊等北洋法政学子的"驳议",则简单地全盘肯定,缺少深入的分析、探讨,对其中的一些人身攻击之词也避而不谈。这既不利于今天的人们阅读和领会这部著作,也是全面、深入开展李大钊研究和中日关系史、特别是日本侵华史研究的一种缺憾。

今后的中国近代史研究和李大钊研究,将更加向学术性、专题化和考据性的方向发展。对中岛端的《支那分割之运命》和李大钊等人的驳议,进行疏注和客观评价,将是深化中日关系史特别是日本侵华史、民国初年历史研究的切入点之一,也是深化李大钊研究的重要路径之一。

由于篇幅所限,本文仅就中岛端的《支那分割之运命》述评如下。

二、中岛端《支那分割之运命》述评

1. 议论分割,公然无忌;究其倾向,应非善意

在全盘否定袁世凯、孙中山等民国人物,历数中国无实行共和之资格、历史、思想、素养和信念的基础上,中岛端得出中国必然被分割的结论,极力论述日本应参与对华分割,甚至应独占中国,并为之制定"方略",暴露了他对中国的侵略本性。

对大肆渲染中国落后和必然被分割的动机,中岛端自己辩解为对中国爱之深、恨之切。对此,他在《支那分割之运命》的"后叙"中写道:

> 余已卒业①。或告余曰:"甚矣! 子之善骂也。子非家世业儒之人,而又非曾游禹域,多与其士夫交欤? 今乃著论,历诋其士夫政俗,不少宽假,若有怨毒焉者,无乃太甚乎!"余曰:"吁! 此何言!"俚谚不云乎,爱之至者,憎疾亦百倍焉。今夫乡曲子女,逾墙钻穴,淫奔失节,曾犬豕之不若。我则謷謷而斥之,或且嘲而笑之矣。至若吾

---

① 余已卒业,应指中岛端的《支那分割之运命》已经出版。

宗亲子侄，一有类此者，我则愀然泪出，谆谆而诲之。诲之而不足，则又攻诘而激之。激之而不足，则又诟骂而叱咤之。甚且捽其发，鞭其背而逐之矣。无他，亲疏之分不同故耳。支那之与我日本，非所谓兄弟之国者耶？子亦盍见今之情势乎？其腐败丑污，岂仅淫奔失节而已耶？其无道义也，无纪纲也，岂仅逾墙钻穴而已耶？然而上下沈酣，昏昏醉梦，我安得不厉声疾呼，又安得不诟骂叱咤？我之泪安得不涟如洒如，又安得不捽其发而鞭之？一部支那分割①，乃我之厉声疾呼也，诟骂叱咤也，涟如洒如之泪也。窃谓此亦同宗至亲之道宜尔。而子乃咎之，不亦异乎？且今白人之强梁跋扈亦极矣！穿人藩篱，毁人堂奥，必不覆人之室、歼人之族不已。苟不自戒，岂特支那之豆剖瓜分而已哉！虽我日本，亦不可保其金瓯无缺；而黄种全体，且不知其死所矣。则我之呼号分割运命者，又岂仅为支那一国而已哉！抑余更有进焉者，古语云："福兮祸所倚，祸兮福所伏。"安知今之分割之祸，不为明日大一统之始耶？又安知白人全盛之日，乃非黄种始兴之机耶？又安知我之说支那分割者，非天之假一野人，以警醒四万万人耶！

中岛端的这种辩解，看起来情真意切，很有说服力。仔细探究起来，则未免虚伪。把中国的被分割与否和日本的"保其金瓯无缺"，乃至"黄种全体"联系在一起，是一种荒唐的逻辑，最终结论只能是由日本主导亚洲事务，成为亚洲霸主。

中岛端在书中多次提及甲午战争和日俄战争。在甲午战争后签订的《马关条约》中，日本强迫中国赔款 2 亿两白银，又索取"赎辽费"3 000 万两，共计 23 000 万两，为日本 1895 年财政规模的大约 3 倍；还强迫中国割让台湾和澎湖列岛。中岛端对这些极少提及，更无对中国的同情和歉疚，而只认为日本未得到辽东半岛是"吞恨忍羞"，可见其对中国并无善意。

对日俄战争，中岛端则基本不提日俄两国在中国土地上争夺霸权的帝国主义战争性质，更不提对中国造成的巨大危害，而是多次渲染日本"出军一百万，费财二十亿，抛我同胞之头颅几十万个，流我同胞之血几十万斗，所失如彼其多，所得如彼其微"的战争损失，认为日本是为中国而战，中国应对日本感恩，并就中国对日本的所谓知恩不报表示不满，从而暴露了他对中国的殖民态度和缺乏善意。

2. 溯自有源，同论颇多；虽非主流，亦显广泛

应该指出的是，当时站在日本军国主义立场上，大肆渲染侵略和瓜分中国的人还有不少。对此，有关专著概述，近代日本侵略中国的数十年里，的的确确炮制、兜售过一系列形形色色的侵略思想理论，如源于幕府末期一脉相承的"大陆思想"，吞并中国的"东亚联盟论""宇内混同说""大东合邦论"，转嫁灾祸于他人的"补偿论"，称霸世界的"大东亚共荣圈

---

① 一部支那分割，即指中岛端的《支那分割之运命》一书。

论",涂脂抹粉、极力辩解的"解放亚洲论""自卫自保论"等,前后相继,不绝于耳①。日本的侵华思想理论在具体的存在形态上并不完全相同:既有转变成公开的国家侵略政策的部分,也有包容于政治家、学者、思想家、理论家、文学艺术家及其他社会权威人物的言论作品中流传于世的,还有散布在国民教育、战争动员、道德评判、社会规范之中的,也还有潜藏在广阔民间人士的野史絮语中的,更有广泛地渗透于国民的心理意识、风俗习惯里的成分,十分复杂。因此,日本侵华思想理论的存在,既有显性的,又有隐性的;既有凌乱的,又有系统的;是一个隐晦与露骨相间、直接与间接共沉的复合历史现象。

日本的侵华思想理论在表现形式上更是复杂多样,有"神国"思想、"八纮一宇"观念、民族优越论、国家主义以至军国主义,有法西斯主义,有反对儒学以求重生的"脱亚入欧"思想,有主宰亚洲、瓜分世界的"大东亚共荣圈"战略等,面目各异,变化多端。

在日本侵华思想理论的形成发展过程中,影响较大的代表人物有丰臣秀吉、林之平、并河天民、本多利明、内田良平、内藤湖南、佐藤信渊、吉田松阴、桥本佐内、明治天皇、福泽谕吉、樽井藤吉、曾根俊虎、副岛种臣、山县有朋、木户孝允、伊藤博文、大隈重信、德富苏峰、橘朴、北一辉、大川周明、昭和天皇、藤泽、石原莞尔、石原广一郎、东条英机、田中正明、石原慎太郎等。他们之中既有官僚、政治家,也有文人知识分子,还有军阀、财阀等,来源很广,覆盖面也很宽,几乎涉及了日本社会生活的所有层面②。

这样看来,中岛端对中国分割的公然议论并非绝无仅有,只此一家,而在许多关于日本侵华思想理论的专著中,并未提及中岛端的主张。可见他的主张在日本侵华思想理论的森林中,并非大树,仅系枝叶;是乡野学人的独鸣,而非都市合奏。中岛端曾经蔑称中国的袁世凯、孙中山不过是"革命涡中之一浮沤已耳"③。套用此话,也可以说中岛端是日本侵华思潮的"涡中之一浮沤"。他的著述虽非特别引人注目,却反映了侵华思潮在日本的广泛性。

仔细分析起来,中岛端的主张可以被概括为"中国分割论"④。

"中国分割论"是日本侵华理论的形态之一。所谓"中国分割",在日语中有两层意思,一是"分割中国",即由日本主动将中国分割;另一个意思是"中国被分割",即认为中国在列强的侵略中四分五裂,成为列强的属地。

关于第一层意思,早在明治维新开始六七年后的 1873 年 4 月,江藤新平(1834—1874)就在《支那南北两分论》中提出,日本应将中国分割为南北两部分。江藤新平是明治维新功臣之一,曾在明治政府中任副议长、司法卿等高官,一贯主张对朝鲜和中国实施侵略。他曾与另一个明治维新元老西乡隆盛一起鼓吹"征韩"(立即出兵侵入韩国),后因西

———————————

① 渠长根:《日本侵华思想理论探源》"前言(代自序)",新华出版社,2009 年,第 3 页。
② 《日本侵华思想理论探源》,第 12—13、14—15 页。
③ 点校本,第 295 页。
④ 王向远:《日本对中国的文化侵略——学者、文化人的侵华战争》,昆仑出版社,2005 年,第 71—77 页。黄华文:《抗日战争史》,湖北人民出版社,2007 年,第 40 页。

乡在政治派别斗争（西南战争）中兵败身亡，江藤也被贬谪，解甲归田，成为在野人士。在被贬回佐贺老家后，他更进一步将"征韩论"发展为侵略中国的"中国南北两分论"，并在同道中宣传。不久，他因参与策划反政府的叛乱被捕并被处死，至死仍念念不忘实施"中国南北两分"的侵华计划，在狱中赋一首汉诗曰："欲扫胡臣盛本邦，一朝蹉跎卧幽窗，可怜半夜潇潇雨，残梦犹迷鸭绿江。"他在《支那南北两分论》中认为，中国虽然版图很大，但气数已尽，不可救药了，现在应该乘朝鲜与日本发生外交纠纷之机，联合俄国将中国瓜分掉。瓜分后中国北部让给俄国，南部归日本所有，然后待时机成熟，再驱逐俄国，整个中国全归日本，届时"圣天子（指日本明治天皇）迁都北京，从而完成第二次维新之大业"。可见，在江藤的计划中，"南北两分"只是手段，而目的是由日本独占中国。

江藤新平的"中国南北两分论"并进而占领整个中国的狂妄计划，因西方列强的牵制而一时难以实现。20多年后，日本与俄国为争夺中国东北而爆发战争，江藤的联俄计划归为泡影。从八国联军侵华到辛亥革命推翻清朝皇帝，再到袁世凯复辟帝制、军阀混战，在20世纪初的若干年中，中国社会陷入一时的混乱，日本及西方列强趁机加紧瓜分中国。在这种情况下，日本的侵华理论又有了新的形态，就是主张在列强的瓜分中，日本要攫取尽可能多的领土与权益，这就是另一种形态的"中国分割论"。其代表作有两种，即中岛端的《支那分割之运命》和酒卷贞一郎的《支那分割论》。

有些论著比较明确地概括了中岛端在日本侵华思想理论源流中的位置：继山县有朋之后，日本军国主义御用文人德富苏峰、中岛端和酒卷贞一郎又分别提出了"大日本膨胀论"和"中国分割论"。1894年，德富苏峰在其《大日本膨胀论》一书中指出，日本人口在膨胀，日本国土也要膨胀，公然提出立即对中国开战是膨胀的日本进行膨胀活动的好机会，提醒日本当权的政治家不要错过良机。1911年和1913年，中岛端和酒卷贞一郎又先后在其《支那分割之运命》和《支那分割论》中，断言中国不可避免地被分割，鼓吹在中国被分割时，日本的责任在于独占中国，由日本负责中国所留下的遗产①。

在形形色色的日本侵华理论中，中岛端的"中国分割论"并非特别著名，许多有关论著中甚至未提及其人其说。从一定意义上说，这恰恰表明了日本侵华思想理论从政界、军界、外交界到学界，从都市名流到乡野学人的广泛性。以《〈支那分割之运命〉驳议》为交集点的中日文化碰撞，既有一定的偶然性，又有历史的必然性。

还应该指出的是，19世纪末20世纪初，中国的确面临着严重的瓜分危机。许多爱国志士大声疾呼，避免中国被瓜分。

早在1894年11月，孙中山在创立革命团体兴中会时起草的《兴中会章程》中就指出："方今强邻环列，虎视鹰瞵，久垂涎于中华五金之富，物产之饶。蚕食鲸吞，已效尤于接踵；瓜分豆剖，实堪虑于目前。有心人不禁大声疾呼，亟拯斯民于水火，切扶大厦之将倾。"

---

① 《抗日战争史》，第40页。

1895 年，严复在《救亡决论》中写道："天下理之最明而势所必至者，如今日中国不变法则必亡是已"，"处存亡危急之秋，务亟图自救之术"。①

1898 年，康有为在保国会的演说中也指出："吾中国四万万人，无贵无贱，当今日在覆屋之下，漏舟之中，薪火之上，如笼中之鸟，釜底之鱼，牢中之囚，为奴隶，为牛马，为犬羊，听人驱使，听人宰割，此四千年中二十朝未有之奇变。"②

在此大背景下，李大钊等爱国志士也时常提及中国的瓜分危机。

早在 1912 年 6 月的《隐忧篇》中，李大钊即写道："蒙藏离异，外敌伺隙，领土削蹙，立召瓜分，边患一也。"③此文写于李大钊等人翻译和评论中岛端的《支那分割之运命》不久，"和他在学期间接触到中岛端的著书"或有一定关系④。

在 1913 年 6 月的《裁都督横议》中，他又指出："方今国势之危，倍于前清，蒙藏离异，外患日亟，财政匮竭，仰屋空嗟。若犹各自雄长，不速筹共救之谋，近蹈巴尔干之覆辙，远步埃及之后尘，哀哀炎裔，讵鲜英杰，忘（忍）见祖若宗，筚路篮（蓝）缕、披荆刈棘、辛艰缔造之河山，豆剖粉裂以去耶！忍见四千余载声华明盛之族，为波兰、为印度、为朝鲜，宝玦王孙，相泣路隅，长为异类之奴乎？"⑤

1915 年 2 月初的《警告全国父老书》，则明确针对日本的侵华图谋，他慷慨激昂地呐喊："呜呼，吾中国之待亡也久矣！……甲午之战既终，日人挟其战胜之余威，索我辽东半岛。外交黑幕，捭阖纵横；坛坫樽俎之间，乃不得不有所迎拒以图一时之牵制。而引狼拒虎之祸，势又缘兹以起，且至不可收拾。卡西尼中俄密约之结果，旅大租于俄，广州租于法，威海租于英，胶州租于德。意大利闻而生心，亦欲据我三门湾。自是卧榻之侧，有他人鼾睡之声；独立之邦，伏列强割据之迹。若则齐躯竞进，若则单骑独行，铁路告成，矿山斯去，军旗所至，商旅遂来。中更庚子之乱，日俄之争，外力益以潜滋，势力略有转易。凡其利权垄断之域，辄扬势力范围之言，均势之界愈明，瓜分之机愈迫：英之于西藏及长江流域也，俄之于外蒙、伊犁也，日之于福建、南满也，法之于滇，德之于鲁也。或由战胜攻取，或由秘密缔约，或由清廷断送，或由列国协谋，均于其所志之地，攘得不让他国之特权。"⑥

其他爱国志士的类似言论，不胜枚举。

以挽救中国为前提的孙中山、康有为、李大钊等人，与以分割中国为前提的中岛端等人，自然有着不同的立场和动机，但双方都承认中国面临着瓜分危机，这是不能忽视或掩盖的。就此来看，中岛端"中国分割论"的要害，不在于揭示中国面临的瓜分危机，而在于

---

① 《严复集》第一册，中华书局，1986 年。
② 康有为 1898 年 4 月在保国会上的演说。
③ 中国李大钊研究会：《李大钊全集》第一卷，人民出版社，2013 年，第 1 页。
④ 后藤延子著：《中岛端〈支那分割之运命〉泛论——一个亚细亚主义者的选择》，日本信州大学人文学部《人文科学论集》第 39 号，2005 年，第 3 页。
⑤ 《李大钊全集》第一卷，第 68 页。
⑥ 《李大钊全集》第一卷，第 211—212 页。

渲染和夸大这种危机,极力论证其必然性,并得出日本应积极参与瓜分乃至独占中国的结论。从李大钊等北洋法政学子的角度来看,虽然对中岛端的"中国分割论"予以抨击,却未将其放在日本侵华思想理论的大背景下考察和评述,也有一定的欠缺。

3. 忠君思想,积习颇深;议论中、日,皆有体现

中岛端具有浓厚的忠君思想,对中国和日本的君主制情有独钟。基于此立场,他认为清朝的灭亡是"亡国",对中国的辛亥革命没有好感,对民主共和的命运不抱乐观态度,有意无意地夸大了中国面临的瓜分危机。与此相应,他一方面对日本的明治天皇和君主立宪政体赞不绝口,多次提及"不世出之明君""英主""圣天子""圣德日新,如日月之中天"等;另一方面,对日本的政体、政客也作了较多的反思和批判。

1868 年明治天皇即位时,中岛端还不足 10 岁,正是世界观、人生观形成的时期;1894年中日甲午战争时,他 35 岁;1900 年日本参与八国联军侵华时,他 42 岁;1904 年日俄战争之后,他 47 岁。中岛端逐渐成长的过程,正是明治天皇逐渐稳固其权力,推行明治维新,使日本国力逐渐强盛,并开始侵略中国的过程,也是他对明治天皇崇拜甚至奉若神明的过程。有的论著分析说:"日本战胜了俄国,这对日本人的心理冲击无论怎么估计也不过高。继承武士道传统的日本海军和陆军的素质,经日本报纸和书刊的一再渲染,爱国主义传奇故事、英勇无畏的精神,特别是明治天皇神奇而非凡的领袖形象,深深地影响着日本社会各阶层的人们。日本人心中的自信心、骄傲感迅速上升。"①中岛端在《支那分割之运命》中表现出的忠君心理,与此大体上一致。

4. 抨击袁、孙,贬斥民国;用意非善,亦非独有

在"袁世凯之月旦"一章及有关章节,中岛端历数辛亥革命前后袁世凯的作为,虽一度称他为"支那唯一之大政治家、大外交家"②,却采取了基本否定,乃至全盘否定的态度。不但对袁世凯在辛亥革命前后的言行嗤之以鼻,将其定性为"翻覆欺诈之小人",还预见了他终将走向独裁专断。

中岛端对袁世凯的评价表现了一定的预见性,与中国学界在 20 世纪 50 年代到 80 年代对袁世凯的评价相当一致,有值得肯定的一面。而当时的李大钊等北洋法政学子则对袁世凯全盘肯定、多方辩解,对中岛端关于袁世凯的评价全盘否定,表明了他们在当时还持拥袁的基本立场。与全盘否定袁世凯相比,当时李大钊等人的拥袁既有一定的客观性,有可以理解的原因,也有难以否认的局限性。

值得提及的是,当时国内外的疑袁、反袁声浪已经出现,正如后藤延子所说,袁世凯在国内外"受到的怀疑和指责日渐高涨"③。在此背景下,中岛端的批袁言论并非绝无仅有。

1911 年 11 月中下旬,宋教仁以湖南都督府代表的身份参加了各省都督府代表联合

---

① 王天平:《史实——日本三代天皇侵华内幕》,辽宁教育出版社,2007 年,第 86 页。
② 《〈支那分割之运命〉驳议》初印本、重印本,第 7 页;点校本第 274 页。
③ 《中岛端〈支那分割之运命〉泛论——一个亚细亚主义者的选择》,第 178 页。

会,并竭力宣传自己的思想、主张。他明确表示,袁世凯"本不学无术,其品更恶劣可鄙",决不能同袁世凯进行议和;"满存则汉去,汉兴则满亡,万无并存之理"①,对清政府更不可抱有任何幻想②。

1912年3月的《临时约法》与1911年底的《临时政府组织大纲》相比,一个重要的特点是将总统制改为责任内阁制。起草约法之初,仍是按照总统制进行设计的。但在2月上旬,南北和议即将告成,孙中山向袁世凯让出临时大总统之职的局势已定,革命党人便立即决定改总统制为内阁制,意在用责任内阁制约即将就职的临时大总统袁世凯。这一用意,湖南的一位参议员讲得十分清楚,他说:"现在满清的君主专制,虽然已经推翻,但是我们把建设的事业,委托他们官僚,他们能够厉行我们党的主义,替人民谋福利吗?……尤其是就袁世凯的历史上说,他的政治人格,有好多令人难以信任的地方。他自小站练兵,戊戌政变,以至于今日南下作战与进行议和的过程,所有的行动,都是骑着两头马的行动。一旦大权在手,其野心可想而知。本席的意见,原是反对议和,主张革命彻底。只因民军的组织,太不健强,同志们的意见,不能不迁就议和。今天改选总统,把革命大业,让渡于一个老奸巨猾的官僚,这是我很痛心的事,也是我很不放心的事。……《临时约法》这时还在讨论中,我们要防总统的独裁,必须赶紧将约法完成,并且照法国宪章,规定责任内阁制,要他于就职之时,立誓遵守约法。"应该说,在当时的临时参议院里,这种认识具有相当的普遍性。于是,在参议院2月9日审议《临时约法》草案时,便决定将原案中的总统制改为宋教仁所一直倡导的责任内阁制。这种改变,实际上成为一种"因人设法"之举③。

1912年2月,孙中山召集参议院的同盟会议员对约法进行讨论,宋教仁与胡汉民在中央和地方的建制问题上进行了激烈辩论。宋坚决主张中央集权,胡则主张地方分权。胡汉民说:"中国革命之破坏未及于首都,持权者脑中惟存千百年专制之历史,苟其野心无所防制,则共和立被推翻,何望富强?"宋教仁则说:"君不过怀疑于袁氏耳。改总统制为内阁制,则总统政治上之权力至微,虽有野心者,亦不得不就范,无须以各省监制之。"④

1912年6月15日,唐绍仪、宋教仁为首的"唐宋内阁"垮台,激起了同盟会的强烈不满,严厉谴责袁世凯图谋"帝制自为","效拿破仑第一故事","此次之举动,非推翻同盟会之国务员也,直欲推翻此中华民国耳"。沪督陈其美公开致电袁世凯,质问其"唐总理固受逼而退矣,试问逼之者何心? 继之者何人?"甚至还提出,如果此举对大局无害而有益,那么更换总统也是可以的。对此,袁世凯软硬兼施,复电陈其美,反责其"误听浮言",并以威胁口吻说,对于"幸灾乐祸之徒","鄙人受国民付托之重,一日未经卸责,即一日不能为壁上观"。同时,为平息风潮,安抚革命党人,袁世凯又发表"解释猜疑"的通电,信誓旦旦地

① 《致李燮和信》,《民立报》1911年11月21日。参见陈旭麓编《宋教仁集》上册,中华书局,2011年,第368页。
② 陈旭麓、何泽福:《宋教仁》,江苏古籍出版社,1984年,第58页。
③ 刘景泉、张健、王雪超:《辛亥著名人物传记丛书 宋教仁》,团结出版社,2011年,第128页。
④ 《宋教仁》,第69—70页。

重申："永远不使君主政体再见于中国。"他还邀请孙中山、黄兴进京，协助调和政治风波①。

当时，反袁态度最激烈的当属戴季陶等资产阶级革命党人。

戴季陶，本名良弼，又名传贤，字选堂，又字季陶，笔名天仇，祖籍浙江，生于四川广汉。《民权报》于1912年3月28日创刊，由同盟会会员中部分激进分子创办起来的，对外自称是自由党的机关报。戴季陶、何海鸣等任主编。该报创办于清帝溥仪退位、临时大总统孙中山让位给袁世凯之后。当时袁尚没有显露出违背《临时约法》的迹象。可是，该报创刊后很快便把锋芒直接指向袁世凯。特别是主笔戴季陶，发表了一系列以"天仇"为笔名的反袁"时评"和论说，针对袁世凯践踏民主、破坏约法、推行专制的行径进行了尖锐激烈的抨击。特别是1912年5月20日，该报刊登戴季陶署名"天仇"的短评《杀》，公然喊出"袁世凯专横，杀！"的大胆言辞。

1913年6月前后，以"人物品评社"名义匆忙编纂的中文传记《照妖镜中之袁世凯》，和小越平陆撰写的日文传记《阴谋家袁世凯》相继在日本印行，并传到中国国内。这两本书将袁氏过往所为一一数落，骂了个狗血喷头②。《照妖镜中之袁世凯》与中岛端的《支那分割之运命》在某些段落上较为一致③，或有可能参考了中岛端的著述，或二者有共同的参考文献。

就此来看，中岛端的疑袁、批袁言论，既非绝无仅有，不值得过高评价，更不能简单否定。在袁世凯"受到的怀疑和指责日渐高涨"的大背景下，北洋法政学子们的拥袁言论，虽有可以理解之处，终究显得稚嫩了些。

在"孙逸仙之月旦"一章及相关章节，中岛端虽一度称孙中山为中国民主革命的"先觉""伟人"，更多地则批评孙中山不该与袁世凯妥协，且针对孙中山的籍贯、出身、细言微行，根据"传播江湖于耳目者"，对孙中山讽刺挖苦。

需要指出的是，对于孙中山，当时国内外也有批评的声浪，即使一些革命党人，如宋教仁等，对孙中山也有意见。李大钊等人在孙、袁关系尚好的背景下，高度评价了孙中山的革命事迹和贡献，未涉及其局限性；但在此后孙、袁交恶时，对孙中山有了不同的看法④。

在东西方列强的心目中，孙中山则是一个好说"大话""空话"的政治家，缺乏"领袖的能力"和"可靠性"⑤。

就此来看，中岛端对孙中山的轻视与批评，既非绝无仅有，也不能轻易否定。

5. 剖析中国，较为深入；或非污蔑，显有夸张

总的来看，中岛端对中国的历史演变和朝代更替了解较深，对中国封建文化的糟粕感

---

① 《辛亥著名人物传记丛书　宋教仁》，第154页。
② 尚小明：《攻击与回应：民初袁世凯三传面世之幕后故事》，《历史教学》2014年第4期，第17—33页。
③ 点校本，第277—280页。
④ 中国李大钊研究会编注：《李大钊全集》，人民出版社，2013年，第一卷第10、40、41、75页；第五卷第314页。
⑤ 郑大华、任青：《辛亥著名人物传记丛书　孙中山》，团结出版社，2011年，第122页。

悟颇多,对辛亥革命局限性的认识较为深入。《支那分割之运命》在许多章节中都涉及中国的历史。虽然其目的和主要倾向是渲染、夸大中国的瓜分危机,但所论所述也有值得中国人反思和借鉴的一面。

在"共和政体之将来"一章中,中岛端大肆渲染当时中国的肮脏不堪。其中涉及杭州的记载如下:"余之始游杭州也,坐大东会社①支店之楼上。景物萧疏,游目于拱宸桥②畔。俄有一担粪夫,至楼前涤便器。余方转背不欲观,忽粪污其手,于是将睹其究竟。其人乃插入溺器洗之,不但洗也,且久浸之。余且呆且怪,不知所为。其人则舁便器悠然去。余思世间竟有此人种乎,今不知其心理如何矣。"③

在"支那人无共和国民之素养"一章中,中岛端又大肆宣扬当时中国人的文化素质低下,并列举在杭州遇到的事例:"今支那已称共和民国,然以其文化程度,与古之希腊、罗马,今之美、法、瑞西④较,高欤低欤? 虽自尊自大之中国人,恐未有不自颜赧然者。试观彼等现状,以读书识字,为人生第一要件,车夫马丁,亦能言之。然目不识丁者,比比然也。余尝游西湖,欲访岳王庙,而不知其所在。遥望前路有丈夫一,美服驰而行⑤。趋而及之,宛然一士人也。问以途径,其人瞠目久之,无一语。乃出笔纸,书'岳王庙在那处'示之。其人忸怩,面色潮红⑥,答'不晓得'之一语,匆匆去。盖没字碑也⑦。余呆然移时,颇怪之。其后往来南北殆十年,试之众人,大抵多眇盲也。"⑧

以上所举事例,应非中岛端臆造,在当时的中国甚至可以说比比皆是。中岛端大肆渲染目的则在于说明中国人素质低下,必然被列强分割。

在"共和政体之将来"中,中岛端则指出:"夫专制,东洋政治家病根也,否则古今来政治家之通弊也。试历数秦汉以来二千余年,二十一代之帝王,其间有真实爱民之意者几人哉? 非仅汉之文帝、宋之真宗二人乎?(均苟安姑息者)此外虽以秦皇汉武之雄才大略,唐

---

① 大东会社,今日清汽船株式会社。1896 年成立于上海,初名大东新利洋行。1898 年改组为大东汽船合资会社,1900 年改组为大东汽船株式会社,1907 年重组为日清汽船株式会社。是第二次世界大战前日本在华航运企业的重要代表。1939 年并入东亚海运株式会社。

② 拱宸桥,位于浙江杭州大关桥之北,是杭城古桥中最高最长的石拱桥。始建于明崇祯四年(1631),以后多次坍塌和重建。在古代,"宸"指帝王住的地方,"拱"即拱手,两手相合表示敬意。每当帝王南巡,这座高高的拱形石桥,象征对帝王的相迎和敬意,拱宸桥之名由此而来。1895 年中日《马关条约》签订后,杭州列为通商口岸。1896 年在此地建立洋关。日清汽船株式会社杭州支社即设立于此桥附近。

③ 点校本,第 300—301 页。

④ 瑞西,今译为瑞士。

⑤ 美服驰而行,日文本第 65 页为"美服馬に騎りて行く者あり"。自译本第 55 页为"鲜衣骑马而行者"。田译本第 7 页为"衣美服骑马而行者"。

⑥ 自译本第 56 页,此处加"不敢正视"4 字。

⑦ 盖没字碑也,本指没有镌刻文字的碑石,特指泰山玉皇顶庙前的无字巨碑,喻虚有仪表而不通文墨的人。《旧五代史·唐书·崔协传》:"如崔协者,少识文字,时人谓之'没字碑'。"《新五代史·杂传十·安叔千》:"叔千状貌堂堂,而不通文字,所为鄙陋,人谓之'没字碑'。"自译本第 56 页和田译本第 7 页均为"盖亦眼里无一丁字者,即没字碑也"。日文本第 65 页,原为"蓋亦眼裏一丁字なき者,即没字碑なりき"。

日本李大钊研究者后藤延子,在 2014 年给笔者的信中提及,中岛端第一次到中国时,"用古代汉语会话,不怎么难",但对 20 世纪初的汉语,则不太熟悉,只能"用笔写字会话"。这样,他向路遇的杭州人问路,别人听不明白,对他写的问路纸条看不明白,都很有可能。故中岛端以此来证明"宛然一士人"的中国人是"没字碑",应有欠缺。

⑧ 点校本,第 327 页。

太宗之聪明英武,亦均为专制之主人翁而已。若夫三国之争夺,六朝之篡弑,五代之僭窃,宋、元、明之倾覆奸灭,其惟一之目的,无非帝冠之与夺,国土之攫取。而民心之向背,公议之是非,固非其意之所在也。且自秦皇始行君权独尊之制,至汉而臣民之卑屈萎靡益甚。王莽藉外戚之亲,而僭窃帝位,中外畏服,历十五载,无问罪者。自汉之后,此弊益甚。历代帝王之稍知重民者,止于创业初年而已。一二世后,即徒以其臣民为纳租课税之机关,至其安危休戚,固非所问也。且人心日见浮薄,风俗日益坏乱,伦理道德扫地矣。君主视臣民如草芥,则人民视君主如仇雠。国破不救,主杀不疑,甚至七年之间,三易帝统,国人上下恬不为怪。盖亦专制政治之弊,君与民不共为国之所致也。"①这些论述涉及中国的专制传统和朝代更替的历史周期,应有一定的借鉴意义。

在讲到自由平等问题时,中岛端则说:"自由平等之说,徒助长彼我之轧轹,争权争利,争势力,争名誉。社会百般之事,无一不为争夺之资。又何望人文之发达,国运之勃兴哉?"②这显然是一种偏见。

6. 反思日本,应属尖锐;法政学子,略有反论

在《支那分割之运命》的下篇中,中岛端对日本的政治、教育、实业、陆海军、外交、宪政等和相关人物,也做了比较尖锐的反思,乃至抨击,甚至李大钊等北洋法政学子有时候也感觉中岛端讲得过分,从而对日本的陆海军作了一定的评论:"国家之有陆海军,专为保护国民生命财产之用。惟能者可以当其任,不必问其为何州之人。萨人、长人,于中日、俄日两大战,克奏肤功,是无愧于'能'之一字也。试观满清末造,黄口孺子,尽命为海陆军大臣及其他重要职务,逮革命军起,彼等不敢出国门一步,一切军事计画,不得不委之汉人。若萨人、长人,所引用者尽族党姻戚,不问贤否,焉有不失败之理?然则萨、长二州人,能把持海陆军职者,是必其人有军事之特长也,不然则其所引用者必贤。而著者所痛斥之者,非愚则诬也。不然,则是著者为地域的观念所束缚,遂出此愤激之语也。"③在这里,北洋法政学子们以清朝"海陆军大臣"的年幼无知作对比,令人惊奇。

就此来看,中岛端对日本的反思,对当今中国理解日本社会,特别是理解日本政府和右翼势力对中国的挑衅行为及其渊源,应有一定的借鉴作用。

7. 国际局势,亦有洞见;归诸分割,令人愤慨

中岛端对 20 世纪之初到第一次世界大战之前的国际局势多有洞见,特别是在"东亚之孟罗主义"一章中,概述了中国面临的国际环境,揭示了英、法、俄、德、美等国对中国的殖民野心和图谋④。这对当时的中国人认识自身的分割危机,有一定的警醒作用。但他最终归结为中国必然被分割,日本应积极参与分割乃至独占中国,必然引起中国志士的愤

---

① 点校本,第 311—312 页。
② 点校本,第 326 页。
③ 点校本,第 495—496 页。
④ 点校本,第 417—436 页。

慨和反击。就在"东亚之孟罗主义"一章的"译者曰"中,李大钊等人指出:"其述列强谋我之情,洞若观火,且痛哭流涕以陈之,似甚念辅车唇齿之谊也者。实则亚东孟罗主义一语,已露出光芒万丈。而后知其且悲且怨且惜且痛哭流涕满纸郁郁恨恼无穷者,殆恨日本未得独张东亚之霸权耳,未得独吞中国耳。岂真爱我者哉!"①

总之,民国初年中岛端的《支那分割之运命》一书,从其基本倾向来看,体现了"日本侵华思潮中的乡野鸣叫",可以视为日本侵华思潮"涡中之一浮沤"。对其各方面的论述,虽然不能完全否定,但其基本倾向是鼓动日本分割乃至独占中国,这是不能否认的。

[本文系 2015 年度国家社科基金后期资助项目《民国初年〈支那分割之运命驳议〉研究与疏注》(项目号:15FZS016)阶段性研究成果]

---

① 点校本,第 439 页。

近代西方地理学东渐管窥
——辻武雄及其《新编东亚三国地志》

张明杰

（浙江工商大学东亚研究院）

甲午战后，中国社会激变，开启民智、变法图强成时代风尚，一时间办报刊，兴学堂，编译或引介外国书籍等蔚然成风。因此，海外新思想、新知识，包括西方近代地理科学知识也都源源不断地传入中国，正是在此基础上，我国才有自行编写的地理教科书问世，近代地理学科及知识体系才逐渐建立起来。在此过程中，日本是一条重要的传播渠道，日本人撰写或编译的书籍扮演了重要角色。本文主要撷取辻武雄及其用汉文编写的《新编东亚三国地志》，通过文本考察，揭示近代早期地理书的主要内容、结构及表述方法，借此窥知近代西方地理学知识传入中国的途径和方式。

一、著者辻武雄

《新编东亚三国地志》为活字版线装本地理书，由上、下两卷构成，封面双边题签墨书"新编 东亚三国地志 卷上/卷下"，绯红色扉页题有"辻武雄著 新编 东亚三国地志 东京合资会社普及舍藏版"，且有"不许翻刻"四字印。封底出版资讯显示：明治三十三年（1900）二月廿五日印刷，同年三月一日发行。出版和发行均为合资会社普及舍，这是跟著者辻武雄所在的开发社及《教育时论》杂志有直接关系的教育书籍出版社，当时位于东京日本桥区吴服町壹番地。该书虽出版于东京，但主要在中、日、朝三国流通，尤其是中国销量最大，不过，目前尚未发现其他不同的版本。这是辻武雄所编系列汉文地理书籍中最早的一部，与其后出版的《五大洲志》（泰东同文局，1902）应属姊妹篇，除学校之外，主要面向普通读者。另外两部地理教科书，即《中国地理课本》（普及舍，1903）和《万国地理课本》（泰东同文局，1904）则主要面向中小学堂学生。

著者辻武雄（1868—1931），号剑堂，后改称听花，生于熊本县，就学于当地名校济济簧（汉学家佐佐友房设立），并打下坚实的汉学基础，后至东京，入福泽谕吉创立的庆应义塾学习，毕业后进入开发社，主要从事《教育时论》杂志的编辑工作。开发社是由出版教育书籍的普及舍设立的，1897 年后，辻武雄成为该社副社长兼《教育时论》编辑主任。《教育时论》创办于 1885 年，是日本教育界较有影响的专业杂志，也是较早关注并热衷于中国教育问题的刊物。

就在晚清革新气象日新的 1898 年 8 月下旬,辻武雄受开发社和《教育时论》派遣,赴华考察教育,自 9 月 10 日由塘沽登陆,至翌年 2 月 11 日离沪归国,前后在华 5 个多月,先后游历天津、北京、上海、汉口、武昌、汉阳、南京、苏州、杭州等地,参观各类学校或报社,拜访当地名流与日本同胞,畅谈教育及时事,并将见闻以《清国通信》等形式发回日本刊出,成为了解当时中国社会实况的重要报道①。在华期间,辻武雄拜会的中外人士主要有李鸿章、丁韪良、严复、王修植、蒋国亮、方若、汪康年、江标、汪钟霖、叶瀚、姚文藻、陆懋勋、邵章、陈汉弟、张一鹏等,另外,还于苏州造访心仪已久的朴学大师俞樾,值其临时赴杭城而未遇;于武汉欲访张之洞,偶遇其罹病而未果,于是将手书信函一封,并所携《教育时论》、汉译《日本学校章程》及教育类书籍十数册,委托武备与自强二学堂提调姚氏一同呈赠之。

此次来华正值戊戌变法之年,辻武雄于京津两地盘桓时,又恰遇这场轰轰烈烈的"百日维新"悲惨收场,目睹了维新前后中国教育及社会文化现状,尤其是知识阶层的思想状况令其印象深刻。辻武雄本来还计划赴福建、广东考察,后因开发社急电催其返棹,故初志未能实现。归国时,携叶基桢、叶基勤兄弟二人同行,这是其在苏州元邑小学堂参观时相遇,并受学堂及两少年母亲之托,带往东京留学的②。这次教育考察成为其日后编著中国及世界地理书籍,涉足中国学堂教育并长期在华工作的契机或开端。回国后即于《教育时论》《同文沪报》(上海)发表《清国新式学校概况》(1899)、《清国教育改革案》(1901)、《清国两江学政方案私议》(1901)等教育述论,并将其中《清国教育改革案》连同手书信札一起,印制成数百本小册子,通过日本驻华使领馆或清政府驻日公使,分赠给中国相关机构或人士,希冀自己多年构思的教育方案能有助于中国的教育改革。除《新编东亚三国地志》(1900)之外,另编有《五大洲志》(1902)、《中国地理课本》(1903)、《万国地理课本》(1904)等地理教科书。

后应罗振玉之请,辻武雄于 1905 年 1 月来到上海,负责编辑《教育世界》,之后又作为日本教习先后赴苏州和南京的新式学堂从事教学工作,直到 1910 年初才返回日本。其间,辻武雄喜欢上中国传统戏曲,并业余从事相关资料的收集与研究。

辛亥革命后,辻武雄又只身前往北京,就职于日本人创办的汉文报《顺天时报》,同时对京剧等中国传统戏剧更加痴迷,并致力于剧评及研究,成为当时北京梨园界一大知名人物,曾被来华游历的日本作家芥川龙之介称为"戏通中的戏通"③。除创作剧本《兰花记》之外,还撰有《中国剧》等戏剧专著④。

辻武雄 1931 年客死于北京。其著作除以上提及的几种之外,还有《金陵古迹小志》

---

① 辻武雄的教育考察报告最初有《清国教育通信》《清国通信》等,后以《铃声帆影》为题集中连载,主要刊载于《教育时论》。

② 参见辻武雄《清国通信/上海片信》,《教育时论》第 510 号,1899 年 6 月。

③ 芥川龙之介著,秦刚译:《中国游记》,中华书局,2007 年,第 151 页。

④ 关于辻武雄在北京观赏并研究京剧的情况,可参见张明杰《旧北京的日本戏迷》,《博览群书》2009 年第 8 期。

《支那南北》《支那料理谈》等。

二、《新编东亚三国地志》的主要内容

《新编东亚三国地志》是涉及中、日、朝三国的亚洲区域地理书,基本上以人文地理学或政治地理学为主,分上、下两卷(两册),上卷由"绪言""亚细亚洲总论""东亚三国总论""支那地理"四部分组成,下卷则由朝鲜和日本地理构成。总体来看,中国地理所占分量最大(68页),其次为日本(42页),朝鲜所占比重最小(21页)。上卷卷首有日本前内阁总理大臣,时为制度调查局总裁伊藤博文题写的"指掌可求"四大字(钤有"博文之印"白文方印和"春畝"朱文方印),以及贵族院议长近卫笃麿与枢密顾问官副岛种臣题词(均为墨书),接着是清政府驻日公使李盛铎、朝鲜驻日公使朴镛和撰序,其后为贵族院议员兼东亚同文会副总裁长冈护美、教育家兼高等师范学校校长伊泽修二、众议院议员佐佐友房的汉文序言,最后为作者自序。下卷卷末还有著者的总"结论",实际相当于后记或跋语,最后是曾随辻武雄前往日本留学、自称其门人的叶基桢所撰写的跋文。

辻武雄结交伊藤博文,缘于其初次赴华考察教育。在由长崎出发,经朝鲜航渡天津途中,辻武雄于仁川港巧遇同船赴华的伊藤博文,并就中日两国教育问题对其进行了采访,后又在天津和北京多次相遇[①]。1909年秋,伊藤博文于哈尔滨车站遇刺身亡时,正值辻武雄作为日本教习于江南高等实业学校任教,日本政府为伊藤举行国葬当日,辻武雄闭门哀悼,并撰写了悼念文章《忆伊藤博文公》[②]。

序言之后有"凡例"十则,交代该书编纂之宗旨、全书分量、主要内容,以及里程、地图、地名等名称异同,其宗旨曰:"是书之编著,以使日、清、韩三国士人通晓彼我地理之形势,三国唇齿之关系,及欧美经略东邦之事迹,奋发兴亚保种之心为宗旨。"[③]凡例对中朝两国地理中特地加入"外国交涉"一章,强调"是余寓意之所存",并就个人意图做了解释:"是书记支那、朝鲜之政治文物,笔端过于激烈,是非轻蔑而然,惟望彼都人士发愤振兴,以扶持大局。"最后一一列出提供题词或序文者,以示谢意。"凡例"后为简略目次。

正文之前,有折叠式多色套印版"亚细亚洲全图",比例尺为三千九百万分之一,而且地图中明示洲界、国界、既设铁路、预设铁路、山脉、河流、运河、湖水、沙漠、国都、都会、海底电线、航路等,可以说,在当时属于较规范、清晰的地图。

上卷首先是对亚洲以及中、日、朝三国的总体概述,故题为"亚细亚洲总论"与"东亚三国总论",各占约6页,按地理位置、疆界、面积、区划、沿海、山脉、河湖、平原、气候、人口、

---

① 有关伊藤博文对中日两国教育问题的见解,可参见辻武雄《月色涛声》,《教育时论》第484号,1898年9月。
② 辻武雄《忆伊藤博文公》,发表于《教育时论》第886号(1909年),当时署名"南京 剑堂迁人"。
③ 辻武雄:《新编东亚三国地志》"凡例",普及舍,1900年。以下除注明出处之外,其他本书内容之引用不一一加注。

人种、宗教、产业、交通、文化等门类分别加以叙述,最后是总括或结论。结论部分强调,当今世界论疆土之大、人口之众、物产之丰而无过于亚洲,然其国家多为西方列强所吞,即使尚保独立的中、日、朝三国,除日本之外,也遭受列强欺凌,萎靡不振,故呼吁东亚有识之士振作爱国精神,发奋图强。他于"亚细亚总论"最后指出:"亚洲之地理如此,亚洲之现势又如此,为亚洲人士者,岂可不枕戈而待,奋袂而起哉? ……是独立自主者,惟日本、支那、朝鲜而已。然则东亚有志之士、爱国之人,生今之时,居今之世,惟有夙夜奋兴,龟皇图治,援民人于滔溺,致家国于富强,挽将倒之狂澜,遏燎原之夷势,兴东亚而保黄种,以为己任而已。呜呼! 东亚三国地理,尤为当务之急,乌可不考察哉!""东亚三国总论"的结论部分也有同样见解:"呜呼! 东亚之志士仁人,苟其决然而起,怀宏图而振雄略,以兴东亚,是不独东亚之幸,抑亦亚细亚全洲之幸;且不独全亚之幸,抑亦世界万国之幸矣。至于地理之学,尤为广见闻、识时务所必需,知己以知彼,由迩以及远,是则东亚地理,谁谓可忽乎哉?"由此可看出辻武雄编纂此书之动机和目的。

作为该书最重要的中国地理,分"总论""行省""外藩""外国交涉""结论"五个部分,其中,又以"总论"内容为最多(38 页),占整体一半以上。朝鲜地理和日本地理各分四部分,前者为"总论""各道""外国交涉""结论",后者则是"总论""各道""台湾""结论"。作者特意在中国和朝鲜地理中加入"外国交涉"一项,而在日本地理中又特意列出"台湾",其意图昭然若揭。在中国地理中强调中国领土渐为外国蚕食,铁路、矿山、口岸等为外人垄断,并分述英、德、法、日在华势力,但涉及日本时,却有避重就轻之感。

各国地理之前,均分别附有一张大小不一的较为清晰规范的该国地图。如中国地理前有折叠式套色版"大清帝国全图",比例尺为一千三百万分之一,凡例中注明国界、六部界、省界、长城、驿路、既设铁路、预设铁路、路上电线、海底电线、航路、山脉、河流、湖水、运河、沙漠、京都、省城、府、州、县、名邑、通商口岸、陆路互市场等标识。

关于各国地理总论及行政区划等,该书在体裁与内容记述上也大体一致,或者说大同小异,基本按地理位置、疆界、面积、区划、沿海、山脉、河湖、气候、人口、人种、宗教、产业、交通、文化等项目分别加以记述,最后为结论,只是篇幅多寡不同而已。如中国地理分别就地理位置、疆界、面积、区划、沿海、地势、山脉、河流、湖水、运河、长城、沙漠、气候、人口、人种、官制、兵备、财政、教育、宗教信仰、产业、交通、外交、文化等加以概述和说明,其中本属区划、外交等项的行省、"外藩"及外国交涉,后又作为单独部分分别列出,详加记述。不过,行省及"外藩"的记述篇幅长短不一,如介绍江苏省超过 5 页半,而四川、贵州等省的介绍还不足 1 页半。除资料所限之外,这恐与作者此前赴华考察所涉之地不无关系。

该书将中国区分为本部(即十八省)和"满洲""伊犁""蒙古""西藏""青海"六部,或进一步分为二十二直省与三"外藩"(蒙古、西藏与青海),基本沿袭了当时日本流行的中国地理、地志文献的相关记述,但是将甲午战后日本掠夺为殖民地的台湾划入日本版图。

三、《新编东亚三国地志》的特点

作为一名专业教育杂志的主编，辻武雄之所以要编纂此书，恐与其此前赴华考察教育的亲身体验有关。如前所述，其在华期间，所到之地，必参观各类学校，与相关人士畅谈教育。其于苏州参观元邑小学堂时，得知该学堂设有经学、史学、诸子学、初级地理、初级格致、中外掌故、算学源流、各国交涉、体操等十学科，教科书均为汉文编写，并目睹创办者兼校长张一鹏（号云搏）所编《普通学歌诀》之经学篇和《初级地理学》，其中后者有关日本的一节"日本三岛，孤悬海中。虾夷在北，近亦开通。最大之岛，是曰长崎。王居东京，商贾所集。长崎之南，曰萨峒马。其东一拳，则曰对马。日本之南，有岛卅六。是为琉球，百里不足。我朝藩属，此最恭诚。惜为日灭，县为冲绳。台澎二岛，亦属东洋。台大澎小，一水可航。日本割之，经营未竟"，令其"一读微笑"①。也许正是鉴于当时中国学堂教科书简陋或不备之现状，辻武雄才决意编纂此类初级地理书的，诚如其在"凡例"中所言："是书专为初学者而设，只从浅近，书中并不多述，但举三国形险之地与重要之事，是期读者之通其大概，应当务之急也。"换句话说，就是为了应当时教科书匮乏现状之急而为，而且是为初学者而编，为便于初学者接受，故编写时遵循浅易原则，提纲挈领，简明述要。另外，他在该书的中朝两国地理中特地加入"外国交涉"一章，恐怕受学堂设立"各国交涉"科目启发有关。

该书除在框架结构、表述方法等体例方面采用近代西方地理学的形式之外，记述上也颇有特点，譬如在说明土地面积或人口数量时，常与其他国家或地区作比较，给人以清晰明确之感。如记述中国人口："共约四亿三千二百五十万（系光绪二十年末官府所审查），殆居世界人口四分之一，占全亚人口二分之一。试与欧美各国之人口相较，则于俄国（本国人口九千四百万，全国计一亿三千万）三倍有余，比英国（本国人口三千八百十万，全国计三亿三千六百万）则多一亿，八倍于德国（本国人口五千二百三十万，全国五千四百万），七倍有余于法国（本国人口三千八百五十万，全国计六千六百七十万），十一倍于意国（本国人口三千一百三十万，全国计三千八百八十万），六倍于北美合众国（人口计七千五百万），十倍于日本（本国人口四千二百七十万，全国计四千五百七十万），四十一倍于朝鲜（人口一千零五十二万）。"（上卷第 24 页）以上只是其中一例，书中此类比较尚有不少。当然，该书给人印象最深的是，辻武雄对东亚三国以及亚洲乃至世界现状的鲜明认识或论评，且处处可见其激烈言辞。他在日本地理部分一再夸示日本明治维新后的成果，而对中国和朝鲜则是在强调"同文同种"的同时，痛陈其守旧自封、积弱积贫的现状，呼吁人们变法自强，以挽救国家，振兴亚洲。可以说，这在当时同类地理书籍中是较为独特的。不过，

---

① 辻武雄：《清国通信：姑苏片信（上）》，《教育时论》第 503 号，1899 年 4 月。

也应该看到,无论辻武雄如何强调目的在于"兴亚",但其真正动机与日本对外扩张的国策并行不悖,是希望扩大日本在华影响力,谋求日本在华权益。

书中所附地图也较为清晰精确,既标有比例尺和经纬度,同时符号标识也基本合乎现代规范①。书中还使用了不少数据表,便于读者整体把握和理解,仅中国地理中的总论部分就有《东西各国土地面积比较表》《人口表》《各地一方里居民数》《各省官矿表》《外国通商五年间比较表》《清国轮船公司及航路线表》以及财政税收之高额来源排行等,其中一些数据尚属最新或较新的调查,很有参考价值。

四、《新编东亚三国地志》对中国地理学教科书的影响

该书作为日本人直接用汉文撰写的地理书,虽名为"地志",但在框架结构与表述方法等方面,已有别于中国传统沿革地志,大体具备近代西方地理学教科书要素,故应视为中国地理学转型期的著作。

中国地理学是在西学冲击下,完成了由传统沿革地理向近代西方科学地理学的学术转型,正如邹振环所言:"中国地理学从传统向近代的学术转型,是与引进、吸收和融会西方地理学学术思想有密切的关联,近代地理学是中西地理学交融的产物。"②不过,应该强调的是,与历史等学科一样,中国近代地理学的诞生也跟日本有密切关系,在中国地理学的学术转型过程中,日本扮演了中转站角色,日本人的著述以及汉译日文地理教科书等起到了重要作用。辻武雄这部著作可谓是在此过程或背景下诞生的颇合时宜的地理书,对了解亚洲尤其是东亚三国地理形势、传播西方地理学知识,发挥了积极作用,同时也在体例上为中国人自编教科书提供了可参考之蓝本。如张相文所编、通称我国最早的自编近代地理教材系列《初等地理教科书》《中等地理教科书》(均为 1901 年)以及《蒙学中国地理教科书》(1905),其序言中就坦言:"是编一本东邦地理教科之条段,分纲举目,简而不紊,为本国地理之初步。"③另外,像谢鸿赍编《最新地理教科书》(商务印书局光绪三十一年版)、刘鸿钧著《政治地理》(湖北法政编辑社光绪三十一年版)、王达辑《中学地理中国志》(六吉轩光绪三十一年刻本)等书,均明确表明曾参考过辻武雄编《东亚三国地志》或《五大洲志》④,说明辻武雄等人的地理学著作对我国早期地理教科书的编撰起过先导作用,至少是在编写体例上提供了相对便捷的蓝本。

---

① 辻武雄在《新编东亚三国地志》"凡例"中解释:"是书所插之地图,系博考内外,参证新旧,择其精确者而润色之,以便读者按图而索也。"

② 邹振环:《晚清西方地理学在中国——以 1815 至 1911 年西方地理学译著的传播与影响为中心》,上海古籍出版社,2000 年,第 377 页。

③ 张相文编:《蒙学中国地理教科书》"序言",上海文明书局,光绪三十一年。

④ 如刘鸿钧著《政治地理》(湖北法政编辑社,光绪三十一年),其例言开明宗义指出:"本编为文学士野村浩一先生所授,但因时日迫促,凡宗教、教育、军政、财政等类,概从简略。兹就日本法学士山本信博氏《政治地理学》、辻武雄氏《五大洲志》、理学士佐藤传藏氏《万国新地理》、辰巳氏《万国宪法比较》诸书,互相参订,补所未备,以求完善。"

作为近代早期的地理书籍,该书不仅系统相对完备,而且内容丰富,条理清晰,尤其是著者直接用汉文编写,充分发挥了汉文简洁明了的表达功能,将繁冗的西方地理学知识变得更为简化,浅显易懂,当时也颇受关注,在汉字文化圈的东亚诸国产生过一定影响,甚至被作为我国学堂地理课本或参考书使用,加之成书较早(早于上述张相文编写的我国第一批地理教科书),对地理学史研究,特别是考察西方地理学知识的东渐路径也颇有参考价值。

另外,该书在一般地理记述之外,还特地于中朝两国加入"外国交涉"一章,意在使人知悉欧美列强经略亚洲之概要和野心,唤起士人爱国保种之心,故受到东亚诸国有识者的欢迎,"不到两年时间,在朝鲜和支那人士间(主要为后者)售出一万部以上"①。当时驻日公使李盛铎称该书"纪述详瞻,议论激昂,知其用意至深,遂不觉词之迫也"。(该书卷首序言)翰林院庶吉士周渤在为其《五大洲志》所撰写的序言中也指出:"辻武雄君,扶桑知名士,明干通达,究心当世之务,前著三国地理,一时纸贵。"②据不完全调查统计,我国有 30 余家图书馆收藏有此书③,这也从一个侧面佐证以上对该书的评价不虚。

(本文是在《〈新编东亚三国地志〉解题》基础上改写而成)

---

① 辻武雄:《忆伊藤博文公》,《教育时论》886 号,1909 年 11 月。
② 辻武雄著:《五大洲志》"序言",泰东同文局,1902 年。
③ 王宝平主编:《中国馆藏日人汉文书目》,杭州大学出版社,1997 年,第 230 页。

清末留日学生与日语教科书的编刊及其影响

——以唐宝锷、戢翼翚合著《东语正规》为例

孙莹莹

（浙江大学教育学院）

1896 年，甲午战争中清政府战败，在"以日为师"的口号下，清政府首次派遣 13 名学生赴日留学。1897 年，京师同文馆增设东文馆，官方的日语教育正式开始。随后，广东同文馆、湖北自强学堂等洋务学堂也相继效仿并开设东文馆，开启了中国日语教育的新篇章。自此，日文学堂如雨后春笋般出现。因没有合适的日语教科书，当时的日文学堂或是采用"和文汉读法"和"汉文和译法"，使用中国古代已经被日本人翻译过的经典著作或使用日本的政治、经济、历史等专业书籍，进行"汉译日"与"日译汉"的训练；或是采用日本国内为小学生编的国语教材进行教学。1900 年，由首批留日学生所编的《东语正规》的出版打破了这一局面。该书从日语发音开始，"讲语法、教会话，研究日语变体假名和助词，并标明重音，写得很全面。中国人对日语的研究可以说从这时才走上正轨，是一本供中国人学习日语的划时代的教科书"[①]。在《东语正规》的引导和启发下，留日学生编撰并发行了一系列日语教科书，对清末国人的日语学习及西学的传播产生了重要的影响。其中，《东语正规》不仅是中国人第一部科学地研究日语的书[②]，而且是中国人学习日语的教材中"打破纪录的名著"[③]，对后来的留学生有很大的帮助。

然而，遗憾的是，关于《东语正规》的相关研究寥寥无几。既有的先行研究，大都从语言学史的角度考察《东语正规》的内容，并未言及该书的刊行过程及其在清末的影响。

因此，本文试以唐宝锷、戢翼翚合著《东语正规》为例，通过留日学生的日语学习及其编纂、刊行日语教科书的过程，考察留日学生所编日语教科书在清末所产生的影响及其作用。

一、唐宝锷、戢翼翚的日语学习与《东语正规》的编撰

甲午战争后，总理衙门为培养东文人才，致函日本文部省称："清国学生希望到帝国学

---

① 珠海市政协文史资料研究委员会编：《珠海文史》第 7 辑，文史资料研究委员会，1988 年，第 65 页。
② 実藤惠秀『中国人日本留学史』，くろしお出版，1981 年增補版，第 298 页。
③ 実藤惠秀『中国留学生史談』，第一書房，1981 年，第 16 页。

校学习日本文及日本语学,请求协助。在本邦清国公使于五月二十七日所送二十九号照会已正式提出。"①外务省于次日接到文部省公文,表示同意。总理衙门便在国内挑选 13 名学生赴日留学,唐宝锷与戢翼翚便是其中的两名。关于这批留学生的在日学习状况,有记载称:

> 当时公使裕庚氏经日本政府以十三人学生依嘱高等师范学校长嘉纳氏。于是氏直使同校教授本田增次郎氏当事,更又聘教师数人开始日语日文及普通学科之教授。此等留学生中或罹患疾患,或因事故致不得已而半途回国者往往有之。惟唐宝锷、胡宗瀛、戢翼翚、朱光忠、冯阊模、吕烈煌等皆以良绩卒三年之业。就中如唐宝锷、胡宗瀛、戢翼翚等三人,更进修专门之学。及归国后,在及第殿试,至昨年得赐进士出身。唐宝锷、戢翼翚两氏此次随考察政治大臣载泽殿下行,任调查日本制度之责,克尽力于开发国运,其影响于清国前途者,正未有艾也。②

可以说,唐宝锷、戢翼翚是第一批留日学生中的佼佼者。唐宝锷(1878—1953),族名宗鎏,字秀峰(秀丰),祖籍广东省香山县(广东省中山市)唐家村,出生于上海,是近代著名政治家唐绍仪的族侄。1896 年,唐回乡考取秀才,正值清廷总理各国事务衙门应公使裕庚的奏议,选派留日学生,18 岁的唐宝锷应试入选,并于当年农历三月赴日,入日本高等师范学校校长嘉纳治五郎创办的日语补习班(后命名亦乐书院)学习日语。1899 年,唐宝锷以第一名的成绩在亦乐书院毕业后,被清政府任命为驻日本长崎领事馆代理副领事。1901 年,唐宝锷被调入东京公使馆任职,因其日语极好,每逢清廷官员访日,都充任翻译。1902 年,宏文学院成立后,唐宝锷同时兼任该校的日语讲师。1903 年,唐宝锷与戢翼翚、胡宗瀛二人一起考入东京专门学校学习国际法。毕业后,唐转入由该校升格而成的早稻田大学政治经济学部,于 1905 年毕业,并获得早稻田大学的学士学位证书,成为第一个在日本取得学士学位的中国人。同年,唐宝锷参加清政府举行的第一次留学生归国考试,取得了最好的成绩,清政府"给予进士出身,赏给翰林院检讨"③。唐曾担任全国律师公会会长,成为中日之间的法律专家,在中国法律界享有声望,著有《日本陆军刑法》《日本明治维新概要》《中国与国际法之关系》等书。

戢翼翚(1878—1908),湖北房县人,字元丞,名亦作翼翚。曾在湖北自强学堂学习,成为张之洞的得意门生。1896 年官费选送日本留学,成为甲午战争之后中国近代第一批赴日留学生,也是湖北省最早的赴日留学生。1899 年,其从亦乐书院毕业后,考入东京专门

---

① 明治二十九(1896)年六月十一日文部省文书课之申文甲四〇九号《致外务省文》。
② 舒新城:《近代中国留学史》,上海世纪出版集团,2011 年,第 15 页。
③ 陈学恂、田正平编:《中国近代教育史资料汇编 留学教育》,上海教育出版社,2007 年,第 63 页。

学校学习。此外，求学期间，他还创设专门翻译和出版日本书籍的译书汇编社（东京）与出洋学生编辑所（上海）。随后，又与实践女子学校校长下田歌子创办作新社，大量翻译及出版日文书籍，并设图书局、印刷局。1905 年 8 月，清廷首试留学毕业生，因成绩优异，被赐政治经济进士出身，分发外务部任主事。他身兼译书汇编社、作新社、出洋学生编辑所、国民社和国民报社等出版机构重要领导的职位，对推动中国出版事业的近代化做出了一定的贡献。

唐宝锷、戢翼翚二人最初被安排在嘉纳治五郎所创办的亦乐书院学习。亦乐书院的教育是持续三年的普通教育，所学科目包括日语、算术、历史、地理、理科、体操等，时任教师主要有三矢重松主任、内堀维文教习等。据日本讲道馆所藏亦乐书院资料，1898 年（明治三十一年）5 月 11 日至 7 月 6 日间，亦乐书院对这批留学生实施学年期末考试。其考试科目和考试内容如下：

算术：一、写出分数除以分数的方法和理论。

二、如何快速知道某数字是否能被 9 整除及理由。

历史：一、写出日本与西洋贸易的沿革。

二、写出宪法颁布的由来。

三、写出德川光圀、大越忠相、本居宜长、林子平、大久保利通的重大事迹。

地理：一、叙述日本的政治组织。

二、写出北海道的城市港湾及物产。

三、叙述日本各地之气候与人情的异同。

口试：由嘉纳先生主持的一对一口试，口试内容为时事问题等。

小论文：题目《贺新年》《岁晚述怀》，用日语作文。

理科：一、解释在荷叶或天鹅羽毛上形成的球状，水珠转动的原理。

二、就最具坚硬性、柔韧性和可塑性材料，各举一例。

三、食盐溶解于淡水里，为什么会变重？

四、求比水重的固体的比重方法。

五、为何火灾现场四周易起风，说明其理由。

六、画出 Heron 氏的喷水器图。

七、在两国桥放烟火，位居御茶之水桥看见发射光 5 秒后听见声音，请问两桥间的距离为多少？①

此次期末考试，包括算术、历史、地理、日语、理科等五科，其中日语考试包括"口试"和

---

① 荫山雅博『明治日本与中国留学生教育』，雄山社，2016 年，第 13—15 頁。

"小论文"两项。唐宝锷、朱忠光、胡宗瀛、戢翼翚、冯阄模、吕烈辉、金维新、瞿世瑛、刘麟、吕烈煌等 10 人参加了期末考试。其考试成绩见表 1：

表 1　第一批赴日留学生期末考试成绩表①

	日语	理科	算术	地理	历史	平均
唐宝锷	85	90	85	80	85	85
朱忠光	85	93	40	70	75	72.6
胡宗瀛	67	72	20	80	50	57.8
戢翼翚	75	80	40	60	40	59
冯阄模	80	75	50	80	70	71
吕烈辉	75	95	100	70	80	84
金维新	72	60	20	50	30	46.4
刘　麟	无成绩	80	40	65	70	63.8
吕烈煌	75	88	50	60	60	66.6
平　均	76.8	81.4	49.4	68.3	62.2	

（本表依据酒井顺一郎《清代日本留学生的语言文化接触——日中教育文化交流的相互误解》第 83 页内容，并稍作修改）

从上表可以看出，此次期末考试中，日语科的平均成绩是 76.8 分，仅次于理科的平均成绩 81.4 分，在科目中排在第二位。从学生的各科成绩来看，理科、算术、地理、历史均出现了不及格或刚刚及格的现象，而唯有日语考试，不仅未出现不及格，且全体考生均取得了"良"以上的好成绩。可以说，从考试结果来看，亦乐书院的日语教学成效是所有科目中最好的。由此可看出亦乐书院对日语教学之重视程度。

1899 年，唐宝锷以第一名的成绩在亦乐书院毕业；戢翼翚亦学习刻苦，成绩优异。二人毕业后，整理并翻译其在亦乐书院所使用的日语教材，编写了清末第一种日语教科书《东语正规》。

二、《东语正规》的刊行与版本

关于《东语正规》的刊行，学界尚未有统一的说法。日本学者实藤惠秀曾说："《东语正规》是在明治三十三年 7 月 23 日印刷、8 月 5 日发行的，最初似乎是自费出版。明治三十五年以后，由译书汇编社增补再版。"②国内学者袁家刚认为《东语正规》"明治三十三年

---

①　酒井順一郎『清国人日本留学生の言語文化接触——相互誤解の日中教育文化交流』，ひつじ書房，2010 年，第 83 頁。
②　『中国人日本留学史』，第 300 頁。

（1900）七月日本由爱善社、三省堂印刷"①，然后带回国发行。而大多学者认为《东语正规》由作新社发行。通过考察，笔者发现，《东语正规》最初是自费出版，后由译书汇编社再版发行。1901年，戢翼翚回国后，委托日本印刷所印刷后送回上海，与此同时在上海创办了出洋学生编辑所，进而陆续发行《东语正规》三版、四版、五版。1902年，戢翼翚在日本人下田歌子、山田顺一的赞助下创办了作新社。作新社成立之初，发行的第一本书便是《东语正规》，并"将'语学'作为新近成立的作新社出版的一个重要方面"②。至1906年《东语正规》已由作新社发行至十版，不仅对清末国人的日语学习产生了重要的影响，而且在中国日语教育史上写下了光辉的一页。

（一）《东语正规》的初版与再版

《译书汇编》1900年12月6日第一期"新书告白"中列有《东语正规》的售书广告：

> 此书专为初学日语者津逮，其中分文言俗语、长句短句，精当便易，由浅入深，诚学日语者必要之书也。寄售处横滨山下町201番信箱、202号福和号。③

至1901年8月28日第八期，《译书汇编》中仍然可以见到同样内容的广告。自1901年12月21日，《清议报》中始载有译书汇编社发行之"再版增广《东语正规》"④书目。由此可见，1900年的广告应为《东语正规》的初版销售广告。初版《东语正规》不仅有日本众议院议长片冈健吉题言，还有日华学堂留日学生唐宝晋的序言及日文序言。见图1。

1901年，译书汇编社成立后，在初版《东语正规》的基础上删去原刻古文《聊斋志异》，增补散语数十门，且增加著者自序一篇，并以活版形式再版增广发行。

作新社刊《东语正规》前有光绪二十七年十月中旬著者戢翼翚自序⑤。由作序时间可推测，此处序言为再版时所作。戢翼翚为译书汇编的负责人，《东语正规》自然交由译书汇编社"再版增广"发行。因"东文之书在中国发印殊未便，故不能不在东付刊"⑥，故1901年戢翼翚才将在日本已经完成的部分"译述之书"包括《东语正规》，在日本印刷后带到上海大东门内王氏育材书塾、北市抛球场扫叶山房书坊代售。

---

① 袁家刚整理：《丁福保〈辛丑日记〉释注》下，上海市档案馆编：《上海档案史料研究》第14辑，上海三联书店，2013年，第286页。

② 邹振环：《戢元丞及其创办的作新社与〈大陆报〉》，《安徽大学学报》（哲学社会科学版）2012年第6期，第108页。

③ 吴湘相编：《译书汇编》第一期，台湾学生书局，1966年，第104页。

④ 《译书汇编社发行书目》，《清议报》第100册，1901年12月21日（光绪二十七年十一月十一日）。

⑤ 戢翼翚：《序》，唐宝锷、戢翼翚：《东语正规》，作新社，1903年。

⑥ 戢翼翚：《序》，《东语正规》。

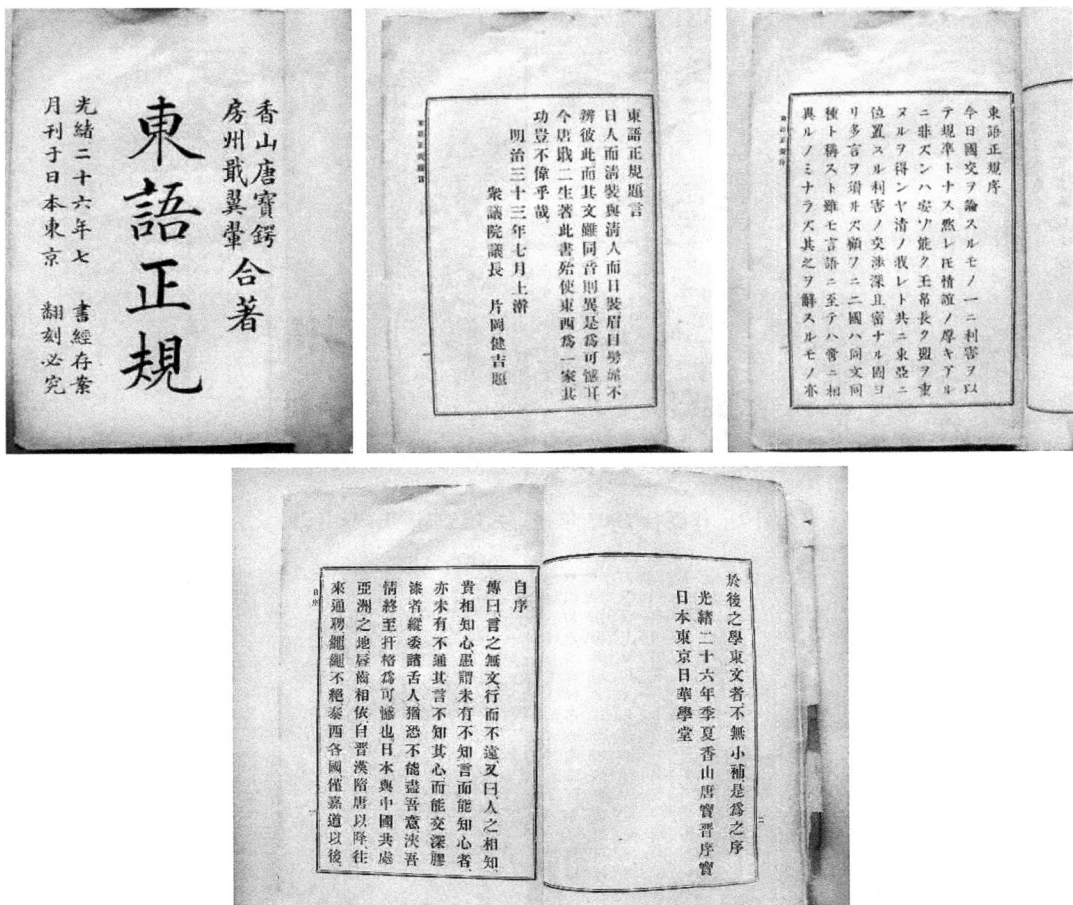

图 1　1900 年初版《东语正规》书影

（二）《东语正规》的其他版本

日本学者实藤惠秀曾言："译书汇编的中心人物是戢翼翚，作新社的重要人物是戢翼翚，出洋学生编辑所的中心人物是戢翼翚，国民社、国民报社的中心人物也是戢翼翚。"①戢翼翚利用其职务之便，不仅通过译书汇编社，还通过出洋学生编辑所、作新社等发行《东语正规》等书。

据作新社 1903 年第六版《东语正规》版权页可知，该书明治三十三年 7 月 23 日印刷，同年 8 月 5 日初版，明治三十四年 11 月 15 日再版，明治三十五年 3 月 31 日第三版，明治三十五年 5 月 28 日第四版，明治三十五年 12 月 3 日第五版，光绪二十九年七月二十日第六版发行。

---

① 『中国人日本留学史』，第 307 页。

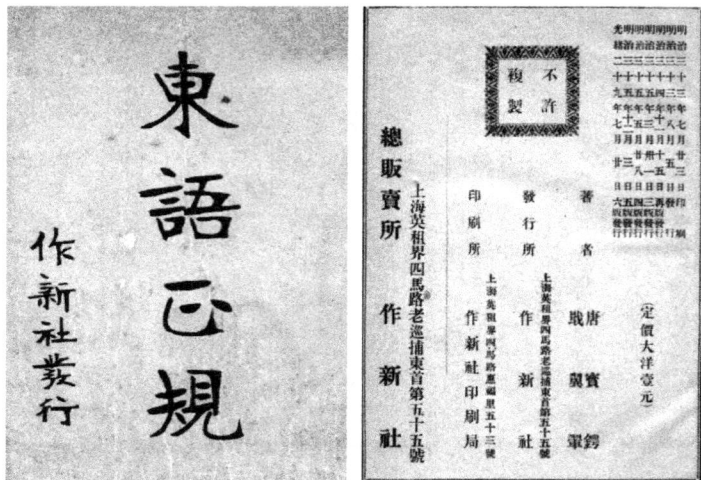

图2 作新社 1903 年刊第六版《东语正规》书影

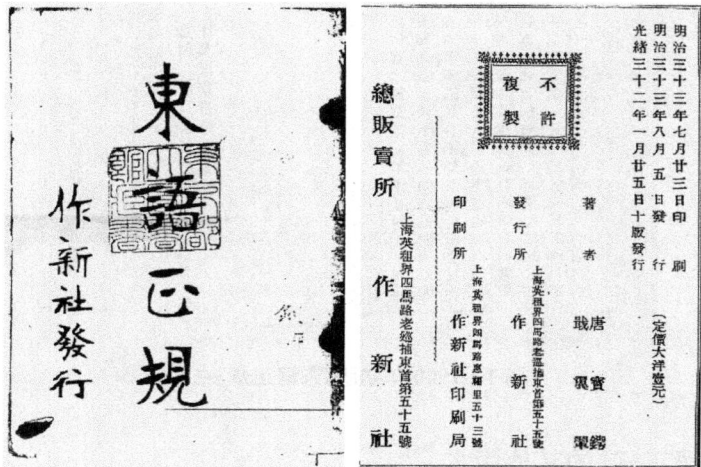

图3 作新社 1906 年刊第十版《东语正规》书影(实藤特别文库藏)

据出洋学生编辑所 1902 年刊第五版《东语正规》版权页,该书于 1900 年 8 月 5 日初版,1901 年 11 月 18 日再版,1902 年 3 月 31 日第三版,1902 年 5 月 28 日第四版,1902 年 6 月 20 日第五版发行。发行所为上海新马路余庆里廿号出洋学生编辑所,印刷所为株式会社爱善社,贩卖所为日本的三省堂。

通过对比作新社与出洋学生编辑的版权页所记载的内容可知,《东语正规》前五版应在日本发行,至第六版始在国内发行。但学者邹振环认为,"作新社大约于光绪二十七年(1901)秋在上海成立",其印制的第一本书可能就是"《东语正规》的第二版"[1]。但据日本

---

① 邹振环:《戢元丞及其创办的作新社与〈大陆报〉》,《安徽大学学报》(哲学社会科学版)2012 年第 6 期,第 108 页。

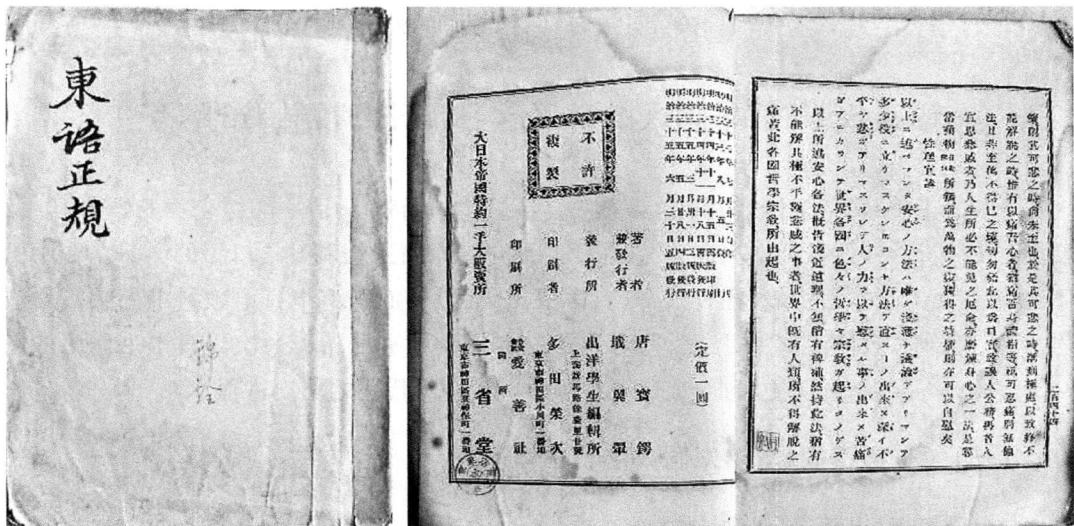

图 4　出演学生编辑所刊《东语正规》版权页

东京朝日新闻社记载：

> 前代议员山田顺一等二三位同志于本年七月间在上海英租界四马路惠福里成立作新社，以翻译出版新书为目的。该社已备置发动机，数台印刷机同时运转，且由该社出版的世界地理、万国历史等书籍现已再版三版发行，继而将会发行以大陆为名的月刊杂志。①

从上述内容可知，作新社成立于 1902 年 7 月，地址设在上海英租界四马路惠福里。此外，清末留日学生张继在其光绪二十八年（1902）的回忆录中写道："下田歌子说一资本家充众议院议员者某氏，出资办作新社于上海，由元丞及贯道主持。"②冯自由在其《革命逸史》中亦称"壬寅（1902）以后，《国民报》诸友星散，戢翼翚开设作新社于上海"③。由此可见，作新社成立于 1902 年 7 月，而非 1901 年。

正因为作新社的前身是戢翼翚在上海创办的出洋学生编辑所，故作新社创办之前，《东语正规》由上海出洋学生编辑所发行。1902 年 7 月，作新社成立后，便代替了出洋学生编辑所的出版业务，出洋学生编辑所只编辑而不再兼发行业务。

自 1902 年作新社创办，至 1906 年，《东语正规》已发行至十版，达到了前所未有的销量，为作新社创造了巨大的经济效益，并将"语学"作为新近成立的作新社出版的一个重要方面。在《东语正规》的引领下，作新社又陆续发行了《东语大全》《英文典问答》《东中大辞

---

① 「清国新书业」，『朝日新闻社朝刊』，1902 年 11 月 6 日，第 3 页。
② 沈云龙主编，张继著：《张溥泉先生回忆录・日记》，文海出版社，1985 年，第 5 页。
③ 冯自由：《革命逸史》上，东方出版社，2011 年，第 59 页。

典》《增订华英字典》等语学类书籍,且均是"销路颇好的外语教材读本"①。

三、《东语正规》与清末国人的日语学习及日语教科书的编纂

《东语正规》囊括了语音、词汇、语法、会话、读本等内容,是一部综合类日语教科书。针对当时风行一时的《和文汉读法》,《东语正规》另辟蹊径,强调日语口语的学习。在中国日语教育史上,《东语正规》在日语音韵、语法、会话等方面对清末日语教科书的编纂均产生了重大影响,致使清末的日语学习和日语教科书的编纂开始了一次由日语书面语的学习向口语学习转型的历史时期,促进了中国早期教育现代化的历史进程。

(一)《东语正规》与清末国人的日语学习

《东语正规》出现之前,清末的日语学习者大都使用梁启超的《和文汉读法》"学日本文""读日本书"。但《和文汉读法》的使用对象为国内已通汉文的成年人,"若未通汉文者学和文,则势必颠倒错杂瞀乱而两无所成"②。日本的国语读本其对象为母语是日语的小学生,而对于国内熟习汉文尚未深之人,则没有合适的教科书。在此种背景下,留日学生唐宝锷、戢翼翚根据自己三年留学经验,专门为国人的日语学习编撰了《东语正规》一书,据作者本人说该书是当时留学生常用的材料。清末留日学生创办的《译书汇编》第一期上,同时刊有《和文汉读法》和《东语正规》的新书广告,其中《和文汉读法》"最便读日本文书籍",而《东语正规》"专为初学日语者津逮"③。显然,《东语正规》和《和文汉读法》是两种不同类型的日语学习书。

首先,《东语正规》纠正了《和文汉读法》的日语易学观点。《东语正规》认为"日本文体,别为数种,其普通者,用汉字十之五六,故学东文,必以通汉文为嚆矢。此其大权也。若夫造其精,洞其微,探其旨,领其趣,非浸渐国语,晓澈声闻,又岂易测其涯际哉?"④因此,"汉文深通及已通普通学者,专学东文以资考证,则卒业甚速"。⑤ 关于普通文的学习,《和文汉读法》认为"数日小成,数月大成",而《东语正规》则认为"期年小成,二年大成"。至于日本普通文之外的"倭文"和"日本语"的学习,著者认为"若究其国语,真正倭文,其语法句法,与汉文大相径庭,非专学四五载,莫能贯彻"⑥。这种体会只有在日本生活过、和日本人有过交流的人才能真正体会到。对于日本文字"数月可通"纯属道听途说,"非学人

---

① 邹振环:《戢元丞及其创办的作新社与〈大陆报〉》,《安徽大学学报》(哲学社会科学版)2012 年第 6 期,第113 页。
② 梁启超:《饮冰室合集 文集之四》,中华书局,2003 年,第 81—82 页。
③ 吴湘相:《译书汇编》第一期,台湾学生书局,1966 年,第 104 页。
④ 《东语正规》,第 66 页。
⑤ 《东语正规》,第 67 页。
⑥ 《东语正规》,第 67—68 页。

所敢侈谈也。学者洞识门径,跻登堂奥",不应当有如此想法。①

其次,《东语正规》的使用对象更广。《和文汉读法》的使用对象为国内已通汉文的成年人。这些学者通过《和文汉读法》"学日本文""读日本书",即只需掌握日语读的能力即可。《东语正规》的编纂目的在于"务使学者研究此书即可从事一切普通专门学问"②,其使用对象不仅仅限于那些已熟练掌握汉文的学者,而且包括那些不具备汉文素养,却想掌握近代西方知识的年轻人。清末的赴日留学生大多未在国内取得功名,千辛万苦来到日本,希望掌握日语,进而学习数学、理科、历史、体操、卫生等中学课程,考入日本的专门学校或大学,然后从事专门的军事、经济和法律知识的学习。因"日本教习之授专门学也。大率参考西书而口授之,苟东语未熟,则讲者如钟,听者如聋,虽欲笔记,又奚由乎"③。这就要求学者们首先要具备日语的"听"和"说"的能力,也就是和日本教习进行的沟通能力。只有具备了日语听和说的能力,才能学习普通学以及进一步学习军事、法律、经济等专门学。

其三,《东语正规》更强调日语口语的学习。《东语正规》中首次设置"语法"一项。与"文法"相对,著者以"语法"为标题,强调口语学习的重要性。语法部分不仅包括日语语音,还对日本的文法及虚字均做了介绍。对于《和文汉读法》中可以忽略的"语尾变化",《东语正规》将其作为"语法"中很重要的内容进行讲解。作为《和文汉读法》中"颠倒"标志的"虚字",《东语正规》对各个常用虚字的用法进行了总结,甚至关于虚字"二",竟总结出11种用法,这是史无前例的。著者认为"东语之有虚字,犹车之有轴,户之有枢也。若不识虚字贯串之法,则词不达意,虚实相须,关系甚严(日人以虚字为关系词)"④。

其四,对于《和文汉读法》中,梁启超一视同仁的"同文"汉字,《东语正规》将其细分为训语、汉语、音语、新语。

训语:即日本土语,虽用汉字,而音与意亦有不同处。如手纸(书信)等。

汉语:汉字音读而成,其意与中国语基本相同。如混合、追加等。

音语:假汉字汉音而牵强其意,以用之语也。如放任(置之不理)、披露(公告)、保证(担保)、满足(心满意足)、用心(谨慎)、流浪(流离失所)、远见(眺望)等。

新语:近世西学盛行,所译西书,有不能以汉文译者,乃假用汉字,自造多语,其意与本字之意大相径庭。如肋膜炎(肺病始基)、归纳法(举大成法,论理学语)、物质文明(有形文明,若格致等学)、宪法(君主与百姓所约之法)等。⑤

———————————

①　《东语正规》,第68页。

②　《东语正规》"凡例"。

③　《东语正规》,第66页。

④　《东语正规》,第66页。

⑤　《东语正规》,第62—66页。

此外,《东语正规》并未沿袭《和文汉读法》分条目进行语法解说的编纂方式,而是参考了日本明治时期汉语会话教科书的编纂方式,首卷为语法,次卷为散语、问答,三卷为语类。由此亦可以看出《东语正规》对日语会话的重视。在《东语正规》的启发下,《东语简要》《东语大观》《日语教程》《日语新编》等一系列强调日语口语学习的日语教科书相继出现,对清末国人的日语学习以及引进西学起到了很大的促进作用。

(二) 清末日语教科书对《东语正规》的继承和发展

《东语正规》认为"输入文明之先导不得不求之于语学"①,首次把学习日语的目的与学习西方新知识联系起来。自此,"日语成为获取西方文明知识的新的手段,日语学习被赋予了新的动机,这也是 20 世纪初大量出版的日语教科书的重要卖点"②。其后发行的日语教科书亦大多模仿《东语正规》的编撰方针。如吴启孙在《和文释例》中说:"然则以个人之学问言不得不学日语,以世界之大势言尤不得不学日语。至若两国交际上之关系,更无论矣。"③《日语用法汇编》的著者亦在序中言:"语言者,亦科学之媒介,藉以传种,藉以播精,且藉以孕育者也。"④可见,《东语正规》的编写对清末日语教科书的编纂发行起到了重要的引领作用。

1. 对日语表音体系的整合和发展

从日语发音上看,《东语正规》强调日语发音的重要性。该书日语发音包括字母原委、字母音图、字母解释、声调、拼音法、音调、变音等内容。对于假名的发音,书中除采取汉字切音的方式注音外,还用英文字母注音。如:

ウ(假名)　宇(真体)　鳥(官音)　u(罗马字)

え(假名)　衣(真体)　野(官音)　ye(罗马字)

は(假名)　波(真体)　哈(官音)　ha(罗马字)⑤

以往日语学习书,仅见《东语入门》《中东通语捷径》中列有日语平片假名图,并提及日语中的清音、浊音、次清音,而并未言及日语假名中的促音、拗音、鼻音、音调、变音等内容。《东语正规》不仅采用罗马字母标注日语读音,且对日语的平片假名五十音图、浊音、半浊音、拨音、促音、合字、变音要字、声调、拼音法(拗音)、音调、变音(包括长变音、跳变音、杂变音)等内容做了比较全面的介绍。虽然某些专业术语在现在看来未必准确,但著者已认识到掌握这些日语发音的重要性。如其后刊行的《新编日本语言集全汉译日本新辞典合

① 《东语正规》"著者识"。
② 沈国威:《近代东亚语境中的日语——从"方言"到文明的载体》,《或问》第 16 号,2009 年,第 85—97 页。
③ 吴启孙:《和文释例》"序",文明书局、华北译书局,1903 年。
④ 毕祖诚、李文蔚:《日语用法汇编》"序",中国留学生会馆,1905 年。
⑤ 《东语正规》,第 7—8 页。

璧》把日语假名的各种发音方法统称为"日本字母"项,至《东语简要》始称其为"音韵",日语假名的发音开始有了正式的名称。自此,日语教科书竞相模仿,在所编书中单设"音韵"一章,专讲日语假名的发音方法。如《日语新编》设"音韵之部",《日语教程》亦有"音韵篇"。

2. 对日语语法体系的构建

学者沈国威曾说,《东语正规》"详细介绍了日语的语法体系,甚至相当准确反映了当时日本国内语法研究的水准"①。日语语法体系的构建,主要关注日语词类的划分和日语语法项目的选择两方面的问题。

首先,《东语正规》在"文法摘要"中将日本语言划分为名词、代名词、动词(附助动词)、形容词、副词、后词(即天尔远波)、接续词、感叹词八类。其后的文典类日语教科书中,日语词类的构成成分基本上包括名词、代名词、动词、形容词、副词、助词、助动词、接续词、感叹词等九大类,如《日本语言文字指南》《东文典问答》《东文法程》等。

其次,区别于专门意义上的语法著作,用于教学的日语教材不需要完整的语法体系,只存在对语法项目的选择。《东语正规》关注日语中的"虚字",并重点讲解了日语中日常使用频率较高的虚词,如テ(2种)、二(11种)、ヲ(3种)、ハ(2种)、ヘ(1种)、ト(2种)、ド(1种)、デ(4种)、ゾ(1种)、モ(2种)、ノ(12种)、カ(6种)、ガ(4种)、ヤ(3种)、バ(2种)、ノミ(1种)、バカリ(2种)、ダニ(1种)、マデ(3种)、サヘ(1种)、カラ(2种)、ヨリ(3种)、トモ(1种)、コソ(1种)、ナガラ(2种)、トテ(2种)等语法知识点,突出语法教学的色彩,着眼教学的需要。以后的日语教科书大多模仿《东语正规》,将日语中的虚字单设一项进行讲解。1902年,留日学生王鸿年编《日本语言文字指南》中设置"日本言语各种虚字之用法"一项,重点选取ノ、ケレドモ、ト、二、ハ、カラ、ヨリ、テモ、ダケ、バカリ、サヘ、ナガラ等语法项目。吴人达《东语大观》的"语例"一卷,不仅包括テ、二、ヲ、ハ等虚字,还包括"～二ハ及ビマセン""～越シタコトハ有リマセン"等现代日语教科书中常用语法项目。《日语教程》则直接设置"实用语篇",设置124课专门对各种常见语法项目进行说明与讲解,大量扩充日语语法项目。《日语用法自习书》"语法用例类纂"中则网罗了日语常用语法180项。这些语法知识点很可能是从实用角度出发,而日语教学语法的本质就应该是实用语法。

日本学者实藤惠秀曾说,当时并不缺乏日语学习用书,不过一般书籍都把日语当作中国语看待,书中使用了"アナタ何處行ク(你上哪儿去)"之类不正确的日语句子,并未考究日语助词(てにをは)的用法②,《东语正规》则不同,"与此前中国人编写的日语教材仅仅收录日语单词和日常用语相比,《东语正规》详细讲解了日语的语音和语法,对日语的品词

---

① 沈国威:《关于"和文奇字解"类的资料》,《或问》第14号,2008年,第117—128页。

② 『中国人日本留学史』,第40頁。

进行了细致的划分,标志着中国人的日语学习开始逐渐走向科学和系统"①。

3. 对日语"会话"模式的进一步完善

以往的日语学习书,并未单独设置"会话"一项。《东语正规》模仿明治时期汉语教科书的编纂方式,设置"散语""问答"等项,尤其是问答部分包括日用语、燕居语、访友语、游历语、庆贺语、吊唁语、买卖语、商业语、学校语、天时语、消遣语、辞别语等12项,实为中日互译的日常短语及会话句子。其后的日语教科书则在《东语正规》的基础上得了进一步完善和发展。如《新编日本语言集全汉译日本新辞典合璧》模仿《东语正规》设置拜访语、学问语、游历语、庆贺语、天气语、购物语、商贾语、游览语、旅行语、问路语等15章,并把称谓由"散语""问答"改为"会话部"。《日语新编》则直接划分"会话之部"一章,设置应酬、初次会面、酒宴、天气、访人、打仗、进学堂、讲堂杂话、运动会等40个题目,把日语会话由先前"~语"的固定模式发展到有主题性的会话内容。其后留学生所编日语会话书大多仿照该书,收集留学生留日生活各个场景所需实用会话,不仅选择各种主题的会话内容,更在情景会话中追求简捷、自然,更贴近实际环境和当时的生活状态。为适应清末留学生留日学习、生活的需要,清末的日语会话课本将对话情境锁定在日常交际、学校生活等方面。此部分内容既反映了留学生预备学校的教学内容,又可以窥见留学生的各种场景和生态,具有生动的史料价值。

正如日本学者实藤惠秀所言:"中国人习日语始自明代的《日本寄语》。最初的日语学习书并非单行本,而是研究日本的书籍中经常会出现的日语。但这些日语大多是日语单词,而日语句子很少。即使出现日语句子,也并非以日语为主,而是以中国语为主,日语为辅。所以,即使是会话,也都是些漏掉日语中テ二ヲハ的奇怪日语。《东语正规》出现后就发生了变化。《东语正规》以日语为主,与之前出现的书完全不同。该书考察假名的源流,讲解语法,教授日语会话内容等,应有尽有,甚至还讲解日语的语音、音调。至此,可以说,中国人的日语研究终究走上了正轨。……从此,赴日的留学生人人都购买《东语正规》。《东语正规》屡次再版,无与伦比。"②

结语

《东语正规》由首批留日学生所编,是中国人日本留学的成果。《东语正规》刊行后,被尊为"留学生界杂志之元祖"的《译书汇编》对该书大为赞赏,认为该书"津逮其中,分文言俗语、长句短句,精当便易,由浅入深,诚学日语者必要之书也"③,积极为《东语正规》进行广告宣传。梁启超虽已深刻认识到《和文汉读法》仅能"学日本文以读日本书",而"治东学

---

① 鲜明:《〈东语正规〉在中国日语教育史上的意义》,《日语学习与研究》2011年第6期,第75—81页。
② 『中国留学生史谈』,第一书房,1981年,第16頁。
③ 《译书汇编》第一期,第104页。

者不可不通东语,此亦正格也。盖通其语则能入其学校,受其讲义,接其通人,上下其议论,且读书常能正确,无或毫厘千里以失其本意"①,但因当时日本言文一致尚未完成,日本语与日本文是完全分开的,正如他所说:"有学日本语之法,有作日本文之法,有学日本文之法,三者当分别言之。学日本语者一年可成,作日本文者半年可成,学日本文者,数日小成,数月大成。"②清末国人的速成心理使日语学习者对《和文汉读法》格外偏爱。但仅学日本文而不学日本语,其弊端日益显现。1901 年,曾对《和文汉读法》大为举荐的蔡元培购买了《东语正规》,同年,南洋公学负责人沈曾植亦写信建议罗振玉购买《东语正规》。此时,《和文汉读法》已无法满足清末知识分子的日语学习需求。清末《直隶官书局运售各省官刻书籍总目》列有《东语正规》一书,却未见《和文汉读法》,且其所罗列的几种日语学习书中,《东语正规》的售价远远高于其他书籍。由此可见,在当时为数不多的日语教科书中,《东语正规》可谓一枝独秀。

可以说,《东语正规》刊行的年代,"当时日本口语是个新事物,尚处于嫩芽刚刚破土而出阶段。如有名的(尾崎)红叶的小说《金色夜叉》、(德富)芦花的《不如归》等都是文语体,只有出场人物的对话是口语体。教科书中当然也是口语体居多"③。但留日学生唐宝锷、戢翼翚在"口语被称为俗语,尤其是俗语语法被轻视的风气下",能不随波逐流,不仅倡导日语口语,且强调学习口语语法的必要,在中国日本语教育史上写下了光辉的一笔,具有划时代的历史意义。《东语正规》不仅被清末的日文学堂当作日语入门教材广泛使用,且早期中国留日学生大都使用该书,几乎人手一册,对当时的留日学生有很大帮助。自1896 到 1937 年,《东语正规》"多次再版,深受中国学生欢迎",被"五万名在日本的中国人和其他人士使用这本书学习日文"④。

刘禺生说:"《东语正规》《日本文字解》诸书,导中国人士能读日本书籍,沟通欧化,广译世界学术政治诸书,中国开明有大功焉。"⑤由此可见,《东语正规》一书在导中国人读日本书籍、广译世界学术政治书籍方面,居功至伟,产生了重要的影响。正如日本众议院议长片冈健吉所说:"唐、戢二生著此书,殆使东西为一家,其功岂不伟乎哉!"⑥20 世纪初期,中国翻译日文书籍达到顶峰,与《东语正规》的编刊有着极为重要的关系。《东语正规》的编刊不仅在中国日语教育史上写下了光辉的一页,同时也是中日两国文化交流史上的又一印证。

[本文为国家建设高水平大学公派研究生项目(项目号:201606320137)研究成果]

---

① 《饮冰室合集 文集之四》,第 83 页。
② 《饮冰室合集 文集之四》,第 83 页。
③ 松本龟次郎「隣邦留学生教育の回顧と将来」,二見剛史『日中の道,天命なり—松本龟次郎研究—』,学文社,2016 年,第 318 页。
④ 马克·奥尼尔著,张琨译:《唐家王朝:改变中国的十二位香山子弟》,广州:广东南方日报出版社,2016 年,第 203 页。
⑤ 刘禺生:《世载堂杂忆》,中华书局,1960 年,第 155 页。
⑥ 唐宝锷,戢翼翚:《东语正规》"题言",发行所不明,光绪二十六(1900)年七月。

"面子观"形象的汉日对比研究

——以第 109 小项"讲面子的人"为例

施　晖　李凌飞

（苏州大学外国语学院）

　　人与人在相互接触时，对人评价语言行为是人们的价值取向、道德规范的具体体现。"性向词汇"是指对他人的性格、日常行为及人品等加以评价时使用的词汇群体（包括独立的词、成语、短句等）①。有关"性向词汇"的研究，早在 1962 年，著名的方言学家藤原与一就开始关注日本方言中的"性向词汇"，对其生成、演变、规律、意义等均做了较为翔实的阐述，研究成果分别发表在《广岛大学方言研究会会报》第 13 和 14 号（1969）、第 15 和 16 号（1970）上。1973 年日本国立国语研究所的渡边友左，第一次也是唯一一次对日语普通话中的"性向词汇"进行了调查。但此次调查仅限于"性欲与性魅力""语言行为"等方面，而且人数也不够广泛。在为数不多的研究成果中，作出卓越贡献的是日本"广岛学派"、著名的方言学家室山敏昭。他自藤原与一提出研究"性向词汇"的重要性以来，对方言中的"性向词汇"实施了长达 30 多年的实地调查与研究，第一次对"日本人、日本文化"进行了实证性的诠释和解读，修正和补充了一直认为日本是一个"纵向社会结构"的理论，备受学术界瞩目。2001 年他的专著《横向社会的构造与意义》堪称文化语言学的代表作，并荣获第 21 届日本语言学最高奖。

　　中国学术界对"性向词汇"还比较陌生，关注甚少。除笔者团队对"性向词汇"有所论述之外，几乎没有找到其他的相关成果。这样的比较研究才刚刚起步，究其原因：一是汉语中没有对应于"性向词汇"的专用术语，尚未形成一个独立的语言体系；二是大规模的社会调查，具有经费需求大、同质性数据收集难等诸多问题，从而导致人们对其认知不足。"性向词汇"存在于各个民族的语言中，承载着不同民族、文化的价值观，发挥着对人评价的功能。因此，有必要借鉴日本"性向词汇"的既有成果，积极开展汉日比较研究显得急迫而重要。

一、调查概况与计量分析

　　调查对象涉及中日两国合计 460 名对象（中国人：社会群体 130 名、大学生 100 名，合

---

① 室山敏昭『「ヨコ」社会の構造と意味—方言性向語彙に見る—』，和泉書院，2001 年。

计230名。日本人同样），时间从 2003 年 7 月到 2014 年 12 月，主要采取问卷调查、个别询问等形式①。调查内容和方法参考了室山敏昭对日本各地方言调查时使用的调查表。按照"词义"和"评价"对性向词汇进行了分类。大类分为三项：一是有关动作行为的评价词汇；二是有关语言行为活动的评价词汇；三是有关精神状态的评价词汇。三大项又各由三个分项构成，在此基础上细分为 106 个小项②。本调查在此基础上又增加了能够显示中日两国文化特性的 5 个小项，总计 111 项③。

本文在统计词汇量方面，运用了重复计数和不重复计数④等方法。重复计数可以求得重复词汇量，即总词汇量；不重复计数则可求得不重复词汇量，即不同词的使用量。通过这两种方法可以把握中日两国人所使用的"性向词汇"的总量，以及各个"性向词汇"的使用量与词汇类别之间的关系，揭示各个语义项中词汇量的使用差异与各自特征。这种差异往往来源于人们对各个语义项关注程度的不同。通过对第 109 小项"讲面子的人"加以分析和比较，不仅可以揭示中日两国文化中对人评价意识的共性与个性，而且能够诠释和解读中日两国在价值取向、"面子观"等方面的异同。

二、具体小项的比较：第 109 小项"讲面子的人"

中国人讲面子、爱面子，"面子"意识在人际关系中发挥着举足轻重的社会功效。"面子文化"可谓是中国独有的一种文化特质。林语堂曾对面子进行了精辟、细腻的描述：

> 面子的意义，不可翻译，亦无从予以定义。它好像是荣誉而不是荣誉，它不能用金钱买，却给予男男女女一种实质的光辉。它是空虚无实际的，而却是男人家争夺的目标，又有许多妇女为它而死。……它的被珍视，高于尘世上一切所有。它比之命运、恩典更有势力，而比之宪法更见重视。它常能决定兵家之胜负而毁坏整个政府机构。就是这空洞的东西，乃为中国人所赖以生活者。⑤

林语堂又在《中国人》一书中指出："（面子）触及了中国人社会心理最微妙奇异之处。它抽象，不可捉摸，但都是中国人调节社会交往的最细腻的标准。"⑥鲁迅也曾谈及面子，

---

① 本调查以中日两国社会群体各 130 名（男女各 65 名）、大学生各 100 名（男女各 50 名），合计 460 名为对象进行实施。主要采用试填空方式，要求被调查者将所有形式的"性向词汇"全部列举出来。不过，统计时只对词汇形式（独立的词和词组、短句等）进行了统计与分析。另外，为确定语义、书写形式以及评价分类等，又对中日两国各 20 名，合计 40 名为对象进行了个别问询等补充调查。

② 室山敏昭『文化言語学序説—世界観と環境—』，和泉书院，2004 年。

③ 施晖、栾竹民：《论汉日性向词汇中的负性原理》，《日语学习与研究》2015 年第 1 期，第 38—47 页。

④ 重复计数是指同一个词，使用一次计数一次。不重复计数是指同一个词，无论使用多少次只按一次计数。

⑤ 林语堂：《吾国与吾民》，宝文堂书店，1988 年，第 183—184 页。

⑥ 林语堂，郝志东、沈益洪译：《中国人》，学林出版社，1994 年，第 204 页。

说它是"中国精神的纲领"①。吕俊甫从文化价值观的角度作了如下论述:"面子是华人文化非常著名的一项价值观。它代表尊荣、身份、名誉、地位和权势。在这个羞耻导向的文化下,中国人非常在意面子问题。他们努力保留、保护和提升自己的颜面,并设法不要丢脸。"②有关中日两国人"名"与"耻"的差异,尚会鹏认为:

> 日本人和中国人在对"耻"的感觉上便产生了这样的差别:日本人的"名誉"似乎更多地带有集团的特点,当日本人说到名誉的时候,更容易同他们所属集团的名誉联系起来。……而中国人说到"耻辱""丢人"的时候更多地同个人有关。……一般中国人的荣誉意识表现为"面子"意识。"面子"是中国人荣誉观的一个重要特点。"面子"的本质就是"朝向社会的脸",它不等同于"声誉""名声",也不等同于"名誉",但它又具有这些词汇所表达的内容。它是名声、声誉、荣誉、地位、人表面(相对于实质)的复合体,又不是其中的任何一种。③

翟学伟就"脸"与"面子"进行了如下界定:"脸是个体为了迎合某一社会圈认同的形象,经过印象整饰后所表现出的认同性心理与行为;而面子是这一业已形成的心理及其行为在他人心目中产生的序列地位,也就是心理地位。"④换言之,"脸"与个体的行为关系较大,而"面子"则和社会互动关系密切。

不仅是中国人,来华的外国人也同样感受到面子意识对中国人的重要性,以及中西方在对面子的认知方面存在着显著差异。比如美国传教士亚瑟·亨·史密斯在《中国人的性格》中,专辟"保全面子"一章,详细论述了中国人的面子观。

> 乍一看来,把全人类所共有的"脸面"当作中国人的特性,可能太不合理了。但是,中国人所讲的"脸面"不仅仅指头的前面部分,它是具有多种复杂含义的名词,其意思比我们所能描述的或者所能理解的还要多。……如何做到有"面子",其技巧和造诣往往是西方人所望尘莫及的。……宁死也要保住面子,这对我们来说,似乎并没有多大的吸引力。⑤

关于日本人重"耻"、中国人讲"名"的差异,松本一男指出:

---

① 《鲁迅全集》(第六卷),人民文学出版社,1981年,第126页。
② 吕俊甫,洪兰、梁若瑜译:《华人性格研究》,远流出版事业公司,2001年,第221页。
③ 尚会鹏:《中国人与日本人》,北京大学出版社,1998年,第297页。
④ 翟学伟:《人情、面子和权利的再生产》,北京大学出版社,2005年,第133页。
⑤ 亚瑟·亨·史密斯,乐爱国、张华玉译:《中国人的性格》,学苑出版社,1998年,第1—4页。

日本人看重"耻"，而中国人注重"名"。……中国人由于惜"名"心理，产生出独特的"面子"问题。中国人是极其重面子的民族。①

　　如上所述，"面子"不仅是中国人特有的一种价值观念，也是中国文化的重要特点之一。"面子"的语义多彩纷呈，日语中没有与之对应的一个词语。不过，语义上与面子有着相互关联的词语并不少，比如颜、面目、体裁、体面、世间体、义理、人情、名誉、名声、见荣、虚荣、外闻等。也就是说，汉语的"面子"概念，外延和内涵都很深厚宽广，内含上述日语词汇的词义，但又不是它们的总和。井上忠司认为：

　　在我国（笔者注：指日本。下同），除了"颜"以外，出自中文的"面子"也经常使用。"面子"的语义是日本人在与中国人频繁交往的过程中知晓和理解的。关于"面子"一词，如同柳田国男所言，是围绕"个体"存在的概念。而我国"外闻"一词是与"家""村"或者"会""党"相关，属于"集团"的概念。②

园田茂人就中日两国人的"面子意识"，指出：

　　考虑中国人的行为特性时，"面子"的理解是不可缺少的。有关面子的认知方面，日中两国具有明显的不同。根据末田清子的调查结果，日中两国的面子观，主要有三点差异。第一是中国人认为的"没面子"，往往是与"个人能力评价"有关，而日本人并不这么认为。第二点表现在对待社会行为方面"有失面子"的不同。即日本人对不合乎社会常识的行为十分敏感，而中国人却认为无所谓。第三点是中国人由于对个人能力看得很重，一般不轻易道歉、感谢。同时，为了保住或保全面子，极力的主张自己的权利以及利益等，而日本人则相反。③

　　较之于中国人特有的"面子观"，日本人具有"世间体"这一独特的文化标记。可以认为"世间体"是日本人行为的准则，它规范和制约着日本人的日常行为及其对人关系，也是理解和把握日本文化、日本社会的重要价值理念。"世间体"是日语特有的词汇，汉语中没有与其完全相符而又贴切的表达形式，可以翻译成"个人展示给世间、社会或者他人的形象（包括面子、体面、名声等），更为确切地说，应该是世人（他人）的目光、世人对自己的看法、评价等④。井上忠司从文化学、社会心理学的角度在对"世间体"的特质进行深入研

---

①　松本一男『中国人と日本人』，サイマル出版社，1987 年，第 179—182 頁。
②　井上忠司『「世間体」の構造』，講談社，2007 年，第 144 頁。
③　園田茂人『中国人の心理と行動』，日本放送出版協会，2006 年，第 82—83 頁。
④　『「世間体」の構造』，第 4 頁。

究与探讨后指出：

> 长期以来，我国人民的社会规范其根基是以"世间"（世间、社会及他人）为依据，不做被"世间"耻笑或愧对于"世间"的行为。透过"他人（世人）的视线（或目光）"，感到自我羞愧的这种独特的社会心理，是我国国民通过自己的内心世界孕育而成的。可以认为"世间体"是我们日本人行为原理的根本，过去是，现在也是。[1]

"世间体"与本尼迪克特所论述的"耻感文化"，具有很多相似之处。如"缺乏恒定的是非标准、他律性的道德观"等，认为日本人的道德不是靠"内心良知"约束，而是靠"外部"的强制，如嘲笑和羞耻等行为，加以实施与保障[2]。

综上所述，中日两国都有"面子观"，但对于如何看待和把握"面子"，中日两国存在着差异与各自特色。为了更好地揭示和解读中日两国"面子观"的共性与个性，下文将从对人评价的"正面、负面、中性"这三个角度对第 109 小项进行比较。

（一）汉语（不重复词汇量 87 个、重复词汇量 269 个）

表 1、表 2、表 3 的结果显示，汉语不重复词汇量为 87 个。其中，正面评价词汇仅有 14 个，占不重复词汇量的 16.1%，而负面评价词汇高达 42 个，占不重复词汇量的 48.3%，远远多于正面评价词汇。这种负面评价的价值取向，构成了"性向词汇"的特色之一，凸显出中国文化中深层的"负性原理"。

表 1 ＋(正)14 个不重复词汇量

重情面9	体面2	重情面的人2	讲究人1	知荣辱1	自尊心强1	讲情面1
不丢脸1	不哭穷1	出手大方1	怕丢人的人1	怕做小人的人1	不撅起屁股让人关1	自尊心1

（资料来源：笔者对中日韩三国实施的调查结果。下同）

表 2 △(中性)31 个不重复词汇量

要面子12	脸皮薄11	爱面子8	讲面子6	好面子5	皇帝2
家丑不外扬2	脸薄2	薄脸皮2	害羞2	皮薄1	好脸1
时尚1	薄脸皮儿1	拉不下脸1	脸短	好强1	面子薄1
外场人1	脸皮不穿钉1	脸皮薄的人1	脸热1	面嫩1	磨不开1
注重小节的人1	怕丢面子的人1	要面子的人1	脸皮儿薄1	腼腆1	皮薄子1
好面子的人1					

---

① 『「世間体」の構造』，第 4 頁。
② 鲁思·本尼迪克特，吕万和等译：《菊与刀——日本文化的类型》，商务印书馆，2005 年。

表3　一(负)42 个不重复词汇量

死要面子活受罪 42	死要面子 37	打肿脸充胖子 19	虚荣 13	好虚荣 10
死爱面子 6	虚荣心强 4	虚伪 3	死爱面子的人 2	死鸭子嘴硬 2
活受罪者 2	虚荣的人 2	爱虚荣的人 1	打肿脸充胖子 1	要好看 1
讲排场的人 1	臭美 1	装腔作势 1	耳朵有病 1	虚荣心 1
虚掩其表 1	赢了面子输了里子 1	过于关注自己 1	抹粉上吊死要脸 1	死要脸皮活受罪 1
有虚荣心 1	充胖子 1	厚脸皮 1	活受罪 1	贪慕虚荣 1
绣花枕头 1	自恋狂 1	爱虚荣 1	虚伪的人 1	死面子 1
大手大脚花钱 1	拘束 1	死要脸 1	死要面子的人 1	徒慕虚名 1
喜欢戴高帽 1	宁说千声有不喊一声无 1			

众所周知,"面子文化"已成为中国文化的特质之一。但大量的负面评价词汇表明,中国人对于"讲面子的人"与行为,非但没有给予正面的肯定,更多的则是反面的贬低与否定,具有明显的正反、褒贬两面性。即并非一味地褒扬与认可,也不是一概地否认与贬低,而是根据场合、人际关系、事由等诸多因素适度而行,存在着明显的"过剩价值"①。正是由于中国人在评价"讲面子的人"上具有正、负两面性,才会出现 31 个中性评价词汇。对于中国人而言,"面子"要讲,但不能偏激,要适中、不偏不倚,这才是中国人所追求的"面子观"。由此可见,中国人的"面子"观呈现出不同的样态,具有丰富而深厚的内涵,不仅令外国人难以捉摸与把握,也让中国人自身难以适从。

1. 负面评价词汇

有关负面评价词汇的使用特点,可以概括如下:

(1) 过于要面子(的人):死要面子活受罪、死要面子、死爱面子、死爱面子的人、活受罪者、抹粉上吊死要脸、厚脸皮、活受罪、死面子、死要脸、死要脸皮活受罪。

(2) 虚荣显摆(的人):打肿脸充胖子、好虚荣、虚荣心强、死鸭子嘴硬、要好看、讲排场的人、臭美、装腔作势、耳朵有病、充胖子、大手大脚花钱、贪慕虚荣、绣花枕头、赢了面子输了里子、宁说千声有不喊一声无、拘束、徒慕虚名、喜欢戴高帽、虚掩其表。

(3) 虚伪不实(的人):虚伪、虚伪的人。

(4) 自我意识强(的人):自恋狂、过于关注自己。

中国人对"讲面子的人"以及行为的负面评价,主要集中在"过分爱面子"和"图虚荣、讲排场"这两点,同时,告诫、警示由于"过分爱面子"而带来的"活受罪"等不良后果。特别在"图虚荣、讲排场"的负面评价上,呈现出词汇多样化、语义程度多重性等特征。如"虚荣"→"爱虚荣/好虚荣"→"虚荣心强"→"贪慕虚荣"→"徒慕虚名"等,

---

① 施晖、栾竹民:《论汉日性向词汇中的负性原理》,《日语学习与研究》2015 年第 1 期,第 40 页。

"图虚荣"的程度呈现出不断递进的趋势,凸显出中国人极其关注该小项的负面评价。如果一个人的"虚荣"程度过高,事情往往会向不好的方向转化,犹如"虚荣的人"→"爱虚荣的人"→"虚伪的人"一样,即由表面上的"光彩"向"不实、虚假"等方向倾斜。

2. 正面评价词汇

有关正面评价词汇的特点,也可进行如下分类:

(1) 讲情分和面子(的人):重情面、重情面的人、讲情面。

(2) 适中、不失脸面(的人):体面、讲究人、知荣辱、出手大方、不丢脸、不哭穷、不捞起屁股让人关、怕丢人的人、怕做小人的人。

(3) 不卑不亢(的人):自尊心强、自尊心。

由此可见,中国人心目中理想的人物形象,不仅要讲外表上的面子,更要重视内在的东西(如道德、情义等);既不能过于强调自我,也不能失去自尊。既要适度的讲面子,但也不能过度。其特征可以概括为:"重情面"+"不失脸面"+"自尊"。

值得留意的是,中国人巧妙地活用"面、面子、脸"以及脸面的"皮"等面部的表面,用其比喻人的外表形象、体面、声誉、情面等。脸面的皮肤,有薄厚之分,厚者"脸皮厚"比喻不知廉耻、不害臊的人。薄者"脸皮薄、薄脸皮",形容容易害臊、腼腆的人,并将"丢脸"看成"丢人",还将"面子、脸"看成是可以上下、左右移动的物体,创造出"拉不下脸""磨不开面"等惯用语句,具有形象生动、诙谐活泼等表达效果。

(二) 日语(不重复词汇量 119 个、重复词汇量 193 个)

日语的不重复词汇量为 119 个,如表 4、表 5 所示。其中,正面评价词汇 24 个,占不重复词汇量的 20.2%;负面评价词汇有 77 个,占不重复词汇量的 65%,凸显出日本人在评价"讲面子的人"以及行为方面,存在着明显的"负性原理",与中国人大相径庭。换言之,日本社会的"下降性倾斜的原理"[①]较之于中国人,显得更加鲜明而突出,贬低、批评等色彩极其浓厚。

表4 　+(正)24 个不重复词汇量

相手の事と先に考える人 想着他人的人 1	きっちりしている 讲究严谨 1	しっかりしている 可靠 1	気配りする人 关心人的人 1	約束を守る人 守约的人 1	こだわりがある人 讲究的人 1
いい人 好人 1	礼儀正しい 有礼貌 1	信頼的 可信 1	信頼できる人 可信赖的人 1	尊敬 可敬 1	謙虚 谦虚 1

① 『「ヨコ」社会の構造と意味—方言性向語彙に見る—』,第 36—37 頁。

人情を重んじる人 重人情的人 1	何かを行う時きっちりとする人 做事认真的人 1	周りを考える人 为他人着想的人 1	義理堅い人 重情理的人 1	責任感のある人 有责任感的人 1	真面目な人 认真的人 1
慎重 慎重 1	義理堅い 重人情 1	真面目 认真 1	常識人 有常识的人 1	実直 正直 1	責任がある 有责任可信 1

表 5　△(中性)18 个不重复词汇量

堅い 规矩、不灵活 3	古風な人 旧式古板的人 2	高学歴人間 高学历的人 1	旧家の人間 世家望族的人 1	拘りのある人 拘谨的人 1	誇り高い人 自尊心强的人 1
立場を重んじる人 讲究的人 1	堅い仕事に就いている人だから 从事规矩正经工作的人 1	スーツを着た人 穿西服的人 1	立場があるから 有脸面 1	プライドのある人 有自尊心 1	体裁のええ人 体面的人 1
位が高い 有地位 1	義理 情面 1	自尊心 自尊心 1	古風 古来气度 1	ヤクザ 黑社会的人 1	カリスマ 非凡的传奇人物 1

表 6　一(负)77 个不重复词汇量

見栄っ張り 爱虚荣 17	プライドが高い 自尊心强 11	堅物 死板的人 7	プライドが高い人 自尊心强的人 6	世間体を気にする 重面子 5	格好つけ 显摆 5
プライドの高い人 自尊心强的人 4	世間体を気にする人 爱面子的人 4	プライド高い人 自尊心高的人 4	気位(の)が高い人 架子大的人 3	八方美人 八面玲珑的人 3	体裁振る 好面子 2
体面を気にする 好面子 2	体面ばかり気にする人 只重面子的人 2	体裁を気にする 讲究脸面 2	体面家 爱面子的人 2	高飛車 强硬显摆 2	ええかっこしい 虚荣 2
面食い 重外表 2	格好しい 讲排场 2	立前 场面话 2	意地っ張り 固执 2	外面が良い 要好看 2	見栄を張る人 爱虚荣的人 1
かっこつける人 好虚荣的人 1	見栄っ張りな人 虚荣的人 1	建前を重んずる人 讲排场的人 1	人格にこばだる人 拘泥人格 1	体裁を気にする人 讲究脸面的人 1	体面を重んじる人 重视面子的人 1
うわべだけの人 只讲虚表的人 1	絶えず自己意識している人 过于关注自己的人 1	外面を気にする人 注重外表的人 1	態度がころころ変わる 看菜吃饭八面玲珑 1	生活に疲れそう 死要面子活受罪 1	お役所仕事的な人 在政府机关工作的人 1
面倒くさい人 事多的人 1	面子持ち 要面子 1	気にする人 介意的人 1	気難しい人 多事的人 1	体裁重視 宣脸面 1	頭の高い人 高傲的人 1

外聞を気にする 讲究体面1	人目を気にする人 讲面子的人1	傷付きやすい人 脸皮薄的人1	周りのことを気にする人 要面子的人1	プライドの高い 自尊心强1	面子重視の人 重面子的人1
嫌な人 让人烦的人1	我田引水 自私自利1	ええ格好しい 装相1	封建的な人 封建的人1	きざな人 装模做样的人1	堅苦しい 客套死板1
面目 面子1	自己満足 只想着自己1	かっこしい 爱好看1	鼻が高い 骄傲得意1	表がいい 徒有外表1	见栄を张る 爱虚荣1
体裁をつくろう 爱虚荣1	格好をつける人 讲究外表的人1	良いかっこしい 讲究好看1	外面の良い人 要好看的人1	八方美人な人 八面玲珑式的人1	付き合いの悪い 不好接触1
体面 脸面1	外面 外表1	型通り 不灵活死板1	ナルシスト 自恋狂1	ビジュアル系 外表型1	プライド高い 自尊心强1
良い人づらする 装相的人1	外面だけいい 只图虚表1	昔気质 古板守旧、老脑筋1	自己中 自我为主1	自分のことしか考えていない 只顾自己的人1	

1. 负面评价词汇

有关负面评价词汇的特点，可以进行如下分类：

（1）要面子重外表（的人）：世間体を気にする（重面子）、八方美人（八面玲珑的人）、体裁振る（好面子）、体面ばかり気にする人（只重面子的人）、体面を気にする（好面子）、体面家（爱面子的人）、体裁を気にする（讲究脸面）、面食い（重外表）、外面が良い（要好看）、気にする人（介意的人）、傷付きやすい人（脸皮薄的人）、体裁を気にする人（讲究脸面的人）、体裁重視（重脸面）、体面を重んじる人（重视面子）、外面を気にする人（注重外表的人）、人目を気にする人（讲面子的人）、お役所仕事的な人（在政府机关工作的人）、格好をつける人（讲究外表的人）、良いかっこしい（讲究好看）、周りのことを気にする人（要面子的人）、うわべだけの人（只讲虚表的人）、外面だけいい（只图虚表）。

（2）虚荣显摆（的人）：見栄っ張り（爱虚荣）、格好つけ（显摆）、気位（の）が高い人（架子大的人）、立前（场面话）、ええかっこしい（虚荣）、格好しい（讲排场）、高飛車（强硬显摆）、かっこつける人（好虚荣的人）、見栄っ張りな人（虚荣的人）、見栄を张る人（爱虚荣的人）、建前を重んずる人（讲排场人）、きざな人（装模作样的人）、体裁をつくろう（爱虚荣）、鼻が高い（骄傲得意）、見栄を张る（爱虚荣）、良い人づらする（装相的人）。

（3）自尊心强（的人）：プライドが高い（自尊心强）、プライドが高い人（自尊心强的人）、頭の高い人（高傲的人）、プライドの高い（自尊心强）、プライド高い（自尊心强）。

（4）死板不灵活（的人）：堅物（死板的人）、意地っ張り（固执）、堅苦しい（客套死板）、

型通り（不灵活死板）、昔気質（古板守旧、老脑筋）。

（5）多事麻烦（的人）：面倒くさい人（事多的人）、気難しい人（多事的人）、嫌な人（让人烦的人）、付き合いの悪い（不好接触）。

（6）自我意识强（的人）：我田引水（自私自利）、絶えず自己意識している人（过于关注自己的人）、自分のことしか考えていない（只顾自己的人）、自己中（自我为主）等。

日语的负面评价视点呈现出多样化特点，主要集中在"要面子、重外表（的人）"和"虚荣显摆（的人）"等方面。对于中国人而言，"面子"或者"爱面子的人"并非完全属于贬低和指责的性向行为，而应属于中性评价范畴。不过，超过了限度，就会变成"死要面子、打肿脸充胖子"，以致发展为负面评价行为。而日本人对此给以否定与批判，将"面子"或者"讲面子"视为负面的性向行为。换言之，日本社会在对"面子"的认知与评价方面，普遍存在着否定意识以及负面的价值取向，折射出日本人与中国人相异的"面子"观。除此之外，还有三点属于中日两国人在负面评价方面的不同，值得留意。一是尽管中日两国人都将"爱面子的人"看作是"有自尊心、自尊心强"的人，但中国人并不像日本人将其作为负面评价对象加以看待，而是视为肯定和正面的性向行为。这也从另一个侧面反映出中日两国在评价"自尊心"上存在着截然相反的价值观念。二是日本人把"讲面子"的人以及行为看成是拘泥于形式、外表的"死板不灵活"以及陈旧、古板的人或行为，这是中国人没有的负面评价特点。中国人眼里的"面子"是现实生活的具体体现，没有过去或旧式的评价意识。三是把"讲面子的人"或行为看成是"多事、麻烦的人"加以贬平，从而起到警示人们的作用。这一点属于日本人特有的性向行为特征。

2. 正面评价词汇

正面评价词汇也可分类如下：

（1）讲情份谦虚有礼（的人）：義理堅い人（重情理的人）、礼儀正しい（有礼貌）、人情を重んじる人（重人情的人）、謙虚（谦虚）、義理堅い（重人情）。

（2）正直可信（的人）：信頼できる人（可信赖的人）、信頼的（可信）、実直（正直）、約束を守る人（守约的人）、責任がある（有责任可信）、責任感のある人（有责任感的人）。

（3）认真关心人（的人）：相手の事と先に考える人（想着他人的人）、いい人（好人）、きっちりしている（讲究严谨）、何かを行う時きっちりとする人（做事认真的人）、周りを考える人（为他人着想的人）、こだわりがある人（讲究的人）、気配りする人（关心人的人）、常識人（有常识的人）、慎重（慎重）、真面目（认真）、真面目な人（认真的人）等。

可见，日本人心中理想的"讲面子的人"不仅重情义，而且可信认真，还会关心他人。这点与中国人大异其趣。其特征可以概括为："重情面"＋"正直可信"＋"认真、关心他人"。

有趣的是，"高学歴人間"（高学历的人）、"ヤクザ"（黑社会的人）、"お役所仕事的な人"（在政府机关工作的人）、"スーツを着た人"（穿西服的人）、"堅い仕事に就いている人

だから"（从事规矩正经工作的人）等"拟人喻"手法令人注目。日本人将高学历、公务员、工作性质严肃且规矩的人，全都看成是"讲面子的人"。这些人在服装穿戴上具有一个共同的特性，都是穿西服、打领带，这也是"スーツを着た人"（穿西服的人）产生的背景与缘由。不仅如此，通过仔细观察黑社会，尤其是电影、电视剧中所塑造的黑社会、暴力集团的人，在此基础上，创造出"ヤクザ"（黑社会的人），用来比喻和评价"讲面子的人"。尽管这类人具有反社会、施暴力的一面，但也有侠义、重人情、拘泥于面子的一面，这种比喻手法富有现实感和真实性。另外，日本人巧妙地运用构成人体的重要元素"気"，如"気位（の）が高い人"（架子大的人）、"気にする人"（介意的人）、"気難しい人"（多事的人）、"気配りする人"（关心人的人）、"周りのことを気にする人"（要面子的人）等词汇，形容和评价"讲面子的人"，凸显出日语特有的造词特点。"気"（气）源自汉语，但日本人对它情有独钟，创造出大量的具有日语特性的性向词汇，可谓是青出于蓝而胜于蓝。

三、结语

中日两国国民均有"讲面子、爱面子"的共性，但在如何看待和评价"讲面子的人"与行为方面各具特色。中国人对"面子"持褒贬参半的中性评价态度，与日本人的负面评价倾向明显不同。另外，"自尊心"和"自尊心强"成为中日两国体现"讲面子"的具体行为之一。但对于"自尊心强"的人，中国人倾向正面评价，给予赞许和肯定，而日本人则呈现出相反的评价趋势，折射出中日两国不同的"面子观"。

［本文系"日中韩语中的'表人比喻'词汇对比研究"（项目号：17BYY219）、"中日性向词汇中的词缀对比研究"（项目号：BV10400116)阶段性研究成果］

文学艺术研究

东亚学（第二辑）

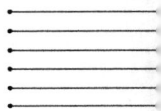

林鹤梁与唐顺之

——林鹤梁对唐顺之的评价

［日］铃置拓也

（二松学舍大学）

引言

  林鹤梁(1806—1878)，名戆，字长孺，号鹤梁，通称伊太郎，江户时代的儒学家。文化三年(1806)出生于上州高崎(今群马县高崎市)。文化十四年(1817)，来到江户，师从佐藤一斋(1772—1859)、松崎慊堂，之后任职于幕府。其主要的任职经历有：天保十三年(1842)，于御勘定评定所担任留役助，弘化三年(1846)；任甲府徽典馆的学头；从嘉永六年(1853)到安政五年(1858)任中泉代官。他担任中泉代官时，东海岛一带发生了地震，引发了民间饥荒。当时，鹤梁设米仓，为防止今后发生同样的事情，更是制定了粮食储藏计划等，立下了不少功绩。安政五年到文久元年(1861)，担任柴桥代官。明治维新之后辞官，在自己麻布谷町的家里开私塾"端塾"，教授汉学。著有《鹤梁文钞》(1867)、《鹤梁文钞续编》(1881)、《十日录》等。另外，现日本国会图书馆藏有《鹤梁先生文稿》一书。

  关于鹤梁的第一手资料，有记录了自天保十四年(1843)到文久元年的《鹤梁林先生日记》全六册(藏于都立中央图书馆)，由保田晴男翻刻的《林鹤梁日记》[①]，另有保田氏根据其所翻刻的《林鹤梁日记》所著的《ある文人代官の幕末日记》[②]，记述了鹤梁生活一面。

  与鹤梁相关的文章，如森田节斋在《鹤梁文钞续编》的序文中对其赞叹道："君之文，譬如长江大河波澜汹涌，可惊可喜，非学有渊源，安能至此乎？"信夫恕轩将他与尾藤二洲、长野丰山等放在一起评价[③]。更有近藤元粹所编《续今世名家文钞》[④]等著作中，都能看到他的相关记述，鹤梁作为一名文章家，在幕末的明治时代负有盛名。

  关于鹤梁的先行研究，较早的则有坂口筑母着《小传林鹤梁》[⑤]，该书对其生平进行了完整的梳理。另外，铃木锐彦所著《林鹤梁日记　远州中泉代官时代》[⑥]，则考察了其自嘉

---

① 保田晴男：《林鹤梁日记》全六册，日本评论社，2002—2003年。
② 保田晴男『ある文人代官の幕末日记』，吉川弘文馆，2009年。
③ 信夫恕轩：《恕轩漫笔》，吉川半七，1892年。
④ 近藤元粹：《续今世名家文钞》，塩治芳兵卫，1897年。
⑤ 坂口筑母：《小传林鹤梁》全三册，1978—1980年。
⑥ 铃木锐彦：《林鹤梁日记　远州中泉代官时代》，《人间文化》第10号，1995年。

永六年到安政五年担任中泉代官时期的事迹。

然而,上述先行研究均对鹤梁所著《乙巳稿》知之甚少。由于《乙巳稿》作于乙巳年,结合鹤梁的生卒年月来看,可断定其成稿时间为弘化二年(1845)。弘化三年,鹤梁被任命为"徽典馆"的学头,这所学校位于甲斐国,在幕府直辖之下。在鹤梁所著的《乙巳稿》中就有大量有关甲斐国的文章。从这些文章中可以解读出鹤梁眼中的甲斐国,以及他在甲斐国期间的想法与心情。

虽有以上研究,据笔者之管见,对鹤梁的文章观进行过深入研究的却极少。但是,他学问的形成及文学理论却散见于《鹤梁文钞》《鹤梁文钞续编》以及新发现的《乙巳稿》[①]等资料。

本文着眼于鹤梁与被认为对其文学理论产生过较大影响的明代人唐顺之(1507—1560)的关系,以管窥鹤梁的文学理论。首先,梳理唐顺之及包括他在内的文学理论,与此同时,介绍鹤梁及鹤梁同时代人对唐顺之的评价。其次,利用收录在鹤梁的亲笔书稿《乙巳稿》中的《书唐荆川文集后》,探究鹤梁从唐顺之处受到了怎样的影响。最后,考察《鹤梁文钞》中所表现出的鹤梁的文学理论。

一、关于唐顺之与唐宋派的文学理论

唐顺之,字应德、义修,号荆川,武进(今江苏省常州市武进区)人。唐顺之年少之时,世间正流行李梦阳(1472—1529)、何景明(1483—1521)的文集,受此影响,他特别爱读李梦阳的文集。嘉靖八年,唐顺之举进士,任兵部武选司清吏主事。翌年,唐顺之之母去世,他请假回乡为母亲服丧。嘉靖十一年服丧期满,回京复职。这个时期唐顺之结识了王慎中(1509—1559)。王慎中此时对于前七子以秦汉时期的古文为规范之主张已抱有不满,他认为文章自有其正法妙意,不必在形式上模仿古人。唐顺之听取了王慎中的意见,不再追崇李梦阳之文,改变了自己的文章风格。之后,自嘉靖十五年(1536)起,他们反对前后七子的"文必秦汉,诗必盛唐"之主张,以唐宋八大家为代表的唐、宋时代文章作为理想。除此二人外,后又有茅坤、归有光加入,他们四人被称为唐宋派。

关于唐宋派的文学理论,其内部的主张也稍有差异。对此,在黄毅所著的《明代唐宋派研究》[②]中,他提出了三点。下文介绍唐宋派的文学理论,同时,我们可以具体地了解唐顺之的文学理论。

第一,基于韩愈等"文以明道"的理论,主张文道合一的"正统论"。这里的"道"自然指的是儒学中的"道",即基于文为道之体现的主张。王慎中和唐顺之评价曾巩的文章时说

---

① 铃置拓也「林鶴梁自筆稿本『乙巳稿』の紹介とその特徵」,『江戸風雅』第 18 号,2018 年。
② 黄毅:《明代唐宋派研究》,上海古籍出版社,2008 年。

道"会通于圣人之旨"①,"三代以下之文,未有如南丰"②。在唐宋八大家之中,他们特别推崇曾巩,因曾巩以文明道的特征最为突出。

第二,反对前七子注重文辞修饰的观点,而主张"本色论",即以基于作者自身修养的个人思想观念在诗文中的自然流露。特别是唐顺之,他由于受到了阳明学的强烈影响,主张重天机,创作时要洗心离世,保持平静的心理状态,在文章上则应该直抒胸臆。

第三,注重文章规则的"法度论"。唐顺之认为圣人作文章以体现道为目的,因此后世文人通过研读其文章,能窥探出其中道的深奥意义。而"法"是"道"的变化规律,体现文章的所有内在面。因此,只要注意观察"道"的变化规律,就能掌握作文之"法"。

唐顺之自40岁起就抛弃诗文创作,开始努力探求阳明学中的道。后世评价他"学者不能测其奥也。为古文,洸洋纡折有大家风"③,认为其学识深不可测,其文则肆意洒脱、迂回曲折,有大家之风。

二、对林鹤梁及与其同时代的唐顺之的评价

在日本,唐顺之的名字较早地出现在藤原惺窝(1561—1619)的书信④等历史文献中,由此可知其入日本是在江户时代初期。然而,荻生徂徕推崇李攀龙与王世贞以推广古文辞学。唐顺之抑或唐宋派并未被引进江户时代的文学主张之中,在江户时代对日本的影响也不甚清楚。

但是,斋藤拙堂(1797—1865)评价唐顺之"荆川学问渊博,留心经济。议论具有根柢,非徒以文传也"⑤,不仅将他当作一位文学家来评价,并认为他有志于经世济民之大业。他的文章议论均有理有据,从不浮于文字表面。另外,在鹤梁的《作文秘诀》中,有鹤梁让担任阿波藩儒的柴野碧堂背诵唐顺之的文章的记载,由此可知,唐顺之的文章还用来学习古文。

文政元年(1818),《唐荆川文粹》四卷由村濑诲辅(1781—1856)出版。从村濑所作的序文中可得知与鹤梁同时代的人对唐顺之的评价,也能一定程度上看出其对于鹤梁对唐顺之评价的影响。

村濑诲辅,字季德,号石庵,通称新次郎,诲辅是他的名。出身于尾张,学于名古屋藩儒秦沧浪,成为藩士田辺次郎太夫的养子,改姓田辺。后担任昌平黉教授出役。弘化三年(1846)与鹤梁一同赴甲斐国任徽典馆学头。他认为当下之急是要了解中国的现状,他还

---

① 王慎中:《曾南丰文粹序》,《遵岩先生文集》卷二十二,《中华再造善本续编》,国家图书馆出版社,2014年。
② 唐顺之:《与王遵岩参政书》,《荆川先生文集》卷七,《四部丛刊》,上海商务印书馆,1919年。
③ 《明史》卷二百五十《唐顺之传》,中华书局,1978年。
④ 《惺窝先生文集》卷十二《手简　与林道春》,《藤原惺窝集》卷上,思文阁出版,1978年。
⑤ 斋藤拙堂:《文话》卷二,1830年。

编撰了《清名家小传》，并著有《唐宋八大家读本续编》一书。

《唐荆川文粹》是《明六大家文粹》中的一部，有四卷本的文政元年(1818)、文政十三年刊本，和在四卷本基础上加上一卷补刻再版的天保八年(1837)重刊本。

海辅在序文中评价道，唐荆川的文章兼备《易》中所说的"言有物""言有叙"，且"核实明证，不涉浮议，开阖起伏，秩然有条"，即他的文章有实证，不浮于文字表面，行文条理清晰。海辅同时指出，与唐荆川等唐宋派一样，公安派、竟陵派也反对李攀龙和王世贞等人所主张的"复古说"，认为他们"鄙俚""佹僻""粗鄙乖张""深思不足"，唯有唐荆川学问广博，将其述于文字，则是精妙地整理了"六经之旨"。还以唐荆川晚年再度出仕为例，证明其极度的忠诚，"是以清人纂明史，特显其忠节，不列文苑"，就是因为这次的再度出仕，《明史》并未将其写入《文苑传》。最后，《易》中有言，"修辞立其诚"，荆川正符合君子"修业"之手段。

通过这篇序文，可以了解到与鹤梁同时代的海辅对唐顺之的评价，这与下文鹤梁对唐顺之的评价有极大关系。

三、林鹤梁与唐顺之

下文这篇出自《乙巳稿》的《书唐荆川文集后》，被认为成书于弘化二年。通过对它的解读来探究鹤梁当时对唐顺之的评价，以及其受到唐顺之的影响、其文学观与唐顺之的文学观的一致性。

> 求文之所以，为豪横为峻洁为雄伟，发达者世固不为鲜矣。然唯其参古六经之文而有得者实为难也。余初读南丰曾氏之文，以为古雅浑成洸洋纡折。虽云参之古六经之文，可以无愧矣。既而屏居山林兀然无事，益取南丰集而读之。其明圣贤之道而辟蓁芜之蔽，三代以后学者多取未发。呜呼！南丰不唯文也，其得道者盖亦然。顷者得荆川唐氏之集而又读之。其论道而发之文辞，与南丰足以相感发矣。因谓荆川之文亦南丰之文也。其与王遵岩书曰："三代以下之文未有如南丰也。"荆川学南丰，有得者而其言如此。然则达古六经之文，其唯在二子之文哉。荆川违忤时流，卜筑阳羡山中坚苦绩学。如此者十有余年，是以邃其所蓄深，其所养于所谓古雅浑成洸洋纡折者，渊渊乎其深也，浩浩乎其大也，亦犹南丰不得志于有司，回翔散地，遂不膺枢要之任，而文境大进。夫荆川蓄于文者与南丰同趣。如此而勉厉致学者亦如彼余也。屏居山林，沈潜反复，以读二子之文，而有知之。呜呼！因二子之文，而始可以达古六经之文矣哉。

鹤梁在文章开头处说，读文章之诉求在于其"豪横""峻洁""雄伟"，也就是，写文章恣意纯粹,正大光明地追求写一篇好文章。鹤梁接着说,能做到这三点的人非常少,但"南丰曾氏",即宋代曾巩,不仅做到了,且即使与"古六经之文"相比也毫不逊色,在对古圣人的"道"的领悟上更胜一筹。

尊崇曾巩的鹤梁,此时得到唐荆川的文集。阅读后他感到,唐荆川的论道之文与曾巩之文有相通之处。如前文所述,唐宋派,特别是唐顺之在唐宋文章中,最为重视曾巩之文。

文章读到这里,关于鹤梁是如何得到唐顺之文集这个问题,其中最可能与之有关的人物就是前文所提到的村濑海辅,即田边石庵。

如前文所述,石庵于弘化三年与鹤梁共同担任徽典馆学头,他在文政元年出版的《唐荆川文粹》的序文中有对荆川文章的评价,认为唐顺之非常精妙地整理了"六经之旨",鹤梁"顷者得荆川唐氏之集而又读之",弘化三年得到荆川文集,认为其文章与不亚于"古六经之文"的曾巩之文相"感发"。

由此推测,鹤梁于弘化三年看到的唐荆川文集,或许是通过田边石庵所得。此事未记载于鹤梁日记之中。同样担任徽典馆学头的石庵是《唐荆川文粹》的编者,与鹤梁一样,认为唐荆川的文章不输于"六经之文"。鹤梁得到《唐荆川文集》的契机应该与石庵有一定关系。如果这个假定成立,本文中所述的《唐荆川文集》应为石庵所编的《唐荆川文粹》。这件事虽无法在鹤梁日记中得到验证,但鹤梁于弘化三年七月十三日购入村濑海辅所编《方正学文粹》[①],从石庵处借入书籍[②]。从这些行为来看,鹤梁通过石庵以某种形式得到《唐荆川文粹》的可能性很大。

回到本文主题,曾巩与唐顺之二人不仅在文章上都与六经相通,如鹤梁所说,二人还有一个共通点,即都曾在地方上生活过。"巩负才名,久外徙,世颇谓偃蹇不偶"[③],曾巩因自诩才华,流转于地方做官。另一边,唐荆川则"卜筑阳羡山中,读书十余年"[④],自愿去到阳羡(今江苏宜兴)的山中,整日沉迷读书。鹤梁认为在地方和山中的生活,让他们没有在城市里随波逐流,反而"文境大进"。

在此需说明的是,鹤梁称其山居生活为"屏居",也就是远离世间繁杂的隐士生活。在《乙巳稿》以及其他文章,如《赠园右序》中,也说过"谪迁峡中"这种左迁的说法。鹤梁于弘化三年担任甲府徽典馆学头,在此期间作《乙巳稿》,学头任期满后再次回到江户。也就是说,我们可以推测为,在回到江户之前的鹤梁,是把弘化三年去甲斐国赴任一事看作左迁的。赴任甲府勤番确实是被世人看作流放山间的,鹤梁当时将其看作左迁也是很自然的

①　保田晴男:《林鹤梁日记》第二卷,日本评论社,2002年。"弘化三年七月十三日"条目下记录了其曾购买十册《方正学文粹》。鹤梁学头任期结束后,村濑海辅曾将载有文政元年序文的《方正学文粹》四本寄到徽典馆,推测可知,这是弘化三年七月十三日所购入的。

②　例如,《林鹤梁日记》第二卷"弘化三年十一月七日"条目中有"甲志一箱六十九本,石庵江返ス"的记载,可知鹤梁从石庵处借阅过书籍。

③　《宋史》卷三百十九《曾巩传》,中华书局,1977年。

④　《明史》卷二百五十《唐顺之传》,中华书局,1978年。

事情。

从这里可以知道的是,当鹤梁知道自己左迁的同时,想到曾巩和唐荆川也有同样的遭遇。那段时间里,他们都专心学问,大幅提高了自己的写作水平。于是他将其与自己的经历重合起来,不仅不再介意左迁一事,反而砥砺前行,努力学习写作,以早日达到六经之文的水平。

为了能通六经之文,鹤梁通过学习唐顺之的文章努力磨炼作文水平,在《乙巳稿》中也能多处看到其对荆川之文的实际运用。

例如《送耐轩先生归江东序》开头之处,引用唐荆川的《重修解州关侯庙开颜楼记》①一文中"山西懔忮而好气,而慷慨毅武奇节之士多出于其间,若介子推、先轸、狼瞫、蔺相如、马服君诸人"等句,几乎与原文无二致。在鹤梁的这篇文章中,将中国的山西与日本的甲斐国相比较,两处地形相似,对山西的形容几乎不做改动地引用了唐荆川的文章,另外,该文章中对于山西和甲斐国两地人的性格的描述,也引用了《东川子诗集序》②一文中"忾然有跃马贾勇之气"的句子。除此之外,在《赠园右序》开头处引用了《前后入蜀稿序》③一文中"雪岭大江之雄浑,峨巫青城之窈丽,仙灵之所窟宅,其胜甲天下",将甲斐国的景色描述为"峡州山川之雄浑窈丽甲天下"。这个时期的鹤梁不仅读荆川文集,还将其实际运用到文章之中,以提高自己的作文水平。其所引用部分多为"忾然有跃马贾勇之气"这样的豪放语言,这是其引用的一大特点。

以唐宋八大家为文章之正统的唐顺之,以抵达六经之文为最终目标,他认为应该通过研读六经之文,来探寻"道"的深奥意义。唐顺之并不直接诉诸六经之文,而是通过唐宋,特别是唐宋八大家的文章来实现这个目标。他之所以这样认为,是由于李梦阳、何景明等模仿古人之文的主张,往往陷入形式主义。他反对这样的形式主义,主张回归"文道合一"的儒家传统的文学观念。在鹤梁生活的时代,"浮华之文骈俪之辞"④正当流行,对此持反对态度的鹤梁在弘化三年"沈潜反复"曾巩和唐顺之的文章,更加坚定对"古六经之道"的追求。

另外,在唐顺之的"本色论"中,也能看到鹤梁与唐顺之的共通之处。正如鹤梁所说"学古文者,学其神气,不学其言语,斯为善学者矣"⑤,应该从古人之文中学习的不是语言表达,而是"神气"。同文中还提到,若能将古语"镕化",当作自己的东西来使用,那就可以说,它已经成为自己的东西。与此同样的看法,从唐顺之的文学理论中也能看到。即:

盖文章稍不自胸中流出,虽若不用别人一字一句,只是别人字句,差处只是别人

---

① 《唐荆川文粹》卷三,和刻本,浪华书林,1837年。
② 《唐荆川文粹》卷二,和刻本,浪华书林,1837年。
③ 《唐荆川文粹》卷二,和刻本,浪华书林,1837年。
④ 《送耐轩先生归江东序》,《乙巳稿》。
⑤ 《鹤梁文钞》卷三《去陈言说》,1867年。

的差,是处只是别人的是也。若皆自胸中流出,则炉锤在我,金铁尽熔,虽用他人字句,亦是自己字句。①

以六经为基,以古文为宗,直抒胸臆的主张与鹤梁的文章理论有很高的一致性,让古人之言"镕化"成为自己的东西这一观点,可以说是完全一样的。

但是,由于《与洪方洲书》一文并没有收录到弘化三年鹤梁所读的《唐荆川文粹》版本中,所以无法确定弘化三年鹤梁是否已经接触到了唐顺之的文学理论。若假定那时的唐顺之已经接触到其文学理论,可以推测,鹤梁在这之后再一次寻求过唐顺之的文章。总之,从鹤梁的观点中可以看到唐顺之的理论特点。

结论

对于鹤梁来说,其所认可的文章一定是基于是六经的,他的最终目标是"达古六经之文"。但他并没有直接研习六经,而是通过文章不亚于六经的曾巩与唐顺之等的文章来提高自身作文水平。他希望"达古六经之文",这与唐顺之等唐宋派文人通过唐宋八大家的文章来接近"道"的做法有异曲同工之妙。对于稍后时代的鹤梁,不能只读唐宋的文章,还要读包括唐顺之在内的明代的文章,以此来接近古代的文章之"道",他们的做法是一致的。另外,在《答今田生论文书》②中记载着鹤梁对弟子们的教导,他认为要学古文,应该先学明清之文,这也可以印证其主张。

本文中的鹤梁所生活的江户时代与明清时代较为接近,他主张"文亦不与今人远",刚开始学习作文时,要先学明清之文。他所列的"明氏之杰出者"中有宋濂、归有光、王阳明、方孝孺的名字,却没有唐顺之的名字,不能说晚年的鹤梁对唐顺之的评价很高。虽说如此,鹤梁确实是在弘化三年时受到了唐顺之的影响,之后则转向通过唐宋八大家及明清之文来追求"六经之道",可以说,其文学理论前后是一致的。

---

① 《荆川先生文集》卷七《与洪方洲书》,《四部丛刊》,上海商务印书馆,1919 年。
② 《鹤梁文钞续编》卷一,和刻本,梅花深处,1881 年。

婚嫁喜歌中的传统童蒙读物初探

张新朋　黄婷婷

（浙江工商大学东亚研究院）

　　婚姻是人生中的一件大事，故人们十分重视婚礼：大而言之"夫昏礼，万世之始也"[①]"昏礼者，礼之本也"[②]"夫妇之际，人道之大伦也"[③]；小而言之，"将合二姓之好，上以事宗庙，而下以继后世"[④]。如果上述说法带有较浓的文人士大夫气息的话，那么"洞房花烛夜"与"久旱逢甘霖""他乡遇故知""金榜题名时"并称"四大喜事"，则是普通民众认知的表达。

图1　新人拜天地（中川忠英编著，方克、孙玄龄译：《清俗纪闻》，中华书局，2006年，第380—381页）

---

① 王文锦：《礼记译解》上册，中华书局，2001年，第354页。
② 《礼记译解》下册，第914页。
③ 司马迁著，裴骃集解，司马贞索引，张守节正义：《史记》（修订本）第6册，中华书局，2013年，第2373页。
④ 《礼记译解》下册，第913页。

此时此刻，无论是帝王将相，还是文人士大夫，抑或引车卖浆者流，无不期望在欢乐的气氛中度过自己人生中的重要时刻。高搭的彩棚、欢快歌曲、曼妙的舞蹈成为营造喜庆祥和的婚礼的重要手法，其中自然少不了喜歌的参与。喜歌是"国人遇婚嫁、生子、建房、开业等事时，即兴表演的具祝颂、祈福（包括去煞、感恩与惜别）性质的仪式歌谣"[①]。就本文所关注的婚嫁而言，喜歌出现于拦门、催妆、上轿、下轿、入门、拜堂、撒帐、闹房等诸多仪节中，可以说贯穿于婚礼的全过程。

图 2　亲迎归路行位（《清俗纪闻》，第 376—377 页）

然喜歌进入研究者的视野却相对较晚，大体上是伴随着 20 世纪初民俗学研究的兴起而逐渐为学者所关注，董作宾、魏建功、李家瑞等诸多名家均曾撰写过相关的文章。随后，汉族喜歌的研究进入了较长的沉寂期。就目前而言，专门的研究著作以谭达先《中国婚嫁仪式歌谣研究》，周玉波《中国喜歌集》《喜歌札记》等为代表，尤其是周先生的两本著作是当前喜歌研究的新成果。笔者在阅读周先生的大作过程中，发现喜歌对于《三字经》《百家姓》《千字文》等传统儿童启蒙读物多有利用，颇为有趣，故就其所援引蒙书、运用手法及运用原因等方面略加分析，撰成小文一篇，敬请方家批评指正。

喜歌作为传统社会中绵绵不绝的一种文学样态，在以四书五经为代表的正统文学氛围

---

① 　周玉波编：《中国喜歌集·喜歌整理与研究刍议》，社会科学文献出版社，2011 年，第 1 页。

的熏陶下,自然无法摆脱的正统文学的影响。《诗经》之"关关雎鸠,在河之洲。窈窕淑女,君子好逑"①"桃之夭夭,灼灼其华。之子于归,宜其室家"②"螽斯羽,诜诜兮。宜尔子孙,振振兮"③"螽斯羽,揖揖兮。宜尔子孙,蛰蛰兮"④等十分恰切婚礼主题的名句频繁地为各地喜歌所不断吟唱,《论语》之"居无求安,食无求饱"⑤"大车无輗,小车无軏"⑥,《孟子》之"寡人好色"⑦,《大学》之"知所先后,则近道矣"⑧等也纷纷进入喜歌中来。然喜歌终究是流行于民间的通俗文学,故其中更多的则是"董永遇仙姬""梁山伯会祝英台""钱玉莲配王十朋""刘关张桃园结义""刘皇叔东吴招亲""尉迟恭单鞭救主"等源自民间故事、民间戏曲、民间歌谣及《三国演义》《隋唐演义》等民间通俗小说中的人物、故事、言词,其中也包括大部分起于民间或是虽非起于民间,但主要流行于民间的《三字经》《百家姓》《千字文》等传统的儿童启蒙读物。笔者就《中国喜歌集》《喜歌札记》二书的初步调查来看,喜歌中所涉及的童蒙读物,除上面提及的《三字经》《百家姓》《千字文》外,尚有《千家诗》《神童诗》《增广贤文》等诸多传统儿童启蒙读物。

图3　块头字(《清俗纪闻》,第296页)

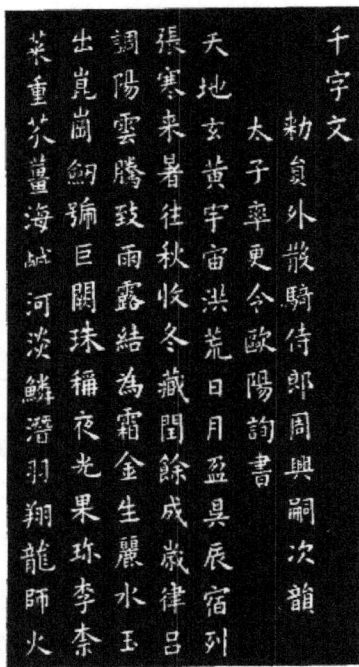

图4　《欧阳询小楷千字文》

---

① 程俊英:《诗经译注》,上海古籍出版社,1985年,第3页。
② 《诗经译注》,第11—12页。
③ 《诗经译注》,第10页。
④ 《诗经译注》,第11页。
⑤ 此二句《论语》作"食无求饱,居无求安"(杨伯峻:《论语译注》第2版,中华书局,1980年,第9页),语序上与本文不同。
⑥ 杨伯峻:《论语译注》第2版,第21页。
⑦ 杨伯峻:《孟子译注》上册,中华书局,1960年,第37页。
⑧ 王国轩:《大学·中庸》,中华书局,2006年,第3页。

其中,《三字经》《百家姓》《千字文》属于以识文断字为主的识字类读物,《上大夫》为练习汉字基本笔画的临摹范本,《千家诗》《神童诗》为诗歌教育选本,《增广贤文》则属于教人以处世接物的训诫类读物。几者相较,以援引识字类童蒙读物为多,其中《千字文》出现的频率最高,《三字经》次之,《百家姓》又次之。究其原因,喜歌尤其是婚嫁喜歌重在烘托氛围,谐于唇吻、便于吟唱是重要考量。《千字文》四字一句,韵律分明,其中的"上和下睦,夫唱妇随""女慕贞洁,男效才良""肆筵设席,鼓瑟吹笙""诸姑伯叔,犹子比儿"等诸多文句又与婚礼的场合颇为契合,故为各地喜歌所钟爱,纷纷加以援引。《三字经》《百家姓》的援引亦大体出于相似的原因。

中国的民歌伴随着远古的劳动而产生,出现了"断竹,续竹;飞土,逐肉"①式的两言、"蒹葭苍苍,白露为霜。所谓伊人,在水一方"②式的四言、"江南可采莲,莲叶何田田。鱼戏莲叶间"③式的五言、"当时我醉美人家,美人颜色娇如花。今日美人弃我去,青楼珠箔天之涯"④式的七言等多种不同的形态样式。从两言到四言,到五言,再到七言,这种变化不仅仅是字数上的简单增加,它所带来的是容量的扩充、韵律的丰富、情感的上升、表现力的增强。也许正是因此,五言、七言成为中国民歌的主流样式。喜歌也具有同样的特点,而且是以七言为多。与喜歌的五、七言为主不同,童蒙读物是以三字一句或四字一句为主,大部分无法直接与喜歌句式相吻合,故喜歌不得不对童蒙读物文句加以改造。大略言之,其改造方式有以下两种:

一是保持童蒙读物原句的结构不变,在其前后增加字词,扩展成新的文句。这又可分为在童蒙读物文句前面增加、在童蒙读物文句后面增加两种情况。前加者如某地《贺新房兼撒帐俚语总录》所录之《撒帐俚言》有"撒帐撒四方,新人房内亮堂堂。两边摆下橱箱柜,中央摆定百子堂,左边立的女慕贞节,右边站就男效才良"⑤等句。其中"左边立的女慕贞节,右边站就男效才良"乃是在《千字文》"女慕贞洁,男效才良"二句的前面增加文字而成。再如,某地《撒帐送房》之"你看当今天子重英豪,□把文章教尔曹。世上万般皆下品,看来惟有读书高"⑥等句,显系在《神童诗》"天子重英豪,文章教尔曹。万般皆下品,惟有读书高"等句基础上每句前面添加二字而成。又如,同篇《撒帐送房》曰"你父亲是上大人,你好比女中孔夫子。路上行人化三千,满堂宾客七十士,今宵合配尔小生。一胎生下八九子,个个都是佳作人,世不夸讲可知礼"⑦。我们若将每句末尾三字抽出,即成"上大人,孔夫子,化三千,七十士,尔小生,八九子,佳作仁,可知礼"这样的文句。我们将之与民间通俗

① 周有光:《语文闲谈》(精选本,第2版),辽宁人民出版社,2016年,第14页。
② 《诗经译注》,第224页。
③ 郭茂倩:《乐府诗集》上册,中华书局,2019年,第392页。
④ 《乐府诗集》上册,第266页。
⑤ 周玉波:《中国喜歌集》,第202页。
⑥ 《中国喜歌集》,第245页。
⑦ 《中国喜歌集》,第245页。

习字范本《上大人》之"上大人,孔乙己①,化三千,七十士,尔小生,八九子,佳作仁,可知礼也"相比较,喜歌中各句末尾三字的来源一目了然。与上面的情况相反,有些喜歌则选择在童蒙读物文句后面增加文字成句,如某地《婚仪对歌本》之《行唱诗》云"肆筵设席好风光,鼓瑟吹笙昼彩堂。乃服衣裳高贵客,弦歌酒宴贺新郎"②,其中"肆筵设席""鼓瑟吹笙""乃服衣裳""弦歌酒宴"为《千字文》之成句。又如,某地《趣致闹房歌》之《庆贺新婚之闹房歌》云"天地玄黄创,宇宙结洪荒。日月盈昃闹新房,金生丽水人丁旺。称夜光,果珍李柰爽。海盐河淡真大方,龙师火帝出人皇"③,其中"天地玄黄""日月盈昃""金生丽水""海盐河淡""龙师火帝"为出自《千字文》之成句;而"宇宙结洪荒"为《千字文》"宇宙洪荒"之变;"称夜光,果珍李柰爽"据,从文字看,疑有残缺,但我们仍不难看出它们与《千字文》"果珍李柰,珠称夜光"的关联。

二是改变童蒙读物文句的结构,在此基础加以扩展,形成新的文句。上文所说不改变童蒙读物的句子结构,虽可以扩展成文,但能够与喜歌情形比较切合的童蒙读物的文句毕竟是少数;同时不改变原句结构,就要关照原句的词法、句法,相对而言难度较大。这种情况,始终不如将童蒙读物的句子加以调整,以适应喜歌之要求来得方便,故喜歌中对童蒙读物文句结构加以改变的颇为常见。如,某地《新婚贺房曲语》之《千字文帐》有曰"上壁间挂的是仙灵画彩,华堂中点的是银烛辉煌"④,其中"仙灵画彩"乃《千字文》"画彩仙灵"句语序之倒。再如,某地《洞房内合欢酒十二杯》"敬君一杯酒,今日成佳偶。夫倡妇为随,天长与地久"⑤、某地《穿衣吟》之《问奶奶果品吟》"伏以撒帐之后,琴瑟增好调,夫唱并妇随,从兹光永耀"⑥、某地《婚姻告文杂录》之《合卺礼式》"愿君夫妇荣,光前还裕后"⑦等句中的"夫倡妇为随""夫唱并妇随""光前还裕后"是改变《千字文》"夫唱妇随"、《三字经》"光于前,裕于后"等句结构重新构造的句子。再如,某地《四言八句》之《九男二女,长命富贵》有"养子不教,其父之过。饶人是福,亏人是祸"⑧"父子有亲,君臣有义。我不乱说,四言八句"⑨等句,其中"养子不教,其父之过""父子有亲,君臣有义"是在《三字经》"养不教,父之过""君臣义,父子亲"等句中嵌入文字而成的。又如,某地《趣致闹房歌》之《庆贺古人之闹房歌》有"八百最长久,梁唐及汉周。五代欢喜皆有由,甘罗十二丞相就。彼岁幼,礼仪亲思友"⑩等句,细读"八百最长久,梁唐及汉周。五代欢喜皆有由"各句,我们不难发现它们

---

① "孔乙己",贵州毕节、湖南湘潭、江西广昌、河南扶沟等多个地区作"孔夫子",与本喜歌所引相同。
② 周玉波:《中国喜歌集》,第176页。
③ 《中国喜歌集》,第143页。
④ 《中国喜歌集》,第36页。
⑤ 《中国喜歌集》,第193页。
⑥ 《中国喜歌集》,第217页。
⑦ 《中国喜歌集》,第219页。
⑧ 《中国喜歌集》,第98页。
⑨ 《中国喜歌集》,第98页。
⑩ 《中国喜歌集》,第157页。

与《三字经》"八百载，最长久""梁唐晋，及汉周""称五代，皆有由"的承袭关系。至于"彼岁幼，礼仪亲思友"二句亦当是依托《三字经》"彼虽幼，身已仕""亲师友，习礼仪"而来，其中"岁"与"思"，盖分别为"虽"与"师"音近之讹。

以上的分类是为叙述方便计，实际上在一篇喜歌中往往既有在童蒙读物文句前后增加文字敷衍成句，也有打破童蒙读物文句结构予以改造成句的情况，两者通常交织在一起。试比较某地《趣致闹房歌》之《庆贺古人之闹房歌》"再说而先之，纳采方少时。《孟子》之言七篇止，犹如二帝称盛治。夏有禹，勤学勉而知。富似石崇亦若是，《国风》《雅》《颂》号四书"①等句与《三字经》"为人子，方少时""孟子者，七篇止""唐有虞，号二帝""相揖逊，称盛世""夏有禹，商有汤""尔幼学，勉而致""有为者，亦若是""曰国风，曰雅颂。号四诗，当讽咏"诸句，很明显喜歌诸句是以《三字经》等句为基础予以增加、删改、敷衍而来，其中"勉而知"句的"知"字当为"致"字读音相近之讹；"号四书"的"书"则当是"诗"字之误。再如，某地《闹房歌》之《新婚词闹房歌》曰"一贺贺新郎，二贺新娘兼洞房。房内银烛又炜煌，犹子比儿真心爽。也怀兄弟②满家堂，弦歌酒宴唔在讲。汝接比杯我举觞，诸姑伯叔来鉴赏。鼓瑟吹笙又鼓簧。亲戚故旧登堂上，鸣凤在竹引鸾凰。乃服衣裳新款样，施开蓝笋铺象床。上和下睦联乡党，夫唱妇随乐安康。嫡后嗣续登金榜，坐朝问道伴君王"③，其中"犹子比儿真心爽""弦歌酒宴唔在讲""诸姑伯叔来鉴赏""鼓瑟吹笙又鼓簧"等句为在《千字文》文句后面增加三字成句；"房内银烛又炜煌""汝接比杯我举觞""施开蓝笋铺象床"则是由打散《千字文》"银烛炜煌""接杯举觞""蓝笋象床"等句的结构予以再创作而来。

通过以上之叙述，我们可知传统儿童启蒙读物《三字经》《百家姓》《千字文》《神童诗》等在各地的喜歌中多有利用。之所以如此，或许是因为喜歌是流传于人们口耳之间的口头文学，通俗易懂是其关键。若文字艰涩、句子过长，不但唱涌者难于顺利诵出，而且受众——参加婚礼的人们也不易理解与接受，进而直接影响喜歌的艺术情愫的传达。此时，儿时所习的句子简短、韵律整齐的《三字经》《百家姓》《千字文》《神童诗》等童蒙读物成为较好的选择。与此同时，这些书为人们童年所习，童年记忆最真切，且如刀刻般的深刻，印在人们的头脑中。童蒙书中文句的援入，既实现了唱诵者与听众的有效沟通，又给喜歌带来了更多的文雅别致的色彩。此时的《三字经》《百家姓》《千字文》《神童诗》等传统儿童启蒙作为参与成分，提升了喜歌的文化色彩，推进了喜歌的传播。同时，它们也贯穿起了苏秦封相、石崇豪富、甘罗早慧、太公晚达、牛郎会织女、洞宾戏牡丹等众多民间流传的历史人物、民间故事，成为民间知识传递的桥梁、民间文化传承的媒介。此外，通览《中国喜歌集》所载各地喜歌，我们会发现诸如"女慕贞洁，男效才良""上下和睦，夫唱妇随""肆筵设席，鼓瑟吹笙""弦歌酒宴，接杯举殇""父子亲，夫妇顺""显父母，扬名声""光于前，裕于后"

---

① 《中国喜歌集》，第157页。
② "也怀兄弟"，《千字文》作"孔怀兄弟"，本句之"也"子何来，俟考。
③ 《中国喜歌集》，第221页。

等出自《千字文》《三字经》的文句在不同地区的喜歌中屡有出现。它们之间似乎存在某种相互交流、互为借鉴的关系。也正是在这一过程中,这些出自童蒙读物的文句在不断地被重复、组合、重构,实现了由一地到另一地的延伸与扩展,最终成为喜歌中一种广为接受的民俗事象。综上所述,我们可以看出《三字经》《百家姓》《千字文》《神童诗》等传统儿童启蒙读物已跨出识字、习字等本身固有的范畴,沉入民间,渗入百姓的日常生活,承担起知识传递、伦常传播等功能,进而走向更广阔的社会生活。这也是从一个具体而微的角度,为我们提供了一个民间知识、民间文化传承的例证。

[本文系国家社科基金项目"敦煌吐鲁番出土蒙书整理与研究"(项目号:16BZS010)阶段性研究成果]

他者观照下的莫言作品日译研究

陈　红

（浙江工商大学东亚研究院）

一、莫言作品日译研究概况

　　莫言自 1981 年发表处女作《春夜雨霏霏》至今,已有近 40 年的创作史了。在他创作的第 31 个年头,莫言获得了文学家梦寐以求的殊荣——诺贝尔文学奖。实际上,在那之前莫言就已享誉海外,其作品在国外的传播为他最终获奖奠定了深厚的基础。通常认为对莫言获奖影响巨大的是葛浩文的英译本和陈安娜的瑞典文译本,但正如林敏洁指出的那样,日本对莫言作品的译介和推崇,进一步扩大了莫言在西方世界的影响力,帮助莫言最终赢得了奖项①。

　　关于莫言作品在邻国日本的译介和传播的研究成果已不少,比较重要的有《莫言作品在日本》(卢茂君,2012)、《莫言在日本的译介》(朱芬,2014)、《莫言文学在日本的接受与传播——兼论其与获诺贝尔文学奖的关系》(林敏洁,2015)、《莫言作品在日本的译介——基于文化语境的考察》(朱芬,2018)等,它们为本文的研究提供了扎实的基础。卢茂君撰写了第一篇专门介绍莫言作品在日本译介研究情况的文章,文中着重介绍了藤井省三和吉田富夫两位译者兼研究者的译作和研究论文②。朱芬依据译介主体的不同,将日本译介莫言的历程分成四个阶段,具体探讨了每一阶段的特征,并解析了莫言在日本受关注的原因③。林敏洁也将日本译介莫言的历史过程分成四个阶段,但着眼于莫言逐渐进入日本研究者和读者视野的过程,具体介绍了不同阶段日本译介和研究莫言的特色,并探讨了这些过程与莫言最终获得诺贝尔文学奖之间的关系④。此外,朱芬所著的博士论文不但对在日出版的各类莫言译作和研究资料做了分类梳理,还通过实证研究,详细探讨了日本对

---

　　①　林敏洁:《莫言文学在日本的接受与传播——兼论其与获诺贝尔文学奖的关系》,《文学评论》2015 年第 6 期,第 98—109 页。
　　②　卢茂君:《莫言作品在日本》,《文艺报》2012 年 11 月 14 日第 007 版。
　　③　朱芬:《莫言在日本的译介》,《中国比较文学》2014 年第 4 期,第 120—132 页。
　　④　林敏洁:《莫言文学在日本的接受与传播——兼论其与获诺贝尔文学奖的关系》,《文学评论》2015 年第 6 期,第 98—109 页。

莫言作品的译介和研究情况①,为莫言研究者提供了许多有价值的资料。此外,还有一些从出版界的角度考察莫言作品在日本出版现状的研究成果,为我们了解莫言作品在日本的接受情况提供了新的视角,如《译介与出版的双重过滤和诠释——谈莫言文学作品在日本的传播》一文便从出版方的角度探讨了出版方对莫言的支持和局限性②。纵观这些研究成果,考察的切入点各有不同,但基本都聚焦在日本对莫言的译介接受上,从历时的角度追溯莫言"走进"日本的过程。

林敏洁按照时间顺序将莫言作品在日本的接受和传播史分成 4 个阶段,即作为基础阶段的 1986—1990 年,日本文化界热烈讨论的 1991—1999 年,日本媒体高度关注的 1999—2011 年,以及莫言获诺贝尔文学奖后的 2012 年至今③。朱芬也将日本的莫言译介史分成四个阶段,只不过视角不同。她从翻译主体的角度出发,认为日本的莫言译介史分为译文多刊于文学期刊的发端阶段,以井口晃为先锋的开启长篇译介的阶段,以藤井省三和长堀佑造为主力军的发展阶段,以及以吉田富夫为代表的译介鼎盛阶段④。这两种分类各有其道理,大致呈现了莫言在日本译介发展的过程,但也各有其缺憾之处。

梳理日本的莫言译介史便可发现,不少译者的译介行为跨越了上述两种分类的几个阶段,如藤井省三早在发端期就译介了短篇小说《秋水》,并撰文表达了对莫言作品艺术成就的高度认可。实际上藤井省三并未中断过对莫言的译介和研究,在莫言获诺贝尔文学奖的 2012 年以后,他还新译了不少短篇作品,集结成《莫言珠玉集》出版。2015 年,藤井省三还联合中国学者林敏洁翻译出版了莫言演讲作品集。这就不能简单地将藤井省三归类为"以藤井省三和长堀佑造为主力军的发展阶段"。而且,1999—2011 年,虽然"日本媒体高度关注"莫言及其作品,但媒体并未从事实际的翻译工作,莫言作品的译介主力军仍是译者。因此,"日本媒体高度关注"并不能概述这一阶段日本译介莫言的典型特点。

本文无意将莫言的日本译介史进行再分类,而是希望将其看作一个不可分割的整体,从宏观的角度凝练探索莫言作品日译过程中的普遍共性;同时通过横向的共时对比,在中国的莫言研究和其他海外译介情况的观照下,把握日本译介莫言的独特一面。

二、莫言作品在日本的译介情况

潘文国认为"对比与比较""求异与求同""共时与历时"是对比语言学的三种兼具本体

---

① 朱芬:《莫言作品在日本的译介——基于文化语境的考察》,华东师范大学博士学位论文,2018 年。
② 张剑:《译介与出版的双重过滤和诠释——谈莫言文学作品在日本的传播》,《出版科学》2017 年第 5 期,第 37—41、45 页。
③ 林敏洁:《莫言文学在日本的接受与传播——兼论其与获诺贝尔文学奖的关系》,《文学评论》2015 年第 6 期,第 98—109 页。
④ 朱芬:《莫言在日本的译介》,《中国比较文学》2014 年第 4 期,第 120—132 页。

论与方法论意义的方法①。刘宓庆也指出，对比研究是翻译应用理论学赖以立足的最重要的根基之一②。笔者以为，要呈现莫言在日译介的全貌和特点，需要用对比的方法，将日本对莫言作品的译介与同一时期莫言作品在海外的译介情况同时纳入视野，此外也要关注国内对同一部作品的认知解读与日译者选择文本之间的关联。

通过梳理，我们发现日本的莫言译介情况存在以下几个特点：

1. 译介时间起步早，密集度高

莫言作品首次翻译到日本是 1988 年 4 月发表在《季刊中国现代小说》第 5 期上的《枯河》，译者是日本中央大学文学部教授井口晃。放眼海外，这很可能是最早译介到国外的莫言作品③。

《枯河》发表于 1985 年，曾荣获同年《北京文学》年度小说奖，但在当时《枯河》并未激起舆论的涟漪，也没有一篇探讨《枯河》的专论，只有在一些介绍莫言写作特色的文章里稍有提及。有的研究者从"感觉"入手，认为《枯河》等作品就是克罗齐笔下的"感觉品"，让读者分不清即时感觉和潜意识究竟如何纠缠在一起，为莫言作品增添了不少空灵和诗意④。有的认为《枯河》文字精妙，充分体现出莫言出色的想象力⑤。

实际上，《枯河》也并未引起日本研究者的注意。最早进入日本研究者视野的是与《枯河》同年发表的莫言的成名作《透明的红萝卜》。日本大学文理部教授、中国当代文学学者、评论家近藤直子撰文充分肯定了《透明的红萝卜》的文学价值⑥。在《枯河》日译本发表之前，日本学界唯一论及该作品的是井口晃本人。他曾在一篇介绍《金发婴儿》的文章中提到《枯河》。井口晃认为《枯河》既不是对"'文革'时期的凄惨和权力的残酷进行告发，也不是揭露中国农村残存的'黑暗面'"；而是表达"人生中无可避免的阴郁和无法估量、难以理解的黑暗"；同时井口晃也充分肯定了莫言作品的"幻想性"⑦。这一方面说明中日两国学界对《枯河》的解读存在差异；另一方面也表明，早期日译者对莫言作品的选择，并不以作品名气大小为判断标准，而是完全有着自己独立的审美判断。井口晃并没有追随舆论之风，完全出于对莫言作品的欣赏和认同而翻译了《枯河》。有意思的是，《枯河》不仅是第一篇走进日本的莫言作品，在其他国家，它也独受青睐。在《枯河》被译介到日本的同年，《枯河》有了法译本，这也是莫言作品的第一个法译本；第二年该作品又被译成英文，这

---

① 潘文国、谭慧敏：《对比语言学：历史与哲学思考》，上海教育出版社，2006 年，第 272 页。
② 刘宓庆：《新编汉英对比与翻译》，中国对外翻译出版公司，2006 年，第 54 页。
③ 同年问世的海外莫言译作还有英译本《民间音乐》和法译本《枯河》，发表的具体日期不详。参见姜智芹《莫言作品海外传播研究》，南京大学出版社，2019 年，第 3、11 页。
④ 晓华、汪郑：《莫言的感觉》，《当代文坛》1986 年第 5 期，第 33—37 页。
⑤ 朱向前：《天马行空——莫言小说艺术评点》，《小说评论》1986 年第 5 期，第 50—54、5 页。
⑥ 近藤直子「莫言の中篇小説『透明的紅蘿蔔』」，『中国語』第 316 号，1986 年，第 26 页。
⑦ 转引自林敏洁：《莫言文学在日本的接受与传播——兼论其与获诺贝尔文学奖的关系》，《文学评论》2015 年第 6 期，第 98—109 页。

是继《民间音乐》后的第二部英译作品①。

　　而且，日本对莫言文学作品的译介时间密集度很大。在日本译介莫言作品的 32 年间，除 1993、1994、1995、2007、2017 年外，每年都有莫言作品的日译本问世，其中 1997、2003、2006、2011、2014 这几年都有 3 种不同的莫言译作出版。尤其是莫言获得诺贝尔文学奖的第二年（2013），共有 5 种莫言作品译作出版，包括 1 部短篇小说集《透明的红萝卜 莫言珠玉集》、1 部中篇小说《变》、2 部长篇小说《红高粱续》和《天堂蒜苔之歌》、1 个短篇小说《卖白菜》。据研究者调查，2004—2014 年日本翻译出版的中国文学作品中，莫言共计 15 篇，排名第 5，在当代同类中国作家中排名第 1，朱大可和余华并列第 7，分别有 7 篇译作②。可见，日本对莫言的关注和译介是一个持续的过程，在莫言获诺贝尔文学奖后的两年，形成一个高潮。

　　2. 译介作品种类齐全

　　日本的莫言译作既包括短篇、中篇、长篇的文学作品，也包括莫言访谈、诺贝尔文学奖获奖致辞、原作序跋等周边文献。当然，译介数量最多的还属莫言的文学作品。截至 2019 年 10 月 31 日，日本译介了莫言的短篇小说 40 篇、中篇小说 3 篇、长篇小说 9 篇、随笔 1 篇③。而在号称莫言译作数量最多的法国，在 2016 年 10 月前，仅翻译了 9 部长篇小说、10 几部中篇小说和 1 部短篇小说集④。因此无论从译介的数量还是篇目上看，日译本都远超英法德等其他语种⑤。实际上莫言是中国现当代作家中，除鲁迅外，在日本译作种类和数量最全的作家。

　　难能可贵的是，除《十三步》和《食草家族》外，莫言的长篇小说悉数被译介到了日本。与言简意赅、表意功能强大的汉语相比，日语需要耗费更多语言文字才能表达同样的语义。因此，一部长篇中文小说译成日语时，文字量上往往要达到近 2 倍。中国现当代文学翻译家饭塚容就曾指出，中国作家的长篇小说太长，译成日语后书价就会贵，销路不好，没有利润，中国当代长篇小说在日译介不多，出版社多少也有这方面的考虑⑥。事实上，莫言的不少长篇小说都拆分成两个单行本出版。《生死疲劳》的日译本就是两本分别厚达 430 页左右的单行本。而莫言的长篇共有 9 部被译介到日本，而且大部分是在诺贝尔文学奖揭晓前出版的，这些都从侧面说明了日本对莫言作品价值的认可。

---

　　① 姜智芹：《莫言作品海外传播研究》，南京大学出版社，2019 年，第 3、11 页。

　　② 诸葛蔚东、杨珍珍：《2004—2014 年中文出版物在日本翻译出版的状况分析》，《科技与出版》2015 年第 3 期，第 82—86 页。

　　③ 《红高粱》和《红高粱续》看作一个长篇。同一个篇目再版或收入其他作品集（入短篇集）时，则不再重复计数。另外，由于日本出的莫言短篇小说集大多是译者自行选择作品翻译并结集出版的，这种情况下，以莫言的单个短篇为统计单位。

　　④ 张寅德、刘海清：《莫言在法国：翻译，传播与接受》，《文艺争鸣》2016 年第 10 期，第 47—55 页。

　　⑤ 一说海外对莫言作品译介最多的是法国（姜智芹：《莫言作品海外传播研究》，南京大学出版社，2019 年，第 14 页）；但据该专著的统计结果来看，法译本并不比日译本多。

　　⑥ 饭塚容、舒晋瑜：《一个日本翻译家眼里的中国当代文学》，《中华读书报》2013 年 2 月 27 日。

3. 偏爱译介莫言的短篇小说，有不少重译作品

上文中我们提到，莫言短篇小说译成日语的已有40篇，这一现象在莫言作品的海外译介中也可谓独树一帜。从与法译本的作品种类对比中我们也能直观感受到，日本译介的莫言短篇小说数目惊人，有些短篇还被反复收录进不同的短篇小说集中。如1985年发表的《秋水》，最初由东京大学名誉教授藤井省三翻译并发表在于1989年10月的《ユリイカ》上。第二年，中国文学研究学者、东京大学教养系名誉教授竹田晃又将该译作收入《中国幻想小说杰作集》中。在这部古代和现当代作品对半的译作集中，古典作品主要由竹田晃翻译，现当代中国文学则由藤井省三翻译，而莫言是唯一一个收入该译作集的当代作家，《秋水》也是唯一入选的莫言作品①。1991年，《秋水》又被藤井省三收入他本人和长堀佑造合译的莫言短篇小说集《来自中国农村》中，这是JICC出版局出版的《发现与冒险的中国》系列小说中的第二部。《秋水》是该短篇集的开篇大作，足见藤井省三对该作品的喜爱。2003年，另一位莫言作品的重要译者吉田富夫也翻译了《秋水》并收在他译介的莫言自选短篇集《白狗秋千架》中。对《秋水》的青睐不仅限于这两位译者，据林敏洁介绍，日本不少评论家也十分欣赏该作品。盛又浩称《秋水》犹如西部剧和《聊斋志异》的合体小说；龙谷才一说他十分钦佩《秋水》这样的短篇小说，里面叙述的故事令人感同身受；四方田犬彦认为《秋水》中描绘的创世神话般的生活，赋予莫言中国的加西亚·马尔克斯的称号②。这些评论主要集中发表在译作集《来自中国农村》出版的1991年。

而在中国，1985年《秋水》发表后并未引起评论家们的关注。直到2001年，华中师范大学文学院教授江少川将《秋水》收入《大学语文》，并探讨了《秋水》的艺术价值。作者认为："莫言善于运用既富含中国古典文学神韵又充满西方感觉色彩的语言，以生气灌注的笔力，演绎着人类的创世纪故事。在这里，女性充当了舞台的主角，一切显得那么富有感染力，显得那么耐人寻味。视角的游移、对人物肖像及自然景物的传神刻画、象征（'大鸟'）手法的运用等，是《秋水》富有美学意义的表征。"③而国内真正有专论大量探讨《秋水》创作特色已经是2012年以后的事了。由上可知，《秋水》首先在日本受到追捧，引发广泛关注和讨论，然后才成为国内研究者讨论的对象。不过《秋水》好像并未在其他国家也引起同样的关注，直到1995年才有英译本④。

这些日译短篇一部分单独译介发表在期刊杂志上，更多则以莫言小说集的形式译介出版。以莫言小说集的形式出版的共6部，分别是《来自中国农村 莫言短篇集》（1991年，收录《秋水》《老枪》《白狗秋千架》《断手》《金发婴儿》共5篇）《怀抱鲜花的女人》（1992年，收录《透明的红萝卜》《苍蝇·门牙》《怀抱鲜花的女人》共3篇）《师傅越来越幽默——莫言

---

① 竹田晃『中国幻想小説傑作集』，白水社，1990年。
② 林敏洁：《莫言文学在日本的接受与传播——兼论其与获诺贝尔文学奖的关系》，《文学评论》2015年第6期，第98—109页。
③ 江少川：《大学语文》，华中师范大学出版社，2001年，第346页。
④ 姜智芹：《莫言作品海外传播研究》，南京大学出版社，2019年，第5页。

中短篇集》（2002 年,收录《师傅越来越幽默》《长安大道上的骑驴美人》《藏宝图》《沈园》《红蝗》共 5 篇）《白狗秋千架——莫言自选短篇集》（2003 年,收录《大风》《枯河》《秋水》《老枪》《白狗秋千架》《苍蝇、门牙》《凌乱战争印象》《奇遇》《爱情故事》《夜渔》《神嫖》《姑妈的宝刀》《屠户的女儿》《初恋》共 14 篇）《透明的红萝卜——莫言珠玉集》（2013 年,收录《透明的红萝卜》《怀抱鲜花的女人》《良医》《辫子》《铁孩》《金发婴儿》共 6 篇）和《扫帚星——莫言杰作中短篇集》（2014 年,收录《翱翔》《石磨》《普通话》《五个饽饽》《拇指铐》《月光斩》《蝗虫奇谈》《粮食》《火烧花篮阁》《扫帚星》《卖白菜》共 11 篇）。从出版时间来看,日本差不多每隔 10 年出版 2 部小说集。

此外,这些被日本译介的短篇,从发表时间上来看,多为莫言早期的作品,尤其以 1985、1986、1991 这三年的作品居多。1984 年莫言进入解放军艺术学院学习,接受专业指导,第二年就有了井喷式的成长,成名作《透明的红萝卜》便是 1985 年的学习成果。1988 年,莫言进入北京师范大学鲁迅文学院学习,但之后莫言的创作一度陷入低潮,直到 1991 年才重新燃起了创作热情。

日本译介的莫言短篇作品还有一个特点,那就是多部作品存在重译本。据笔者梳理,出现重译的作品包括《枯河》（井口晃、吉田富夫）、《秋水》（藤井省三、吉田富夫）、《老枪》（长堀佑造、吉田富夫）、《白狗秋千架》（藤井省三、吉田富夫）、《苍蝇、门牙》（藤井省三、吉田富夫）、《神嫖》（藤井省三、吉田富夫）、《师傅越来越幽默》（藤野阳、吉田富夫）。由上可知,重译的 7 篇都是短篇小说,且都是两个译本,目前尚未发现莫言的中篇和长篇有重译本。重译的译本均出自吉田富夫之手,而且在作品的具体翻译上,吉田富夫的处理也与别的译者有较多不同,此处不打算展开讨论,留待日后研究。

表 1　莫言短篇小说日语重译本信息表①

作品	日译本名 1	译者 1	出处 1	日译本名 2	译者 2	出处 2
枯河	枯れた河	井口晃	『季刊中国现代小说』第 5 期（蒼蒼社,1988.4）	涸れた河	吉田富夫	『白い犬とブランコ——莫言自選短編集』（日本放送出版協会,2003.10）
秋水	秋の水	藤井省三	『ユリイカ』第 21 卷第 13 号（蒼蒼社,1989.10）	洪水	吉田富夫	『白い犬とブランコ——莫言自選短編集』（日本放送出版協会,2003.10）
老枪	古い銃	長堀祐三	『中国の村から・莫言短編集』（『発見と冒険の中国文学 2』,JICC 出版局,1991.4）	猟銃	吉田富夫	『白い犬とブランコ——莫言自選短編集』（日本放送出版協会,2003.10）

---

① 表 1 提供的出处均为首次收录该译作的出处。

作品	日译本名 1	译者 1	出处 1	日译本名 2	译者 2	出处 2
白狗秋千架	白い犬とブランコ	藤井省三	『中国の村から・莫言短編集』(『発見と冒険の中国文学 2』,JICC出版局,1991.4)	白い犬とブランコ	吉田富夫	『白い犬とブランコ──莫言 選短編集』(日本放送出版協会,2003.10)
苍蝇、门牙	蠅・前歯	藤井省三	『笑いの共和国：中国ユーモア文学傑作選』(白水社,1992.6)	蠅と歯	吉田富夫	『白い犬とブランコ──莫言 選短編集』(日本放送出版協会,2003.10)
神嫖	女郎遊び	藤井省三	『世界文学のフロンティア4　ノスタルジア』(岩波書店,1996.11)	奇人と女郎	吉田富夫	『白い犬とブランコ──莫言 選短編集』(日本放送出版協会,2003.10)
师傅越来越幽默	師匠、そんなに担がないで	藤野陽	『螺旋』第 4 号(螺旋社,2000.6)	至福の時	吉田富夫	『至福の時─莫言中短編集』(平凡社,2002.9)

三、5 位莫言作品日译者的特点

莫言作品的日译者群体庞大,包括井口晃、藤井省三、长堀佑造、立松升一、岸川由纪子、吉田富夫、中山文、南条竹则、藤野阳、谷川毅、菱沼彬晁、牛沟信子等 12 人。译者基本都是中国现当代文学研究者,其中发表 2 篇及 2 篇以上莫言译作的译者为井口晃、藤井省三、长堀佑造、立松升一和吉田富夫这 5 人。本文拟以这 5 位译者为中心,在对比中探讨莫言日译者的特点。

首先,这 5 位译者的身份都是大学教授,且都从事中国现当代文学研究。这在日本的中国现当代文学译介中极为平等。莫言作品的首位译者井口晃(1934—)是日本中央大学文学部教授,研究过柔石、瞿秋白,翻译过贾平凹、史铁生、王安忆等作品。藤井省三(1952—)是东京大学名誉教授,是鲁迅研究大家,翻译过鲁迅、李昂等作品,出版过《俄罗斯的影子：夏目漱石与鲁迅》《鲁迅："故乡"的风景》《中国文学百年》等多部研究专著。长堀佑造(1955—)是日本庆应义塾大学教授,译介过《我的父亲邓小平》《陈独秀文集》等,研究过鲁迅、托洛茨基与中国革命等课题。立松升一(1948—)是日本拓殖大学外语系教授,出版过汉语学习方面的书籍,对汉语语法有一定研究,翻译过一些中国当代小说,研究过郭沫若,对中国文化也有涉猎。吉田富夫(1935—)是日本佛教大学名誉教授,研究过鲁迅,翻译过《邓小平文选》、贾平凹的作品等,发表过多篇中国当代文学专论。

我国著名的意大利文学翻译家吕同六先生曾经谈到翻译与研究的关系,认为翻译与研究相互促进、相辅相成:"译者应当是学者。一位学者型的译者,比较容易寻得两种文明的契合点,缩小出发语言与归宿语言之间的距离,比较容易找到自己的翻译风格,使自己的翻译靠近'化'的最高境界。"①莫言的这几位译者都拥有中国文学的学术背景,有着丰富的翻译经验,同时还对中国当代文学有多年的研究积累,他们都是理想的译者。不过,他们又各有自己的研究专长,对莫言作品的理解也各有差异。

井口晃译介了《枯河》和《红高粱家族》两部作品。他先于 1989 年出版《红高粱》,再于第二年出版《红高粱续》。前者收录于日本著名的出版社德间书店策划的《现代中国文学选集》6 中,后者则被选入同一系列的选集 12。2003 年,井口晃的《红高粱》作为岩波书店的文库本再次出版,10 年后,《红高粱续》也作为文库本再版。有研究者认为井口晃之所以翻译《红高粱》,很可能与 1988 年张艺谋导演的电影版《红高粱》荣获柏林电影节金熊奖一事有关②,实际上井口晃早在 1986 年就在杂志《新潮》上发表文章,推荐莫言的《红高粱》③。因此,笔者以为井口先生翻译《红高粱》的初衷恐怕还是出于对作品本身的喜爱。

莫言说:"《红高粱家族》好像是讲述抗日战争,实际上讲的是我的那些乡亲们讲述的民间传奇,当然还有我对美好爱情、自由生活的渴望。在我的心中,没有什么历史,只有传奇。许多在历史上大名鼎鼎的人,其实也都是和我们一样的人,他们的英雄事迹,是人们在口头讲述的过程中不断地添油加醋的结果。"④井口晃十分认同这一看法,他认为:"莫言的'传奇',用我们的话来说就是'历史',是祖辈们、父母们、村民们口口相传,根植于他们记忆中的'民间传奇'的集合。是与四千年灿烂的中华历史——记述伟大人物事迹的正统历史相对的,从一介草民的角度吐露的作家莫言的心声。通过阅读《红高粱》便能体会到,在流逝的岁月中,满身泥血的男男女女们为着生计奔波,这便是莫言的'历史'。"关于如何认识莫言的"历史",井口晃认为,这历史"以土地这一生命的根源为原点,是对孕育生命的'母性'的无条件的向往"⑤,而《红高粱》第一、第二章中"我"的奶奶戴凤莲以及《丰乳肥臀》都表达了莫言对母性的向往和执念⑥。

不过,井口晃在译介完《红高粱》后,对该作品深表不满。林敏洁梳理了井口晃的意见,归纳起来有三点:其一,井口晃认为莫言对麻风病人的措辞有歧视倾向;其二,井口晃认为中国的"寻根文学"与拉丁美洲文学为原型的"寻根文学"有差距,莫言也够不上加西亚·马尔克斯的称号;其三,井口晃认为莫言贩卖粗俗⑦。笔者以为井口晃对莫言的不满

① 吕同六、许钧:《尽可能多地保持原作地艺术风貌》,许钧等:《文学翻译的理论与实践》,译林出版社,第 92—93 页。
② 卢茂君:《莫言作品在日本》,《文艺报》2012 年 11 月 14 日,第 007 版。
③ 朱芬:《莫言作品在日本的译介——基于文化语境的考察》,华东师范大学博士学位论文,2018 年,第 170 页。
④ 张文颖:《来自边缘的声音:莫言与大江健三郎的文学》,中国传媒大学出版社,2007 年,第 133 页。
⑤ 莫言著,井口晃訳『赤い高粱』,岩波書店,2003 年,第 310—311 页。
⑥ 『赤い高粱』,第 312 页。
⑦ 林敏洁:《莫言文学在日本的接受与传播——兼论其与获诺贝尔文学奖的关系》,《文学评论》2015 年第 6 期,第 98—109 页。

其实与莫言的饶舌文体，以及作品中大量充斥的地域性粗俗表达有密切关系。国内研究者指出："莫言写小说时所用的语言并不是一些华而不实的辞藻，以平实朴素的方言和口语为多数，弥漫着浓厚的乡土气息和地方特色。他的作品追求真实，喜欢将事物原本的样子给大家呈现出来。在《红高粱》中表现尤为明显，他从老百姓的角度出发，大量利用老百姓的语言，人物形象更加逼真，更能够感染人。"[1]而井口晃对莫言文体的看法与国内的观点相去甚远，他认为："莫言作品的另一特色就是'赘言'。当代中国小说在1980年代出现了'饶舌体'，并传播开来，因此饶舌的并非莫言一人。但莫言作品中经常出现'粪、小便、屁股、屁、阴茎'等低俗的语言，不像是举止端正的作家。这是莫言尝试从'贱'向'圣'转变的姿态和手法。莫言的这种姿态和手法，确实可能让一切欺骗'哄笑'了之，但若超过一定的度，则只会变成粗暴的措辞。《红高粱》中对'麻风病'有着可怕的偏见和歧视。也许这能营造一种痛快的笑点，但只会结束在粗俗的笑点中。莫言感受到了这种危险。希望阅读本书的读者，能注意到莫言文学所具有的这一侧面。译者这样祈盼着。"[2]在2013年出版的《红高粱续》文库本中，井口晃称："《红高粱家族》写得太差了，我很羞愧。总之，我在本书中留下了许多伏笔。希望它们能让我有机会完美译介《红高粱家族》，并展现自我。"[3]

藤井省三是继井口晃之后第二位译介莫言作品的译者。他一共翻译了11篇作品，其中不少作品被他反复收录进不同的小说集。他编译的莫言小说集主要有《来自中国农村莫言短篇集》（1991）、《怀抱鲜花的女人》（1992）和《透明的红萝卜——莫言珠玉集》（2013）。而一部分他译介的莫言短篇小说被收录进了其他小说集中，如《中国幻想小说杰作集》收录了《秋水》，《微笑的共和国：中国幽默文学杰作选》收录了《苍蝇、门牙》，《世界文学边界4乡愁》收录了《神嫖》，《现代中国短篇集》收录了《良医》和《辫子》，《世界文学文集——自现在开始》收录了《白狗秋千架》。这一方面说明藤井省三选择莫言作品的独到眼光，另一方面也从侧面证明藤井省三的译文质量得到认可。藤井省三译介的莫言作品，除《酒国》外，基本是中短篇小说集，此外还有演讲集。其中1996年出版的长篇小说《酒国》在日本引发了莫言热潮，其发行数量位居当年日本外国文学译作首位[4]。而他与长堀佑造合译的《来自中国农村 莫言短篇集》一经出版，就引起了日本各大媒体评论界的关注和热烈讨论[5]。

藤井省三在莫言译介、传播和研究中所做的贡献，可以参阅林敏洁、朱芬的研究，尤其

---

① 严元容：《莫言〈红高粱〉的语言艺术》，《文学教育》2018年第25期，第22—25页。
② 『赤い高粱』，第312—313页。
③ 『赤い高粱』，第420页。
④ 张剑：《译介与出版的双重过滤和诠释——谈莫言文学作品在日本的传播》，《出版科学》2017年第5期，第37—41、45页。
⑤ 林敏洁：《莫言文学在日本的接受与传播——兼论其与获诺贝尔文学奖的关系》，《文学评论》，2015年第6期，第98—109页。

是前者称藤井省三对莫言的译介是莫言作品真正意义上在日译介的开端,对莫言作品在日本的传播起了正面的积极推进作用。本文无意再重复赘言,只是想对现有的研究作一番补充。

仔细阅读藤井省三为各译本所作的"译者的话"或"读者导读"便可发现,藤井省三在作品选择上,带有强烈的意识形态色彩。在《来自中国农村 莫言短篇集》中,藤井省三写了一篇《魔幻主义下的中国农村》附在文末①。文中藤井省三介绍了张志中的《莫言论》,并引用张志中的判断,认为莫言的作品解析了中国农民的心性。之后,藤井省三花了5页多的篇幅,专门写中国农村的艰辛发展历程。随后介绍了意识形态下的寻根文学,并引出莫言的魔幻主义是危险的文学。1992年出版的莫言短篇集译作《怀抱鲜花的女人》,藤井省三认为它描写了地域共同体和血缘共同体即将崩溃的现代中国农村现状。在日译本《酒国》的译者导读中,藤井省三特意提到他就《酒国》的寓意采访过莫言,问莫言《酒国》中的腐败现象是否与改革开放政策有关,莫言否定了这一关联。《白狗秋千架》中藤井省三关注的是中国农村社会保障的滞后。这些在意识形态层面的过度解读,迎合了部分日本大众媒体的趣味,却容易对莫言作品产生误读。

立松升一翻译的第一篇莫言作品是1997年发表的短篇《石磨》,随后他又陆续翻译了《拇指铐》(2001)、《扫帚星》(2005)、《月光斩》(2009)、《狗文三篇》(2010)、《普通话》(2012)、《卖白菜》(2013)等6个短篇。2014年,立松升一把除《狗文三篇》外的6个短篇集结起来,又新译了《翱翔》《五个饽饽》《蝗虫奇谈》《粮食》《火烧花篮阁》5个短篇,出版了《扫帚星——莫言杰作中短篇集》。

关于莫言作品的特色,立松升一认为:"莫言的短篇满是细腻与新鲜感。还不能不提他特有的幽默。在他的作品中可以感受到一种'气味'。有'气味'的作品要么充满芳香,要么满是恶臭。他身上具备最近中国年轻作家身上消失的一面。他是能完美利用视觉、听觉、味觉、嗅觉来构建作品的作家。他的作品兼具当地的、民俗的、神话的要素,长篇小说布局宏大,想象丰富。"②

长堀佑造共参与过两次莫言的译介工作。一次是1991年与藤井省三一起合译出版了《来自中国农村 莫言短篇集》,其中长堀佑造承担的是《老枪》《断手》这两个短篇以及莫言为小说集《爆炸》写的自序《我的墓》的翻译工作。另一次是长堀佑造独立译介莫言的自传体中篇小说《变》(2013)。长堀佑造认为莫言作品中既有作为压抑生活体验者的普通百姓的视角,又有作为作家的批判精神,而《变》其实就是一种青春文学③。

吉田富夫是众多莫言译者中译介数量最多的一位。吉田富夫最早翻译的是莫言的长

---

① 莫言著,藤井省三・長堀祐三訳『中国の村から　莫言短編集』,JICC出版局,1991年,第213—240頁。
② 莫言著,立松升一訳『莫言杰作中短编集　疫病神』,勉誠出版,2014年,第303頁。
③ 莫言著,長堀佑造訳『変』,明石書店,2013年,第143—144頁。

篇《丰乳肥臀》（1999），他也是莫言长篇小说的主力译者。除《丰乳肥臀》外，他还翻译过《檀香刑》《四十一炮》《生死疲劳》《蛙》《天堂蒜苔之歌》等 5 部长篇小说。之后他译介了莫言的 2 个小说集，即《师傅越来越幽默 莫言自选中短篇集》和《白狗秋千架 莫言自选短篇集》。前者收录了《师傅越来越幽默》《长安大道上的骑驴美人》《藏宝图》《沈园》《红蝗》等 5 篇作品。后者收录了《大风》《白狗秋千架》等 14 篇短篇。日本出版的莫言小说集不少，但基本都是出于译者自己的判断而选择莫言作品进行翻译，并集结成小说集出版。吉田富夫翻译的《白狗秋千架 莫言自选中短篇集》以 2000 年上海文艺出版社出版的《莫言短篇小说精选系列》为底本，是唯一一部完全遵照莫言自己选择的篇目进行翻译的短篇小说集。

日译者为什么选择翻译那么多莫言的短篇小说，我想吉田富夫的话也许能给我们一些启发："短篇小说的魅力在于它截取了人生的一个断面。从截取时刀的快钝（并非越快越好）、断面上的纹路图案等，可以看出一个作家的个性。就莫言而言，他往往给人出乎意料的故事进展"[①]，"不知是谁首先提出的，说莫言是'中国的加西亚·马尔克斯'。的确，莫言的想象力表现出超乎寻常的幻想式的跳跃。前面提及的长篇小说当然都充分展示了这一点，而在他的短篇小说中，则会在某一瞬间绽放光芒，营造一个别样空间，形成一个独特的充满魅力的世界"[②]。

以上，笔者从宏观的视角介绍了莫言在日译介情况，并且以其他海外的莫言译介研究成果，以及中国的莫言研究为参照，详细梳理了莫言作品的日译特点，描绘了日译者群像。莫言在日本的译介时间起步早、密度高、涉猎作品种类齐全、译者偏爱译介中短篇。与其他海外莫言作品译介情况相比，日本译介得更早且更全面。此外，莫言的日译者较多，且多为学者型译者。他们在选择翻译的文本时，几乎不受中国国内的莫言研究成果左右。

本文是莫言的基础性研究，为莫言的文学和翻译等相关研究提供了一些资料和思路。在对莫言的日本译介情况的梳理中，限于研究目的和篇幅，我们仅止步于莫言日译特点的描述，关于背后的原因，还留待日后分主题详细考察。

表 2 莫言文学作品的日译本

时间	对应篇目及首次发表时间	日译名	出处	译者
1988.4	《枯河》（1985）	「枯れた河」	『季刊中国现代小说』第 5 期（苍苍社）	井口晃
1989.4	《红高粱》（1986）《高粱酒》（1986）	『赤い高粱』（现代中国文学选集 6）	德间书店	井口晃

---

① 莫言著，吉田富夫訳『白い犬とブランコ　莫言自選短編集』，日本放送出版協会，2003 年，第 259 頁。
② 『白い犬とブランコ　莫言自選短編集』，第 259 頁。

时间	对应篇目及首次 发表时间	日 译 名	出　　处	译　者
1989.10	《秋水》(1985)	「秋の水」	『ユリイカ』第 21 巻第 13 号(蒼蒼社)	藤井省三
1990.10	《高粱殡》(1986) 《狗道》(1986) 《奇死》(1986)	『赤い高粱［続］』(現 代中国文学選集 12)	徳間書店	井口晃
1990.12	《秋水》(1985)	「秋の水」(『中国幻想 小説傑作集』)	白水社	藤井省三
1991.4	《秋水》(1985)、 《老枪》(1985)、 《白狗秋千架》(1985) 《断手》(1986)、 《金发婴儿》(1985)	『中国の村から・莫言 短編集』(『発見と冒険 の中国文学 2』)	JICC 出版局	藤井省三 長堀祐造
1992.6	《苍蝇、门牙》(1986)	「蝿・前歯」(『笑いの 共和国：中国ユーモ ア文学傑作選』)	白水社	藤井省三
1992.10	《透明的红萝卜》(1985) 《苍蝇、门牙》(1986) 《怀抱鲜花的女人》 (1991)	『花束を抱く女』	JICC 出版局	藤井省三
1996.10	《酒国》(1992)	『酒国—特捜検事丁鈎 児の冒険』	岩波書店	藤井省三
1996.11	《神嫖》(1991)	「女郎遊び」(『世界文 学のフロンティア 4 ノスタルジア』)	岩波書店	藤井省三
1997.4	《石磨》(1985)	「石臼」	『季刊中国現代小説』 第 38 期(蒼蒼社)	立松昇一
1997.7	《辫子》(1991)	「お下げ髪」	『群像』1997 年 7 月号 (講談社)	藤井省三
1997.7	《良医》(1991)	「良医」	『群像』1997 年 7 月号 (講談社)	藤井省三
1998.3	《良医》(1991) 《辫子》(1991)	「良医者」「お下げ髪」 (『現代中国短編集』)	平凡社	藤井省三
1998.6	《人与兽》(1991)	「人と獣」	『螺旋』創刊号(螺旋 社)	岸川由紀子
1999.10	《丰乳肥臀》(1995)	『豊乳肥臀　（上） （下）』	平凡社	吉田富夫
2000.4	《天花乱坠》(2000)	「天上の花」	『別冊文芸春秋』2000 春(231 号)	中山文・南 条竹則

时间	对应篇目及首次 发表时间	日 译 名	出　　处	译 者
2000.6	《师傅越来越幽默》(1997)	「師匠、そんなに担がないで」	『螺旋』第 4 号(螺旋社)	藤野陽
2001.1	《拇指铐》(1998)	「指枷」	『季刊中国現代小説』第 54 期(苍苍社)	立松昇一
2001.8	《红高粱家族》	《世界文学》(109)	朝日新聞社	?
2002.9	《师傅越来越幽默》(1997) 《长安大道上的骑驴美人》(1998) 《藏宝图》(1997) 《沈园》 《红蝗》(1987)	『至福の時—莫言中短編集』	平凡社	吉田富夫
2003.7	《檀香刑》(2001)	『白い檀の刑 （上）（下）』 『白檀の刑 （上）（下）』	中央公論新社	吉田富夫
2003.10	《大风》(1985)、 《枯河》(1985)、 《秋水》 《老枪》(1985)、 《白狗秋千架》(1985)、 《苍蝇、门牙》(1986)、 《凌乱战争印象》1987)、 《奇遇》 《爱情故事》 《夜渔》(1991)、 《神嫖》(1991)、 《姑妈的宝刀》(2000) 《屠户的女儿》(1992) 《初恋》(1991)(朱芬)	『白い犬とブランコ——莫言自選短編集』	日本放送出版協会	吉田富夫
2003.12	《红高粱》 《高粱酒》	『赤い高粱』	岩波書店	井口晃
2004.7	《挂像》(2004)	「肖像画を掛ける」	『火鍋子』62 号(翠書房)	谷川毅
2005.1	《扫帚星》(2002 年)	「疫病神」	『季刊中国現代小説』第 70 期(蒼蒼社)	立松昇一
2006.3	《四十一炮》(2003)	『四十一炮（上）（下）』	中央公論新社	吉田富夫
2008.2	《生死疲劳》(2006)	『転生夢現（上）（下）』	中央公論新社	吉田富夫
2009.5	《月光斩》(2004)	「月光斬」	『中国現代文学』第 3 期（ひつじ書房）	立松昇一

时间	对应篇目及首次发表时间	日译名	出　处	译　者
2010	《狗文三篇》	「犬について三篇」（『イリーナの帽子・中国現代文学選集』）	东亚文学论坛日本委员会编纂	立松昇一
2011.2	《牛·筑路》	『牛·築路』	岩波書店	菱沼彬晁
2011.5	《蛙》（2009）	『蛙鳴』	中央公論新社	吉田富夫
2011.12	《澡堂》《红床》收录于《澡堂（外一篇：红床）》?	『小説二題』	新潮 2011 年 12 月号（新潮者）（亚洲文学"丧失篇"专刊）	吉田富夫
2012.4	《普通话》（2004 年 2 月 16、17 日）	『普通話』	『中国現代文学』第 9 期（ひつじ書房）	立松昇一
2013.2	《讲故事的人》《透明的红萝卜》（1985）《怀抱鲜花的女人》（1991）《良医》《辫子》（1991）《铁孩》（1991）《金发婴儿》（1985）	『透明な人参—莫言珠玉集』	朝日出版社	藤井省三
2013.3	《变》（2009）	『変』	明石書店	長堀祐造
2013.3	《狗道》、《高粱殡》《狗皮》	『続·赤い高粱』	岩波書店	井口晃
2013.4	《天堂蒜苔之歌》（1988）	『天堂狂想歌』	中央公論新社	吉田富夫
2013.8	《卖白菜》	「母の涙」	『異文化交流：言語·文化·歴史·ビジネス』3（拓殖大学中国語学科「翻訳研究会」編）	立松昇一
2014.1	《丰乳肥臀》			
2014.7	《翱翔》（1991）《石磨》《普通话》《五个饽饽》（1985）《拇指铐》（1998）《月光斩》（2004）《蝗虫奇谈》（1998）《粮食》《火烧花篮阁》（2003）《扫帚星》（2002）《卖白菜》	『疫病神—莫言杰作中短编集』	勉誠出版	立松昇一

时间	对应篇目及首次 发表时间	日　译　名	出　　处	译　者
2014.12	《红树林》	『紅樹林』	町田：中溝信子	中溝信子
2015.10		「着想の妙：霊感を求めて」	『すばる』37（10），2015，第236—240頁（「繋がる言葉：第ⅡⅢ　東アジア文学フォーラム」）（集英社）	立松昇一
2015.11		『莫言の思想と文学：世界と語る講演集 HALLUCINATORY REALISM』	東方書店	藤井省三 林敏潔
2016.7		『莫言の文学とその精神：中国と語る講演集 HALLUCINATORY REALISM』	東方書店	藤井省三 林敏潔
2018.8	《檀香刑》	「劇曲　民族歌劇　白檀の刑」	『すばる』40（8）（集英社）	吉田富夫
2019.7	《白狗秋千架》	世界文学アンソロジー：い　まからはじめる	三省堂	藤井省三

［本文系"莫言短篇小说叙事的越界之旅"（项目号：20ZDDYZS06）阶段性研究成果］

韩国茶礼的美学特征

李幸哲

（浙江工商大学东亚研究院）

引言

据《中国茶叶辞典》解释，茶树是以叶为主的多年生常绿植物。在现代植物学分类中，茶树属山茶科山茶属植物，特指茶系下的茶种植物，即 *Camellia sinensis*（*L.*）*O. Kuntze*[①]。学术界一般认为茶树的原产地为中国西南地区。茶在早期有很多别称，如荼、槚、蔎、茗、荈、皋芦、瓜芦、水厄、姹、选、过罗、物罗等，这些名称源自辞书、诗歌或历史典故等。名称的多元性也客观体现出当时人们对茶认识的时间、地域等方面的异质特征的不同认识。唐代陆羽（733—804）在撰写《茶经》时，采用《开元文字音义》的用法，一律使用"茶"字，此后"茶"字的使用日渐广泛，并沿用至今。

目前为止，我们可以确认饮茶的历史有 2200 年以上。汉景帝刘启（公元前 188—前 141）及其皇后的阳陵出土了茶叶实物，说明西汉皇室有喝茶的习惯；王褒（公元前 90—前 51）《僮约》（公元前 59）中的"烹茶尽具""武阳买茶"等，证明公元前 1—2 世纪在四川地区已经有茶叶交易市场和饮茶风俗。

中国茶文化在魏晋南北朝时期形成和定型，唐朝时扩散至全国，宋朝为鼎盛期，到了明清时最终成为世界性的文化。唐代陆羽《茶经》收集和整理了之前的茶事，并提倡自己的制茶和饮茶法，对中国茶文化的发展起到了奠基性的作用。自唐朝流行的团饼茶文化，到宋朝发展为点茶法，并达到团饼茶的鼎盛期，以徽宗赵佶为代表很多文人雅士吟咏茶叶、茶具的优美以及饮茶的益处。到明中后期，风靡唐宋时期的团饼茶文化告终，转移至散茶文化，并以江南地区为中心形成文人茶风。时至今日，散茶文化和文人茶风仍是中国茶文化和茶美学的典范。

中国早期以巴蜀地区为中心形成的饮茶风习，在魏晋南北朝时期民族迁徙的推动下，沿着长江向中下游的华东、华南地区传播。而隋唐时期，随着京杭运河的开通和禅宗的向北发展，饮茶文化扩散到北方和西北边疆地区，并成为全国性的饮料。同时，饮茶文化通过北方的陆路和南方的海路，传播到朝鲜半岛和日本列岛，并通过丝绸之路及东南贸易路

[①]　陈宗懋、杨亚军：《中国茶叶词典》，上海文化出版社，2013 年，第 1 页。

线传入西域和中亚①。17世纪初，荷兰和英国的东印度公司到中国从事茶叶贸易，茶叶传播到欧美地区，名副其实成为世界性的饮料②。从中国传入世界各国的茶叶逐渐与本土民族文化相融合，形成了具有各自民族特色的饮茶文化。其中，韩国和日本的饮茶历史尤为悠久，与中国一起成为东亚茶文化的三大潮流。中国的茶艺、韩国的茶礼、日本的茶道分别体现了民族文化的特性，即在中国饮茶是日常生活的艺术化，在韩国把饮茶当作一种礼节行为，而日本把饮茶当成精神修行。这是在相同的饮茶文化框架中，根据当地民族文化形成的文化样态，也是三国茶人追求的审美取向和审美理想的体现。

据《三国史记·新罗本纪》，我们可确定7世纪善德王（632—647）时，在新罗王室和寺院已经有饮茶习惯。就饮茶阶层，新罗时期在王宫贵族、寺院僧侣和花郎等上流阶层流行，到高丽时期普及到民间，到朝鲜前期在王室、寺院、士大夫家等群体间盛行。但经16、17世纪的两次战乱，朝鲜半岛大部分土地荒芜，只有山寺僧人和一部分文人保留了饮茶风习。随着北学运动的扩散，朝鲜后期以丁若镛、草衣禅师等人士为主导的饮茶文化复兴起来。近现代时期，日本帝国主义占领朝鲜半岛，严重摧残了朝鲜的物质财产和民族文化，茶文化也不例外。直到20世纪70年代，韩国茶文化才在官民共同努力之下得到恢复和持续发展。在朝鲜半岛饮用的茶叶，每个时期都有中国茶和本土所出产的茶，比如新罗时期中国的团茶和土产茶，高丽时期的宋代龙凤团饼茶和大茶、脑原茶等土产茶，朝鲜时期从中国来的普洱茶、龙井茶、香茶等以及被称为"雀舌茶"的土产茶。饮茶方式也是中国和韩国两种方式同时存在，例如新罗时期陆羽式的煎茶法和直接煮饮的方式，高丽时期中国式的点茶法和直接煮的煮茶法，朝鲜时期中国的泡茶法和煮茶法。韩国茶文化发展史上有很多文人茶人，他们记录自身的饮茶感受和思想，留有不少名篇。朝鲜半岛的主要的文人茶人如下：14世纪李齐贤（1287—1367），15世纪李穆（1471—1498），16世纪全承业（1547—1596），17世纪金堉（1580—1658）、柳楫（？—1652），18世纪李运海（1710—？）、李德履（1728—1793—？）、丁若镛（1762—1836）、徐有榘（1762—1836）、尹馨圭（1763—1840）、申纬（1769—1847），19世纪草衣意恂（1786—1866）、李圭景（1788—1856）、金命喜（1788—1857）、李尚迪（1803—1865）、朴永辅（1808—1872）、李裕元（1814—1888）、梵海觉岸（1820—1896）、申献求（1823—1902）等③。另外，朝鲜半岛历代茶人著有饮茶方面的诗歌，传世的茶诗人有540名，共创作了2000多首作品。茶散文和茶诗是韩国恢复和继承茶文化传统的重要依据，也是研究韩国茶美学的基础材料。本文先阐述茶美学的基本理论，然后分析朝鲜早期饮茶和礼融合而形成的茶礼，再进一步探讨其美学特征。

---

① 宋时磊：《唐代茶叶及茶文化向边疆塞外的传播》，《人文论丛》2016年第2期，第122—133页。刘礼堂、宋时磊：《唐代茶叶及茶文化域外传播考》，《武汉大学学报》（人文科学版）2013年第3期，第81—86页。
② Ukers W. H：*All about tea*，The Tea and Coffee Trade Journal Company，1935，pp.25—35.
③ 郑英善：《关于朝鲜王室定立祭祀茶礼及其背景之考察》，《儒教思想文化研究》2006年第4期。

一、韩国茶礼的形成与发展

　　"茶礼"一词体现着韩国茶文化的特征,它出现于朝鲜王朝初期的15世纪,一直沿用至今。《韩国标准国语大辞典》将茶礼定义分为两种:一是招待茶的仪式,二是农历每月的初一、十五或节日、祖先的生日时在白天举办的祭祀。即茶礼是用茶招待生活中的客人以表示特定含义的礼节,或用茶叶或茶汤祭祀祖先或圣人、神明等。也就是说,茶礼是向在现实中存在或不存在的对象奉茶或供茶的仪式。

　　茶礼具有艺术性与审美价值。两个人以上参加的茶席往往超越单纯的饮茶而进入"礼"的范畴。茶席由主人和客人组成,主人泡茶奉客为"奉茶",称之为"茶礼"。奉茶的对象不仅包括现实中的人,也包括神明、佛陀、祖先等超现实性的存在。奉茶具有基本的形式和流程,此形式和流程按奉茶的对象不同而有所差异。在日常饮茶生活中,奉茶无处不存在,可以说是茶文化中最基本也是本质性的行为。在韩国,把奉茶行为称为茶礼,这表明韩国人认为以烹茶接待客人或奉献神明是一种礼仪行为,即把饮茶放入礼的范畴来看待。饮茶行为成为茶礼,而茶礼也可以说是追求实践"礼"的本质的审美活动。

　　韩国著名的茶文化研究家郑英善对韩国茶礼的渊源和形成做过详细的阐述[①]。他的研究表明,把茶叶和茶汤献在灵前或招待客人的仪式,是茶叶传入朝鲜半岛以来,在三国时代和高丽时代在仙道、儒家和佛教文化中一直延续的活动。但全面使用"茶礼"一词始于朝鲜第四代国王世宗(1418—1450年在位)时期。当时,朝鲜王室内已经在使用"茶礼"一词,意思是用茶汤招待中国使臣等重要贵宾的礼仪。此词汇还用在国丧期间的白天正午举行的简式祭祀,称为"昼茶礼(或昼茶仪)"。在朝鲜王室的国丧其间,每天在灵前摆设各种食物和酒饮,举行祭祀是基本礼制。此时,正午只备茶汤、果品及小菜等简餐,到灵堂进行简式祭祀。昼茶礼施行之后,到正熙王后(1418—1483)时期,作为简式祭祀的"茶礼"名称出现而开始使用。正熙王后是第八代国王睿宗(1468—1469在位)的母亲,也是前一代国王世祖的王后,在置世祖灵位的永昌殿进行"茶礼"祭祀。虽然当时睿宗已经禁止举行昼茶礼,但是正熙王后以追悼为由进行另外形式的祭祀,这就是"茶礼"。睿宗之后,到第九代国王成宗(1469—1494年在位)时期,各王妃多次举行"茶礼",成为名实相符的王室的简式祭祀。到第十三代国王明宗(1545—1567年在位)时出现与昼茶礼、茶礼不同叫法"别茶礼"的祭祀,意义为特别举行的茶礼。明宗在位期间,举行过13次昼茶礼、3次茶礼、7次别茶礼,从此,三种茶礼各自举行。到了朝鲜后期,三种茶礼的区别日益淡化,统一称为"茶礼",沿用到现在。

　　从15世纪开始,朝鲜王室陆续出现昼茶礼、茶礼、别茶礼等;从16世纪开始,士大夫

---

①　郑英善:《茶赋》,Nuluckbawi,2011年,第25—28页。

和民间模仿《朱子家礼》举行茶礼祭祀。在王室和士大夫家的推动下,作为简式祭祀的"茶礼"在朝鲜社会风俗中逐渐扎根,日常生活中接待客人的茶礼和作为简式祭祀的"茶礼"同时并存,确立了目前"茶礼"文化的概念和原貌。《朝鲜王朝实录》中从世宗至朝鲜末期以昼茶礼、茶礼、别茶礼的名称出现1 300次以上,16世纪文士们的文章中作为家庙祭祀的茶礼也开始出现。可看,现代韩国茶礼的原型是15世纪从王室开始逐渐形成,16世纪在士大夫家得到普及,并在民间广泛传播,发展成为韩国特有的茶文化。

现在韩国茶界颇为尊重茶礼文化的传统,并努力继承和发展。在韩国日常生活中,"茶礼"向祖先、神明、佛陀奉茶和用茶汤接待客人的两种意思,特别将在春节和中秋节给祖先举行的祭祀也称为"茶礼"。茶礼是名副其实地代表韩国的传统文化之一,不仅在接待外国贵宾时进行,在寺庙和教堂等场所用于精神修养,并且在幼儿园、小学、初高中、大学学校里也积极应用于人品教育等方面。

二、茶美学的基本机制

茶美学的审美可分为两种观点,即认识论和体验论。认识论的观点是区分审美主体与审美客体,主要探讨两者之间的"美"和"美感"。茶美学的审美主体是喝茶的当事人,审美客体则指茶文化的组成因素,如茶叶、水、火、茶具、空间、人等。体验论的观点则注重于审美主体和审美客体之间的交感关系,主要探讨在审美主客体之间交感过程中,审美主体感受到的"意象""意境"和"境界"等。饮茶活动中美和美感的认识和体验不是独自发生的,而是两者相互指涉,是复杂的、综合性的活动,在饮茶活动中对美和美感的认识和体验同时发生。但茶美学的本质内容不仅在于欣赏干茶和茶具等活动,还在于品尝茶汤的色、香、味,即喝茶是感官体验活动,所以茶美学更倾向体验性审美活动。饮茶活动基本上是兼用视觉、嗅觉、味觉、听觉、触觉五种感觉的典型审美体验活动。比如说,我们一坐到茶座上,就会毫不迟疑地与茶、器、水、火、空间、气氛和人等茶文化组成因素建立审美关系,自然而然地感受其中所拥有的各种美和美感。下一步,茗主(烹煮)开始运用茶叶、茶具、水、火等做烧水、洗茶具、泡茶等茶艺活动,那么我们通过多和感觉,能感受到多种多样又复合性的审美体验。进而,拿起盛好茶汤的品茗杯,依次品尝茶汤的色、香、味,就可以进入五感同时作用的综合性审美体验。于是,可以说饮茶活动自始至终都是完美的审美活动。

饮茶活动带来的"愉悦"是茶美学感性体验的本质内容。愉悦是饮茶主体(审美主体)在追求审美理想过程中体验到的精神快乐。愉悦是使人持续饮茶的动力,也把饮茶向其他人传播和推广的动因。例如,一般喜欢喝茶的人,在看到茶汤的颜色、闻到香味、品出味道或用手触摸温暖的茶杯时,自然而然感到喜悦和幸福。通过喝茶而感受到的那种精神上的快乐和幸福的状态就是"愉悦"。茶礼是茶与礼相结合组成的,不仅可以体验到茶叶与茶具等因素自然所具有的各种美和美感，还能体验到源于儒家思想的各种意境和境界。

茶叶和茶具本身拥有审美属性。比如说，中国茶叶的形状呈现各种形态美，按形状干茶的品种达 30 多，如扁平形、雀舌形、眉形、浓眉形、勾曲形、卷曲形、蜻蜓头、梭形、瓜片形、松针形、针芽形、月牙形、饼形、砖形、碗臼形、方形、柱形、球形、枕形、贝壳形等①。每种茶叶的形状都是用新鲜的茶叶经人工加工制作出来的，制作茶叶是一种很精致的艺术活动，即是审美活动。而且，茶具的各种颜色、不同材质及形状充分显示出视觉和触觉性的色彩美、材质美和造型美等各种美的样态。

当代社会，对茶文化和茶美学的需求越来越大。这表明人们对茶叶的认知，从利润丰厚的农副产品转移到文化产品，即焦点从茶叶转移到饮茶活动。饮茶是茶叶、茶具、茶室、茶点、茶服等多样因素相结合的文化形式。而且饮茶活动是与现实生活相区隔的人与人之间交流和沟通的独立空间：饮茶是往往两个人以上聚会，以茶汤为媒介相互交流，交流内容由参会成员们的类别而定，如茶人、文人、艺术家等。在茶席上，著主及其成员们之间进行感性交流活动，大家把自身的审美理念跟其他成员分享和探讨，对提高自己的审美能力有启发和帮助。比如，文人之间的茶席就更不是简单的饮茶，其中包括才艺、思想的共享与切磋，具有丰富的审美体验和审美效果。因文人群体多有诗书画等方面的文艺才能，对哲学也颇有造诣，所以他们之间的交流属于审美性交流活动，可称为"清交"。茶汤本身是清淡的，享受清淡的茶汤，共同交流诗书画和思想，这是清交的至高境界。清交可分为"艺交"和"神交"，主要倾向文艺交流为艺交，着重于个人价值观、趣向和思想见解的交流为神交。就是说，饮茶活动在以饮茶为媒介的交流同时，也拥有独特的审美特征，即不仅拥有对茶叶、茶具和茶汤等物质性事物的审美，也有彼此交流分享文艺和审美观的审美体验。

茶叶是要投入一定的时间和精力才能制造出的高质量产品。品饮茶叶需要一些茶具，此茶具的制作或购买也要付出不少时间或财力。而品茶是需要有了解茶树、鲜叶、茶叶、加工和茶汤等的物理基础，并且学会茶具的运用和泡茶技艺并非易事。我们承认，饮茶更适合于有一定的经济、思想基础的人群的文化形式，即是有档次的活动，所以古代茶书中经常出现把茶人称为"好事者"的字眼。历史上的著名茶人大部分是拥有较高的身份或道德修养的知识分子，如皇族、贵族、僧侣、道士及文人雅士们等。此阶层的人们拥有享受茶汤这一美学性饮品的物质和精神基础，即具备对茶叶和饮茶充分的审美态度和能力。通过反复的饮茶实践活动，他们可以超越表层和具象，达到一定的意境和境界，而意境和境界是茶美学最高的审美阶段。历代不少茶人通过饮茶活动达到过某种境界，比如陆羽（733—804）的精行俭德，千利休（1522—1591）的和敬清寂，草衣禅师（1786—1866）的中正、禅茶一味或禅茶一如，牧隐李穑（1328—1396）的思无邪等。

---

① 陈宗懋、杨亚军：《中国茶叶词典》，上海文化出版社，2013 年。

三、茶礼的美学特征

韩国茶礼是饮茶与儒家的礼文化相结合而形成的独特的文化形态,在形式上以儒家的礼思想为内容的文化样式。从以上所述可以看出,饮茶活动中的各个茶文化因素不仅本身具有美和美感的审美对象,饮茶行为也是五官复合作用的典型的审美活动。

1. "中和"为主要审美观

审美性质的饮茶与礼思想相结合,对饮茶主体的审美观以影响。如果只进行饮茶活动,茶和饮茶行为的美感成为审美的主要内容,但饮茶与儒家思想相结合,就会产生超越现有审美层次的审美理想。也就是说,饮茶行为中的各种情感与儒家思想相结合,发展成为更高水平的意境和境界。这样产生了很多茶美学的审美理想(意境、境界等),其中最具代表性的是"中和"。"中和"为儒家美学的核心概念,最早见于《中庸》:"喜怒哀乐之未发,谓之中;发而皆中节,谓之和。中也者,天下之大本。和也者,天下之达道也。""中"是指人的情感尚未显露的本性状态,这与天下的根本状态相同。"和"是指人的情感产生后,因各个细节适中而达成与周围人和解的状态。在此,"中节"与礼仪相同,可见于《毛诗序》的"发乎情,止乎礼仪"[①]。因此,"中和"是维持纯粹的本性状态(中),如果情感表现出来,则是通过礼仪制止达到"和"的意思。礼的目的在于达到"和"。这可见于孔子的弟子有若(公元前508或518—?)所称的"礼之用,和为贵。先王之道,斯为美"[②]。

在茶礼中,"和"主要表现在两个层面。一是体现在选配饮茶活动所使用的各种要素,包括选择空间、装饰空间以及准备茶汤,献给客人的动作、手势、表情、语言等全部外观。茶具及空间的布置等方面的内容,通过一个阶段的学习即可掌握。不容易的是与客人的交感与和谐。因为客人是知觉和感性的具体存在,在茶座上与主人有着丰富的言行和情感交流关系。因此,与在茶座上的客人进行的言行交流相比,主客之间通过把握"看不见的心",体察对方内心的所思和所想,方能实现真正的和谐。因此,在韩国茶礼中,禁止主人的衣着、手势、言行过于夸张或华丽。这是因为主人不能过于注重自身,让客人产生失望或者不舒服的情感。另外,茶座的主角是茶和茶汤,所以为了让大家一起更完整地享受茶和茶汤,其他部分不能过分突出。例如,在准备茶座空间时,考虑到周边的颜色和氛围、气候等,设计时不要与周围的环境产生突兀感。茶座要与周围环境融为一体,这是儒家"天人合一"的体现。以茶的形式实践"和",就是回归自然界的根本,也是人的本性状态的"中"的高度审美活动。

---

① 朱立元:《美学》(修订版),高等教育出版社,2006年,第221—222页。
② 杨伯峻、杨逢彬注译:《论语》,岳麓书社,2000年,第5页。

2. 茶礼为审美人性教育

儒家的"礼"是指表现圣人生活中所有的行为方式①。礼是人生存所必须要有的行动方式。儒家学习从习礼开始,具体指孟子所说的五伦,即父子、君臣、夫妻、长幼、朋友关系之间的行动方式,与之对应的亲、义、别、序、信②。让那些还小不懂五伦道理的孩子先学会形式上的礼节,随着长大他们逐渐懂得其中包含的道理。虽然现代社会与过去大不相同,但上述五种人际关系依然存在,礼节内容也没有太大差异。现代社会最大的弊病是人性的丧失,社会变得冷漠,在这种情况下,需要切实从儿童、青少年时期开展人性教育。韩国最初的茶礼教育是以继承和发展传统茶文化为目的而进行的,但根据社会的要求,茶礼(即茶道礼节)教育更着重于对儿童、青少年的礼节人性教育的功能。1982 年,韩国文教部(即教育部)下达了在所有小学和中学实施传统茶道教育的方案。从那时起,各学校开始对学生进行茶道和基本礼节的教育;现在,在幼儿园、小学、初中、大学也开展以茶道礼节的教育。通过茶礼进行的人性教育具有四个方面的特点:其一,饮茶是运用茶叶、茶具、白开水等开展的活动,这是一种感官审美体验活动,有助于学生展开审美方面的思考;其二,和朋友们分组进行,学习照顾对方的礼节,有助于培养谦虚和尊敬的态度;其三,学生们亲自泡出温馨的茶汤,献给朋友们品尝,让他们从中体验到给予的乐趣和受礼遇的感谢之情;其四,在使用茶具、热水和茶叶准备茶汤的过程中,可以安定身心,提高集中力。总之,茶礼作为审美活动不仅有益于提高审美能力、集中力,还能培养关怀、尊重、平等、感恩等情感,是对儿童、青少年有趣而有效的人性教育方式。

关于茶礼的教化功能的理论依据,是孟子以性善说为基础的"辞让之心"③和"恭敬之心"④。实际上,人际关系中出现的大部分矛盾是由于对对方缺乏谦让和尊敬而产生的。孟子强调说,辞让和恭敬之心本来就是每个人内心的本性,因此恢复此本性,一切矛盾就自然消失了。恢复人心中内在的本性的方法,在于实践礼节。在茶座上,茗主真诚地准备茶汤招待客人,而客人恭敬地接受,在慢慢品味的过程中,体会到对彼此的关怀和尊重,培养出推让和尊敬之心。茶礼是培养学生审美能力和人性的最佳教育方式之一。

3. 克己复礼、诚的修养论

茶礼是饮茶文化本身所具有的审美特性和儒家礼思想所具有的教化和修养的特性相互融合的产物,能够引发多样而复杂的审美体验和审美活动。正如前所言,通过学习圣人制定的生活形式"礼",恢复被"喜、怒、哀、乐、爱、恶、欲"七情遮住的本性,是儒家的核心修养机制。儒家的修养,基于孔子所说的"克己复礼为仁"⑤。也就是说,实践礼节是恢复仁的修养。这里所说的"克己",是指在七情状态下,克服被七情歪曲的内心,好好改造它。

---

① 李基东译解:《论语讲说》,成均馆大学出版部,2007 年,第 35—37 页。
② 《孟子·滕文公上》:"使契为司徒,教以人伦:父子有亲,君臣有义,夫妇有别,长幼有序,朋友有信。"
③ 《孟子·公孙丑上》:"辞让之心,礼之端也。"
④ 《告子上》:"恭敬之心,礼也。"
⑤ 《论语·颜渊篇》:"克己复礼为仁。一日克己复礼,天下归仁焉。为仁由己,而由人乎哉。"

"复礼"意味着不要脱离礼的范围,重回到礼,重新实践。如果将克己复礼应用到茶礼中,可以理解为在饮茶活动的过程中,控制好自己的情绪,不脱离饮茶的轨道。在茶礼中做到"克己复礼",必要的行动态度就是在《中庸》中所说的"诚"。《中庸》曰:"惟天下至诚,为能尽其性。能尽其性,则能尽人之性。能尽人之性,则能尽物之性。能尽物之性,则可以赞天地之化育。可以赞天地之化育,则可以与天地参矣。"也就是说,行礼时只要真心真诚,竭尽全力,则可恢复人的本性。换句来讲,克服七情的诱惑,并以真心真诚行礼,就会恢复人的本性"仁",进而达到与天地的相合,达到天人合一的境界。

根据上述理论,在茶礼中,从准备茶座到完成,每个细节都真心至诚去做。特别是准备饮茶活动的核心茶汤时,把茶汤奉给客人时会更加专一,真诚地行礼。另外,主人专心专一实践茶礼,坐在一起的客人们也会感受到这一点,自然而然地产生对主人的尊敬和感激之心,并逐渐消除彼此之间的隔阂,进入彼此融为一体的仁的境界。

结语

本文从美学的角度对韩国茶礼文化进行了分析和探讨。韩国的茶礼是饮茶和儒家的礼思想相结合而形成的韩国特有的文化形态。"茶礼"的概念可分为用茶汤和小餐举行简式祭祀和给客人或神明以茶汤招待的奉茶、供茶的意义。这一概念是在三国时期和高丽时期形成并普遍化的仙道、佛教和儒家的奉茶文化和以茶招待客人的文化的基础上,15世纪朝鲜王室时开始出现昼茶礼、茶礼、别茶礼等称谓,并逐渐统一使用茶礼这一词汇并最终确立。

饮茶活动是以饮茶行为为基础的五感体验的典型审美活动。茶礼是饮茶与儒家的礼思想相结合,从而将饮茶文化本身所具有的审美内容升华为形而上学范畴的高度审美化活动。因此,茶礼的审美分成饮茶活动本身所具有的审美内容和饮茶进入礼的范畴后产生的超越性的审美内容。本文把茶礼的美学特征分析整理为三个层面:一是在饮茶进入礼的范畴后,饮茶和儒家美学的核心思想"中和"相融合,成为韩国茶礼的主要审美思想;二是礼的社会功能——教化作用与饮茶结合,发展成为对儿童、青少年进行人性教育的有效方式;三是在儒家恢复"克己复礼"仁的思想和实践思想"诚"与饮茶结合,发展为韩国茶礼的修养论。

从"九州万里"到"异域同天"

——阿倍仲麻吕与唐代诗人的诗词交往

刘云佳

（浙江工商大学东亚研究院）

　　最近，"山川异域，风月同天"这句千年前的诗句突然重新流行起来，它被题写在日本HSK事务所捐赠给中国的一批防疫物资上，意思是虽然我们身处异地，未享同一片山川，但感受着一样的风，共赏同一轮明月。这句话曾在中国新冠肺炎疫情最艰难的时期，给中国人民带来深深的感动。其实，这句诗和唐朝著名的"鉴真东渡"①事件有着莫大的渊源。当年，日本的长屋王善汉诗，信佛教，曾制作袈裟一千件，每件绣有四句偈诗："山川异域，风月同天，寄诸佛子，共结来缘。"他托人把袈裟带到中国，分赠给唐朝僧人。这故事激起了青年鉴真的无限感慨，他感到日本是佛法兴隆的有缘之国②，决心东渡弘法，最终成就中日友好佳话。

　　也正是受到"异域同天"的启发，中国各界在援日物资的"回礼"上颇为用心。马云公益基金会向日本捐赠的一批物资上写的是"青山一道，同担风雨"，引用的是唐代诗人王昌龄的七言绝句《送柴侍御》中的"青山一道同云雨，明月何曾是两乡"，意味着中日虽居两地，但青山相连、同云同雨，一轮明月普照之下，分不出此乡与他乡，"同"字化远为近，两乡似一乡。再比如中国复星集团捐赠日本一批物资时，借用了唐代诗人王维为送别日本留学生阿倍仲麻吕所写的诗句："九州何处远，万里若乘空。"这句诗出自阿倍入唐为官三十多年后终于要重返家乡之际，王维不舍友人，遂写下了《送秘书晁监还日本国》一诗。

　　这些雅致的诗篇是中日两国人民友谊的见证，让人不禁追忆起中日以诗词为纽带源远流长的情谊，时间倒回到历史上两国文化交流最为密切的时期——唐朝。日本为学习中国先进文化曾先后19次③遣使入唐，每次来华使节都带有大量的学问僧、留学生及工匠艺师同行，他们入唐后，或巡礼求法，或求学研艺。在两国友好交流的背景下，就出现了唐人与日本人以诗词唱和酬答的交往，上文提到的阿倍仲麻吕就是其中代表性的一位。

---

　　① 鉴真东渡是指高僧鉴真不畏艰险东渡日本，讲授佛学理论，传播中国文化，促进了日本佛学、医学、建筑和雕塑水平的提高，受到中日人民和佛学界的尊敬。

　　② 乐敏：《鉴真东渡》，五洲传播出版社，2005年。

　　③ 学界关于日本遣唐使的出使次数尚未形成统一观点，有20次说、19次说、18次说、15次说和12次说等。学界大多认可木宫泰彦在《日中文化交流史》（商务印书馆，1980年）中所持的19次的观点，故本文采取19次说。

一、仕唐：高驾仕春坊

717 年（唐开元五年），阿倍仲麻吕随第九次遣唐使团来到中国，"慕中国之风，因留不去，改姓名为朝衡"①，入国子监太学学习，结业后参加科举并一举考中进士，深得唐玄宗赏识，从此踏上仕途。当时的长安可以说是一座诗城，玄宗喜好诗文，身边时常汇集了许多文人墨客，当时很多官吏也是非常出色的诗人。而阿倍擅长和歌又精通汉诗，入唐为官为他与众多的诗人的相识提供了机会。

储光羲是阿倍仲麻吕在唐朝较早交往的朋友，两人共读太学，是同期进士，志趣相投，情谊深厚，储光羲也因与阿倍的交往而声名远播于东瀛，并被供奉在日本京都"诗仙祠"中，阿倍在唐的赠诗以储光羲的《洛中贻朝校书衡，朝即日本人也》为最早，诗曰：

> 万国朝天中，东隅道最长。
> 朝生美无度，高驾仕春坊。
> 出入蓬山里，逍遥伊水傍。
> 伯鸾游太学，中夜一相望。
> 落日悬高殿，秋风入洞房。
> 屡言相去远，不觉生朝光。②

从题名看，这首诗写于阿倍仲麻吕刚开始任官之时，这时阿倍已经有了汉名朝衡。储光羲在诗中描写了阿倍学习与为官初期的情况：在万国来朝的背景下，阿倍从万里之外的日本来到大唐，他品貌出众、学识渊博，储光羲以东汉梁鸿在太学刻苦嗜读之典故，比喻阿倍在太学学习的刻苦。太学卒业后阿倍出任太子宫左春坊司经局校书，负责校理刊正经史子集各类图书，并为太子李瑛侍读。在随侍太子读书和矻习学问之余，阿倍与友人漫步山水之间纵谈学问，生活充实而悠然自得。

二、惜别：异域若为通

阿倍仲麻吕在唐学业精进、仕途顺畅，却始终牵挂着自己的故乡。734 年（唐开元二十二年），日本第十次遣唐使团来唐，阿倍以双亲年老为由，向玄宗提出申请准予回国，但由于玄宗的挽留未能成行。或许阿倍正式向玄宗请求前，曾向好友赵骅说了自己回国的

---

① 刘昫：《旧唐书》卷一百九十九上《列传第一百四十九·东夷》，中华书局，1975 年，第 5340 页。
② 彭定求等：《全唐诗》3，延边人民出版社，2004 年，第 765 页。

想法,赵骅也以为阿倍马上就可以回国,于是写下《送晁补阙归日本》①,这也是赵骅仅存的一首诗。诗云:

> 西掖承休浣,东隅返故林。
> 来称郯子学,归是越人吟。
> 马上秋郊远,舟中曙海阴。
> 知君怀魏阙,万里独摇心。

全诗由阿倍入唐为官引出,以孔子学于郯子之故来隐喻阿倍因倾慕中华文化,不远万里来唐求学;以庄舄越吟②之故来比喻阿倍的思乡之情。接着遥想阿倍在归途中的情景,是送别诗的常用手法。在全诗最后,赵骅相信阿倍即使在万里之隔,也会心怀"魏阙",诗人深深理解挚友即使身还家乡也会心念大唐的矛盾心理,这是只有知心朋友才能体察的内心活动,可见两人关系密切。

在长安的荣华富贵没能减轻阿倍对故国的眷恋之情,752 年(唐天宝十一载),日本第十一次遣唐使团抵达长安,又触动了阿倍仲麻吕重返故里之念,这次他的归国之请终于获准。在得知阿倍即将归国的消息之时,中国友人纷纷挥笔作诗赠别。有上文提到的王维《送秘书晁监还日本国》③,其诗序骈骊铺陈,达五百余字,是唐朝诗人赠送给阿倍的诗作中最长的一篇,在长序中王维描写了盛唐繁荣、中日交往情况、时人眼中的日本国的印象和地位,以及阿倍积极学习中华文化、入朝为官、学成返乡的始末等。

王维写下"海东国日本为大,服圣人之训,有君子之风",这是时人对日本的印象。王维从未去过日本,所以在他对日本的认识主要来自阿倍的介绍和他直接会见日本遣唐使后留下的直观印象,或许王维从阿倍那里听说了日本积极摄取儒家文化和社会制度等诸多方面,所以王维对日本印象很好,这种印象也能一定程度上代表唐廷与时人对日本的看法,正是在这一认识的基础上,日本派出的遣唐使团才能顺利来到中国,日本得以顺畅地学习中国文化。另外,当时的唐朝十分强大,与中国的安定国交是周边诸国的外交方针,日本与唐的友好往来使日本在国家安全方面打下了稳固的基础,也有助于日本提高国际地位。例如 753 年(唐天宝十二载)正月初一朝贺之时,日本使团与新罗发生位次之争,玄宗皇帝"敕命日本使可于新罗使之上"④,证明因遣唐使的派遣,日本政治、经济、文化得到了全面的发展,综合国力提高,再加上阿倍留唐多年,深受玄宗赏识,所以日本使团敢于提出自己的意见,与新罗使团进行位次交换,以期提高自身的国际地位。

---

① 《全唐诗》3,第 716 页。
② 庄舄越吟:庄舄,战国时期越国人,仕于楚,病重时思越而作吟越声。
③ 《全唐诗》3,第 699 页。
④ 藏中诗依芙:《〈延历僧录〉注释》,日本大东文化大学东洋研究所,2008 年。

由于序文较长，在此略去全文，以下仅引正文：

> 积水不可极，安知沧海东。
>
> 九州何处远，万里若乘空。
>
> 向国唯看日，归帆但信风。
>
> 鳌身映天黑，鱼眼射波红。
>
> 乡树扶桑外，主人孤岛中。
>
> 别离方异域，音信若为通。

　　王维在诗的开头以唐人的视角感慨：茫茫大海无边无际，如何知晓沧海之东（即日本）在哪里呢？颔联又转化成日本的视角：九州（即中国）如此遥远，仿佛在万里之外，只有腾空飞行才能到达吧！王维以想象中两国的遥不可及营造了一种惆怅不安的氛围。接下来是王维想象的阿倍渡海的情景，在王维看来，横渡大海到日本是一件极为冒险的事情，仅有几片风帆、数支橹桨，只能凭借太阳和风向确定航行方向，这反映出了当时中国人的日本观和对航海的印象。接下来王维设想了海上的惊险：天黑时，鳌鱼背上的光将天空都映黑了；日出后，鱼眼却射出红光，把汹涌的波涛染成红色，可想而知航行多么艰险。但王维仍真心盼望阿倍战胜艰难险阻，一路顺利，最终安抵故土。诗人以"乡树扶桑外"极言日本之远（后世用"扶桑"指代日本，则是包含词语的借用与语义的转移），旋即又以"主人孤岛中"强调好友回国后与自己已成为异域之人，音信难通。"山川异域"与"别离方异域"都用到"异域"一词，而来自"异域"的人，却有着相通的深情，着实是"异域可为通"。全诗一字未提一个"情"字，但我们从两国距离之远、航程之艰险和诗人的声声喟叹中，可以深刻地体会到两人的深厚友谊及惜别之情。

　　还有包佶作《送日本国聘贺使晁巨卿东归》[①]送别好友，诗云：

> 上才生下国，东海是西邻。
>
> 九泽藩军使，千年圣主臣。
>
> 野情偏得礼，木性本含真。
>
> 锦帆乘风转，金装照地新。
>
> 孤城开唇阁，晓日上朱轮。
>
> 早识来朝岁，涂山玉帛均。

　　从题目来看，"晁巨卿"这一称谓反映了阿倍在唐的地位及唐人对他的敬仰。包佶在

---

① 《全唐诗》4，第 1166 页。

诗中高度赞扬了阿倍的才学、为人，以"锦帆""金装"描写阿倍衣锦还乡的浩荡规模。包佶对于阿倍的归国渡海之途不像王维和赵骅那样担忧，而是相对乐观，也可能盼望着阿倍在回国探亲后可以再次返回中国。在诗末，包佶用涂山会盟①之典来比喻日本向唐朝贡，体现了华夷的正统观念。

三、不舍：若木故园林

阿倍仲麻吕面对浩荡皇恩和昔日友人，感激又感慨，把心爱的宝剑从身上摘下，赠给中国友人留作纪念，同时赋诗一首，即《衔命使本国》②予以回赠，诗曰：

> 衔命将辞国，非才忝使臣。
> 天中恋明主，海外忆慈亲。
> 伏奏违金阙，騑骖去玉津。
> 蓬莱乡路远，若木故园邻。
> 西望怀恩日，东归感义辰。
> 平生一宝剑，留赠结交人。

诗题中的"衔命"是指阿倍奉唐玄宗之命担任唐遣日回访使，阿倍入唐时仅是留学生，而在唐留居三十余年后，身份已今非昔比。阿倍称离开中国为"辞国"，可见他已经把中国当作自己的国家。诗中一系列如"悬明主""忆慈亲"之词汇的运用，表现了他感激玄宗恩泽又怀念双亲的复杂心境，阿倍想忠孝两全的心理表示他已经深受中国儒家忠孝观念影响。诗中提到的"蓬莱"是中国神话中的海外仙山，代指日本，"若木"是《山海经》中记载的神树，"东有扶桑，西有若木"，中国恰好在日本的西侧，代指中国。他在离开唐土时，回首西望，心中充斥着眷恋和惜别。

阿倍除了以上这首汉诗以外，还留下一首可能是他赠予唐朝友人们的作品，即极为有名的和歌——《天之原》：

> 天の原、ふりさけ見れば、春日なる、三笠の山に出でし月かも。③

此和歌是阿倍于苏州海边与唐朝友人分别时所作，阿倍仰望夜空，既惜别大唐又思念故乡，眼前的明月令他想起故乡三笠山之月，然月是故乡明，抒发了自己久别思归的怀乡

---

① 大禹通过在涂山召集天下部落首领会盟，确立了天下共主的地位。
② 《全唐诗》13，第 4530 页。
③ 中译诗："翘首望东天，神驰奈良边。三笠山顶上，想又皎月圆。"

心情,也表达了自己与唐朝友人们即将离别的怅然之感。这首和歌无论在中日交流史上还是日本文学史上,都成为千古绝唱。

四、悼念:明月不归沉碧海

公元 753 年(唐天宝十二载)阿倍仲麻吕、吉备真备、藤原清河等人到达扬州,和当时正准备再次东渡日本的鉴真法师会面,曾五次东渡未果的鉴真法师,此次也随团顺利抵达。可阿倍所乘船只却遭遇风暴后失联,李白听到阿倍遇难的误传消息,悲痛不已,泣泪写下了哀悼诗《哭晁卿衡》①。诗曰:

> 日本晁卿辞帝都,征帆一片绕蓬壶。
> 明月不归沉碧海,白云愁色满苍梧。

诗歌前两句直述阿倍不久前辞别长安,征帆一片返回故国,"蓬壶"即传说中的蓬莱仙岛,这里泛指海外三神山②,表明阿倍归途要绕过众多岛屿,暗含着阿倍可能遇难的处境,李白既向好友不辞艰辛的远航表示敬意,也饱含着他思念故友的绵绵情谊。后两句李白将阿倍遇难比喻成"明月沉碧海",足见他对失去这位友人的痛心惋惜。因为阿倍对中日友好所做出的贡献,当"明月不归"的噩耗传来之时,白云都愁色一片笼罩着苍梧山,沉痛地哀悼阿倍的仙去。李白在整首诗中运用了多种象征和隐喻来表达对友人不幸遇难的伤痛和两人深厚的友情,诗句迂曲含蓄,气氛悲凉,成为中日友谊史上传诵千年的不朽名作。

好在这只是误传,阿倍仲麻吕遇难的消息并不属实,他的船并没有沉海,而是随巨浪漂泊至安南,他还遭到了当地土著人的围击。直到 755 年(唐天宝十四载),他和藤原清河等人才历经磨难返回长安。阿倍仲麻吕在看到李白的悼念诗后百感交集,作《望乡》诗感念故友:

> 卅年长安住,归不到蓬壶。
> 一片望乡情,尽付水天处。
> 魂兮归来了,感君痛苦吾。
> 我更为君哭,不得长安住。

大意是阿倍说自己在长安生活了三十余年,到了返乡的时候却不料渡海失败,实属天

---

① 《全唐诗》3,第 1036 页。
② 海外三神山即蓬莱、方丈、瀛洲,也称蓬壶、方壶、瀛壶。

意。自己的望乡之情，尽付诸水天之处。如今又重回长安，得知李白曾为自己痛哭，恰逢李白云游天下，而无法与他相聚，所以更要为他而哭。阿倍把对人生的感叹感恩以及与李白的故友真情表达得淋漓尽致。

这次九死一生的归乡之旅，对阿倍的打击很大，他也因好友的规劝和玄宗的挽留，决心终老唐朝。759年（唐乾元二年），日本遣唐使团再次来到长安时，阿倍并未再与之接触。

归途虽然不顺，阿倍的仕途却是一帆风顺，在华居留五十余年，阿倍仲麻吕历任左春坊司经局校书、秘书监、卫尉卿、安南节度使等职，最后至光禄大夫兼御史中丞、北海郡开国公，食邑三千户。770年（唐大历五年），阿倍在长安病逝。唐代宗追封他为潞州大都督（从二品）。六十多年后，日本仁明天皇赠阿倍正二位官衔。中日双方给予阿倍的荣誉，既是表彰他所做的贡献，也表明了两国政府对中日睦邻友好关系的认可。

五、结语

阿倍仲麻吕是日本杰出的遣唐留学生，他通晓中国文化，以他的高尚品德和非凡学识赢得中国朝野的器重和信任。由于阿倍仲麻吕在唐的积极影响，提高了日本留学生的社会评价，增进了中国对日本的了解。阿倍仕唐期间虽并未像归国的遣唐使那样在日本直接传播了中国文化，但与日本常有书信往来[1]，起到了驻唐大使的作用，他也利用自己在唐朝的身份和地位予以日本使者、留学生许多帮助，对当时处在社会转折时期、需要大量吸取中国文化的日本来说十分有利，阿倍仲麻吕为提高日本国际地位、增进中日友好、促进中日文化交流建立了不朽功勋。

一千多年前，鉴真受"异域同天"感动东去；阿倍克服"九州万里"艰险西来，他们感人肺腑的事迹，既是中日文化交流的不朽佳话，也是两国人民世代友好的宝贵财富。无论在日本文人对鉴真的怀念感恩之中，还是唐代诗人对阿倍的深情厚谊之中，诗词都扮演了重要的角色，这些饱含深情的诗词记录了中日文化交流史上浓墨重彩的一页。

一千多年后的当下，疫情肆虐，"国家不幸诗家幸，赋到沧桑句便工"[2]。如今人们还是渴望用诗句抒发内心的郁结。"异域同天"和"九州万里"之所以让我们感动，在于它描绘了一种休戚与共的真情。中日两国，古有往来互鉴之情，近有患难与共之交，现有共同复兴之业，我们地缘相邻、文化相似、历史相亲，所以睦邻友好是我们最好的选择。疫情终将过去，我们应该把"九州万里"和"异域同天"带给我们的感动与慰藉转化成中日友好往来的动力，用"异域相通"去开辟中日关系的新境界。

---

① 陈子彬：《中国唐代客卿日本学者阿倍仲麻吕评介》，《承德师专学报》，1984 第 C1 期。
② 出自清·赵翼《题遗山诗》。

《五山文学全集》中所见"瓷"文初探

王 丽

（江苏师范大学中华家文化研究院）

宋元时代，众多禅僧往来于中日两国之间，开展文化交流，由他们创造出来的五山文学广为人知。本文所选取的诗文是从《五山文学全集》①作品中爬梳出来的有关中国瓷器的作品。与陶瓷有关的五山文学研究就目前所见非常稀少②，本文试图进一步挖掘五山诗人的"瓷"文以及其中内涵的异域想象与生活趣味，以此来管窥当时的生活交往世界。

一、关于涉及中国瓷器的五山诗人及其作品

五山文学中涉及中国瓷器的作品归纳见表1③。

表 1 《五山文学全集》中涉及中国瓷器的作品

序号	作 者	出 典	题 目	所记录的瓷器	效 能	体裁
1	虎关师炼	济北集	丈室焚香坐赋	八卦瓷	焚香器	赋
2	虎关师炼	济北集	茶壶	定府白瓷	茶贮器	七言
3	虎关师炼	济北集	橘皮汤	瓶瓷	药汤盛器	五言
4	虎关师炼	济北集	外纪行记传表疏·文应皇帝外纪	分仙骨纳五青瓷	冥器	纪
5	中岩圆月	东海一鸥集	谢惠青瓷香炉并序	香炉	香器	赋
6	义堂周信	空华集	璞素中见赠瓷碗，当心有蛟龙出水之势，盖曲尽其妙也。作偈谢之	定州瓷茶碗	茶饮器	七言
7	岐阳方秀	不二遗稿	惠日首座寮结制秉拂	巩县茶瓶吃一锤，击碎饶州白瓷碗	茶饮器	文

① 文本源于上村观光编《五山文学全集》，思文阁，1973 年。

② 中日有关五山文学的研究经历了一个由高冷尤其是近代日本学术界刻意冷落汉文学的时期向近年来国内外学者基于文学史、中日交流史、思想史以及大型文献重新校注等的繁荣研究井喷期。但以瓷器为切入点，对五山文学进行的先行研究稀见，如有陈文增《定窑研究》一书中"日本诗人与定窑文化"中对义堂周信的作品介绍，但遗憾的是并未对文本再作细致解读；张哲俊《五山文学的研究与别集的校注》，《日语学习与研究》2017 年第 2 期，第 1—12 页。

③ 《济北集》的《盆石赋》中有"外瓷青而底沙白"的记录，《罂泉》中有"一团深黛青瓷明"的字样，《翰林葫芦集》的《雨后新竹即席中》有"节节何时代陶瓦"字样，但并非是对陶瓷器物的直接记录，所以未列入其中。

正如表 1 所示,《五山全集》中有关于瓷器的作品仅 7 首,其中最多的是虎关师炼,共有 4 首,分别对应表 1 中的 1—4。虎关师炼是镰仓时代后期至南北朝时代临济宗①的僧人,出身于京都。字虎关,讳师炼,谥号本觉国师。日本弘安八年(1285),8 岁拜师于临济宗圣一派东山湛照参禅,是圣一国师的法孙。弘安十年(1287)在比叡山受戒。16 岁时,随桃溪德悟修行。桃溪德悟是无学祖元②的随侍,有入宋经验。虎关师炼还师从菅原在辅学习《文选》,师从六条有房学习《易学》,获得了广博的知识。1342 年 65 岁时被后村上皇赐予国师称号。

德治三年(1307)虎关师炼在镰仓的建长寺拜访一山一宁,被问及本朝名僧的事迹时,未能有满意的作答,以此为契机,在白河的济北庵完成了《元亨释书》。由于特别仰慕一山,便从学于一山,学习外学。虎关师炼是受到无学祖元、一山一宁等中国僧人直接或间接影响,熟知中国文学、文化、生活、宗教的禅僧。从上述四首诗文中亦可得到具体体现。

中岩圆月的作品有一首,是表 1 中的 5。中岩圆月是南北朝的临济宗僧人,在日本五山禅林史中也是值得被大书特书的人物。应长元年(1311)中岩圆月跟随道慈学习《孝经》《论语》,正和三年(1314)拜会无学祖元的直系弟子云屋慧轮,作了大量的偈颂,获得了云屋"奇"的赞赏,后至圆觉寺,礼见受邀而来的元朝明州僧人东明慧日,作将其作为受业恩师随侍。正中二年(1325)26 岁的中岩圆月到达中国,元弘二年(1332)乘搭日本船到博多,回到日本,共在中国逗留 7 年左右。

中岩圆月在中国期间,遍访有名的寺庙,与高僧和文人广泛交流,其行迹如下:

先入浙西嘉兴府,参拜天宁寺灵石如芝。元泰定三年(1326),赴金陵参见凤台山保林寺古林清茂。后在江西洪州的西山云盖山度过夏日,冬季到达云严寺(虎丘)拜会了济川若楫。泰定四年再次前往金陵保宁寺拜见古林,冬季赴吴门的幻住庵。泰定五年,在湖州道场山护圣万寿寺度过夏天,得东陵水典、雪村友梅知遇之恩。当年秋天,赴净慈寺,再次参拜住持济川若楫。后回归江西云严寺,再次拜见龙山德见。后赴武昌,又再回江西,在庐山东林寺庙三度参拜古林。至顺元年(1330)在洪州的百丈山担任书记。随后,再次回归庐山,在山中拜访龙颜德真、柏壑等禅者,渡过鄱阳湖,参拜永福寺的竺田悟心,后到达金华,在双林寺结制安居。当年秋天,在智者寺蒙堂寄寓。至顺三年(1332)33 岁赴净慈寺,陪伴日本僧大辨正训前往径山。夏初和日本僧人一峰通玄从浙东归国。

义堂周信的作品有一首,为表 1 中的 6。义堂周信是南北朝至室町时代的临济宗僧侣,义堂是道号,周信是法名,别号"空华道人"。7 岁时,跟随松冈寺的净义学习《法华经》,又遍学儒书。后师从梦窗。日本康永元年(1342)立入元之志。在准备入元的回乡路上,海浪汹涌致其病发,其意识到身体无法承受长途航海的旅程,遂放弃入元的想法。在

---

① 1202 年,征夷大将军源赖家于京都创立建仁寺,授命荣西为开山祖师。荣西设置台、密、禅三宗兼学的道场,创立真言院和止观院,融合此三宗而形成日本的"临济宗"。荣西参学于黄龙七世之孙宋天童虚庵怀敞禅师,按《佛祖宗派纲要》于天台万年寺得印可。归国后的荣西开宗立派,并逐渐形成日本学僧兼修台、密的传统。临济宗的梦窗国师和大灯国师分别开创了"五山十刹"的官寺禅派和主要在民间传播的大德寺派、妙心寺派,形成了日本临济宗发展的两大主流。

② 江静:《赴日宋僧无学祖元研究》,浙江大学博士学位论文,2009 年。

获得梦窗的允许后回归,被提拔为汤药使者,侍奉于梦窗周围,接受训谕。康永三年(1344)义堂周信收集了宋元两代名宿的五言七言绝句数千首,集结为《贞和集》。

岐阳方秀的作品有1首,为表1中的7。岐阳方秀,南北朝末至室町时代临济宗的禅僧。初名道秀,也叫不二道人。于山城(京都府)伴随安国寺的灵源性浚出家,历经东福寺的首座,成为赞岐(香川)道福寺的主持。应永十八年(1411)成为东福寺的第八十世,应永二十五年(1418)成为天龙寺第六十四世。岐阳方秀对《四书集注》加以训点,在儒学研究方面留下了巨大的功绩。

岐阳善于词藻,讲学亦很优秀。其文笔受教于义堂周信众多,更是虎关以来东福寺一脉相承讲学之风的正统。应永九年(1402),明朝的临济僧天道茅及天台僧一庵一如作为使节来到日本。岐阳通过书信,求问其宗旨,同时请求在日本尚没有的《华严疏注》等经疏,后获得了赠予。

上述诗文,一方面可以看到当时的五山文学既受到来自中国僧人与接续法脉的深刻烙印,诗人们往往注重内典与外学的兼修,汉文学素养高深,博闻广识。且从禅宗"五家七宗"的源流看,流传至东瀛的宗派临济宗高僧在五山文学中具有重要的地位。

另一方面,以陶器器具检索五山文学中的"瓷"文,从上表中仅见的7件作品可以推测:日本临济宗的诗僧们对于日本的茶道、香道、医道等承载的器具有特殊的喜好,以至于在日常生活与焚香静坐禅修等不同场合下使用何种相应的域外瓷器器皿有着独到的见解,这从一个侧面反映出僧人们在中日瓷器文化交流史上除了形而上的思想、宗教意蕴有着良好的修为,也对器物的"中国风"有着宋代以来因文人趣味而深受追捧的汝、官、哥、钧、定五大窑的器皿有着不凡的鉴识。

以下选取直接描述中国瓷器的作品加以探究。

二、"瓷"文所见五山禅僧的圣俗趣味

1.《丈室焚香坐赋①与谢惠青瓷香炉并序》

虎关师炼被誉为五山文学的始祖。时为中国宋元时期,亦为瓷业兴盛的高峰期之一,文人趣味推崇的"慎独"之美与禅宗的默照、语默动静成为追求单色器物并类比"中华五色"为正色的思想源泉,以宋代官窑命名的汝、官、哥、钧、定在釉色上追求青、赤、黄、白、黑而著称,用于僧人茶道类器具与参饮食的"托钵"多以黑、赤赪色为主,此与佛教律宗《四分律》中为了对治睡眠"倒单"而培植"五功德",以戒律严格区分"青、黄、赤、白、黑酪色酪浆色"义理交相叠韵,共同描绘出以"器"为媒,诗赋品鉴贯通在世俗生活世中追求更为玄远的宗教境界的一种途径②。按《丈室焚香坐赋》③所载:

---

① 上村观光编:《济北集》,《五山文学全集》第一卷,思文阁,1973年,第63页。
② 黄吉宏、王丽:《佛道陶瓷艺术研究》,江西美术出版社,2017年。
③ 描绘丈室通过焚香导引,继而观想逐渐进入定慧兼修,跃升至妙香三昧的动静,染净一如之境。

十笏室六赤床，八卦瓷一柱香。微烟未发，素馥先扬。眼耳潜伏，鼻观飞扬。经香肆过花乡，跨真腊超占城。不文武之均火，起清妙之奇芳。于时我庐不觉汗秽，净洁薰芗宛如严丽之上方。

开篇两句中的"八卦瓷一柱香"可见陶瓷器具用于辅助禅修或道场平日的生活修习，在五山僧侣上层的使用非常普遍。而具体分析其内容，虽然文中只出现装饰纹样"八卦"，但对比同一时期装饰有相同纹样并用来作为燃香的器皿造型，推测多以"鼎""炉"居多。

具体结合虎关师炼生平，其完成"《元亨释书》三十卷三草既成，上呈天皇入《大正藏》未果"[①]的第二年，即元亨三年(1323)春，46 岁的虎关师炼移居本觉寺，同一年一艘满载陶瓷、金属器、紫檀木、香料等物品的新安船于 4—6 月在宁波(元代为庆元港)出发，途经新安海域沉没。结合近年来沉船打捞出来的器物统计，"中国陶瓷占 20 691 件，品种有青釉、白釉、青白釉、黑褐釉及其他釉(包括钧釉、白地黑花等)。其中，青釉瓷有 12 377 件，约占 60％；白瓷和青白瓷共有 5 311 件，约占 26％；黑褐釉瓷有 509 件，约占 2.4％"[②]。而根据金英美《新安船发现的龙泉青瓷》的进一步研究统计，与燃香更有关联的器皿"香炉"约 500 多件，占出水龙泉青瓷总数 14 000 的 3.6％，说明以香炉为品种的龙泉青瓷在外销瓷贸易中占有相当大的比重。从釉色的品种看，也佐证这一类瓷器多以单色釉为主。

再结合出土的木牌看，与建于 1239 年的京都最大的禅寺，亦为日本五山文学之一的临济宗东福寺派总院有关的木牌"东福寺"有 41 个，写有货主为日本人姓名的有 12 个，其中直接写年代"至治叁年(1323)"与庵名(钓寂庵，时位于九州的福冈)墨书的木牌有 8 个。虽然学者对出水报告中提到的 18 件官窑类型青瓷的断代有争论，但无论是宋代的"古董说"，还是"元代仿南宋官窑青瓷"，与杭州老虎洞窑出土的青瓷标本的造型和胎釉特征非常相似[③]。结合出水青瓷木牌所示货主，间接表明同一时期东福寺临济宗僧侣上层对中国瓷器有独特的喜好。

《丈室焚香坐赋》后半部分，着笔对在焚香之后坐禅或观想过程中逐渐由外物牵引至精神层面的定慧双修进行描摹。

烟青碧，冲仙灵翔鸾鹤。于时我庐不见障屏，高宏宽博乃似太虚之廖廓，若夫净吾室者香气之芬烈也。博吾室者，香烟之蓊郁也，芬洁而言之，兹室众香国也；宽广而言之，兹室华藏刹也。众香而可送香饭于毗耶？华藏而可洒甘露于摩竭，呜呼！汗室为众香之国者，秽而净也矣；隘室为华藏之刹者，狭而广也矣。我不离坐而神游二刹者，静而动也矣。始吾庐也非不狭汗焉，吾坐也非不闲静焉，今吾室也非不净广焉，吾坐也非不游动焉。因

① 朱志鹏：《虎关师炼与〈济北集〉赋篇研究》附录一年谱，浙江工商大学硕士论文，2013 年，第 34 页。
② 韩国文化公报部、文物管理局编：《新安海底遗物(综合篇)》，高丽书籍株式会社，1985 年，第 541 页。
③ 高美京：《新安船出水陶瓷器研究述论》，《故宫博物院院刊》2013 年第 5 期，第 57—68 页；降凤龙：《中国中世纪由宁波出航的使臣船与贸易船》，《东海发展研究》(2017)，海洋出版社，2018 年，第 10—14 页。

此而言秽未必不净矣,狭未必不广矣,静未必不动矣。是曰妙香之三昧,托于古诗之一派。

上文中所用鸾鹤、太虚、华藏、甘露、摩竭①、动静对比、秽净对举、妙香三昧等极具中土佛道意象的文辞,表明虎关本人对中国佛道文化的推崇与偏好。比照陆游《焚香赋》②一文,借助宋画《国老仙踪图》(图1)中桌上的香炉摆设,可以遥想这一"其上达也,蔼蔼如山穴之云",直冲九霄的神人共赴之仙境。

图1　宋《国老仙踪图》及局部"香炉"(故宫博物院馆藏)

2.《谢惠青瓷香炉并序》③

物外什公座元,昔予与在杭之南屏朝讲暮明之最熟也。昨见光贲兼惠以处州炉香片附,极惭虚辱,诗以寄谢。

宝瓷精致何处来,括苍所产良可爱。

滑润生光与玉兴。青炉峙立厌羼。

卦文旋转观有伦,檀片吐香烟蔼蔼。

粟散王国苦乱离,十年不见通货卖。

江南之物皆价翔,陶器况最难运载。

藤阴穷僻人不来,来者莫非世所废。

柴门剥啄异常闻,侧耳俄然惊声咳。

---

① 《肇论》曰:"释迦掩室于摩竭,净名杜口于毗耶。"

② 《焚香赋》原文如下:闭阁垂帷,自放于宴寂之境。时则有二趾之几,两耳之鼎。爇明窗之宝炷,消昼漏之方永。其始也,灰厚火深,烟虽未形,而香已发闻矣。其少进也,绵绵如皋端之息;其上达也,蔼蔼如山穴之云。新鼻观之异境,散天葩之奇芬。既卷舒而缥缈,复聚散而轮囷。傍琴书而变灭,留巾袂之氤氲。参佛龛之夜供,异朝衣之晨熏。

③ 上村观光编:《东海一沤集》,《五山文学全集》第二卷,第876—877页。

闯窗见之是故人，仓皇迎迓衣带拖。

　　未叙寒暄先笑言，南屏到眼横翠黛。

　　决语殷勤留珍玩，物意兼重难为戴。

　　木瓜犹足报琼瑶，我此情怀孰可奈。

　　由题可知此文为中岩元月为表达获赠青瓷香炉的感激之情所作之诗与序言。序中交代了赠炉人为作者在杭州南屏时至交之人光贲兼惠的。"物外什公座元"一句表明光贲兼惠是一位有道高僧，地位很高，当是寺庙首座。可惜目前为止并未找到更多关于光贲兼惠的资料，姑且留作日后的课题。同时说明香炉产地为处州（今浙江丽水），即明确香炉为龙泉青瓷。诗文首先通过描述龙泉青瓷八卦香炉的釉色、器形、纹样表达喜爱之情，再通过描述动荡的时局与物价的高涨来体现瓷器的价值，特别提出陶器易碎而沉重、不易携带的特性，同时自己居所偏僻、来路艰辛，进一步凸显友人的费心尽力。随之记录了二人见面、叩门、闻声、出迎、欢言、忆昔、作别之场景，最后借用木瓜琼瑶之典故，点出重礼情深，重无以为报，只能以诗文答谢之题。可以想象那晚中日有道高僧交流时，品瓷论瓷当是重要主题。

　　另外通过括苍粟散的诗句可以得知中岩圆月对龙泉青瓷产区与社会状况比较熟悉，也可一窥瓷器在中日文化交流中产生的重要作用。

　　遍览资料，将最为接近虎关与中岩二人所描述的八卦瓷器物如图 2、图 3，以供欣赏。

图 2　韩国新安文化财中央博物馆所藏八卦瓷器物　　**图 3　东京富士美术馆所藏八卦瓷器物**

三、《茶壶》与《璞素中见赠瓷碗》

　　对于《茶壶》和《璞素中见赠瓷碗》两首描述定窑瓷的诗，先行研究[①]从提升定窑文化内涵的立场出发强调定窑的工艺的精美及对外影响。以下通过当时瓷器使用的整体状

---

　　① 陈文增：《日本诗人与定窑文化》，《定窑研究》，华文出版社，2003 年。

况,对五山诗人所用的定窑之器再做粗浅探析。

茶　　壶

定府白瓷陶冶珍,纵横小理自然新;
扫清仙客闲天地,贮得四时一味春。

　　该诗是对定瓷茶壶的描写。定窑位于河北省保定市曲阳县,唐代已是著名瓷场,到宋代发展迅速。定窑器形多样,以白瓷为主。就器形而言,多为日常使用的碗、盘、碟、瓶、盒和枕,亦有少量佛前供器,但壶相对较少,其精品一直作为贡器被宫廷使用。"陶冶珍"三字便充分表现其之珍贵。后因"有芒不堪用"而逐渐式微。第二句所描述的"纵横小理自然新"体现瓷茶壶的工艺特征,"纵横小理"或为仿植物的纵向线条如瓜棱一类的自然造型,即"精巧的刻花、印花技术和艺术装饰"[①]纵横兼具的技法;在定窑的碗、盘类器物的外壁,经常可看见细密如竹丝的划痕。这些划痕是器物初步成型后旋坯加工时留下的。其他窑口的器物外壁也可见到旋坯痕,但不如定窑纤细密集,这是鉴定定窑器物纹理的重要特征。

　　茶之饮与用之器往往随着时代的风尚与上层的喜好、文士的推崇而不断衍变。如唐人陆羽《茶具》曰:"碗,越州上,鼎州次,婺州次;岳州次,寿州、洪州次。……越州瓷、岳瓷皆青,青则益茶。"宋代市井风行斗茶,推崇建盏,所以宋蔡襄《茶录》曰:"茶盏。茶色白,宜黑盏,建安所造者……最为要用。……其青白盏,斗试家自不用。"可以推知诗中所指宋代定窑茶壶很有可能并非主流,所谓茶壶亦并非现在所指的"急须"的样式,更可能与酒器的注子较为类似。

　　以下结合同一时代的器物图像(见图 4),理解"瓷"文所指器物的具体造型、釉色及其纹饰。按《宣和奉使高丽图经》载高丽的汤壶、翡色小瓯"皆窃效中国制度",可征从中国销往或僧侣携归朝鲜半岛、日本的器物风尚趣味。宋元白瓷多通过宁波(庆元港)向外输出。

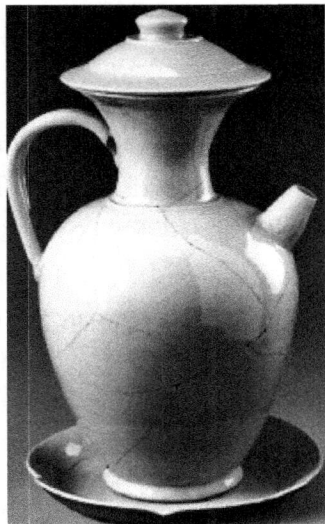

图 4　唐白釉"盈"字款执壶及托盘组合(陕西省西安市南郊刘家庄村东古井内出土,西安市文物保护考古所藏[②])

汤壶之形,如花壶而差圆,上盖下座,不使泄气,亦古温器之属也。丽人烹茶多设此壶。通高一尺八寸,腹

---

①　唐末和五代的定窑白瓷已具有相当高的水平,至北宋更为突出,不仅在瓷质上进一步得到提高,而且采用了精巧的刻花、印花技术与艺术紧密结合起来,开创了日用装饰白瓷的先声。但金代开始瓷质有日趋下降之势。李国桢、郭演仪:《历代定窑白瓷的研究》,《硅酸盐学报》1983 年第 3 期,第 312 页。
②　图片采自沈琼华《翡色出高丽:韩国康津高丽青瓷特展》,文物出版社,2012 年;张柏:《中国出土瓷器全集陕西卷》,北京:科学出版社,2008 年。

径一尺量容二斗。①

《宣和奉使高丽图经》特别提及汤壶的造型为"上盖下座"。"上盖"是汤壶的口部有盖子;"下座"是指汤壶的下部配有一个托盘,其目的除了保温外,也增加了执壶器皿在茶饮过程中的稳定性。

北宋苏轼写有《南屏谦师妙于茶事自云得之于心应之于手非可》一诗,其中"道人晓出南屏山,来试点茶三昧手"②将点茶追求的"调膏、注水、击拂"之"心手合一"的最佳效果以"三昧手"来指称,将外在的茶汤转向主体内心对呈色的品鉴。虽然虎关之诗并未点出具体的人物与场景,但结合同一时期苏轼诗文流布③日本并在五山禅僧的作品中多见模仿、引用,从由此流露出的敬佩之情来推测,虎关师炼比较推崇的应当是南方天台传来的茶饮方式。

璞素中见赠瓷碗璞素中见赠瓷碗。当心有蛟龙
出水之势。盖曲尽其妙也。作偈谢之④
故人赠我定州瓷,中有蛟龙弄水嬉。
只恐一朝得云雨,青天飞出碧瑶池。

诗题中"璞素中见"四字或为赠碗人的名号,可惜未能找到进一步确定的资料。

整首诗描述了赠送之事实外,以所赠瓷碗纹样之生动来体现对朋友赠物的感谢之心。结合对北宋定窑白瓷刻龙纹盘残片的"透影性"评价——胎白致密,釉白中微闪黄,洁白晶莹,龙纹刻画生动⑤,可初步感受定瓷的品质。

当时定瓷白碗的器形可参考图5,龙纹纹样可参考图6。

---

① 北宋宣和五年(1122),高丽仁宗继位,徐兢(1091—1153)随同担任给事中的路允迪,奉宋徽宗之命,出使高丽开城一月。归国后著录《宣和奉使高丽图经》,原文由图与经两部分组成,现图部分佚失。参见《宣和奉使高丽图经》卷三十一至三十二。
② 苏轼于熙宁五年(1072)出任杭州通判,该诗写于是年十二月二十七日游西湖葛岭寿星寺时,南屏山麓净慈寺的天台高僧处谦亦是分茶高手(见《佛祖统纪》卷十三),特地赶往为苏东坡点茶。该诗描绘了处谦茶艺之得心应手:"道人晓出南屏山,来试点茶三昧手。忽惊午盏兔毛斑,打作春瓮鹅儿酒。天台乳花世不见,玉川风腋今安有。先生有意续《茶经》,会使老谦名不朽。"
③ 苏轼名字首次出现的时间是在平安朝后期藤原赖长所著《宇槐记抄》"仁平元年九月二十四日"条中,记载了宋商刘文冲将《苏轼先生指掌图》等书献给藤原。日本东福寺大道一以编著的《普门院经论章疏语录儒书等目录》记载,该寺所藏的102种汉籍外典中就有《注坡词》二册、《东坡长短句》一册,这是现在所知苏词在日本的最早著录。参见曾枣庄、池泽滋子:"'屈于生而伸于死'——中日苏轼研究比较的对话",《文艺研究》2011年第1期,第84页。
④ 《济北集》,《五山文学全集》第二卷,第1384页。
⑤ 马文娟:《标本:学瓷之路》,《文物鉴定与鉴赏》2016年第5期,第22页。

图5　宋代定窑瓷碗（东京富士博物馆藏）　　图6　定窑白瓷龙纹（台北故宫博物馆藏）

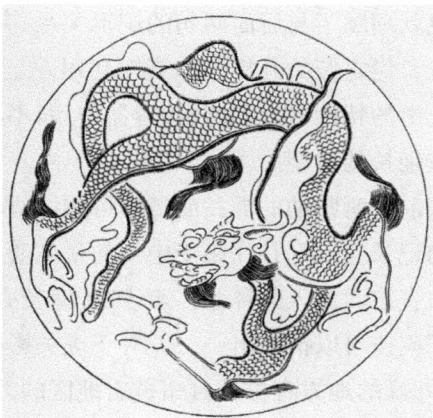

橘 皮 汤①

历尽韦霜几许时，细声蚯蚓响瓶瓷。

可怜昔日九峰老，烂却舌头都不知。

这是一首关于中药橘皮汤的汉诗，其中第二句的"瓶瓷"应该是指装蚯蚓的瓷瓶子。蚯蚓使瓶子发出细细的响声。之所以发出响声，应该是蚯蚓在瓷瓶子中蠕动的结果。那么用瓷瓶装蠕动的蚯蚓与橘皮汤有什么关系？为什么要特意用瓷瓶把活的蚯蚓装起来？这些问题都在这一略显突兀的诗中一一呈现。

全诗的意思是：历尽秋霜不知道要过多少时候，蚯蚓在瓶中发出细细的声响。可怜当年的九峰老人，舌头烂了都不知道。整体而言，瓷瓶与蚯蚓的逻辑关系并没有很清楚地呈现出来。

结合橘皮汤这个题目来看，应该是指以橘皮为药材的汤药。据张仲景的《金匮要略》可知，橘皮理气利水谷；而据中医理论，"烂却舌头"是胃热的表现之一。因此，全诗的脉络可以梳理为：橘皮经过数载陈化，是很好的药材，可惜九峰老虽然胃热却不知道这个方子。也就可以推测出瓷瓶装蚯蚓也应该是一味药材或方剂。只是不知道这个瓷瓶装蚯蚓是作为橘皮汤的一部分还是单独为一方剂。

经过爬梳中医典籍可知，蚯蚓入药，其干物主要用于清热，学名"地龙"。《神农本草经》中便早有记载。医书中并没有很具体的橘皮汤与蚯蚓或地龙的组合方，较早的是唐代宁波人陈藏器所著《本草拾遗》中活蚯蚓化水的记载。因此可以认为诗文中的第一句和第二句分别是指橘皮汤和活蚯蚓化水这两个方子。他们共同的药性都是具有清热的功能。

---

① 《济北集》，《五山文学全集》第一卷，第153页。

这样也就理顺了与后面两句的逻辑关系,有橘皮汤和蚯蚓化水这两味清热易得的良方,可怜深受口烂之苦的九峰老却不知利用。至于为什么要用瓷瓶装蚯蚓,应该是由于瓷瓶所具有光滑的特性,蚯蚓被放入容器中后,不易爬出。同时可以推测,瓷瓶应该是口径较小、颈部较细长的造型。

从前文所归纳的虎关的经历可知,他没有直接体验中国生活的经历,所以他对于中国情况的记录应该都是往来于中日的僧人直接或间接的耳传或口授,尤其是与一山一宁有过多次直接而深入的拜会。至于《丈室焚香坐赋》,我们无法获得具体信息源,但是其中的"九峰"应该可以推测出一二。对于虎关影响最大的去日僧人基本出于浙江。考证浙江境内,叫九峰的地方有位于台州黄岩地区的九峰山,曾建有九峰寺,加之当地盛产蜜橘,诗中所描述的很有可能是当时台州地区的日常生活。

结语

本文通过对五山禅僧作品中所记录的中国瓷制的香器、茶器、药器的分析与还原,体现了中日瓷器文化交流中五山禅僧所起到的桥梁作用,明晰了中国瓷器在五山禅僧生活中圣俗皆备的全方位影响。

综述·智库

东亚学（第二辑）

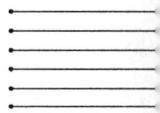

中国学界清代中日文化交流史研究的回顾与展望

吕顺长

（浙江工商大学东亚研究院）

文化交流史是历史研究领域的一门新兴学科,通常归属于历史学之二级学科"专门史"中,其研究对象是各国或地区间文化交流的历史。

"文化"这一概念包容性非常大,研究者在对中日文化交流史研究对象进行界定时,有时会出现范围比较模糊的情况,时而见到一些冠以"中日文化交流"之名的著作或论文集,其内容除通常所指的狭义的文化外,将中日两国间的政治往来、经济交流、军事斗争、外交活动等内容也包含于文化交流之中。此外,中日关系史与中日文化关系史、中日文化交流史与中日文化关系史,它们之间的关系也是有必要加以确认的问题。中日关系史通常是指中日两国政治往来、经济交流以及文化传播等相互关系的历史,因此不妨将中日文化关系史看作中日关系史的一部分。而中日文化交流史与中日文化关系史这两者的关系,由于所指相近,以"中日文化关系"命名的有关中日文化交流的书籍也不少[①],但仔细分析,两者还是有一定区别的。个人以为,中日文化交流史的研究对象主要侧重于文化交流的过程和内容,而中日文化关系史的研究对象则更应注重因交流所形成的你中有我、我中由你的关系,当然两者之间有重叠部分,这部分的比例可根据研究者的个人理解和实际操作进行适当界定。

刘德有认为:"中日关系史,从某种意义上说,就是一部中日文化交流史。"[②]纵观直至近代的中日两国交往的历史,两国间的文化传播关系之比重远远大于政治往来和经济交流,在此意义上,就古代而言这一论断是恰当的。以汪向荣所著《古代中日关系史话》(中国青年出版社,1999)为例,该书虽以"中日关系史"命名,但所收录的"汉字""金印""徐福东渡""茶道""仕唐的日本人""入宋僧成寻"等 17 篇文章,几乎都是通常意义的中日文化交流史的内容。再举一例,成立于 20 世纪 80 年代的中国中日关系史研究会早期会刊《中日关系史研究》,所刊登的绝大多数文章也是有关中日文化交流史的。

---

① 如谭汝谦《近代中日文化关系研究》(香港日本研究所,1988 年)、周一良《中日文化关系史论》(江西人民出版社,1990 年)、胡令远《文明的共振与发展——中日文化关系研究》(时事出版社,2003 年)。

② 滕军等编著:《中日文化交流史:考察与研究》刘德有"序",北京大学出版社,2011 年,第 1 页。

但是,时至近代,中日关系变得非常复杂,中日两国尽管也有大量的文化交流,但在两国关系中政治外交关系之比重也非常大,如果将近现代中日政治外交关系放入近代中日文化交流史研究的范围中,显然是不易操作的。

研究中日文化交流的历史,正确认识日本文化与中国文化的关系也非常重要,因为在此问题上人们的理解容易出现偏差。古代暂且不论,即便到了近现代,不少中国人仍认为古代的日本文化几乎是中国文化的简单移植,至明治维新后才吸收了一些西方文化,将日本文化看成是中国文化和西方文化的简单模仿。在此问题上,周作人的认识有独到之处,他认为:"我们在日本的感觉,一半是异域,一半却是古昔,而这古昔乃是健全地活在异域的。"①"一半是异域"强调日本有与中国文化存在诸多差异的固有文化,"一半却是古昔"则强调古代中国文化对日本的影响,而且两者有机地结合在一起,使"古昔健全地活在异域"。

中日两国文化交流的历史,仅据文字记载就至少可追溯到两千多年前的秦汉时代。两千多年来,无论历史如何变迁,两国间的文化交流始终未曾中断。直至19世纪中叶,由于中日两国均实施闭关锁国的政策,两国间的文化交流受到了一定的阻碍,但随着两国因外力相继开国,尤其是1871年《中日修好条规》的签订,两国间的文化交流进入了一个新的历史阶段。晚清时期的中日文化交流,通常被认为是继隋唐之后中日交流的第二次高潮②。而从交流的规模看,晚清时期无论是中日两国间往来人员的数量,还是交流内容的广度和深度,都是隋唐时代所无法相比的;从文化传播的方向看,与隋唐时代中日文化交流的特征主要表现为中国文化对日本的影响不同,晚清时期尤其是甲午战后的中日两国文化交流的主旋律,则是中国以日本为媒介间接引进西方的近代科技文化。

对清代中日文化交流史的研究,早在晚清时期就已开始,此后百余年间,虽受不同时期中日关系和国内环境的变化而有所起伏,但这一研究从未中断,并取得了难以胜数的研究成果。这些成果有些包含在题为中日关系史研究的论文、著作中,而有些题为中日文化交流史的研究成果也包含了以中日政治外交关系为主要内容的中日关系史研究,中日关系史和中日文化交流史之研究时或出现你中有我、我中有你的情况。

本文分晚清民国时期和中华人民共和国成立后至今两大部分,对中国学界在清代中日文化交流史研究领域所取得的主要研究成果进行梳理。鉴于上述中日文化交流史和中日关系史研究的相互关系,文章会涉及一些题为中日关系史研究的成果。一管之见,定有挂一漏万之嫌,对各类论著的介绍,也很难做到客观全面,有些论著由于篇幅所限仅列出篇名或书名而未能具体介绍,舛漏之处敬请指正。

---

① 周作人著:《周作人文类编(7) 日本管窥之二》,湖南文艺出版社,1998年,第28页。
② 王晓秋著,木田知生译:《中日文化交流史话》,日本エディタースクール出版部,2000年,第4—6页。

一、晚清民国时期的清代中日文化交流史研究

（一）晚清时期

清代中日文化交流史之研究始于晚清时期①,如《吾妻镜补》《清朝柔远记》《日本国志》《日本源流考》等研究著作中,都包含不少清代中日文化交流史的内容。

翁广平所著《吾妻镜补》(1814)30卷,其内容分世系表、地理志、风土志、食货志、通商条规、职官志、艺文志等部分,包含了不少清代中前期中日文化交流的内容。如"通商条规"卷,收录了德川幕府制定的诸多长崎中日贸易规则;在"风土志"等卷中,对清中前期有关日本的著作如《海国闻见录》(陈伦炯,1730)、《袖海篇》(汪鹏,1764)等书籍进行了引用和介绍。

王之春著《清朝柔远记》(1879),以编年体形式记述了清朝自 1644—1874 年二百余年间的中外交涉史,是研究清代中外关系的重要著作。由于该书乃清代人述清代事,具有较强的时代感,且书中运用了大量的第一手资料,具有较高的真实性。该书包含了不少中日两国交往的内容,如对雍正六年(1728)浙江总督李卫奏请严防日本、同治十年(1871)与日本立约等,均做了较详细的记述。在日本锁国状态下,清代中国与日本的交往仅限于长崎贸易,导致当时国人对日本的认识存在很大的局限性,这在本书中也有所反映,如书中仍称日本由对马、长崎、萨峙马(萨摩)三岛组成,因袭了陈伦炯《海国闻见录》(1730)中的错误观点。

黄遵宪著《日本国志》(1887)设"邻交志"(卷四至卷八),对日本与中国及西方各国的往来作了扼要的梳理,其中卷六专门叙述了清代日本与中国的交往。其他部分中也包含了不少清代中日文化关系的内容,如"物产志"(卷三十八至卷三十九)中,较详细地记载了明治年间日本聘请中国茶师以及为购觅中国茶种数次派人考察中国湖北、福建、浙江等地的详细情况。

王先谦著《日本源流考》(1901),共 22 卷,依据中国历代史籍中有关日本的资料和部分日本史籍,以编年体记载日本开国至明治二十六年(1893)的历史,其中如 1870—1871年日本派遣使节前来交涉缔结《中日修好条规》和《通商条约》的经过(卷二十)、1877 年首任驻日公使何如璋率使团赴日的经过(卷二十一)等,对清代中日文化交流的诸多重要事项都有较详细的记载。

此外,晚清时期,由于中日两国建立了正式的外交关系,两国间的人员往来和文化交流急速增加,在此背景下,出现了大量记录清代中日文化交流实况的中国人旅日游记、诗文唱和集、笔谈记录,以及如《策鳌杂摭》(叶庆颐,1887)、《东槎闻见录》(陈家麟,1887)、

---

① 晚清时期通常指 1840—1911 年,为便于叙述,本文把成书于晚清之前的《吾妻镜补》也在此一并介绍。

《日本新政考》(顾厚焜,1888)、《游历日本图经》(傅云龙,1889)等。由于这些著作并非本文所要论述的清代中日文化交流史研究著作,在此不具体介绍。

(二) 民国时期

民国时期,由于日本对中国的侵略不断加剧,国人对中日两国关系的现状和历史极度关注,在此背景下出现了大量研究中日关系史的著作,其中不少著作或多或少都包含了清代中日文化交流史研究的内容。这一时期的研究著作中,影响较大的有王芸生著《六十年来中国与日本》、王辑五著《中国日本交通史》,学术性较强的有舒新城著《近代中国留学史》、汪向荣著《中日交涉年表》,重要研究史料集则有北平故宫博物院编《清光绪朝中日交涉史料》和《清宣统朝中日交涉史料》。而这一时期的研究者中,正如刘岳兵所指出的,他们的政治立场非常复杂,既有知日派和抗日派,也有不少亲日派甚至是投日派[①]。如自20世纪三四十年代便开始致力于中日关系史研究,后来成为这一领域研究大家的梁盛志(梁容若)、汪向荣、杨鸿烈等,他们在那个特殊的年代,受其经历和所处环境的影响,均具有亲日情结。因此,在阅读这一时期的研究著作之前,先搞清著者的政治立场及其撰写目的是有必要的。以下,按时间顺序对这一时期的主要著作做一简单介绍。

中华书局编《二十年来之中日关系》(上海中华书局,1917),分"中日之战""拳匪之祸""日俄之战"三章,记录了清末十余年间的中日关系。其中第一章第一节"中日之交通及日本侵略之开始",简要叙述了秦徐福东渡至光绪五年(1879)日本吞并琉球两千多年间的中日关系史。正如此书"叙言"所云:"读中日二十年来交涉史,而不怵然以悲毅然以奋者,必非血性人也。"此书刊行于日本强迫中国签订《二十一条》后不久,有提醒国人以史为鉴、警戒日本之目的。

国民外交丛书社编《近代中日关系略史》(上海中华书局,1924),将1871年以来的中日关系分为自《修好条约》后到中日甲午战争、自中日甲午战争到《二十一条》的提出、自《二十一条》的提出到现在(1924)三个阶段,在列举了日本对中国所实施侵略之荦荦大端的基础上,对中日两国最近五十多年间所经过的事实进行了概述,以期"使一般从事国民外交的人们,可以知道一种简明而正确的历史背景"。

舒新城著《近代中国留学史》(上海中华书局,1927),记载了自清同治九年(1870)至民国十五年(1926)间中国学生赴欧美、日本等国留学和游历的历史。其中有关清末留日学生和游历日本官绅的部分,包括留日运动的肇始、留日高潮期形成的原因及其状况、官绅游历日本的状况、贵胄及女子留学日本的状况、留学资格及经费、留学管理、留学奖励等内容,是最早较为系统全面地对近代中国人留学日本的历史进行总结分析的著作。

王芸生著《六十年来中国与日本》(大公报社出版部,1932—1934)共7卷(1979—1982

---

① 刘岳兵著:《"中国式"日本研究的实像与虚像》,中国社会科学出版社,2015年,第125页。

年北京三联书店修订版增至 8 卷），阐述了 1871 年中日签订《中日修好条规》（第一章"中日始订修好条规"）至 1919 年巴黎和会（第六十六章"巴黎和会"）期间的中日关系，因局势紧张未能写完 60 年中的最后 12 年，即写至 1931 年"九一八"事变。该书的特点，一是写作目的明确，"九一八"事变后，《大公报》同仁以为"救国之道，必须国民全体先真耻真奋，是则历史之回顾，当较任何教训为深切"，希望通过回顾近代以来的中日关系，使"国民之知耻而怀奋"；二是史料丰富，引用了大量的第一手相关资料；三是以中日两国的政治外交关系的发展为主线，对近代以来日本侵略中国的历史作了非常翔实的研究，而对两国的文化交流关系的论述则比较少。此外，该书在正式出版前，其内容自 1931 年开始先在《大公报》上连载，时间长达三年。该书在日本有由长野勋、波多野乾一编译的《日支外交六十年史》（1—4 卷，建设社，1933—1936）等译本。

历史学家吴绳海著《日本近世文化与中国》（日本评论社，1934），在参考了日本东洋史学者中山九四郎的相关论文的基础上，从儒学、史学、文学、语言文字、美术、宗教、医术、博物学、政治法律等方面，阐述了日本德川时代二百数十年间中国文化对日本的影响，认为"德川时代的尊重中国文化乃至中国人，和现在尊重西洋文化乃至西洋人的情形，实在是有过之而无不及的"。

王辑五著《中国日本交通史》（商务印书馆，1937），分 15 章阐述"中日历代交通之梗概，并注重说明两国文化在交通路上之渡涉事迹"，除专设第 13 章阐述清代中国与日本之交往外，还在第 15 章中专门论述清初中国文化对日本的影响，和晚清以来日本政治文化对中国的影响，指出："清日交通甚繁，文化政治皆互为影响。清初赴日本者多僧侣学者，佛经像及各种书籍亦多盛行输入于日本，故影响于日本文化者颇巨。清代中叶以降，我国有为志士鉴于明治维新之成功，多纷赴日本留学，考察其变法维新，以讲富国强兵之道，故此时中国亦颇受日本政治转换之影响。"[①]此书参考了日本学者木宫泰彦的《日支交通史》（1927）等著作。作者王辑五（1900—1981）为我国近现代著名中日关系史专家，他曾于 1926 年留学日本，入广岛文理科大学历史系，1933 年毕业回国后在北平师范大学等学校任教，致力于中日关系史、日本史的研究，中华人民共和国成立后长期担任山西大学历史系教授。

陈博文著《中日外交史》，作为《新时代史地丛书》（主编蔡元培、吴敬恒、王岫庐）之一，于 1938 年 5 月由商务印书馆出版。徐正学著《中日外交史》，则作为《公民常识丛书》于同年 7 月由正报馆出版。两书不仅书名、出版年相同，章节构成和内容也高度相似，均论述了自明代至 1938 年的中日关系。从出版时间看，徐正学著《中日外交史》模仿了另一书的可能性较大。

杨鸿烈所撰长篇论文《中日文化交流的回顾与前瞻》（1940）先刊载于《华文大阪每日》

---

① 王辑五著：《中国日本交通史》（1937 年商务印书馆版影印版），上海书店出版社，1984 年，第 216 页。

第 34—36 号(1940 年 3—4 月)上。该刊物为大阪每日新闻社和东京日日新闻社于 1938 年所创办,半月刊,1945 年 5 月停刊,是一种日本对华宣传的刊物。该论文同年由高仓克己翻译成日文后由立命馆出版部以单行本形式出版,书名为『中日文化交流の回顧と前望』。如前所述,作者有明显的亲日情结和错误的政治立场,这就决定了其著作的观点必定会存在诸多问题和偏差,如著者在该书日本版(关西大学图书馆藏)"著者序"中所言,他不仅"痛感中国无底抗战前途的黯淡",并认为日本的对华侵略是"中日两大民族的隔膜误会"。该书虽名为《中日文化交流的回顾与前瞻》,但并未对中日文化交流的历史进行系统全面的回顾,内容比较凌乱。

林肇第编著《中日关系史》(福建省政府教育厅出版,1943),分上下二册共 60 章,以通俗说本的体裁,讲述了自古代至 1940 年汪伪政府与日本签署所谓的《日华基本关系条约》间的中日关系。该书略古详近,对清同治朝以来的中日关系讲述尤为详细。

梁盛志著《汉学东渐丛考》(中国留日同学会,1944),收录梁盛志所著译论文 16 篇,其中与清代中日文化交流史相关的论文有《朱舜水与日本文化》《梁任公著〈朱舜水年谱〉补正》《陈元赟评传》《隐元隆琦与日本文化》《山井鼎与〈七经孟子考文〉》等,这些论文后来大多经部分修改后收入梁容若(即梁盛志)著《中日文化交流史论》(商务印书馆,1985)一书中。

汪向荣著《中日交涉年表》(中国公论社,1945),其取材"以中国正史为主,而以日本正史、中国野史为辅,更以近年来史家之考证、论据加以修订"[1],比较详细地记录了自日本神代至 1937 年 7 月 7 日间中日两国交涉之内容。此年表先于 1942 年 4 月开始在《中国公论》(第 7 卷第 1 期)上以《中日交涉二千年年表》为题连载,此后又以《增订中日交涉年表》为题在中日文化协会 1941 年创刊的《中日文化》(1942 年第 9 期开始,不定期)上连载。中国公论社和中日文化协会,均为汪伪政权统治下的汉奸文化组织,且为此书作序时任中国公论社编辑的张域宁(日本战败后改名张道梁)也有亲日倾向,但他对《中日交涉年表》的评价大致还是客观的,认为该书是著者"经过二年以上的时间去搜集资材、考证厘定的,中日交涉有史以来,像这样的一部年表记述的有系统的著作,还是创举"[2]。

北平故宫博物院编《清光绪朝中日交涉史料》(1932)和《清宣统朝中日交涉史料》(1933),所辑史料均选自清军机处档案中的各类档册和月折包,按时间顺序编排,每件史料均列标题和时间,系统地收录了光绪和宣统年间中日关系及相关交涉等史料,是研究晚清中日关系史和中日文化交流史的重要资料。另外,王彦威、王亮辑编的《清季外交史料》(外交史料编纂处,1935),辑录清代光绪、宣统两朝军机处及外务部外交档案,是研究清末对外关系的重要史料。

---

① 汪向荣著:《中日交涉年表》"前记",中国公论社,1945 年。
② 汪向荣著:《中日交涉年表》"序",中国公论社,1945 年。

二、当代的清代中日文化交流史研究

中华人民共和国成立后的清代中日文化交流史研究,特别是在 20 世纪 80 年代后,相关研究迅速增加,至今成果数量已非常庞大。为便于考察,本文大致以鸦片战争爆发的 1840 年为界,对有关清代中前期和晚清中日文化交流史的研究做一简要回顾,一些跨时段的重要研究丛书则在最后单列介绍。

(一) 有关清代中前期中日文化交流史的研究(1644—1840)

对清代中前期中日文化交流史的研究,首先有不少是从宏观综合层面进行的。如张升余著《明清时期中日文化交流研究》(陕西人民出版社,2008),以明清时代为研究时段,对明清时期中日文化交流的背景、明清时期的中日贸易以及明清时期中日儒学、宗教、书法绘画、医药等方面的交流进行了综合性的研究。滕军等编著《中日文化交流史 考察与研究》(北京大学出版社,2011)一书,在第六章"清前期的中日文化交流"中对清人长崎贸易、隐元与朱舜水的在日事迹等有概论性介绍。薛明著《清前期的中日关系研究》(辽宁大学出版社,2014),通过对以长崎、朝鲜、琉球为交接点的中日关系的研究,认为清代前期中日之间尽管未曾建立最高层面的官方正式往来,但两国政府借由长崎贸易这一民间层面的关系,仍然产生了一系列政治外交上的间接关系,在此关系的基础上,再连同两国以朝鲜、琉球为中介产生的各种间接关系,共同构成了这一时期中日两国政治外交关系的总体形态。

除宏观综合研究外,更多的是专题研究。举其要者,大致有以下内容:一是中日贸易与文化交流之研究,二是中日漂流民研究,三是清初赴日的朱舜水和僧人隐元等人在中国文化传播中的作用研究。

1. 中日贸易与文化交流之研究

这一领域的研究,日本学界起步较早,成果也非常丰富,中国学界的相关研究,多受惠日本学者的研究成果,并在此基础上取得了较大的进展。

20 世纪 80—90 年代主要有徐恭生、魏能涛、任鸿章、林仁川、刘序枫等人的研究。徐恭生论文《试论郑氏与日本的贸易关系》(《福建师大学报》1983 年第 2 期),论述了郑氏将日本作为海外贸易主要对象国的原因、对日贸易的历史及其特点,并认为 17 世纪中叶郑氏与日本的密切的经济贸易关系,为清朝发展海上贸易打下了坚实的基础。魏能涛论文《明清时期中日长崎商船贸易》(《中国史研究》1986 年第 2 期),通过对明末清初中日长崎商船贸易的考察,指出在日本江户时代,中日两国虽没有官方关系,但两国间保持了以长崎贸易为纽带的经济交往。任鸿章论文《明末清初郑氏集团与日本的贸易》(《日本研究》1988 年第 4 期)认为,由于清初朝廷无暇顾及外交事宜,加之日本江户幕府也仍以南明政权为中国之正统,而不屑与新建的清政府建立关系,以反清复明为己任的郑氏集团就是在这样的历史条件下,成为中日贸易舞台上的主人,在半个多世纪里给中日关系史的发展以重大影响。任鸿章著《近世日本と日中貿易》(六兴出版社,1989)为1988—1989年日本出版的13卷本丛书『東アジアのなかの日本歷史』,此丛书下文有专门介绍)之一,该书对江户幕府的锁国及中日长崎贸易的背景、中日长崎信牌贸易的确立、海外贸易窗口长崎的历史、清政府对长崎贸易商船的管理、中日贸易的货物、中日贸易与日本对荷兰贸易的比较等做了较为系统的研究,代表了20世纪中国学者对清代中日贸易的研究水平。林仁川著《明末清初私人海上贸易》(华东师范大学出版社,1989),从宏观角度对明末清初私人海上贸易发展的历史背景、私人海上贸易集团的形成、商港的出现、贸易国家和地区、贸易商品、贸易的特点和性质、贸易的影响和作用等问题进行了较为全面系统的研究。刘序枫论文《清代的乍浦港与中日贸易》(台湾"中央研究院"中山人文社会科学研究所《中国海洋发展史论文集》第5辑,1993年),对从乍浦港出发的赴日商船在中日贸易中所起到的作用等进行了研究。

易惠莉论文《论入关前后的清与日本关系》(《学术月刊》2001年第1期),是国内学界较早探讨清政权在入关前后与日本之关系的论文。文章认为,清初朝廷虽无意于海上扩张,但也从未无视日本的存在,这一政治传统导致清朝直至近代前在中日双方都有需要的长崎贸易问题上,始终未发生过冲突。易惠莉论文《清康熙朝后期政治与中日长崎贸易》(《社会科学》2004年第1期),通过对康熙朝后期内务府商人长崎铜贸易的研究,认为直至晚清,中日两国的长崎贸易虽无任何冲突性事件发生,但这并不意味着长崎贸易对两国政治影响的空白,事实上清代前期来自长崎铜贸易的任何变化都曾对中国内政发生过重大的影响。易惠莉论文《长崎贸易中的中国商人与日本汉学者》(《档案与史学》2000年第6期),通过梳理日本学者赖山阳、大槻盘溪等人的著作中有关长崎贸易中的中国商人的记载,着重考察了中国商人在长崎与日本学者交流的情况。

孙文在博士论文基础上完成的著作《唐船风说:文献与历史——〈华夷变态〉初探》(商务印书馆,2011),为王勇主编的《中日文化交流新视域丛书》之一。该研究在考察了"唐通事"的制度化过程、"风说书"与"唐船"的关系、"风说书"内容结构演变及制作方式等问题的基础上,主要对《华夷变态》中1644—1728年间2300多件"风说书"进行了文献学梳理,获得了有关"风说书"及"唐船"的数量、出发港、构成、船客身份等问题的一些基本数据。此外,还就《华夷变态》所反映的一些历史问题,如欧洲商船的活动、郑成功一族、日本乞师、三藩之乱,以及当时山东、江苏、浙江等地赴日商船的活动情况,进行了初步的梳理。

近年出版的彭浩著《近世日清通商关系史》(东京大学出版会,2015)、朱德兰著《长崎华商:泰昌号、泰益号贸易史》(厦门大学出版社,2016)、王来特著《近世中日通商关系史研究》(清华大学出版社,2018)等著作,标志着中国学者在这一领域的研究已取得了较大的进展。彭浩著《近世日清通商关系史》对近世中日通商过程中日本所制定的相关制度、所采取的各种措施以及一些相关组织进行了具体的研究；朱德兰著《长崎华商——泰昌号、泰益号贸易史》聚焦福建商帮所创立的泰昌号、泰益号，充分利用其商业书信、账簿等研究史料，对两大商号的经营历史及其在中日长崎贸易中所做出的贡献进行了非常具体的实证性研究；王来特著《近世中日通商关系史研究》以14世纪70年代至18世纪中期的中日通商关系为研究对象，对这一时期中日交涉体制、贸易模式的建立、演化、解体和重新构筑的过程，及其所蕴含的政治性问题等进行了细致的研究，试图从一个侧面勾勒出近世东亚区域秩序变迁的历史轨迹及结构性特征。

唐权论文《江芸阁形象在近代日本的变迁》（《汉学研究》总第28期，2020），对19世纪初赴日经商达20年之久的"文商"江芸阁与日本人在诗文、书法等方面的文化交流，以及近代以来中日两国学者对江芸阁的正反两方面的评价进行了非常细致的梳理，指出在19世纪前期赴日的中国商人中，江芸阁是在汉诗文领域最活跃的人物。

此外，中国学界对这一领域的关注，还表现在对日本学界研究成果的翻译上。重要翻译著作有《江户时代日中秘话》（大庭修著，徐时虹译，中华书局，1997）、《江户时代中国典籍流播日本之研究》（大庭修著，戚印平等译，杭州大学出版社，1998）、《明清时代东亚海域的文化交流》（松浦章著，郑洁西等译，江苏人民出版社，2009）、《清代帆船与中日文化交流》（松浦章著，张新艺译，上海科学技术文献出版社，2012）、《清代海外贸易史研究》（松浦章著，李小林译，天津人民出版社，2016）、《海上丝绸之路与亚洲海域交流：15世纪末—20世纪初》（松浦章著，孔颖编译，大象出版社，2018）等。

2. 中日漂流民研究

有关清代中日漂流事件的研究，也是清代中前期中日关系史研究的重要内容。中国台湾"中央研究院"的刘序枫是较早对漂流民开展研究的学者之一，其相关研究成果主要有《从清朝对日本海难难民的遣返来看清代中日关系（1644—1861）》（《何石、金昌洙教授华甲纪念史学论丛》，泛友社，1992）、《试论清朝对日本海难难民的救助与遣返制度之形成》（浙江大学日本文化研究所编《中日关系史论考》，中华书局，2001）、《清代环中国海域的海难事件研究——以清日两国间对难民的救助及遣返制度为中心（1644—1861）》（《中国海洋发展史论文集》第8辑，"中央研究院"中山人文社会科学研究所，2002）、《清代档案与环东亚海域的海难事件研究》（《故宫学术季刊》第23卷第3期，2006）。这些论文依据中日两国现存史料，着重对中日两国漂流难民救助及遣返制度的形成、漂流民遣返与清代中日关系等问题进行了研究。

王明星论文《锁国时代日本漂民的中国观》（《日本研究》1986年第3期），通过对部分漂流民所留下的记录的分析，考察了江户时代日本漂流民对中国的认识，及其对锁国时代的日本社会所产生的影响。王宝平论文《中日漂流民赠答诗钩沉》（《东亚文明的共振与环流》，上海社会科学院出版社，1996），对《江户漂流记总集》《江户时期漂著唐船资料集》等漂流史料中收录的漂流民赠答、唱和诗进行了介绍。米庆余论文《琉球漂民事件与日军入侵台湾》(《历史研究》1999 年第 1 期),对 1874 年日本以琉球漂民被台湾当地人杀害一事为由出兵台湾的起因、经过和结果,从琉球漂民被杀事件与日本的反应、日军入侵台湾与中日交涉、日本政府的战争准备与蓄谋、中日议立台事条约等四方面进行了具体的分析。黄璇璇论文《江户时代日本文人和中国漂流民的中日交流——以安永九年日本安房中国南京船漂流事件为例》(四川外国语大学硕士论文,2017),通过安永九年(1780)漂流到日本安房千仓的中国船"元顺号"乘员与日本儒学者的笔谈记录等资料,着重考察了此次漂流事件于清代中日文化交流的意义、日本儒者的中国观及其形成背景。

孟晓旭在其博士论文基础上完成的《漂流事件与清代中日关系》(中国社会科学出版社,2010),是目前国内对漂流事件与清代中日关系所做的较系统全面的研究。该书运用大量国内外研究资料,将漂流事件与清代中日关系分为清初(1644—1684)、清中期(1685—1870)、晚清(1871—1911)三个时段进行具体考察,认为漂流事件对清代中日关系产生了一定的影响,同时特定时期的中日关系也制约并影响着中日两国对漂流事件的处理。

3. 清初赴日学者、僧人研究

在明末清初,为躲避战乱或意图复兴明朝而东渡日本的学者、僧侣、医生、画家中,人们所熟知的有浙江余姚的明朝遗臣朱舜水(1600—1682,1659 年东渡)、浙江余杭的著名学者陈元赟(1587—1671,1619 年东渡)、浙江浦江的高僧东皋心越(1639—1694,1676 年东渡)、福建福清的黄檗山万福寺住持隐元(1592—1673,1654 年东渡)、福建晋江应隐元之招赴日并任黄檗宗万福寺第二代住持的木庵性瑫(1611—1684,1655 年东渡)、浙江杭州的以医生身份赴日后入黄檗宗僧籍的独立性易(1596—1672,1653 年东渡)、浙江湖州的画家沈南苹(1682—1760,1731 年东渡)等,他们对传播中国文化和促进中日文化交流做出了重要的贡献。

上述人物中,有关朱舜水的研究最多,以下按时间顺序试举部分著作,相关期刊论文不胜枚举,恕不一一介绍。朱谦之整理《朱舜水集》(上下册,中华书局,1981)、徐兴庆编著《朱舜水集补遗》(学生书局,1982),作为朱舜水研究的基础史料,对促进朱舜水与中日文化交流的研究起到了重要的作用。张立文等主编的《中日文化交流的伟大使者——朱舜水研究》(人民出版社,1998)为 1995 年上海松江县(今上海市松江区)和浙江余姚市文管会共同主办的"朱舜水 395 周年诞辰纪念暨中日舜水学国际学术研讨会"论文集,收录了20 余篇相关论文。町田三郎、潘富恩主编《朱舜水与日本文化》(人民出版社,2003)为2000 年在复旦大学举办的"朱舜水诞辰 400 周年学术研讨会"论文集,收录了朱舜水渡日对日本文化的影响等相关论文近 20 篇。覃启勋著《朱舜水东瀛授业研究》(人民出版社,2005),对朱舜水东瀛授业的基础、对象和内容等进行了考察。钱明著《胜国宾师——朱舜水传》(浙江人民出版社,2008),从"家世身世学风学德""弘扬古德兴学设教""情深义重相知相惜""畸人轶事誉满内外"等四部分,记述了朱舜水不平凡的一生及其对中日文化交流所做的贡献。林和生、李心纯著《朱舜水与德川光圀》(山西教育出版社,2012),对朱舜水与日本水户藩主德川光圀的关系、朱舜水及其弟子对日本儒学的贡献等做了详细的介绍。徐兴庆编《朱舜水与近世日本儒学的发展》(台湾大学出版中心,2012),为2010年台湾大学等单位联合举办的"朱舜水与东亚文明发展国际学术研究会"论文集,收录国内外研究者论文15篇。徐兴庆编《日本德川博物馆藏品录Ⅰ 朱舜水文献释解》(上海古籍出版社、日本德川博物馆,2013),对日本德川博物馆所藏的包括朱舜水手迹在内的相关文献资料进行了释解,前言部分还对朱舜水在日活动诸多学术问题进行了论述。此外,此书为《日本德川博物馆藏品录》系列图书之一,另有《日本德川博物馆藏品录Ⅱ 德川光圀文献释解》《日本德川博物馆藏品录Ⅲ 水户藩内外关系文献解释》也分别于2014年和2015年由上海古籍出版社出版。李苏平著《朱舜水》(陕西师范大学出版社,2017),从"一代鸿儒""舜水学""舜水事功学""舜水历史学""舜水经世学""舜水教育学""舜水学对日本社会思想的影响""历史的见证"等八个方面介绍了朱舜水的学术思想。王勇、朱子昊著《朱舜水笔谈文献研究》(上海交通大学出版社,2018)为王勇主编《东亚笔谈文献研究丛书》(第一辑)之一。该书选取朱舜水渡日后的笔谈录《心丧集语》《西游手录》,进行录文、标点、校注等整理工作,并在此基础上展开初步解读和研究,解答了朱舜水的字号之谜、葬地之谜,分析《心丧集语》《西游手录》的成书过程和版本流传,旨在进一步厘清相关笔谈文献的保存、整理情况以及研究意义。史可非论文《清初东渡明遗民研究》(中央民族大学博士论文,2012),以清初东渡日本的明遗民朱舜水、陈元赟、隐元等人为研究对象,将研究视野置于明清时期中日关系演变和清初满汉异质文化整合的历史背景下,通过对文献史料的梳理和解读,对他们在中外文化交流过程中所产生的作用及所留下的历史影响,进行了较全面的研究。周逢年论文《朱舜水思想在日传播研究》(浙江大学博士论文,2017),对朱舜水思想的特点、朱舜水思想在日本的传播方式、传播对象、传播效果等作了较系统的研究,认为朱舜水的思想之所以在日本受到重视,是因为他的"实理实学"思想符合日本当时的社会需要,其高尚的德行和气节受日本弟子和民众的尊崇,德川光圀等对其言行的信任及对其思想的极力推崇。

有关朱舜水之外的相关人物研究,史料集有衷尔巨辑注《陈元赟集》(辽宁人民出版社,1994)、陈智超编《旅日高僧东皋心越诗文集》(中国社会科学出版社,1994)、浦江县政协文史资料委员会编《东皋心越全集》(浙江人民出版社,2006)、陈智超等编《旅日高僧隐元中土来往书信集》(中华全国图书馆文献缩微复制中心,1995)、徐兴庆编《天闲老人 独立性易全集》(吉林文史出版社,2007)等。相关研究著作,如林观潮著《隐元隆琦禅师》(厦门大学出版社,2010),详细记述了隐元隆琦禅师东渡传法等生平事迹及其禅风和思想;周如汉著《余杭奇人陈元赟》(浙江古籍出版社,2018),对陈元赟在日本活动轨迹进行了考证,并收录了部分国内外相关研究论著。此外,2019年杭州市余杭区社科联等单位还专门举办"纪念陈元赟赴日传播中华文化400周年暨余杭历史传奇人物陈元赟学术思想研讨会",来自国内外的50余名专家学者参加了研讨,估计近期会出版论文集。

(二) 有关晚清时期中日文化交流史的研究(1840—1911)

晚清的中日文化交流可以说是继隋唐以来的第二次高潮,不仅内容极其丰富,而且对中日两国的社会变革和近代化事业也产生了巨大影响。本文以中日两国缔结《中日修好条规》的1871年和中国甲午战败的1895年这两个时间点,将晚清(1840—1911)约70年间的中日文化交流史研究大致分为以下三个时期进行介绍。

1. 日本"开国""维新"与中国情报(1840—1871)

自鸦片战争至中日缔结《中日修好条规》的1871年,是近代中日文化交流的第一个时期。在这一时期,西方列强的侵略,迫使中国人开始睁眼看世界。而在日本,1854年培里所率的"黑船"舰队敲开了其锁国的大门,十余年后持续了260多年的德川幕府退出历史舞台,"明治维新"取得阶段性成功。从时间上看,近代中国与西方势力的危机关系要比日本早十余年,而就是这十余年的时间差和在这一时间差内中国所发生的种种变化,加深了日本对西方列强的恐惧感,这种恐惧感随之转化成日本认识西方的强大动力,对日本决意"开国"乃至最终走西方近代化道路影响巨大。在这一过程中,来自中国的鸦片战争情报、中国人先于日本掌握的西方科技文化知识、中国国内的状况等信息,具体通过怎样的途径传入日本? 这些情报对日本的"开国"和"维新"又产生了怎样的影响? 对此,中国研究者也做了大量的相关研究。

(1)鸦片战争及太平天国运动对日本的影响之研究。鸦片战争和太平天国运动是19世纪中叶中国发生的最大的历史事件,不仅极大地影响了近代中国社会的发展走向,也对邻国日本的开国和维新产生了重大影响。对鸦片战争和太平天国运动的情报传入日本的渠道、日本人对此产生的认识和反应,以及当时在日本社会所产生的巨大影响等问题,王晓秋的《太平天国革命对日本的影响》(《历史研究》1981年第2期)、《鸦片战争在日本的反响》(《近代史研究》1986年第3期)、《鸦片战争对日本的影响》(《世界历史》1990年第5期)等系列论文,可以说是国内较早对此进行系统全面研究的重要论文。鸦片战争曾被幕末日本人称为"天赐前鉴",王晓秋在上述论文中通过对鸦片战争的消息如何传到日本、描写鸦片战争的日本著作、日本人对鸦片战争的认识、魏源《海国图志》对日本的影响等问题的细致研究,认为日本有识之士通过吸取中国鸦片战争的教训,积极学习西方,变法改革,从而导致开国、倒幕、维新,成为日本走向资本主义近代化的起点。太平天国运动对日本的影响,文章认为最主要是推动了日本的明治维新运动,因为太平天国运动的消息传到日本,在日本社会各阶层引起很大震动,特别是强烈地刺激了要求变革的维新志士,他们从自己的立场出发,结合日本社会现实,分析研究中国爆发太平天国运动的教训,得出日本必须加紧实行变革维新的结论。

继王晓秋的以上论文后,出现了不少与此相关的研究论文,如容应萸《〈海国图志〉与日本明治维新》(《船山学刊》1994年第2期)、刘勇《十九世纪五六十年代〈海国图志〉在日本的传播和影响研究》(重庆大学硕士论文,2011)、崔昆仑《试析鸦片战争时期日本士人的中国观》(《甘肃社会科学》2011年第2期)、李文明《〈海国图志〉对日本影响新辨》(《东北亚学刊》2017年第6期)、薛奇慧《幕末日本的太平天国认识——以民间的读物小说为中心》(北京外国语大学硕士论文,2017)等,都各自从不同角度对相关问题做了有益的研究。

(2)"千岁丸"与中日文化交流之研究。1862年日本派遣前来上海的"千岁丸",是德川幕府实施锁国后日本官方第一次派遣来华的商船,其目的与其说是货物贸易,更主要的是进行对中国的实地调查,以"探形势,察形实","为他日我邦外国行之鉴"。对此,冯天瑜在发表《"千岁丸"上海行——日本幕末的中国观察》(《人文论丛》,1999)、《"千岁丸"——日本锁国二百年后使清第一船》(《清史研究》2000年第3期)等论文的基础上,出版了《"千岁丸"上海行——日本人一八六二年的中国观察》(商务印书馆,2001)一书,通过对商船乘员所留下的日记等史料的解读,较系统地对乘员在上海的所见所闻、所思所悟、所言所行进行了阐述,同时还附录了"千岁丸"乘员纳富介次郎、日比野辉宽、名仓予何人、高杉晋作等人的上海纪行文选集,是国内对"千岁丸"研究较早且较全面的著作。

王勇、谢咏著《名仓予何人笔谈文献研究》(上海交通大学出版社,2018),通过对"千岁丸"乘员名仓予何人访华期间的笔谈文集《沪城笔话》《航海漫录》进行校注和初步解读,考察其历次访华的背景、情形及近代日本人在中国的形象的演变。此外,相关内容的硕士论文有赵倩《1862年"千岁丸"使团对中国的观察》(辽宁大学,2015)、谢咏《名仓予何人笔谈史料初探——以〈沪城笔话〉及〈沪城笔话拾遗〉为例》(浙江工商大学,2017)、黄哲《幕末日本人的上海行游观感——以"千岁丸"使团成员游记为中心》(东北师范大学,2018)等。

(3)中国出版各类书籍对日本影响之研究。鸦片战争后中国国内出版的有关世界地理、政治法律等知识的各类新书,传入日本后对日本人了解世界、开国维新起到了重要作用。王晓秋著《近代中日文化交流史》(中华书局,1992)是著者早期有关近代中日文化交流史研究的代表性著作,该书在著者已出版的《近代中日启示录》(北京出版社,1987)、《中日文化交流史话》(山东教育出版社,1991)等著作和相关论文的基础上撰写而成,是目前国内外有关近代中日文化交流史研究最系统全面的著作。在该书"汉籍东渐"一章中,著者对此做了较为系统全面且富有开创性的研究,指出这些书籍流布到日本后,在日本吸收西方文化、开国维新、文明启蒙的过程中,起到了相当大的作用。此外,有关《海国图志》对日本影响的研究尚有君羊《〈海国图志〉与日本的明治维新运动》(《衡阳师专学报》1992年第5期)、李存朴《魏源的〈海国图志〉与日本的〈海图国志〉时代》(《安徽史学》2002年第2

期)、张晓刚等《〈海国图志〉与日本世界观念的重构》(《北华大学学报》2010 年第 5 期)、郗玉松《〈海国图志〉的重要思想及其对日本社会的影响》(《邵阳学院学报》2011 年第 4 期)等论文。其他书籍对日本影响的研究则主要有：范凡《晚清中国"西学"对日本的影响——以〈瀛环志略〉为例》(《文学界》2011 年第 12 期)、陈秀武《〈万国公法〉在明治初期的日本》(《东北师大学报》2009 年第 2 期)、陈秀武《近代日本多版本〈万国公法〉考察》(《东北师大学报》2012 年第 3 期)、陈秀武《日本幕末期的〈万国公法〉受容》(《东北师大学报》2013 年第 4 期)、咏梅等《〈格物入门〉在日本的流播》(《西北大学学报》2013 年第 1 期)、邹振环《丁韪良译述〈万国公法〉在中日韩传播的比较研究》(《韩国研究论丛》,2000)等论文。

2.《中日修好条规》框架下的中日文化交流(1871—1895)

从 1871 年中日缔结《中日修好条规》至因中国甲午战败而废除这一条规的二十余年,是近代中日文化交流的第二个时期。《中日修好条规》的签订,标志着两国间正式建立了外交关系。在这一时期,两国间文化交流的主体有所扩大:原来仅限于长崎一港的在日华人扩展到日本各地;两国互设使馆,外交使节你来我往;日本开始派遣留学生来华学习,中国也在驻日使馆内招收特殊留学生培养翻译人才;两国间民间文人学者的交流渐趋频繁。此外,这一时期还出现了如黄遵宪的《日本国志》等不少优秀的日本研究著作。虽然这些文人学者、使节官员间盛况空前的诗歌唱和、宴会往还、笔谈言欢等,给近代中日文化交流史留下了许多动人的佳话,但其背后无不潜埋着对对方的警戒;一大批日本研究著作的问世,加深了人们对日本明治维新的认识,同时也时刻提醒人们绝不能对日本掉以轻心①。

对这一时期中日文化交流史的研究,本文着重从《中日修好条规》缔结交涉过程中的文化交流、两国外交使节及民间往来人物的文化交流、日本派生来华留学及中国驻日使馆东文学堂学生等方面进行梳理介绍。

(1)《中日修好条规》缔结交涉过程中的文化交流之研究。1871 年中日两国签署《中日修好条规》,揭开了近代两国关系的序幕。从始于 1870 年 8 月的缔约预备交涉,到 1871 年签署条约,再到 1873 年 4 月日本专使副岛种臣与李鸿章正式交换条约文本,前后经历了近 4 年时间。在互换文本后,李鸿章称赞副岛种臣"明达大体,毫无矫强,尚属可嘉"②,还赠送副岛"忠勤亮时"③横匾一幅,清代中日友好关系此时可谓达到顶点。在这一缔约交涉过程中,中日两国相关参与人员自然有过不少的文化交流。

吕顺长《中日缔结〈修好条规〉时的礼物往还》(《历代正史日本传考注　清代卷》,上海

---

① 吕顺长著:《清末中日教育文化交流之研究》,商务印书馆,2012 年,第 5 页。
② 李鸿章著:《李鸿章全集》(二)《奏稿》卷二十一,海南出版社,1997 年,第 745 页。
③ 日本外交省编:《日本外交文书·明治期》第 6 卷,日本国际连合协会,1939 年,第 197 页。匾额文字为"奉赠副岛尊兄星使大人　忠勤亮时　同治癸酉六月　友弟李鸿章题"。

交通大学出版社,2016)一文,在对缔约交涉过程中两国人员互赠礼物的内容作初步考察的基础上,认为中国素称礼仪之邦,日本亦向重赠答之礼,缔约交涉过程中两国官员互赠"土产",缔约后日本使节向中国皇帝、皇太后及诸大臣进赠方物,中国皇帝及诸大臣答之以礼,两国间的礼物往还不可不谓缔约活动中文化交流的一大重要事项。郭巧君论文《近代中日外交之礼物往来——以〈中日修好条规〉缔结过程为中心》(浙江工商大学硕士论文,2017)在上述拙文的基础上,对缔约过程中两国礼物往还的内容进行了更进一步的整理,并分析了其特点。

王魁喜《近代中日关系的开端——从 1871 年〈中日修好条规〉谈起》(《东北师大学报》,1981 年第 1 期)一文,是国内较早对条规的性质及其特点进行分析的论文;李启彰论文《近代中日关系的起点——1870 年中日缔约交涉的检讨》(台北"中央研究院"《近代史研究所集刊》,2012),对中日缔约交涉经过进行了系统的论述;廖敏淑论文《〈中日修好条规〉与甲午战争——以修约交涉为中心》(《抗日战争研究》2014 年第 4 期),则试图通过《条规》签订后的修约交涉过程的考察,探讨甲午战争爆发的原因。以上几篇论文中,都介绍了两国人员思想、文化交流的一些细节。

此外,与缔约相关的论文主要还有米庆余等《一八七一年中日立约分析》(《历史档案》1982 年第 4 期)、韩东育《日本拆解"宗藩体系"的整体设计与虚实进路——对〈中日修好条规〉的再认识》(《近代史研究》2016 年第 6 期)、白春岩《马里亚·老士号事件与〈中日修好条规〉》(《暨南学报》2013 年第 5 期)等。

(2) 两国外交使节及民间往来人物文化交流之研究。中日两国于 1871 年签订修好条规后,日本于 1874 年向中国派遣了首任驻华公使,而中国则在 3 年后的 1877 年向日本派遣了以何如璋为公使的驻日使团,自此两国使领馆外交使节你来我往,考察官绅、文人墨客、商贾旅人的往来也渐趋频繁。

上述王晓秋著《近代中日文化交流史》中篇"19 世纪 70—90 年代的中日文化交流"中,对首届中国驻日使节的文化交流活动、中国人的访日游记及对日研究、中国文人墨客的互访和交流、中日诗歌唱和佳话、在日本寻访中国古籍逸书、借鉴日本经验推动中国维新等方面做了非常系统的研究。在此基础上,王晓秋在其后来出版的《近代中日关系史研究》(中国社会科学出版社,1997)、《近代中国与日本——互动与影响》,(昆仑出版社,2005)、《史海遨游录》(中国文史出版社,2018)等著作中,对这些问题都有进一步的论述。

王宝平著《清代中日学术交流研究》(日本汲古书院,2005)首先对明治中前期中国驻日外交官及寓日民间文人的文化活动进行研究,梳理出了这一时期中日文化交流的主要内容,并认为日本政治上的"脱亚入欧"始于明治维新之时,但文化上的"脱亚入欧",则完成于甲午战争之后;其次是对黄遵宪的《日本国志》、傅云龙的《游历日本图经》、姚文栋的《日本国志》、黄肇鋐的《日本环海险要图志》、王惕斋的《独臂翁闻见随录》、叶庆颐的《策鳌杂撷》等晚清中国人日本研究著作进行了细致的研究,在《日本国志》的资料来源、各种著作的版本等方面,都有独到的见解。此外,王宝平整理编撰的《晚清中国人日本考察记集成》(杭州大学出版社,1999)、《晚清东游日记汇编》(上海古籍出版社,2004)、《日本典籍清人序跋集》(上海辞书出版社,2010)、《日本藏晚清中日朝笔谈资料——大河内文书》(浙江古籍出版社,2017),大多是这一时期中日文化交流史研究的重要史料。

刘雨珍编校《清代首届驻日公使馆员笔谈资料汇编(上下册)》(天津人民出版社,2010),对日本所藏的首届驻日公使馆员与大河内辉声、宫岛诚一郎、石川鸿斋、冈千仞、增田贡等人的笔谈记录进行了整理,并对这些笔谈史料的收藏情况、史料价值、相关人物进行了较具体的介绍,为国内学界进一步开展日藏近代中日笔谈史料的研究起到了引领作用。另外,刘雨珍著《中日文学与文化交流史研究》(江苏人民出版社,2019)一书共五编,收录了著者二十余年来所发表的论文及书评20篇,其中第三编"笔谈与东亚文化交流"、第四编"黄遵宪与日本"、第五编"近现代中日关系史研究"中,较系统地对笔谈资料《大河内文书》的文化史意义,《宫岛诚一郎文书》中有关琉球交涉的史料,黄遵宪《日本杂事诗》《日本国志》等著作的编撰及影响、黄遵宪与日本学者的交往等问题进行了具体的研究。

清末驻日使节的诸多人物都对近代中日文化交流做出了重要贡献,而其中最引人瞩目的是曾任首届驻日使团参赞、留下不朽巨著《日本国志》的黄遵宪。有关黄遵宪的研究论文和著作不胜枚举,其中最重要的当属王晓秋、陈应年主编的《黄遵宪与近代中日文化交流》(辽宁师范大学出版社,2007)一书。该书系2001年8月北京市中日文化交流史研究会主办的"黄遵宪与中日文化交流国际学术研讨会"论文集,收录了王晓秋、刘德有等国内外24位知名学者的研究论文,从外交、文学、史学等多个角度对黄遵宪与日本的关系进行了阐述。

有关这一时期民间文人与中日文化交流的研究,主要集中在1876年来华并著《栈云峡雨日记》的文人外交家竹添进一郎、明治初年赴日的浙江慈溪王氏兄弟王惕斋和王治本、1879年作扶桑之游的王韬、1884年来华游历的冈千仞等人物上。除上述王晓秋《近代中日文化交流史》对这些人物有较详细的研究外,近十余年的主要相关研究成果有:吕顺长《慈溪王氏兄弟与日本文人》(《浙江方志》2002年第3期)、冯岁平《竹添井井及其〈栈云峡雨日记〉》(《成都大学学报》2003年第4期)、惠科等《近代日本外交官和汉学家的重庆认知——以竹添井井〈栈云峡雨日记并诗草〉为中心》(《东疆学刊》2019年第1期)、王宝平《清季东渡文人王治本序跋辑存》(《文献》2009年第4期)、王玉祥《晚清王治本与中日文化交流》(《宁波通讯》2010年第10期)、王宝平《明治前期赴日浙商王惕斋之研究》(《浙江工商大学学报》2012年第2期)、王勤谟《近代中日文化交流先行者王惕斋》(宁波出版社,2011年)、易惠莉《汉学家冈千仞与王韬——兼论1860—1870年代中日知识界的交流》(《近代中国》第12辑,2002年)、张雨乐《王韬与日本明治汉诗研究》(浙江师范大学硕士论文,2018年)、潘德宝《王韬〈扶桑游记〉与日本冶游空间的建构》(《浙江师范大学学报》2018 年第 3 期）、易惠莉《中日知识界交流实录——冈千仞与上海书院士子的笔话》（《档案与史学》2002 年第 6 期）、胡天舒《冈千仞的中国观——以〈观光纪游〉为中心》（《历史教学问题》2018 年第 1 期）等。限于篇幅，不做具体介绍。

侧重于这一时期中日关系的研究也不少。如戴东阳著《晚清驻日使团与甲午战前的中日关系（1876—1894）》（社会科学文献出版社，2012），系在其博士论文《晚清驻外使臣与不平等条约体系》（北京大学，2000）和各类刊物上所发表的相关论文的基础上补充修改而成。该书着重对甲午战前驻日使团在琉球问题、朝鲜问题、修约问题等方面所做的交涉进行研究，在对诸多史料进行解读、分析的基础上，提出了不少新的见解。徐磊论文《甲午战前驻日使团情报收集失败原因探析》（《日语学习与研究》2015 年第 5 期），认为甲午战前驻日使团对日情报收集失败的原因，在于清政府对外情报制度的落后以及驻日使团缺乏合理的人员配置等方面。孔祥吉论文《首任驻日公使何如璋新论》（《广东社会科学》2004 年第 3 期），认为何如璋在出任驻日本公使期间，以文会友，广泛结交日本朝野人士，给日本文化人留下深刻的印象；在琉球事件交涉中据理力争，维护了国家的利益和尊严；他关注朝鲜情形，筹划开国之策，曾对朝鲜朝野上下产生了广泛而又积极的影响；又由于日本外交档案中新史料的发现，表明他在中法战争前夕曾向日本提供过情报，因而使我们对这位最早"走向世界"的晚清外交家的是非功过有了新的认识。

（3）日本派生来华留学及中国驻日使馆东文学堂学生之研究。1871 年，日本明治政府在遣使来华缔结《中日修好条规》及《通商章程》之际，派遣成富清风、福岛九成等七名留学生来华留学，此为近代日本中央政府对华官派留学生之始。此后，虽然人数不多，但包括外务省、文部省在内的日本政府各省厅及一些对华团体陆续派人来华留学，并一直延续到大正、昭和时代。

国内学界最早论述近代日本对华派遣留学生的研究为桑兵的论文《近代日本留华学生》（《近代史研究》1999 年第 3 期），该论文对后来学界的相关问题研究产生较大的影响。该文指出，近代日本留华学生的目的大体分为三种类型，即从事地理兵制调查等间谍活动、学习中国学术文化、养成翻译人才；进入 20 世纪后，随着日本东方主义的复兴和新兴中国学的发展，在各方资助下，"学问的留学生"渐居主导。近年来，虽然也有如孙伟珍的《日本明治政府官派留华学生之嚆矢》（《日本学》第 17 辑，世界知识出版社，2012）等专题论文，但对此问题最为系统全面的研究著作是谭皓的《近代日本对华官派留学史（1871—1931）》（社会科学文献出版社，2018）。该书在著者近年已发表的《日本参谋本部首批"清国语学生"考略》（《北京社会科学》2014 年第 6 期）、《试论近代日本外务省对华派遣留学生制度（1871—1931）》（《抗日战争研究》2017 年第 2 期）等多篇研究论文的基础上整合修改扩充而成，从近代日本对华官派留学之背景、近代日本对华官派留学之开端、近代日本对华官派留学之发展、世纪之交的新动向、侵华战争前留华学生派遣的走向等五个部分，对近代日本对华官派留学制度的历史脉络进行了梳理，并对相关人物和史事做了较为客观的评价。

为培养翻译人才,首任驻日公使何如璋上书总理衙门,建议在驻日公使馆内设立东文学堂,从国内选拔优秀青年前往使馆学习日文。从黎庶昌任公使期间的1882年开始,使馆陆续从国内选拔学员进入东文学堂学习,直至1896年以东文学堂学员的名义从国内选拔最后一批学生带往日本,这批学生后来最终进入日本学校学习,东文学堂才被废止。有关东文学堂及其学员的研究,王宝平《近代中国日语翻译之滥觞——东文学堂考》(《日语学习与研究》2014年第2期)一文,对其教习、学员、特征等一些基本事实进行了系统的梳理,并对近代中国人留学日本的起源提出了新的见解,认为中国人公派留学日本的源头可追溯至1882年,即黎庶昌开设东文学堂之时。汪帅东《驻日使馆东文学堂考探》(《东北亚外语研究》2015年第4期)一文,认为东文学堂办学成效甚微,未能化解甲午战前日语译才紧缺的窘境,所培养的译才总体质量不高,能够委以重任者屈指可数,但就办学意义而言,驻日使馆东文学堂的设立拉开了中国近代系统培养日语译才的序幕,为其后日语译才的培养提供了参考范式。

3. 从"仇日"到"师日":盛况空前的日本热(1895—1911)

从中国甲午战败至清朝灭亡,是近代中日文化交流的第三个时期。甲午战争期间,无论是官员奏折,还是民间言说,中国人几乎言及日本必称其为"倭",中国官民的仇日感情升至极限。另一方面,甲午战败对中国社会所产生的震撼作用,是以往的欧美列强侵华战争所无法相比的,这不仅仅是因为中国因此而割地赔款,被迫签订丧权辱国的条约,更重要的是,耗巨资历数十年致力于洋务的"天朝上国",败给的不是"船坚炮利"的西方国家,而居然是"蕞尔小国"日本,国势之衰弱、政府之无能,彻底暴露无遗。战败的耻辱,强烈地刺激了中国人的神经,促使中国人以现实的态度和惊人的勇气,掀起了学习、研究日本的高潮。

这一时期的中日文化交流几乎是全方位的。中国通过派生留学日本、派官绅赴日考察、招聘日本教习、翻译日本书籍等活动,力图通过日本输入近代的西方科技文化。在这一过程中,近代西方的科技、教育、政治法律制度、哲学思想、文学、艺术等通过日本源源不断地被引进,与此同时一些日本的固有文化不知不觉中也影响了中国。可以说,清末时期的日本在中国从传统走向近代的过程中,起到了重要的中介和桥梁作用。

尽管在这样的时期,日本政府也从没有放弃过使其国之势力"悄然骎骎于东亚大陆"①的野心,他们不仅在八国联军侵华期间大肆出兵镇压义和团运动,在中国发动了旨在争夺我东北权益的日俄战争,而且始终不忘通过文化事业从中国攫取更大的利益。

概言之,这一时期的中日文化交流虽内容广泛、影响巨大,但背景却非常复杂,绝不是单纯地用诸如中日"同文同种""唇齿辅车""蜜月时代"等美好的词汇所能概括的。有关这

① 中国社会科学院近代史资料编辑部编:《近代史资料》第74号,中国社会科学出版社,1989年,第95页。

一时期中日文化交流史研究的内容较多，以下对此作分类介绍。

（1）留日学生之研究。在清末中日往来中，以中国向日本派遣留学生之事业规模最大、人数最多、影响也最深远。对清末中国派生留日这一历史的缘起、演变过程、留日学生的学习生活状况、所参与的各类活动，以及对中国近代文化思想、政治、教育、语言文学、翻译出版等各方面的影响和贡献的研究，其成果可谓汗牛充栋。

中国近代第一部研究留学问题的专著是舒新城所著的《近代中国留学史》（中华书局，1927），该书在上述民国时代的研究一节中已有介绍，不再重复。黄福庆著《清末留日学生》（台湾"中央研究院"近代史研究所专刊，1975）一书，论述了清末中国学生留学日本的时代背景、留学日本的发轫、留学政策、学习生活与环境、文化活动、政治活动等内容，在日本学者实藤惠秀著《增补中国人日本留学史》（くろしお出版，1970）的基础上做了一些拓展和补充，不失为中国学者专门研究清末留日学生的早期重要著作。尚小明著《留日学生与清末新政》（江西教育出版社，2003），从清末留日学生与清末预备立宪、清末教育改革、清末新军编练、清末法制变革等四个方面，阐述了留日学生对清末新政的贡献及其在中国近代化进程中的历史地位。

孙石月著《中国近代女子留学史》（中国和平出版社，1995）较系统地对近代中国女子出国留学的历史进行了论述，其中"清末女子留日"等部分，对与女子留学生关系密切的青山实践女子学校，以及留日女生在组织社团、创办报刊、投身革命等方面的活动做了初步的介绍，系国内较早专门论述女子留学的著作。周一川著《近代中国女性日本留学史》（社会科学文献出版，2007）虽侧重于民国时期女子留学日本的历史，但对清末时期下田歌子对中国女子留学生的教育、女子留学生在"拒俄运动"及反对"清国留学生取缔规则"等事件中的表现、清末女子留日学生人数等方面也做了较具体的研究。

严安生著《日本留学精神史——近代中国知识分子的轨迹》（岩波书店，1991 年）是 20 世纪末中国学者研究中国人留学日本史比较重要的著作，该书出版后即在国内外获得好评，于 1992 年连续获得第 19 次"大仏次郎赏"（朝日新闻社）和第 4 次"アジア太平洋赏"（每日新闻社），由陈言翻译的中译本《灵台无计逃神矢——近代中国人留日精神史》也于 2018 年由三联书店出版。该书试图通过对留日学生与"中体西用"、留学生心中的日本像、"人类馆"现象与"游就馆"体验、在日留学生与日俄战争、留学生活诸样态等方面的考察，解读数以万计的学子在日本留学期间精神层面的体验。

进入 21 世纪后，留日学生史研究趋向细化，尤其是以区域史的角度着眼于某地域的研究开始受到重视，并涌现了大量的研究成果。吕顺长著《清末浙江与日本》（上海古籍出版社，2001）上篇"清末浙江留日学生"从清末浙江早期留日学生、"五校特约"留学及其对浙江的影响、浙江留日学生生源组成和地区分布、留日体验与归国后的活动等方面，较系统地对清末浙江留日学生进行了研究。黄尊严等论文《清末山东留日学生考释》（《东岳论丛》2004 年第 2 期）、岳程楠论文《留日学生与清末四川教育近代化》（《日本问题研究》

2009 年第 4 期)、周立英著《晚清留日学生与近代云南社会》(云南大学出版社,2011)、梁中美著《晚清民国时期贵州留日学生与贵州近代化》(西南交通大学出版社,2014)、樊国福著《近代留日学生与直隶省教育近代化研究》(河北教育出版社,2016)、洪亮论文《清末福建留日学生研究》(华侨大学硕士论文,2017)、江盈盈论文《清末福建留日教育的动因、历程与学生群体特征研究》(《福建师范大学学报》2019 年第 2 期)等,分别从各地区留日学生的规模、群体特征、在日及归国后的活动、对该地区的近代化事业所做的贡献等方面,进行了较细致且各具特色的研究。

此外,田正平著《留学生与中国教育近代化》(广东教育出版社,1996)、沈殿成主编《中国人留学日本百年史》(辽宁教育出版社,1997)、安宇等主编《留学生与中外文化交流》(南京大学出版社,2000)、杨晓著《中日近代教育关系史》(人民教育出版社,2004)、李喜所著《近代留学生与中外文化》(天津教育出版社,2006)、刘集林等著《中国留学通史(晚清卷)》(广东教育出版社,2010)、朱美禄著《域外之镜中的留学生形象》(巴蜀书社,2011)、桑兵著《交流与对抗　近代中日关系史论》(广西师范大学出版社,2015)、韩立东著《近代日本的中国留学生预备教育》(北京语言大学出版社,2015)、徐静波与和田博文等人合编的『「異郷」としての日本：東アジアの留学生がみた近代』(勉诚出版,2017)、周棉著《留学生群体与民国的社会发展》(中国社会科学出版社,2017)、周一川著『近代中国人日本留学の社会史：昭和前期を中心に』(东信堂,2020)等著作,也从留日学生的发端、留日学生与中外文化交流、留日学生在中国近代化建设中所发挥的作用等方面进行了论述。

有关清末留日学生相关资料的整理和出版,有清末管理留日学生事务的"游学生监督处"创办的《官报》(12 册)(吕顺长整理,国家图书馆出版社,2009)、1903 年浙江留日学生同乡会创办的《浙江潮》(中央编译出版社,2014)、1907 年河南留日学生同乡会创办的《河南》(全九册)(北京鲁迅博物馆编,中央编译出版社,2014),个人的留日日记或回忆录则有曹汝霖《一生之回忆》(中国大百科全书出版社、2009)、《黄尊三日记》(谭徐锋整理,凤凰出版社,2019)等。

(2)来华日本顾问之研究。清末来华的日本顾问,指当时中国在各个不同领域聘用的日本人,包括当时中国各级政府部门聘用的"政策顾问"、军事组织聘用的"军事顾问"、在各类学校任教的"教习"以及负责技术指导的"技师"等。这些日本顾问不仅人数众多、成分复杂,而且来华目的不一、良莠不齐。

较早对日本教习问题进行系统全面研究的是汪向荣所著的《日本教习》(三联书店,1988),该书著者从 20 世纪 50 年就开始有关日本教习的资料收集整理和研究,但后来研究被迫中断,直到 1978 年才又重新走上研究之路,在实藤惠秀、阿部洋等日本学者的协助下收集新的资料,花费近十年时间完成了该书的撰写工作。该书不仅对清末中国聘用日本教习的历史背景、教习的人数及其分布、对中国新教育的影响做了较全面的论述,还对松本龟次郎、中岛裁之等人物进行专门研究。尤其是著者在实藤惠秀等人所整理的教习名单基础上增补而成的《日本教习分布表》，在当时的资料条件下已属较为完整，对后来国内外学界的日本教习研究起到了重要的作用。

李廷江与卫藤沈吉合编的《近代在华日人顾问资料目录》（中华书局，1994），从日本外交史料馆收藏的《外国人雇用本邦人关系杂件》《中国雇用本邦人关系杂件》《中国雇用外国人杂件》《各国雇用本邦人杂件》《外国雇用本邦人》等资料中，选取近代在华日本人顾问、教习、技师等相关资料目录计2 538条进行收录，并制作了资料中出现的人名目录，为研究者查找相关资料带来了极大的方便。李廷江论文《戊戌维新前后的中日关系——日本军事顾问与清末军事改革》（《历史研究》1999年第2期），通过对戊戌维新期间中日两国关于招聘顾问谈判的过程和背景的考察，揭示日本军事顾问参与清末军事改革的基本状况及其影响。

肖朗等论文《日本教习与京师警务学堂》（《近代史研究》2004年第5期），通过对京师警务学堂所聘用的日本教习的具体研究，认为学堂中的日本教习承担大部分的教学和教育行政管理工作，并由川岛浪速担任监督，但其主权仍掌握在清政府手中。作为中国最早的近代警察教育机构，京师警务学堂为清末各地警察学校的创办提供了可资借鉴的模式。

施克灿等论文《日本教习与清末师范教育的创始》（《教师教育研究》2004年第3期），通过对清末师范学堂大量聘用日本教习的原因、分布状况、教学活动、所授课程等方面的考察，分析日本教习在清末师范教育中的地位及其所产生的影响，认为日本教习的引进，为中国的新教育培养了一批师资力量，并在不同程度上推动了清末师范教育的发展。

叶倩莹论文《日本顾问与晚清新政》（中山大学博士论文，2015），从日本顾问介入晚清改革的缘起、新政时期的日本顾问、宪政改革与日本顾问等方面，考察了日本顾问对清末改革所产生的影响、所存在的问题、末期逐渐减少的原因等。文章认为，辛丑之前，清朝各方招用日本顾问的运作模式，以及日本对华顾问派遣和对华情报渗透的连动关系均已奠定基础；新政期间，大量名称各异的来华日本"顾问"，借助中日政治人脉关系，往往可以成为作用影响和情报价值都远超侪辈的代表性人物。

谢群论文《关于近代在华日本顾问的研究——甲午战争后～南京国民政府成立》（东北师范大学博士论文，2018），通过对近代来华日本顾问的考察，认为随着中日两国关系的变化，日本顾问的来华方式由"招聘制"逐渐转变为"派遣制"，在华日本顾问已成为日本实施对华政策的一个重要手段；近代在华日本顾问的分布区域、活动轨迹与国内外的形势变化和日本的对华政策有密切关系，在不同的历史背景下呈现出不同的特征；一部分日本顾问在引进先进技术和理念、推进中国近代化发展方面起到了重要的先导性作用。

熊达云著《洋律徂东：中国近代法制的构建与日籍顾问》（社会科学文献出版社，2019），从众多的日籍顾问中选取有贺长雄、松冈义正、寺尾亨和副岛义一等人物作为具体分析对象，就中国政府聘请他们担任顾问的过程、目的以及他们担任顾问期间所负责的具体工作等微观层面进行研究，试图从一个侧面展示日本顾问在中国近代法制构建过程中所起到的作用。

（3）中国官绅赴日考察之研究。近代中国官绅的对日考察，是近代中日文化交流的重要内容，它与派生留日、招聘日本顾问等一样，都是近代中国通过日本汲取近代西方科技文化，敞开国门认识世界、走向世界的重要举措。大批的考察者通过对日本的考察，进一步认识到日本大胆借鉴西方，以教育为本，才使其走向了强盛之路。归国后，他们或著书立说普及新知，或大声疾呼改变旧传统以兴新学，或直接投身改革实践，对中国的近代化事业做出了巨大贡献。

汪婉著『清末中国对日教育视察の研究』（汲古书院，1998），系著者在同名博士论文（东京大学，1996 年）的基础上补充修改而成。该书利用考察者所留下的考察记录、日本外交史料馆以及中国第一历史档案馆所藏相关史料等大量第一手资料，从清末中国人游历日本的各个阶段及其特征、日本教育考察对中国制定近代学制的影响、近代学制的普及与对日教育视察等方面，对清末中国官绅的对日教育考察做了较全面的研究，是清末对日教育考察研究领域的重要著作，对推动清末中国官绅赴日考察的研究起到了重要作用。

熊达云著『近代中国官民の日本视察』（成文堂，1998），系著者在其博士论文『中国官民の日本视察に関する历史的考察——清末における中国近代化への试みと日本』（早稻田大学，1997）的基础上修改而成。该书分二篇共 10 章进行论述，第一篇"关于中国官民日本考察的历史性考察"论述了中国官民对日考察的过程、内容及日本的对应情况；第二篇"清末中国近代化的尝试与日本考察者的影响"从考察者对日本近代化的介绍、为制度改革献计献策、直接参与改革实践等方面，分析了赴日考察者对中国近代化尝试方面所产生的影响和作用。

孙雪梅著《清末民初中国人的日本观——以直隶省为中心》（天津人民出版社，2001），从清末"东游"热的兴起、直隶省官民的东游与"东游日记"、东游所见日本教育、东游所见之日本实业等方面，着重考察了直隶省考察官绅在日本的所见所闻。

吕顺长著《清末中日教育文化交流之研究》（商务印书馆，2012）上篇"对日教育考察之研究"，在对教育考察者的主要类型及现存主要教育考察记进行介绍的基础上，着重对吴庆坻、张大镛、程恩培、罗振玉等人的日本考察经过及其影响进行研究，并分析了清末日本教育考察对中国教育近代化的影响。

孔颖著《走近文明的橱窗：清末官绅对日监狱考察研究》（法律出版社，2014），作为中国近代转型时期移植西方法政制度的专题研究，以"晚清官绅游历日本"与"近代西方监狱制度的移植"为研究视角，从清末中国对近代西方监狱制度的关注、清末新政时期对日监狱考察、赴日考察监狱的主要人物、小河滋次郎与清末监狱改良等方面，探讨近代中国以日本为媒介，有选择地接受近代西方法律制度的历程。

罗晶论文《李宗棠日本考察之研究》（浙江工商大学硕士论文，2018），根据李宗棠的各类考察记、诗作以及中日相关文献资料，从李宗棠的生平与著作、九次赴日考察、在日体验等方面,对李宗棠日本考察事迹以及相关著作进行分析,试图还原李宗棠九次赴日考察的经过及其影响。

此外,赵建民《吴汝纶赴日考察与中国学制近代化》(《档案与史学》1999 年第 5 期)、陈晴《清末教育考察对体育的引进及其价值》(《武汉体育学院学报》2006 年第 9 期)、许海华『1902 年の呉汝綸日本考察について』(『千里山文学論集』第 82 号,2009)、陈丹《清末考察政治大臣》(社会科学文献出版社,2011)、蔡一村《吴汝纶日本教育考察之研究》(西南大学硕士论文,2012)、王少芳《清末直隶官绅的日本教育考察》(《教育评论》2013 年第 3 期)、段晓辉《清末"教育考察记"中的日本价值观教育研究》(上海社会科学院硕士论文,2016)、王禹霈《清末官绅日本农工商考察类著作研究——以农工商考察类著作为例》(苏州大学硕士论文,2016)、吕顺长『清末中国人日本視察旅行記に見る筆談記録——呉汝綸の「東遊叢録」を中心に』(《中国研究月报》2017 年 8 月号)、徐伟民《吴汝纶对日本师范教育的考察及其影响》(《安庆师范大学学报》2018 年第 2 期)等论著,也分别从不同的角度对此问题进行了研究。

在清末中国人对日考察记录的整理出版方面也取得了较大的进展。王宝平主编的《晚清中国人日本考察记集成》(后改名为《晚清东游日记汇编》)先后整理影印出版了《教育考察记(上、下)》(吕顺长编,杭州大学出版社,1999)、《日本政法考察记》(刘雨珍、孙雪梅编,上海古籍出版社,2002)、《游历日本图经》(王宝平编,上海古籍出版社,2003)、《日本军事考察记》(王宝平编,上海古籍出版社,2004)、《中日诗文交流集》(王宝平编,上海古籍出版社,2004)等。此外,钟叔河等主编的《走向世界丛书》(岳麓书社,初编 1985—1986 年,续编 2017)、朝华出版社自 2017 年开始陆续影印出版的《清末民初文献丛刊》也分别收录了多种考察记。点校本有武安隆、刘玉敏点注《严修东游日记》(天津人民出版社,1995)、李兴武校点李宗棠撰《东游纪念》(黄山书社,2016)、李兴武校点李宗棠辑《考察日本学校记》(黄山书社,2019)、郑晓霞等校注盛宣怀《愚斋东游日记》(江苏广陵书社,2018)等,日文翻译本则有杨晶等译张謇《东游日记》(南通博物苑,1996)。

(4) 日本书籍译介与中日词汇交流之研究。甲午战争前,中译日文书籍寥寥无几,与西书翻译相对较盛的状况相比,日书的翻译并未受到重视。甲午战争后,日本在国人心目中的地位骤升。1896 年,京师同文馆率先增设东文馆,预示着翻译日书开始受到重视;1897 年,梁启超在上海创设大同书局,明确翻译对象"以东文为主,而辅以西书,以政法为先,而次以艺学"[①];1897 年,罗振玉率先在上海设立的东文学社,以及此后国内相继设立的众多东文学堂,培养了一大批中国早期的东文翻译人才;19 世纪末 20 世纪初相继赴日的数以万计的留日学生,更是成为译介日本书籍的主力军。日书翻译的盛行,不仅为近代

---

① 梁启超:《大同译书局叙例》,《饮冰室合集 1 饮冰室文集之二》,中华书局,1989 年,第 58 页。

中国引进日本及西方近代科技文化做出了巨大的贡献,而且对输入日文汉字词汇也起到了重要作用。在这一方面,以输入日文汉字词汇为中心的中日词汇交流之研究比较受到重视,而对日书翻译本身的研究却相对比较薄弱。以下按时间顺序,对中国国内学界在此方面的研究做一回顾。

高名凯、刘正埮等主编的《汉语外来语词典》(上海辞书出版社,1984)收录古今汉语外来词 10000 余条,其中来自日语的汉语外来词约 800 条,还列出了日语的相应汉字和读音。该词典系编者在其所著的《现代汉语外来词研究》(文字改革出版社,1958)基础上增补修订而成,是中国国内最早而且较系统地对来自日语的外来词进行整理研究的重要工具书,对后来的日语译词研究起到了重要的作用。在几乎与高名凯出版《现代汉语外来词研究》一书的同时,王立达发表了《现代汉语中从日语借来的词汇》(《中国语文》1958 年第 2 期)一文,将 19 世纪开始进入汉语的日语借词进行分类,并一一举例说明,也是早期这一领域的重要研究论文。

谭汝谦主编的《中国译日本书综合目录》(香港中文大学出版社,1981)一书,是有史以来第一部中译日书综合性目录,收录 1883—1978 年间中译日书目录 5765 种,其中 1883—1911 年间为 970 种,并分别注明著者或编者、译者、出版地、出版社、版本情况等信息,此外编者在序言中对各个不同时期汉译日书的数量、内容、特征等进行了详细的分析。该书尽管因限于当时的条件而有不少遗漏,但为后来的汉译日书等研究打下了较好的基础。作为该目录的姐妹篇,编者还编写了《日本译中国书综合目录》,在此不做具体介绍。

陈力卫著『和製漢語の形成とその展開』(汲古书院,2001),从日本汉字新词形成的文化基础、日本汉字新词的形成类型、日本汉字新词的结构特征、日本近代汉字新词的产生、日本汉字新词对现代汉语的影响等方面,论述了日本汉字新词的形成及其发展变化过程。陈力卫近著《东往东来——近代中日之间的语词概念》(社会科学文献出版社,2019)一书,共分三编 18 章,第一编“西学东渐再东渐”着重考察 19 世纪的《英华字典》以及《博物新编》《万国公法》和江南制造局的西学新书在日本的影响;第二编“东学激起千层浪”着重考察 20 世纪日语词汇对中国的影响,通过分析梁启超《和文汉读法》、政治小说《雪中梅》以及《共产党宣言》的翻译问题,认识汉语欧化过程中的日语因素,以及辞典是如何应对日语新词的;第三编“语词概念定尘埃”则具体描述“民主”“共和”“主义”“优胜劣败,适者生存”“金字塔”等概念形成的过程。

朱京伟著『近代日中新語の創出と交流——人文科学と自然科学の専門語を中心に』(白帝社,2003),对日本近代汉语新词,以哲学用语、音乐用语、植物学用语等人文科学和自然科学方面的用语为中心,考察其形成和发展的历史,及其通过留日学生的翻译活动输入中国后对现代汉语所产生的影响。朱京伟新著《近代中日词汇交流的轨迹——清末报纸中的日语借词》(商务印书馆,2019)一书,主要以日语借词进入汉语高峰期的清末发行的《时务报》《清议报》《译书汇编》《新民丛报》《民报》等 5 种报纸为文本资料,利用词汇史研究的方法,通过全面的词语调查,揭示日语借词进入汉语的历史过程。

李运博著《中日近代词汇的交流——梁启超的作用与影响》(南开大学出版社,2006)为著者 2002 年的北海道大学博士论文『日本借用語の近代中国への移入——梁啓超の場合』的基础上补充修改而成,着重对梁启超著作中所出现的日语借用词汇进行了较系统的整理研究。李运博近著《近代汉日词汇交流研究》(外语教学与研究出版社,2018),以近代中日汉字词汇的交流为研究对象,从宏观的角度对在中日两国词汇交流过程中发生的文化现象,及对中日两国社会文化乃至外交关系等所产生的影响进行了考察,试图从史学研究的角度来探讨中日两国词汇交流及其相关的诸多问题,摸清两国词汇交流发生、发展的历史脉络。

沈国威著《近代中日词汇交流研究——汉字新词的创制、容受与共享》(中华书局,2010),从日本近代汉字新词的创造、中日的语言接触、中日词汇交流、词源考证等方面,对近代中日词汇交流的历史进行了细致的研究,再现了汉字文化圈内近代新词译词的创造、交流、受容、定型的全过程,从而揭示了语言接触、词汇交流的一些基本的规律性。另外,此书日文版(『近代日中語彙交流史: 新漢語の生成と受容』,笠间书院)于 2017 年在日本出版,中文版也在进一步补充修订后改名为《新语往还——中日近代语言交涉史》,已于 2020 年 7 月由社会科学文献出版社出版。沈国威近著《汉语近代二字词研究——语言接触与汉语的近代演化》(华东师范大学出版社,2019)一书,通过汉语与二字词、来自翻译史的启示、近代书写语言的形成与二字词、基本词汇的近代形成、近代的二字词环流与日语影响、现代汉语二字词词源概览等内容的阐述,着重从东西、东东(中日)的近代语言接触与词汇交流的角度,诠释汉语二字化的机制及史实,认为近代的二字词主要缘于东西、东东的语言和文化的接触。

此外,吕顺长《清末浙江籍早期留日学生之译书活动》(《杭州大学学报》1996 年第 2 期)、张铁荣《鲁迅与周作人的日本文学翻译观》(《鲁迅研究月刊》2003 年第 10 期)、李孝迁《清季支那史、东洋史教科书介译初探》(《史学月刊》2003 年第 9 期)、刘明明《清末留日学生的跨文化传播——〈译书汇编〉与〈游学译编〉》(厦门大学硕士论文,2007 年)、李广超《近代中国留日学生的译书活动(1896—1937)》(《广西社会科学》2008 年第 5 期)、吕超《清末日语翻译沈纮译介活动初探》(《浙江外国语学院学报》2013 年第 1 期)、杜京容《论清末留日学生译书活动的原因、内容及影响》(《河南图书馆学刊》2015 年第 4 期)、葛文峰《清末留日学生的报刊编译与救国探索——以〈译书汇编〉与〈游学译编〉为中心》(《邢台学院学报》2015 年第 1 期)等论文,也分别从不同的角度对清末留日学生的译书活动等内容进行了论述。

(5) 日本人来华游历考察之研究。清末时期,有众多日本官民以各种名目和渠道前来中国游历考察甚至长期居住,他们中不少人还留下了统称为"游记"的各种见闻记录。

据张明杰所做的分类,这些来华日人的身份包括官僚或政治家、军人或所谓大陆浪人、学者或留学人员、记者或编辑、作家或艺术家、教习及教育工作者、实业家或商人、宗教界人士、儒学者及民间人士①,可谓身份多样、动机不一,他们观察中国的角度、对中国的认识及所留下的记录也各具特色。通过这些来华日人所留下的见闻记录等资料对他们的来华活动进行研究,也是近代中日文化交流史研究的重要内容。

张明杰多年来致力于近代日本人中国游记的研究,先后发表了「明治前期の中国游记:冈千仞の『観光紀游』について」(明海大学《酒店与旅游》第 1 卷第 1 期,2005)、「明治期最初の中国西部奥地への旅:竹添进一郎及びその『栈云峡雨日记并诗草』について」(明海大学《酒店与旅游》第 1 卷第 2 期,2006)、『明治后期の中国纪行:山本宪「燕山楚水纪游」について』(明海大学《酒店与旅游》第 3 卷第 1 期,2007)、「明治期日本人の観た万里の长城:大鸟圭介〈长城游记〉を中心に」(明海大学《酒店与旅游》第 4 卷第 1 期,2008年)、《明治汉学家的中国游记》(《读书》2009 年 8 月 11 日)、《明治时期日本人的中国游记文献综述》(《日语学习与研究》2013 年第 5 期)、《近代日本人涉华边疆调查及其文献》(《国际汉学》2016 年第 1 期)等研究论文。他主编的《近代日本人中国游记》(中华书局,2007—2012),整理或翻译了清末民初来华游历的日本人游记累计 20 余种,包括《北中国纪行 清国漫游志》(曾根俊虎著,范建明译,2007)、《横跨中国大陆——游蜀杂俎》(中野孤山著,郭举昆译,2007)、《中国游记》(芥川龙之介著,秦刚译,2007)、《燕山楚水》(内藤湖南著,吴卫峰译,2007)、《考史游记》(桑原骘藏著,张明杰译,2007)、《中国印象记 满韩漫游》(小林爱雄、夏目漱石著,李炜、王成译,2007)、《栈云峡雨日记 苇杭游记》(竹添进一郎、股野琢著,张明杰整理,2007)、《我的留学记》(吉川幸次郎著,钱婉约译,2008)、《北京纪事 北京纪游》(小栗栖香顶著,陈继东等整理,2008)、《中国漫游记 七十八日游记》(德富苏峰著,刘红译,2008)、《中国文明记》(宇野哲人著,张学锋译,2008)、《观光纪游 观光续纪 观光游草》(冈千仞著,张明杰整理,2009)、《1862 年上海日记》(日比野辉宽、高杉晋作等著,陶振孝等译,2012)。整理者在序言中还对游记作者、来华游历经过及游记内容等做了较具体的介绍。

在沪日侨是从明治初期开始进入上海的,从初期的寥寥数人,到太平洋战争爆发后达 10 多万人,成为上海外侨社会的重要组成部分,也是近代在华日侨最具代表性的群体。陈祖恩长期从事在沪日侨的研究,他所著的《寻访东洋人——近代上海的日本居留民(1868—1945)》(上海社会科学院出版社,2007)一书,对近代在沪日侨群体从移居、发展到离去的过程进行了系统的研究,重现了在沪日侨群体在经济、文化、社会诸多侧面的主要经历和场景。《上海日侨社会生活史(1868—1945)》(上海辞书出版社,2009)一书,则在上述书籍的基础上,以更丰富的资料和独特的视角,解读了上海日侨社会的形成、发展及日

---

① 张明杰:《明治时期日本人的中国游记文献综述》,《日语学习与研究》2013 年第 5 期,第 56—59 页。

侨最后被遣返的历史过程,是上海日侨史研究领域最具开拓性和代表性的研究成果。徐静波与和田博文等人合著的『近代上海の日本人社会とメディア1870-1945』(岩波书店,2014),主要以当地发行的各种报纸杂志等媒体的相关报道,考察近代上海日本人社会的全貌及其发展变化过程。

内藤湖南不仅与访日中国学者多有交流,他还曾多次来华访书、考察,结识了众多的中国学者。钱婉约等编著的《内藤湖南汉诗酬唱墨迹辑释》(国家图书馆出版社,2016)一书,从日本关西大学内藤文库所藏资料中选取内藤湖南与包括中日友人的唱和诗在内的汉诗手稿真迹计220首进行彩色影印,并附有汉诗释文,而且还在"前言"和诗后所附按语中,对诗中出现的人物、内容等加以考证。此外,编者还将手迹版与《内藤湖南全集》版进行比对,以体现出内藤湖南汉诗创作锤炼字句的过程。书中涉及的中国近代学者名流有陈宝琛、郑孝胥、杨钟羲、王国维、张尔田、张元济、赵尔巽等人。该书不仅具有较高的文献资料价值,同时还具有很好的书法艺术欣赏价值。

日本汉学家山本宪所著的汉文游记《燕山楚水纪游》,记录了其1897年来华考察的经过及与罗振玉、汪康年、梁启超、张謇、叶瀚、汤寿潜等众多中国官绅的交流情况,也是清末来华日本人的重要游记之一。该书未被收入上述张明杰所编的《近代日本人中国游记》中,后来由蒋海波整理翻译后收入山本宪关系资料研究会编的『变法派の书简と『燕山楚水国纪游』—「山本宪関係资料」の世界—』(汲古书院,2017)中。

(6)其他相关研究。晚清时期中日往来人员所留下的书札,作为研究相关人物及事件的原始资料,同时作为研究这一时期中日政治外交及文化交流历史的基础史料,弥足珍贵。在对这些书信的整理研究方面,主要有以下成果:上海图书馆编《汪康年师友书札》(上海古籍出版社,1986—1989),收录上海图书馆藏书札七百余家计三千余通,含日本人28人近80通;李庆编注《东瀛遗墨——近代中日文化交流稀见史料辑注》(上海人民出版社,1999),选辑了黄遵宪、王国维、周作人等20多位近代知名人物致日本文化名人的信札、唱和诗、笔谈记录,并进行了考注;宋庆龄基金会研究中心主编《宫崎滔天家藏——来自日本的中国革命文献》(人民美术出版社,2011),收录孙中山等与宫崎滔天笔谈记录39件、孙中山致宫崎滔天书信20封;李廷江编著《近代中日关系源流——晚清中国名人致近卫笃麿书简》(社会科学文献出版社,2011),影印收录了藏于京都"阳明文库"的中国官绅致近卫笃麿的共92通书简,并在对其进行释文的基础上,将寄信人分为清末改良派、南方实力派、清政府要人和外交官、留日学生等四类,对信函的背景、内容等进行了梳理;易惠莉编著《盛宣怀与日本——晚清中日关系之多面相》(上海书店出版社,2014),收录了盛宣怀"东京友人"33人的书札,并对其做了较具体的解读;中国宋庆龄基金会研究中心编《宫崎滔天家藏民国人物书札手迹(1—2卷)》(华文出版社,2016),收录了孙中山、宋庆龄、何树龄、黄兴、黄一欧等人与宫崎滔天的往来的资料,包括笔谈资料、信函、电文等;吕顺长著《清末维新派人物致山本宪书札考释》(上海交通大学出版社,2017),收录了藏于日本高知市立自由民权纪念馆的康有仪、梁启超等人致日本汉学家山本宪的百余通书札影印件,并对其进行了详细的录文、考注和研究。

有关鲁迅与中日文化交流的研究,可以说是最大的研究热点,其研究成果也最多,仅笔者经眼者就多达 20 余种。限于篇幅,以下仅列出其书名。陕西人民出版社编《鲁迅书简(致日本友人增田涉)》(陕西人民出版社,1973)、李菁著《鲁迅と中日文化交流》(日文版)(向阳社,1976)、山东师范学院聊城分院中文系图书馆编《鲁迅在日本》(山东师范大学出版社,1978)、李连庆著《东邻散记:鲁迅在日本及其他》(上海文艺出版社,1979)、李连庆著,丁东译《鲁迅と中日文化交流》(文化出版局,1981)、李连庆著《鲁迅与日本》(世界知识出版社,1984)、刘献彪等编《鲁迅与中日文化交流》(湖南人民出版社,1981)、程麻著《鲁迅留学日本史》(陕西人民出版社,1985)、程麻著《沟通与更新:鲁迅与日本文学关系发微》(中国社会科学出版社,1990)、刘柏青《鲁迅与日本文学》(吉林大学出版社,1985)、彭定安主编《鲁迅:在中日文化交流的坐标上》(春风文艺出版社,1994)、上海鲁迅纪念馆编《中日友好的先驱——鲁迅与内山完造图集》(上海人民美术出版社,1995)、黄中海著《鲁迅与日本》(远方出版社,2002)、荣挺进主编《鲁迅谈日本》(新华出版社,2005)、周国伟著《鲁迅与日本友人》(上海书店出版社,2006)、上海鲁迅纪念馆编《鲁迅与日本友人》(上海社会科学院出版社,2013)、陈朝辉著《文学者的革命——论鲁迅与日本无产阶级文学》(光明日报出版社,2016)、卓光平著《战后日本文化语境中的“池田鲁迅”研究》(中国社会科学出版社,2018)、靳丛林,李明晖著《日本鲁迅研究史论》(社会科学文献出版社,2019)、陈红著《日语源语视域下的鲁迅翻译研究》(浙江工商大学出版社,2020)、陈南编著《鲁迅藏日本版画珍赏》(辽宁美术出版社,2020)。译著则主要有:大村泉编著,解泽春译《鲁迅与仙台(鲁迅留学日本东北大学一百周)》(中国大百科全书出版社,2005)、藤井省三编,林敏洁等译《日本鲁迅研究精选集》(中央编译出版社,2016)、太宰治著,杨晓钟等译《惜别:同窗视角中的鲁迅先生 日本文学大师笔下的中国文豪》(陕西人民出版社,2017)、日本筑摩书房编辑部编,张凌志译《我是鲁迅》(中译出版社,2019)。

有关孙中山与日本的关系的研究也不在少数。如陈鹏仁著《孙中山先生与日本友人》(台北大林书店,1973)、王俊彦著《浪人与孙中山》(中国华侨出版社,1994)、俞辛焞著《孙中山与日本关系研究》(人民出版社,1996)、张良群著《孙中山在日本》(连云港市文史资料委员会,2006)、辛亥革命百周年纪念活动日本执行委员会编《百年后的日本与中国:孙中山的梦想与现在》(社会科学文献出版社,2012)等。译著则有小坂文乃著,吴艳丽译《孙中山与梅屋庄吉:推动辛亥革命的日本人》(世界知识出版社,2011)、日本孙文纪念馆编,蒋海波译《神户华侨孙中山与日本关系人名录》(中国社会科学出版社,2017)等。

近年,有关近代日本驻华领事报告的研究也开始受到重视。清末日本驻中国各地的领事向日本国内提交的报告,大多收录于《通商汇编》《通商报告》《官报》《通商汇纂》等明治年间日本官方刊行的资料汇编中,内容包括商业、贸易、财政、金融、交通、工业、农业、矿业等,此外还大量涉及政治、社会风俗等方面的内容,从一个侧面可以看出近代中国的社会经济变迁。王力著《近代驻华日本领事贸易报告研究(1881—1943)》(中国社会科学出版社,2013),在对驻华日本领事贸易报告资料作全面介绍的基础上,利用这些资料对"清末银价下跌与中国的对外贸易""清末茶叶对外贸易的衰退及其挽救运动""近代中国煤炭贸易格局的变动"等问题进行了专题研究,指出日本在近代特别是在甲午战争之后,随着在中国势力的不断增强,驻华领事贸易报告对中国的关注程度远超欧美国家,这些资料对中国近代社会经济史、中外贸易史研究具有重要的史料价值。李少军编《晚清日本驻华领事报告编译》(1—6卷)(社会科学文献出版社,2016),是著者所承担的国家清史编纂委员会编译项目之一"晚清日本驻华领事报告编译"的最终成果。该丛书从上述《通商汇编》《通商报告》《官报》《通商汇纂》等资料中所收录的日本驻中国各地的领事报告中,选取部分较重要的内容进行摘译或全译,虽然所译内容仅占全部报告的一部分,但为国内相关研究者特别是无法阅读日文的研究者提供了宝贵的资料。

刘岳兵在前辈方克立、王家骅、卞崇道等学者研究的基础上,长期从事近代中日思想文化交流史、日本近代儒学史的研究,取得了大量的研究成果。其新著《近代中日思想文化交涉史研究》(江苏人民出版社,2019),从湘学与近代日本知识构建、近代日本汉学家及其与湘学的关系、日本近代思想中的中国因素、日本近代思想与儒学、中日近代学术思想交流互动、日本研究学术史回顾与展望等方面,展示了著者在中日思想文化交涉史方面所做研究的最新成果。此外,著者的其他主要相关成果有:《日本近代儒学研究》(商务印书馆,2003)、《明治儒学与近代日本》(上海古籍出版社,2005)、《中日近现代思想与儒学》(三联书店,2007)、《"中国式"日本研究的实像与虚像》(中国社会科学出版社,2015)等。

有关清代中日文学、美术、音乐等领域交流的研究,研究成果也不在少数。笔者所见研究著作主要有:王晓平著《近代中日文学交流史稿》(湖南文艺出版社,1987)、严绍璗等著《中国文学在日本》(花城出版社,1990)、严绍璗著《汉籍在日本的流布研究》(江苏古籍出版社,2000)、王晓平著《中日文学经典的传播与翻译》(中华书局,2014)、王晓平著《中外文学交流史 中国日本卷》(山东教育出版社,2016)、孙立春等编《中日文学交流之溯源与阐释 王晓平教授古稀纪念文集》(浙江工商大学出版社,2016)、陈振濂著《中日书法艺术比较》(吉林教育出版社,1991)、陈振濂著《近代中日绘画交流史》(安徽美术出版社,2000)、陈振濂著《近代中日绘画交流史比较研究》(上海书画出版社,2019)、张前著《中日音乐交流史》(人民文学出版社,1999)、徐元勇著《中日音乐文化比较研究》(上海音乐学院出版社,2007)、高婖著《留日知识分子对日本音乐理念的摄取:明治末期中日文化交流的一个侧面》(文化艺术出版社,2009)等。以上有些著作所论虽不限清代,但都对清代相关领域的中日交流有所论述。

（三）跨时段综合类研究著作

以上按照不同时期和内容分别进行了介绍，但有些跨时段的综合类研究成果，尤其是一些大型丛书、词典以及以"中日文化交流史"命名的通史类通俗读物等，尚无法将其归类，故专列此节进行介绍。

1. 『東アジアのなかの日本歴史』

受日本六兴出版社的委托，由时任天津社会科学院日本所副所长王金林组织编写丛书《東アジアのなかの日本歴史》（六兴出版，1988—1990），共 13 卷。这套丛书虽在日本以日文版出版，但著者全是中国学者，显然出版社的用意是希望以中国人的视角，来阐述作为东亚国家之一的日本的历史，而从丛书的构成和内容看，组织者王金林很好地贯彻了出版社的这一意图。这套丛书虽然以"日本历史"命名，但每一册或通史性地或断代地贯穿了相应时期的中日关系或相关问题的比较研究，因此可以说也反映了中国学者研究中日文化交流史的成果①。

2. 《中日文化交流事典》

刘德有、马兴国主编的《中日文化交流事典》（辽宁教育出版社，1992），是由中国十余所日本研究机构的百余名学者共同编写的大型事典，也是中日两国第一部论述中日文化交流的巨著。该书 16 开，共 1140 页，220 万字。《事典》收录词目以中日文化交流史上具有代表性的人物、典籍、事项为基准，上限始于史前，下限止于 1992 年，涉及政治、历史、文学、宗教、哲学、教育、艺术、民俗和经济贸易等九大门类。该《事典》不是一般意义的辞书，而是一部横跨古今、内容丰富的中日文化交流史研究著作，其中的许多条目都可视作单独成篇的学术论文。

3. 《中日文化交流史大系》

周一良主编的《中日文化交流史大系》（浙江人民出版社，1996—1997），共 10 卷，由中日两国学者共同编辑、撰写而成。该书同时还由日本大修馆书店出版相应的 10 卷本日文版《日中文化交流史丛书》（中西进、周一良编，1995—1998）。丛书中文版各卷名称和主编分别为"历史卷"（王晓秋、大庭修）、"法制卷"（刘俊文、池田温）、"思想卷"（严绍璗、源了圆）、"宗教卷"（杨曾文、源了圆）、"民俗卷"（马兴国、宫田登）、"文学卷"（严绍璗、中西进）、"艺术卷"（王勇、上原昭一）、"科技卷"（李廷举、吉田忠）、"典籍卷"（王勇、大庭修）、"人物卷"（王勇、中西进）。中日文化交流的历史，正如王晓秋在丛书中所论述的，具有"历史悠久，源远流长；范围广泛，形式多样；影响深远，意义重大"②的特

---

① 刘岳兵：《中日文化交流史研究的回顾与展望——一种粗线条的学术史漫谈》，《日本学刊》2015 年第 2 期，第 148 页。

② 王晓秋，大庭修主编：《中日文化交流史大系 1　历史卷》，浙江人民出版社，1996 年，第 1—4 页。

点,而丛书想要阐明的就是这种具有悠久历史的中日文化交流,其过程、内容、影响都是双向的,这种相互间的交流和影响,世界上几乎没有任何两国间的交流可与之相比。在这10卷本的丛书中,几乎每卷都包含了清代中日文化交流的内容。如第一卷"历史卷"第三章"清代的中日文化交流"、第四章"近代时期的中日文化交流"阐述的都是清代的内容,两章的篇幅超过了全书(共四章)的一半以上。再如第十卷"人物卷",也对清初赴日的隐元隆琦、朱舜水、陈元赟,以及清末往来于两国之间的留日学生、日本教习等各类人物做了较系统的介绍。

4.《近代以来日本的中国观》

杨栋梁主编《近代以来日本的中国观》(江苏人民出版社,2012),系教育部哲学社会科学重大课题攻关项目"近代以来日本的中国认识及行动选择研究"的阶段性研究成果。共6卷,按时间顺序分卷,各卷时间段和著者分别为第一卷总论,杨栋梁;第二卷1603—1840,赵德宇、向卿、郭丽;第三卷1841—1894,刘岳兵;第四卷1895—1945,王美平、宋志勇;第五卷1945—1972,王振锁、乔林生、乌兰图雅;第六卷1972—2010,田庆立、程永明,涉及清代的内容共四卷,比重较大。正如丛书主编杨栋梁在"序论"中所言,近代以来日本的中国观,是在世界、日本和中国的共时性三维环境条件约束下,历时性地调整演变的。有鉴于此,丛书的整体性考察着重把握了以下诸点:第一,近代以前,特别是近代前夜日本传统的、具有普遍性的中国观如何,它给近代以后的日本留下了什么基础性"遗产"。第二,近代以来日本如何认识世界,形成了怎样的世界观和亚洲观;如何在认识世界的过程中,开始以欧美等近代以前不甚重视的"他者"为参照对象,重新评估中国。第三,世界形势的变化、大国的全球战略及其远东政策、中国对外政策的应对等,与日本的中国知行是怎样的互动关系。第四,基于对世界、中国和日本三者间的比较,日本在不断调整"自我认知"的同时,其中国认知、态度和行动选择,在相对"静态"的时空交叉"点"上显示出怎样的特点,在"动态"发展的"线"上又展现了怎样的轨迹和本质性规律[①]。

5.《历代正史日本传考注》

王勇主编《历代正史日本传考注》(上海交通大学出版社,2016)系国家古籍整理出版基金资助的研究成果。全书共5卷,各卷名称和著者分别为"汉魏两晋南北朝卷",葛继勇、王勇;"隋唐卷",王勇;"宋元卷",江静、张新朋;"明代卷",陈小法、郑洁西;"清代卷",吕顺长。正如丛书主编王勇在"总序"中所言,中国史书对周边的特定国家,千余年来持续追踪记录,时间跨度之大、涉及方面之多、观察对象之详,在世界历史上堪称奇迹。中国历代正史中的"日本传",历来被视为研究历代中日关系史乃至日本历史的珍贵史料。丛书将自《魏志·倭人传》至《清史稿·日本志》的共17篇"日本传"融为一个整体,以解题、注

---

① 杨栋梁著《近代以来日本的中国观》第一卷总论,江苏人民出版社,2012年,第2页。

释、杂考、研究余录等形式加以系统、动态、跨学科的研究,不仅能为专家学者提供研究的基础史料和学界动向,也能为一般读者加深对日本的了解提供帮助。该书史料丰富、观点新颖、内容全面,是迄今为止国内学界有关正史日本传最系统全面的研究著作。

6.《中日文化交流史话》

以《中日文化交流史话》为书名的跨时代通俗性读物也出版了多种,笔者经眼者有李威周等著《中日文化交流史话》(山东教育出版社,1988)、王晓秋著《中日文化交流史话》(山东教育出版社,1991)、冯佐哲著《中日文化交流史话》(中国大百科全书出版社,2000)等。这些读物简明扼要,通俗易懂,对普及中日文化交流史知识起到了一定的作用。

三、中国学界清代中日文化交流史研究展望

以上对近代以来中国学界清代中日文化交流史研究进行了梳理介绍,虽有挂一漏万之嫌,但由此已不难看出中国学界在这一研究领域所取得的显著成绩。这不仅表现在研究队伍不断壮大和研究成果数量大幅度增长上,而且随着时间的推移,研究成果的质量也不断提高。总体上看,宏观研究与微观研究并举,点、线、面有机结合,尤其是具有深度的着眼于某一"点"的专题研究不断增加,史料的挖掘整理不断推进,研究朝着精细化方向不断发展。

中国学界在清代中日文化交流史研究领域所取得的这些成绩,要归功于数以百计的全体研究人员。其中,尤其是我国这一研究领域德高望重的领军人物北京大学王晓秋教授,数十年来不仅大力提倡引领并亲自孜孜从事专门研究,其研究代表著作《近代中日文化交流史》成了这一研究领域研究者的必读书,而且还为我国培养了一大批这一研究领域的硕博士研究生,如尚小明、胡连成、孟晓旭、陈丹、戴东阳、谭皓等,都是现在活跃在这一研究领域第一线的研究者。随着王晓秋教授逐渐退出研究第一线,目前我国学界暂时很难找到在此领域有如此威望的可以替补的领军人物。

清代中日文化交流史研究,虽然已取得如此之多的研究成果,但还是有不少有待进一步去做的课题。如对清末中国人所翻译的日本书籍,虽然谭汝谦等编的《中国译日本书综合目录》中有一个大致的统计,但究竟总数有多少、具体是什么书籍、翻译质量如何、分别产生了怎样的影响等,都有待进一步深入研究。再如,对近代中国留日学生的研究,也还存在诸多课题,尤其是一些必须在对各类档案资料进行系统收集整理基础上的研究,如对近代留日学生的总体规模、生源地区分布、学校和专业分布、公费和自费比例等基本问题,只有在对国内外尤其是日本各相关图书馆所藏有关近代中国留日学生的档案资料、各类留日学生名册等进行全面收集和整理,并制作《近代中国留日学生总名册》的基础上,才能开展扎实的研究,而这一整理研究工作也有待开展。众所周知,和中国国内学界不同,在

日本除在日中国人外,真正以"中日文化交流史"为研究方向的日本学者其实为数已不多,因此,今后这一领域的研究最可期待的应该还是中国研究者。

刘岳兵在多种论著或演讲中提到了他自创的"与史料肉搏"一说,非常精辟。史料的重要性不言而喻,历史研究离不开真实的历史资料,否则就像无源之水、无本之木。而近代史研究的资料,犹如一座巨大的宝库,只要研究者有心去寻找,可以说是取之不尽、用之不竭。而"肉搏"二字,则形象地道出了史料解读之不易,也正是因为不易,不少人有时会避而远之。从事中日文化交流史研究者,至少必须具备解读中、日文史料的能力,而这不是一朝一夕可以轻易掌握的。恰恰在这一点上,目前国内对文史类研究生史料阅读基本功的训练,整体上看是不足的。反观日本,大多大学的文史类研究生导师主要把工夫花在培养学生的史料阅读能力上,是有其合理性的。总之,正如刘岳兵所言,其实"目前中国中日文化交流史研究最大的课题,仍然是史料的整理和史实的挖掘与考辨的问题。史实清楚了,道理终究自然会明白"[①]。研究者需要花更大的工夫去"与史料肉搏"。

我国的中日文化交流史研究中,还存在一些诸如重复研究、有些论著不合学术规范等问题。尤其是部分在读硕士研究生或走向学术研究之路时日尚短的研究者,由于他们学术积累还相对较少,掌握的史料有限,因此往往存在论文选题偏大,以复述常识性知识作为学术论文,或体例不够规范、史料运用偏少、论述展开不足,或在研究尚不深入的情况下,念想着去首创"新学说",填补"国内外研究空白"等问题。有些论文甚至只有三四千字,明显篇幅偏短,虽然并非说论文越长越好,但若是为完成毕业或评定职称所需要的论文数量而滥竽充数,就不是一个好的现象。对于这些问题,年轻研究者往往能在成长过程中克服,只要不是学术不端,学界不妨采取相对宽容的态度加以呵护。另外,近代以来中日两国的政治关系时好时坏,也严重影响了研究趋势的走向。对于中日文化交流史的研究,在中日关系出现变化时,更应该持冷静的、科学的、客观的态度,对日本及其文化不能因关系紧张而极力贬抑之,关系亲密而猛烈赞扬之。

要提高目前包括中日文化交流史在内的中国的学术研究质量,除研究者自身尚需进一步努力外,作为制度制定者或科研管理者,似乎有必要处理好以下三个问题:一是正确理解学与政的关系问题;二是正确处理学术的功利性问题;三是应当为研究者提供良好的研究环境。期待中国的学术研究大环境能进一步得到改善,期待我国的中日文化交流史研究今后取得更加丰硕的成果。

---

① 刘岳兵:《中日文化交流史研究的回顾与展望——一种粗线条的学术史漫谈》,《日本学刊》2015 年第 2 期,第 157 页。

日本政策性金融支持中小企业的危机应对体系

徐少丹

（浙江工商大学人文与传播学院）

一、引言

2020 年一开年，一场突如其来的新冠肺炎疫情给我国各行各业都带来巨大的冲击，其中对中小微企业的影响尤其严重。针对这样严峻的局面，浙江省在 2020 年 2 月 5 日率先出台了《浙江省新型冠状病毒感染的肺炎疫情防控领导小组关于支持小微企业渡过难关的意见》，旨在充分发挥小微企业在疫情防控中的重要作用，帮助和支持小微企业渡过难关。之后，其他省市也陆续出台相关的政策来应对这次突发事件对中小微企业的影响，可以说这些政策对帮助中小微企业渡过暂时的经营困境一定会发挥积极的作用。

但同时必须认识到，在应对危机事件突发时，我们的这些政策是临时的、零散的、不成系统的，虽然能起到一定的作用，但有可能存在考虑不周、帮扶对象不精准、操作性不强、无可持续性和浪费社会资源等问题。为了解决这个问题，这次疫情过后，建立健全支持中小微企业发展的长期政策和系统，并在此系统中建立一套危机应对体系，是一件刻不容缓的事情。

日本在支持中小企业发展方面有一套成熟的系统，其中也有一套金融支撑体系，在金融支撑体系中又有一套危机应对体系，不管发生什么危机事件，都可以从容应对，以不变应万变。笔者曾经针对日本中小企业金融支撑体系做过调研，深切地感受到日本中小企业的健康稳定发展与长期稳定的金融支撑体系有关，虽然不一定照搬照抄这些经验，但他们的理念和做法非常值得我们借鉴和学习。

二、日本整体金融支撑体系的构成

为了支持中小企业发展，使中小企业得到发展资金，通过不断的制度建设，到 20 世纪 60 年代，日本整体的金融支撑体系基本成型。在金融机构建设方面，大力培育地方金融机构和成立政策性金融机构，形成以地方金融机构等民营金融机构为主、政策性金融机构为辅的间接融资渠道；建立了以政府为主导的信用保证体系，为中小企业贷款提供信用担保。政府部门方面,在经济产业省下设中小企业厅,在各都道府县的经济产业部下设商工室,专门负责中小企业工作。在政府部门外,培育了官办民营、民营官助的社会团体、中介组织,如在中小企业厅下设行政法人中小企业基盘整备机构,它在全国建立9个分支机构,形成支援中小企业的全国性网络;在各都道府县的经济产业部下设产业创造机构,专门负责新产业创造方面的工作;各都道府县设立中小企业团体中央会,负责中小企业组合①的经营指导工作;在镇(町、村)设立商工会、市设立商工会议所,吸收个体企业为会员,为他们提供经营咨询等方面的服务。这样,政府部门、金融机构、社会团体和中介组织相互协作、相互配合,构成支持中小企业发展的金融支撑体系(见图1)。

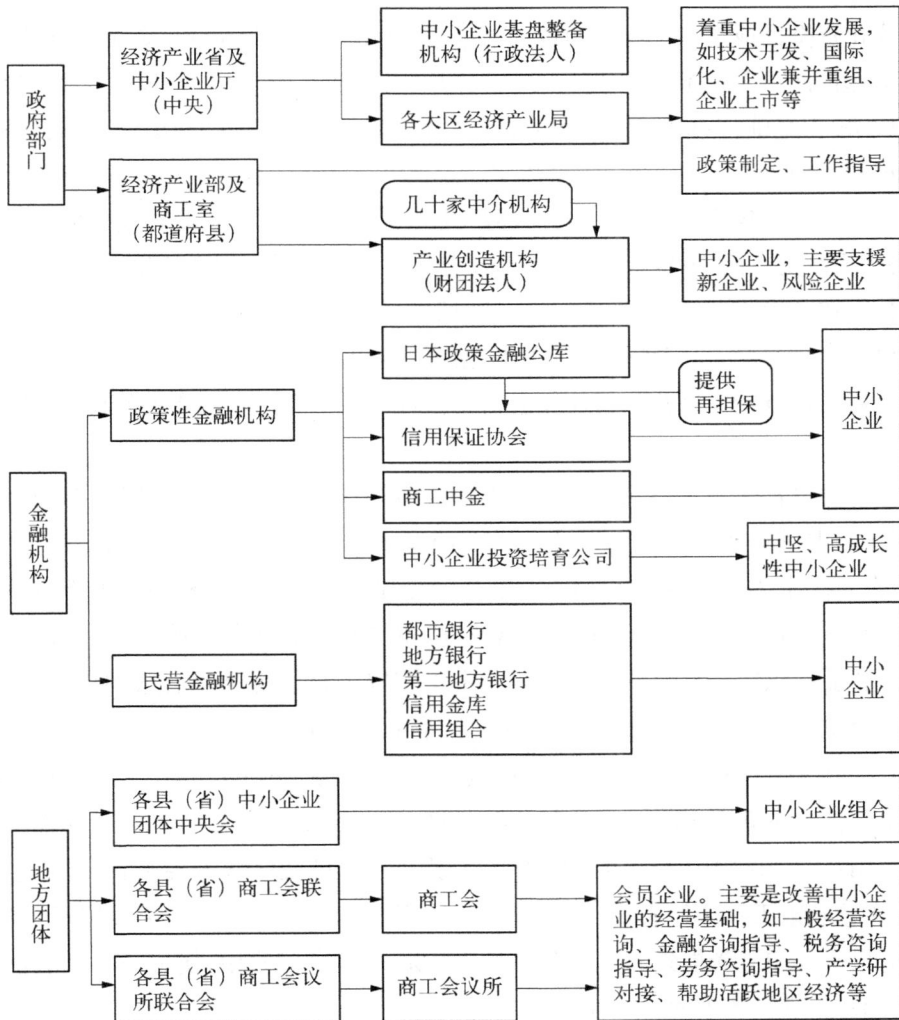

图1　日本支持中小企业发展体系图

---

①　组合,类似于我国的协会,是由多个中小企业发起,依据法律设立的,相互扶助的中小企业组织。

1. 对中小企业在金融方面的支持

日本通过这套体系,在金融方面支持中小企业发展的主要做法是:

(1) 长期把中小企业当作弱势群体扶持。每当外部经济环境发生变化,日本都会在大量调查评估的基础上,以立法为先导,有针对性地制定相应的金融支持政策,也相应地规定了相关部门职责。通过法律约束,各地、各部门既在执行政策尺度上保持了统一,又形成了长期扶持中小企业的合力。

1963 年开始,日本进入经济高速增长期,出现了现代化生产方式的巨型企业与传统落后生产方式的中小企业并存的经济二重结构,挤压了中小企业发展空间。为了解决中小企业生产方式落后问题,提高个体中小企业的竞争能力,1963 年,日本政府出台《中小企业现代化资金助成法》,以组合为资助对象,建立了中小企业高度化资金专项贷款制度。1966 年,又增加了设备贷款的内容。为了充实中小企业的自有资金,1963 年以《中小企业投资育成法》为基础,在东京、大阪和名古屋分别建立了由地方政府、金融机构、保险公司、证券公司和当地重要企业共同出资的中小企业投资育成公司,对中小企业进行风险投资。

从 20 世纪 80 年代中期开始,日本经济社会发生了新变化,企业新设率低于企业退出率,经济活力减退。到 1999 年以后,日本社会又出现了少子化和高龄化趋势,劳动人口和总人口数都在减少,经济缺乏活力。这一时期金融支持中小企业发展理念除了帮扶弱小外,更是把中小企业当作担负创造新产业、创造就业机会、推动市场竞争、振兴区域经济的主体。支持的重点转为经营革新及促进创业、强化企业经营基础、增强企业及地区经济活力等。

(2) 大力培育地方金融机构。在资本主义生产过程中,日本的大银行都是由财阀控制的,以满足财阀集团融资为主要目的,中小企业难以从大银行获得贷款。因此,"二战"后,日本在解决中小企业融资难的问题上,着重就是培育地方金融机构。由于地方金融机构接近中小企业,非常熟悉企业生产经营情况,也了解企业经营者的人品,这在一定程度上弥补了企业提供审查材料不足的劣势。由于获取了充足的企业信息,他们敢于给中小企业提供贷款。现在,地方金融机构已成为日本中小企业重要的融资渠道。

(3) 建立了专门对中小企业贷款的政策性金融机构。对中小企业贷款的政策性金融机构主要包括日本政策金融公库和商工组合中央金库(简称商工中金)[①]。政策性金融起到两个作用:一是作为民营金融机构的补充,为中小企业提供政策性贷款;二是危机突发时,充当执行政策工具的作用,通过这一平台政府把支持中小企业的资金用于危机应急,帮助在危机事件中遭受损失的中小企业渡过难关,并在此过程中,使每一个中小企业都是潜在的受益者,维护政策的公正性。

在历次的危机事件发生时和发生后,政策性金融机构承担的政策工具作用都有效地

---

① 吉野直行、藤田康範、土居丈朗『中小企業金融と日本経済』,慶応義塾大学出版会,2006 年,第 240—241 頁。

发挥出来,一是通过这一平台把政府紧急援助资金贷给中小企业;二是通过日本政策金融公库,扩大对信用保证协会保证贷款的额度,对商工中金、政策投资银行承担政策贷款的融资担保,间接放大了对中小企业贷款资金①。

（4）建立以政府为主导的信用保证体系和保险体系。为了解决信用力弱、融资规模小、保有资产担保不足、收益安全性差的中小企业融资难问题,除了民间的信用担保公司外,日本建立了以政府为主导的专门支持中小企业贷款的信用保证体系。信用保证体系由信用保证制度和信用保险制度两部分组成。信用保证制度以信用保证协会为枢纽,架起了中小企业与各类金融机构联系的桥梁,成为双方互信互利的融合剂。信用保险制度是信用保证协会在向金融机构承诺信用保证的同时,与信用保证的再保险机构——日本政策金融公库签订《信用保险协议》,如果信用保证属于地方特别保证,信用保证协会还要同地方政府签订《损失补助协议》,形成一个双保制度②。

从 2007 年 10 月起日本实行责任共有制度,即当发生损失代偿(坏账)时,金融机构要承担 20％、信用保证协会承担 80％。由于加入了日本政策金融公库的保险,当发生坏账时,日本政策金融公库支付给信用保证协会损失的 80％,所以信用保证协会只承担 16％的损失。对于信用保证协会承担的损失部分,如果是执行地方政府的特别保证,发生坏账的,当地政府要给予适当补助。

信用保证体系为解决中小企业融资难发挥了非常大的作用并取得了显著的成效。一是解决了中小企业融资难问题,起到了扶持中小企业发展的作用。二是为金融机构创造了安全的信用环境,充分调动了各类金融机构为中小企业提供贷款的积极性。三是控制了信用贷款风险。在法律框架和责任共有制度下,日本政策金融公库、信用保证协会和各类金融机构依据法律规定和市场经济规律自主经营,保证信用贷款的质量,控制了信用风险。四是保证国家财政资金公平、合理地发放到中小企业。政府支持中小企业的资金不是给予某个特定的企业,而是通过信用保证体系平台给予每一个中小企业,维护了政策的公平性。

（5）成立政府背景的风险投资公司对中小企业直接投资。1963 年,根据《中小企业投资育成株式会社法》,由地方政府、都市银行、地方银行、大企业出资,在东京、大阪、名古屋设立了三家中小企业投资培育公司,分别对所在地区中小企业进行风险投资。投资培育公司由投资和培育两块业务组成,培育就是开展经营咨询、提供信息、对中小企业人才进行培训;投资就是一般对资本金 3 亿日元以下、有发展前途的股份公司进行投资③。

（6）培育一批社会团体和中介组织,与政府部门一起相互协作、相互配合共同支持中

---

① 日本政策金融公庫『融資のご案内』,日本政策金融公庫,2008 年,第 2—6 頁。
② 信用保証協会『信用保証制度の現状』,信用保証協会,2008 年,第 4—9 頁。
③ 中企業庁『投資育成制度のご案内』,中小企業庁,2008 年,第 2—3 頁。

小企业发展①。

2. 对中小企业其他方面的支持

支援中小企业的金融支撑体系除为中小企业提供贷款服务外,还在其他各方面对中小企业的经营给予帮助,形成了鲜明的特色。

（1）为中小企业提供免费咨询服务。中小企业在生产经营中会遇到各种各样的问题,小到税务如何处理,大到海外经营如何拓展,都需要专门的人员和机构提供专业的咨询,上述机构根据职责分工,开辟专门窗口为中小企业提供免费咨询服务。如果咨询一个特定的、专门领域的问题,如开拓海外市场,可以找中小企业基盘整备机构,该机构在全国有3 000余名专家,专门负责免费为中小企业提供咨询。如果需要咨询生产经营中遇到的具体问题,可以找当地商工会或商工会议所专门咨询人员。

（2）经营指导。除了咨询外,上述单位还为生产经营出现问题企业进行指导。如,当一家企业向商工会议所提出咨询时,商工会议所会派出经营指导员到企业调查,了解情况,针对咨询问题如税务、融资、法律、生产经营管理或销售渠道等,提出针对性的解决方案。同时,还要跟踪回访,确保问题得到解决。

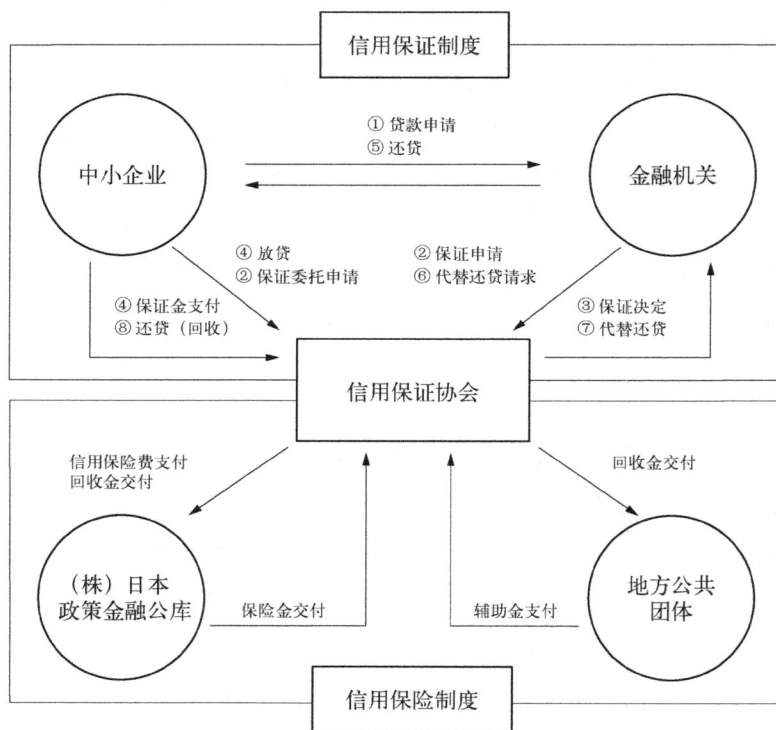

图2 日本的信用保证体系

---

① 静冈県商工会連合会『中小企業融資制度早わかり』,静冈県商工会連合会,2009年,第2—6頁。

（3）人才培养。中小企业基盘整备机构出资创办了9所中小企业大学，开设中小企业经营发展的课程，如经营战略、商品开发、财务会计、人事管理、市场营销等，并聘请知名企业的经营者传授经验，实行半年的住宿集中培训，效果很好。商工会、商工会议所还经常为会员企业举办各种专题讲座，提高企业经营者的能力①。

另外，还经常开展一些产官学对接，中小企业与大企业、与风险投资公司对接活动。如中小企业基盘整备机构每年举办两次中小企业的展销会，把中小企业集中介绍给大企业和风险投资公司，通过这种展示、对接，增加了小企业与大企业的合作机会。

三、商工中金的危机应对体制

如上所述，政策性金融在整个金融支撑体系中占有重要的位置，而商公中金又是政府实施政策性金融的一个重要金融机构。它在为中小企业提供贷款和各种特殊金融支援方面起到了非常大的作用，尤其在危机事件突发时的危机应对体制作为整个金融支撑体系的一部分发挥了重要作用，极大地促进了中小企业的发展。

商工中金的正式名称为商工组合中央金库，略称商工中金。最初是基于"商工组合中央金库法"于1936年成立，是由政府和中小企业组合（协会）共同出资成立的、专门为中小企业组合（协会）及其会员提供金融服务的政策性金融机构。从2008年10月1日开始，商工中金实施民营化，从原来的半官半民的政策性金融机构转变成株式会社（股份有限公司），名称也变为株式会社商工组合中央金库。

商工中金拥有资本金2 186亿日元，其中政府股份1 016亿日元，拥有的资金中存款51 101亿日元、转让性存款1 589亿日元、债券41 632亿日元、贷出金额81 890亿日元，目前在日本国内有100个分店，海外有4个分店，一共有员工3 933人②。美国的Moodgy's对该组织的信用评级为长期存款A1、短期存款P-1；日本信用评级研究所（JCR）对该组织的信用评级为AA+③。

伴随着民营化的步伐，商工中金提出了新的企业理念，其中的商工中金的使命为："对于来自中小企业并为中小企业服务的金融机构商工中金来说，顾客的成长就是我们的成长。我们站在顾客的立场，用长期的视点看待企业，最大限度地运用我们创业以来培育出来的对中小企业经营的理解力和先进的综合金融服务以及全国范围的网络，用对应企业各成长阶段的解决方案来支援顾客持续的成长。"

商工中金针对中小企业的各种经营需要，提供具有独特性的综合金融服务。对地区、

---

① 徐少丹、曹岑：《日本支持中小企业发展的经验及启示——以金融支撑体系为中心》，吕福新：《浙商崛起与危机应对》，浙江工商大学出版社，2010年，第466—473页。
② 以上为截至2019年9月30日的数据。
③ 商工中金『会社概要』，https://www.shokochukin.co.jp/about/company/profile，2019年9月30日。

协会的支援,包括地区再生、活性化支援,协会支援,地区资源活用支援,农工商合作支援;对应企业成长阶段的支援,包括新创业、开展新事业的支援,安全网络支援,再生支援;对CSR、事业展开支援,包括环境对策支援,制造业支援,女性的社会进入及少子化对策支援,事业继承支援,企业间合作支援,财务危机管理支援,海外事业支援等。

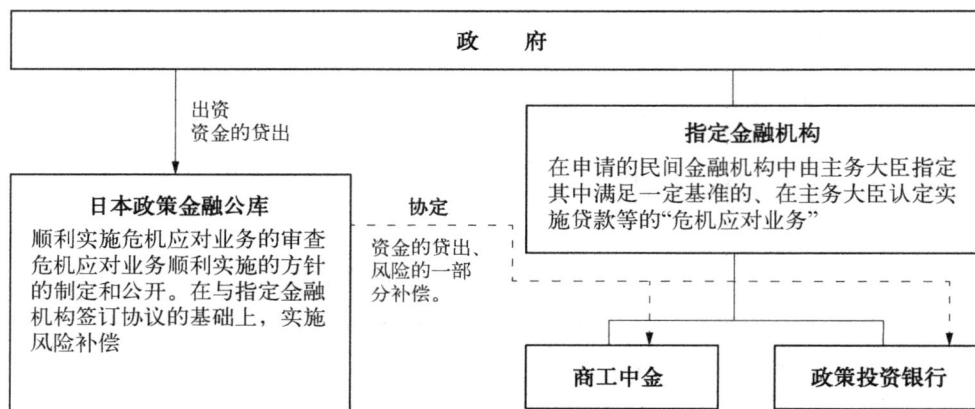

图3　商公中金的定位(『ご説明資料』,商公中金,2009年)

作为安全网络支撑的一部分,商工中金在政府金融政策的范围内,开展了自己独特的金融服务业务,从2008年10月株式会社化以后,新商工中金开展了危机应对业务。

2008年10月1日以后,为了对应灾害发生以及经济、金融秩序混乱等危机事件,日本政府建立了新的危机应对体制。新商工中金在这个新的危机应对体制下,作为实施对应危机的融资的指定金融机构被法律明确确定下来。作为唯一法定的指定金融机构,在担负针对中小企业危机应对业务中发挥十分重要的作用。

危机发生时,政府通过日本政策金融公库的损害担保,由商工中金给中小企业提供特定资金贷款。所谓特定资金是为了对应由国内外的金融秩序的混乱、大规模的灾害等原因遭受的损失而准备的必要的资金,这部分特定资金是政令指定的资金。

损害担保是指带有损害担保的贷款,这是接受日本政策金融公库的信用补偿(补偿损失额的一部分)而实施的特定资金的贷款制度。损害担保贷款包括三个方面的内容:一是经营环境变化对应资金,包括为了对应一时的营业额、利润额减少等不景气而必要的设备资金、流动资金;二是金融环境变化对应资金,包括为了对应相关金融机构的营业状况恶化而必要的设备资金、流动资金;三是灾害发生时的援助和灾后重建资金,包括为援助灾害时的受损和灾后重建而必要的设备资金、流动资金(见图4)。

两阶段贷款(Two Step Loan)是指接受日本政策金融公库作为原资的后备资金而对中坚企业实施的特定资金的贷款制度。两阶段贷款具体包括两方面的内容:一是针对由于国际金融秩序混乱而引起的资金运用出现障碍的非法定中小企业者,二是面向中坚企

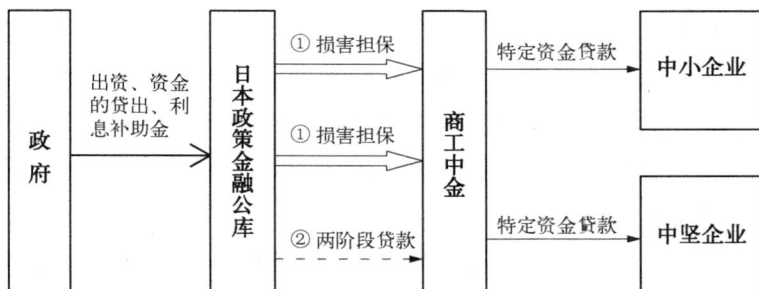

图 4　商工中金的危机应对业务(『ご説明資料』,商公中金,2009 年)

业的带损害担保的两阶段贷款。针对前者的贷款不限制额度,针对后者贷款额度为 20 亿日元。贷款期限原则上设备资金和流动资金都是 1 年以上 10 年以内(缓还 2 年)。

商工中金自 2008 年 10 月危机应对业务开始以来,积极开展对中小企业的损害担保贷款及对中坚企业的两阶段贷款,在日本全国的营业店设立负责危机应对业务的"特别咨询窗口",作为危机时的法定指定金融机构来对应顾客的各种咨询。

在 2011 年东日本大地震后的危机应对业务中,对中小企业的贷款 37 560 件,金额 20 611亿日元;对中坚企业的两阶段贷款 648 件,金额 1 297 亿日元。在 2016 年熊本地震的危机应对业务中,对中小企业的贷款 957 件,金额 446 亿日元;对中坚企业的两阶段贷款 1 件,金额 5 亿日元[①]。

针对各种大型突发危机事件给企业带来的影响,商工中金采取灵活的对应方法帮助企业渡过难关。例如针对 2009 年的新型流感给一些企业带来的影响,商工中金于 2009 年 5 月 22 日在所有的支店都开设了"与新型流感有关的中小企业金融支援对策特别咨询窗口",对那些受新型流感影响而出现经营困难申请贷款的企业,作为法定的指定金融机构针对各种不同的情况采取不同的方法亲切、详细、迅速地对应解决。在东日本大地震和熊本地震后也在相应地区的支店开设特别咨询窗口,对受损的出现经营困难的中小企业提供贷款,帮助他们尽快脱离经营困境、步入正轨。

特别是针对此次新冠肺炎疫情,商公中金在 2020 年 1 月 29 日就发出通知,开设专门的咨询窗口接受中小企业的咨询,并且明确只要是最近一个月受疫情影响销售额比去年或前年同期减少 5% 以上的中小企业都是特别贷款的对象,运营资金贷款期限 15 年,设备资金贷款期限 20 年[②]。同年 3 月 19 日发出强化危机应对体制并开始实施针对此次新冠肺炎疫情的危机应对业务的通知,此次在上次通知的基础上增加了各种贷款利息补助制度,最多的补助是受疫情影响销售额减少 20% 以上的中小企业可得到上限额 1 亿日

---

① 商工中金『危機対応業務に関する事業計画・業務報告書』,https://www.shokochukin.co.jp/about/compliance/crisis,2020 年 3 月 19 日。

② 商工中金『「新型コロナウイルスに関する経営相談窓口」の開設について』,https://www.shokochukin.co.jp/assets/pdf/nr_200128_02.pdf。

元、当初三年的无利息贷款①。

截至 2020 年 6 月底，商工中金在危机应对业务中共实施融资 23 6921 件，融资金额 133 562 亿日元，其中对中小企业的损害担保贷款 233 992 件，金额 126 001 亿日元；为应对此次新冠肺炎疫情危机给中小企业提供融资 16 303 件，融资金额 9 870 亿日元②，及时有效地缓解了中小企业的经营危机。

商工中金在目前极其严峻的金融环境下，能够快速及时地对受到危机事件影响的中小企业提供帮助，就是因为具有一套成熟的危机应对体制，危机事件一旦发生就可以按照既定的体制和做法迅速对应，充分发挥了政府政策性金融机构应该发挥的作用，对中小企业顺利渡过危机和健康发展做出了贡献。

四、日本整体针对此次新冠疫情的危机应对体制

除商工中金的危机应对业务外，针对此次特殊疫情，日本在整体金融支撑体系中，各主体都实施了支援中小企业的各种措施。日本政府的经济产业省及下属的中小企业厅公布了应对此次疫情支援中小企业的 157 条制度，不仅有短期的资金支援，还有长期设备投资、销售渠道的开拓和经营环境的改善等方面的支援。如针对销售额减少的中小企业有短期贷款支持，还有房租补助金，各种税、保险和公共费用的补助和减免；长期的有设备投资和运营资金的融资，设备投资期限 20 年，运营资金期限 15 年，缓还 5 年。日本政策金融公库实施特别利息补助制度，实质基本上无利息贷款；中小企业厅还提供企业再生的创业资金等；中小企业基盘整备机构也出台了中小企业互助的特殊措施等多项政策。除政策性金融机构外，民营金融机构也通过政府系的信用保证协会提供特殊的安全担保 4 号和 5 号③，给中小企业提供贷款，并且根据具体条件，利息也可减免，保证费减半或免除。

除中央政府的各种支援政策外，各地方政府也为遇到经营困难的中小企业提供全方位的服务。此次疫情比较严重的东京都，在发布疫情紧急状态后，为受影响比较严重的服务业提供休业补偿金。静冈县也出台了 7 项临时的支援措施，县下的各个市也相继出台了各种支援措施。静冈县中小企业团体中央会也及时发布了应对措施并在网站转发各组织的支援措施信息，支援措施涉及范围广，覆盖到位，各种细节也考虑周全，例如为在家办公的人员补贴购买网上办公设备的费用，为陪伴孩子不能正常上班的员工支付工资或有薪休假的企业提供一定的补偿，为经营困难但仍保持正常雇用的企业提供雇用补偿金等，

---

① 商工中金『「新型コロナウイルス 感染症」に関する危機対応業務の取扱開始について』，https://www.shokochukin.co.jp/assets/pdf/nr_200319_03.pdf。

② 商工中金『商工中金の危機対応業務への取組みについて』，https://www.shokochukin.co.jp/assets/pdf/nr_200709_02.pdf。

③ 4 号：100％保证（全都道府县），5 号：80％保证（指定业种）。

可以说面面俱到。

另外一个特点是全社会各种组织都支持遇到经营困难的中小企业。日本贸易振兴会(JETRO)不仅给中小企业提供信息服务,还在贸易保险,进出口手续等方面提供更加便利的服务。农林水产省为在疫情中遭到损失的中小企业提供各种补偿等,日本放送协会NHK 免除收视费,各地方政府的劳动局为中小企业提供的雇用调整助成金和劳动条件的柔软变更等,各市町村的社会福祉协议会为遇到困难的个人和个体户提供紧急支援金等,甚至出入国管理局为在中小企业劳动的外国人提供了再留资格变更的服务。

五、我国在此方面存在的问题

在支持中小企业发展,特别是在危机突发时如何扶持中小企业顺利渡过难关方面,我们存在如下问题:

(1) 缺少一整套国家层面的支持中小企业发展的成熟稳定的体系。我国虽然也有一些针对中小企业的法律和政策,但是不成系统或可操作性不强,此次新冠肺炎疫情发生后,各省市地区临时纷纷出台各种支持中小企业的纾困政策和文件,正说明我们没有一套成熟稳定的、操作性强的支持中小企业发展的体系。

(2) 缺少一套危机应对子系统。正因为没有这样一套系统,所以每次危机事件发生时,都会临时制定一些应急的政策和方法等,这些做法虽然会起到一定的作用,但也存在不成体系、考虑不周、帮扶对象不精准、过于原则和宏观、操作性不强、无可持续性以及浪费社会资源等问题。

(3) 缺少真正坚持长期支持中小企业发展的理念。应该把"支持中小企业发展"这个结果作为所有组织的共同目标和任务。我们现在的问题是很多组织往往为了完成自己的目标和任务来做这件事情,例如地方政府为了表明态度临时出台一些政策和文件、金融机构为了完成贷款目标减少坏账而贷款、信用担保机构为了完成自己的盈利目标而为企业担保,等等,名义上都是支持中小企业发展,而实际上真正困难的中小企业反而很难得到帮助。

六、启示及建议

为解决中小企业融资难的问题,尤其是在危机事件突发时和发生后,如何帮助中小企业渡过经营困境,通过学习借鉴日本的方法,提出以下建议供参考:

(1) 建立健全相关法律,树立长期、系统地支持中小企业发展的理念,建立一套国家层面的完整的中小企业金融支撑体系。我国对中小企业的发展也给予高度的关注和重视,在国家层面和省市层面也有相关的法律和政策出台,这些法律法规和政策对中小企业的发展产生了积极的影响。但同时也应看到,我国的政策还是零散的,还不成体系。我们应该借鉴日本的做法,真正坚持长期支持中小企业发展的理念,建立健全相关法律和政策,基于这些健全的法律,逐步建立完善一整套国家层面的中小企业金融支撑体系。

(2) 把危机应对业务作为一个子系统来建立,保持长期、稳定的政策。临时应急的各种政策无疑对中小企业解决目前的经营困境能起到一定的作用,但是经过这次新冠疫情后,我们必须要放眼长远,建立和完善危机应对的体制机制,在健全国家级别的整体金融支撑体系的基础上,建立危机应对子系统,完善支持中小企业的应急支援体系。这样无论发生什么样的危机事件,国家都有一个统一的政策和做法来支持遇到经营困难的中小企业。

(3) 大力发展地方金融机构。我国金融机构的主体大都是全国性银行,原四大国有银行是全国性的大银行,改革开放后组建的一批股份制银行也都变成了全国性的银行,规模小、信用不足的中小企业很难从这些全国性的银行得到需要的贷款。因此,要解决中小企业融资难问题,关键还是要依靠发展地方金融机构。我们应该在做好村镇银行和小额贷款公司试点的基础上,重新认识地方商业银行、信用社的作用,把它们改造为根植于当地的金融机构。同时,积极推动小额贷款公司试点工作,规范小额贷款公司管理,把符合条件的小额贷款公司转为村镇银行,这样不仅平时可以扩大中小企业融资渠道,而且在危机事件发生的特殊时期,可以帮助有困难的企业渡过难关。

(4) 建立政策性信用担保(信用保证和信用保险)体系。我国虽然也有一定数量的中小企业担保机构,但民间的担保机构存在着很多不足,如担保公司本身实力不强、抗风险能力弱、注重盈利、担保费率高、担保面不宽等。因此,在发挥民间信用担保公司作用的同时,建议建立国家层面的政策性信用担保体系。可以借鉴日本的做法,信用担保体系由两部分组成,一部分是信用保证体系,一部分是信用保险体系。这样不管是平时还是危机发生的特殊时期,都能保证中小企业及时得到需要的贷款。

(5) 要积极整合社会资源,形成功能齐全的中小企业危机应对服务体系。在危机发生时或发生后,除了金融贷款支持外,还要在降低要素成本支持、财税支持、外贸出口支持等方面,与政府其他部门以及社会的各种资源协作,帮助中小企业渡过危机。如政府要协调税务部门、政府的中小企业管理部门、水电气企业等,形成合力一起支持中小企业,形成功能齐全的中小企业危机应对服务体系。

(6) 各级中小企业服务中心为中小企业开设免费的咨询窗口,设置专门人员为中小企业提供免费咨询。咨询窗口不仅要设在办公场所,还要开设电话咨询、在线网络咨询等。平时普及危机应对业务的政策,危机发生时接受各种咨询,使国家的政策公平地惠及每个需要帮助的中小企业。

[本文系浙江省哲学社会科学重点研究基地项目"日本支持中小企业金融体系研究"(项目号:16JDGH032)阶段性研究成果]

书　评

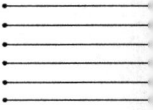

鲁迅研究的翻译转向与语言路径

——评陈红新著《日语源语视域下的鲁迅翻译研究》

陈　彪

（兰州大学外国语学院）

一、文化与语言：鲁迅翻译研究的不同模式

从第一篇公开评论鲁迅作品的《焦木附志》①算起，鲁迅研究已跨过了整整百年光阴。鲁迅研究已是中国现代文学研究的重要组成部分，统计可知，仅进入 21 世纪以来，正式出版的鲁迅研究著作就达到了 304 种，平均每年 15.2 部②，涉及鲁迅创作研究、鲁迅思想研究、鲁迅生平研究、鲁迅与艺术关系研究、鲁迅与学术关系研究、鲁迅传播研究、鲁迅翻译研究多个方面。称鲁迅研究为我国学界的"显学"，并不为夸张之词。然而在众多研究方向里，鲁迅翻译研究的兴起值得我们特别留意。从王友贵的《翻译家鲁迅》(2005)开始，以鲁迅翻译为研究对象的著作逐渐增多，其中出现了李寄的《鲁迅传统翻译文体论》(2008)、顾钧的《鲁迅翻译研究》(2009)、吴钧的《鲁迅翻译文学研究》(2009)、王家平的《〈鲁迅译文全集〉翻译状况与文本研究》(2018)等相当有分量的著作。对鲁迅的翻译活动进行重新审视与研究，可以称为 21 世纪以来鲁迅研究的新动向。然而，在迄今为止的鲁迅翻译研究中，存在一个明显的不足之处：鲁迅翻译思想的研究与鲁迅翻译文本的研究存在相互脱节的情况，或者说鲁迅的翻译文本本身没有受到应有的关注。吴钧先生或许意识到了这一点，故特意在《鲁迅翻译文学研究》一书中加入了"翻译文本分析"章节，但遗憾的是，其所选的对比底本并不是鲁迅翻译时所依据底本，论述的可信度就难免有所折扣③；王家平先生的《〈鲁迅译文全集〉翻译状况与文本研究》(2018)确实深入了鲁迅的翻译文本，体现了可贵的求真求实精神，但可惜并未涉及鲁迅所据的日文原文。因此可以说，鲁迅翻译研

---

① 1913 年，鲁迅第一篇小说《怀旧》发表在《小说月报》第 4 卷第 1 号上，主编恽铁樵在文中做了圈点，并在作品后附《焦木附志》，对鲁迅的文笔及章法颇有赞赏。这被中国鲁迅研究界认为"标志着鲁迅研究的开始"。见王富仁：《中国鲁迅研究的历史与现状》，福建教育出版社 2006 年，第 5 页。

② 此统计为以"鲁迅研究"为关键词在"读秀"学术搜索引擎图书部分进行检索的结果，截止时间 2020 年 5 月 20 日。

③ 鲁迅当年翻译《地底旅行》所据的底本为日本东京文春堂于 1885 年出版的翻译小说『地底旅行：拍案惊奇』，译者为三木爱华、高须治助(参看藤井省三『鲁迅事典』，三省堂，2002 年，第 235 頁)；而吴钧所选取的文本为东京岩波书店于 1997 年出版的『地底旅行』一书，译者为朝比奈弘治(参看吴钧：《鲁迅翻译文学研究》，齐鲁书社，2009 年，第 117 頁脚注)，年代相差甚远。

究中存在一个基础性的问题还没得到很好的解决,那就是鲁迅的翻译底本问题。之所以有这样的缺陷,恐怕与整个翻译研究界的"文化翻译"研究模式有关。王向远说:"中国的近年的翻译研究,就出现了避难就易、避重就轻的倾向。所谓'避难就易'的'难',所谓'避重就轻'中的'重',指的都是研读译本,并且将译文与原文对读,并在对读过程中,发现具体的问题。"①不研究鲁迅的翻译,就无法真正全面的评价鲁迅的文学活动;而不俯下身来扎扎实实地进行原文译文的对比,特别是基于日语文本的对比,则无法切实评估翻译这一"内在面"对鲁迅的影响程度,也无从解决鲁迅翻译思想评价与鲁迅翻译实践相互脱钩的矛盾。

二、源语视域:鲁迅翻译研究的新路径

陈红的《日语源语视域下的鲁迅翻译研究》就是在这样的研究背景下面世的。该著作准确把握住了当下鲁迅翻译研究对鲁迅翻译所据底本关注不够、对鲁迅原文译文对读工作关注不够的弱点,明确提出了"日语源语视域"这一务实而又崭新的研究路径。具体来讲,该著重点解决了以下四个问题(亦为创新之处):

(1)鲁迅日语水平的问题。译者的外语水平属于译者素质的范畴,是评价翻译活动的一个关键要素,然而往往也被视作一个浅显的、不值得花费精力研究的"小问题",得不到应有的重视。特别是涉及清末民初这一翻译活动尚无明确规范、翻译门槛相对较低的年代,翻译家的外语水平如何往往难以考证,导致后世学人进行翻译研究时,要么避而不谈,要么仅通过时代同人只言片语给一个笼统评价,不愿深究。然而作为考察翻译主体的基本要素,对译者翻译水平的定性往往直接关系到对其译作质量的定性,进而影响对其翻译活动价值的定性、对其翻译思想价值的定性以及对其译界地位的评价与判断,可谓牵一发而动全身。具体到鲁迅翻译研究而言,鲁迅的"硬译"是广被诟病的,这种不讨好的翻译方式是基于翻译理念的自觉,还是有外语水平有限因而力有不逮的嫌疑,如果不能在了解鲁迅外语水平的情况下进行论述,恐怕对鲁迅"硬译"的评价就会大相径庭。陈红博士敏锐地意识到了这一点,因此其将鲁迅的日文水平考放在了第一章的位置,可以说是深思熟虑的。在这一部分,陈红分了"从日文作品看鲁迅的日文表述能力""从译作看鲁迅的日文理解能力"两节进行了说明,特别是在第二节中,陈红考察了厨川白村的文艺理论名作《苦闷的象征》的三个中译本(鲁迅译、丰子恺译、樊仲云译)和芥川龙之介的小说《罗生门》三个中译本(鲁迅译、楼适夷译、林少华译)中的误译情况,通过对比可知,两部作品的各三部译文中,鲁迅误译率都低于其他两位译者,从

---

① 王向远:《译文学——翻译研究新范式》,中央编译出版社,2018年,第3页。

而得出鲁迅是具备相当扎实的日语理解能力的结论①。有了基于文本的误译率统计与对比，无疑在可信度上大大提高，我们基本上可以确认，鲁迅不仅是一个合格的译者，而且还是一个语言功底相当不错的译者。在此前提下，对鲁迅活动及其翻译思想的讨论，就可以避免很多争议了。

（2）对鲁迅译文底本来源的考证。鲁迅大部分译文的底本来源并非无从考证，一是作为有翻译规范意识的译者，鲁迅习惯在译文的序跋中留下所据底本信息；二是现有的各类《鲁迅全集》中，编者会以注解的方式对相关篇目的底本信息进行了说明。但这一基础性的工作并非已完全完成，有几个问题还未解决：一是底本信息分散，查证烦琐，缺乏快速有效的索引；二是有些译作鲁迅并没有对底本来源进行交代，来源需要进一步考证；二是有些全集类文集的注释中，存在一些考证错误的问题；三是除了译文本身，鲁迅不少序跋中直接引用了日方的文艺评论，这一部分翻译内容的来源很少有人考证。陈红博士在著作第二章"鲁迅日语源本溯源"、第五章第一节"鲁迅序跋来源考"中着重解决了这几个问题。首先，陈红把鲁迅所有译文底本的详细信息汇集成表（详见该书附录一），大大减轻了其他学者进行进一步研究的工作量，具有相当高的参考价值；同时，对现存的底本信息说明进行了必要的纠正和补足②。特别值得称赞的是，相比依靠已有记述确认底本来源的做法，陈红采取了另一种值得推崇的考证路径，通过"文本对读"考证了鲁迅译文与疑似底本在形式与内容上的异同，进而确认了两篇安特莱芙译作《书籍》和《暮澹的烟霭里》的底本来源③。同样，对鲁迅序跋中的引用文献的考察也采取了汉日对读的方法，不仅确认了大部分序跋中引用文献的出处（见该著附录二），还从译介学的角度讨论了鲁迅引用文献的动机及影响。这给我们进行鲁迅译文底本的相关研究提供了启示：从文本对比的角度切入可以发现不少该领域尚未探索的盲点，鲁迅研究者掌握日语，甚至德语、俄语，对深入研究鲁迅的翻译活动有不容小觑的作用。

（3）对鲁迅不同时期翻译特点的重新思考与定性。若对鲁迅的翻译特点进行大致的描述，那就是早期为"意译"，后转变为"硬译"。研究界一般认为，鲁迅早期属于"意译派"，和晚清的林纾等属于一类④。这种判断的依据，一方面是鲁迅的早期译文《月界旅行》《地底旅行》在文体上沿袭了晚清流行的文言章回体，和"五四"后倡导的白话文确实有所区别；另一方面恐怕和鲁迅的这段自述不无关系："我因为向学科学，所以喜欢科学小说，但年青时自作聪明，不肯直译，回想起来真是悔之已晚。"⑤既然译者本人都有如此感慨，那以此为据把鲁迅的早期翻译归为林纾一派，也是无可厚非。但如果我们

① 陈红：《日语源语视域下的鲁迅翻译研究》，浙江工商大学出版社，2019年，第61—100页。
② 《日语源语视域下的鲁迅翻译研究》，第11—124页。
③ 《日语源语视域下的鲁迅翻译研究》，第124—143页。
④ 王友贵：《翻译家鲁迅》，天津：南开大学出版社，2005年，第7页。
⑤ 鲁迅著，王世家、止庵编：《鲁迅著译编年全集》(16)，人民出版社，2009年，第160页。

对鲁迅的早期译作做更贴近文本的研究,恐怕就会生出更多的讨论空间。如有学者认为,鲁迅所译《月界旅行》的白话文有明显的"欧化"倾向,对其后来的白话文实践产生了重要影响①。显然,这是在细读鲁迅的翻译文本的基础上才能得出的结论。陈红博士的考察则更进一步,通过对鲁迅的译文与原文的对比,考察了鲁译减译、增译的实际情况,认为鲁译在对原文的演绎上是相对谨慎的,得出"不应该把他笼统地归到晚清翻译家行列"②的结论,令人耳目一新。另一方面,陈红对鲁迅广为诟病的"硬译"也进行了探究。长期以来,研究界对鲁迅的"硬译"也多为一种印象式的把握,如同对鲁迅早期翻译活动的定性一样,习惯拿鲁迅"在我,是除了还是这样的硬译之外,只有'束手'这一条路了"③的自我评述来进行定性。然而对从学理的角度讨论鲁迅的"硬译"标准、"硬译"特点的,并不多见④。陈红则努力避开印象式的讨论,从"翻译单位"的角度,把"硬译"的讨论进行了量化——鲁迅的"硬译"是以词汇为单位,还是以句子为单位,抑或以句群为单位? 拿这几把不同的尺子来丈量鲁迅的翻译,"硬译"的概念就可清晰显现出来了。经陈红的论述可知,鲁迅的"硬译"是"以词汇为翻译单位"的硬译⑤,这无疑把原有的映象式的鲁迅"硬译"讨论实现了"实在化",给鲁迅"硬译"研究提供了新的研究方法。可见,适时地把翻译理论研究界的方法与概念引入鲁迅研究领域,对填充鲁迅研究中长期存在的一些模糊空间会有所助益。

(4) 鲁迅翻译思想与日本翻译思潮的关系问题。鲁迅曾在日本留学,其文学观受到日本文学界的影响,已是公论。然而鲁迅的"直译""硬译"翻译观是如何产生的,和当时的日本翻译界有无关联,关注的人寥寥。日本明治时期存在两个著名的翻译家:二叶亭四迷和森田思轩,鲁迅留日期间,二人的影响力甚大,至少从鲁迅的藏书中,可见鲁迅对二叶亭四迷的关注⑥。也有学者关注了二叶亭四迷对鲁迅的影响,但并未涉及鲁迅翻译观的形成⑦。陈红博士在著作的第四章第二节论证了这一非常有吸引力的假设:鲁迅的直译观受到了当时日本翻译界风潮,特别是二叶亭与森田的影响。陈红博士对二叶亭与森田表述自我翻译观的论述进行了大量举例,并比对鲁迅的"保留原作的丰姿""宁信而不顺"等主张进行了论证⑧,具有相当的说服力。从史实上来讲,日本近代以来的翻译走在了我

---

① 宋声泉:《鲁迅早期翻译活动与其新体白话文经验的生成——以〈月界旅行〉为中心》,《首都师范大学学报(社会科学版)》2017 年第 1 期,第 113—123 页。

② 《日语源语视域下的鲁迅翻译研究》,第 161 页。

③ 《鲁迅著译编年全集》(12),第 30 页。

④ 高宁曾从汉日语语序的趋同性出发,探讨了鲁迅直译观的生成基础,颇具启发性。详见高宁《论鲁迅直译观的语学基础》,《山东社会科学》2013 年第 10 期,第 75—81、88 页。

⑤ 《日语源语视域下的鲁迅翻译研究》,第 177 页。

⑥ 鲁迅留日期间曾购买并收藏《二叶亭四迷全集》共三卷。详见王惠敏《鲁迅的日本文学藏书综述》,收录于鲁迅研究室编《鲁迅藏书研究》,中国文联出版公司,1991 年,第 271 页。

⑦ 于九涛曾撰文考察了二叶亭四迷在文学创作选择上对鲁迅的影响。详见于九涛《二叶亭四迷与鲁迅的关系考辨》,《日本学论坛》2003 年第 2 期,第 6—11 页。

⑧ 《日语源语视域下的鲁迅翻译研究》,第 192—215 页。

们的前面,然而我国学界对日本代表性翻译家的翻译思想的研究是相当缺乏的,对西方翻译思想的研究与介绍却相当热衷,为什么会存在如此重要的研究盲点,值得我们深思。

三、线与面:鲁迅翻译研究与中日语言接触

于总体上看,陈红博士的专著有的放矢,直指目前鲁迅翻译研究的薄弱之处,不仅非常务实地通过文本对读完成了庞大的基本信息的搜集、整理、辨别工作,还站在翻译学、对比语言学的角度对文本对读进行了颇有高度的观照,可谓"拿得起放得下",是一部实现了理论与实际有机结合的佳作。诚然,由于鲁迅的翻译活动伴随其一生,译作卷帙浩繁,以一人之力是无法面面俱到的,尚有不少问题点需要进一步挖掘。比如,鲁迅后期把主要精力放在了苏俄文艺理论的翻译上,鲁迅的翻译文体有没有随着时间及翻译对象的改变而出现变化,值得进一步探讨。需要特别强调的是,陈红博士专著的意义还并非仅仅局限在鲁迅研究本身,鲁迅所处的年代是中国语言文字剧烈变化的年代,陈红博士在该著中体现的"日语源语视域"不停地提示我们思考与中国近现代文学的形成进程同样重要的、并行的另一个重大议题:现代汉语形成过程中日语的影响。从鲁迅翻译所涉及的文本来看,日语对现代汉语的影响绝不仅仅局限在词汇范畴,恐怕我们有必要从句式、篇章、修辞等角度来重新考虑日语在现代汉语进程中的作用。换句话说,鲁迅研究是一个牵扯甚多领域的"反馈式"研究,它不仅需要具备文学、语言学、翻译学多学科知识的学者进行跨学科式的探讨,对它的探讨也会相应"反射"到各学科领域,让我们从不同角度、不同视域来审视中国近代以来的文学、文字及翻译概念的生成过程。让我们期待有更多类似于陈红博士专著的优秀论述出现。

[本文系教育部人文社会科学研究一般项目"初期现代汉语'日化'现象研究——以清末近代报刊为考察对象(1898—1911)"(项目号:18YJC740007)阶段性研究成果]

编　后　记

聂友军

　　本辑所收论文,以言历史,上起夏商周三代,下迄当今现实,而尤以关涉明清两季的居多,其中又以对晚清的考察最为集中:以言文学,既有中外诗人、作家的往来酬唱,也有对婚嫁喜歌的分析,还有中国当代作家的日译研究;以言文化,不仅广泛涉及文化的物质层面(玉、茶、瓷等)、精神层面与制度层面,而且也留意分疏东亚各国不同民族的文化特性。本辑论文既有细密的研究史综述,也有直面当下与周边外交的智库报告,而尤以建基于文本细读的扎实的个案研究见长。

　　宋成有先生的文章以文献记载与考古发现相结合的方式,论证了外部因素与强化王权改革的内在需要相结合,共同造就了百济的衣冠制度,多层面地剖析了百济衣冠产生的国际环境、内容与特点、形成原因以及对外影响,指出百济较长时段内作为中国文化向日本列岛传递的重要渠道这一地位。

　　伊藤幸司氏的文章着意关注明日交往中跨国境往来的代表者"被掳人"这一群体,并以两位参与日明外交的被掳人为典型个案,分析被掳人成为通事甚至正使,参与日本对明、对朝外交交涉的情形。

　　聂友军的文章将对文献资料的解读融入对近代中国及中日关系发展变迁的理解之中,借助分析柳原前光使团 1870 年在华交涉的三个面向,从一个侧面丰富了晚清中国社会与中日关系走向近代的历程中若干具有节点意义的细节。

　　陈红从莫言作品的日译着眼,既有广谱的视域和有效的参较对比,也有针对不同译者、译作的具体而微的个案分析,通过彰显日译莫言的独特一面,无疑深化并拓展了既有的莫言研究,相信对莫言的文学和翻译等方面的相关研究大有裨益。

　　本辑作者在个案研究中秉有思想探究的用心和相对自觉的方法论意识尤其令编者印象深刻。在条分缕析地探讨清楚研究对象"是什么""有什么"的同时,分析"怎么样"(既包括以恰当方式揭示研究对象的区别性特征,也包含必要的价值评判),还应在有必要而且可能的情况下,追问"为什么"。思想性的发掘与追问或许正是人文学研究的最大魅力所在。尽管类似研究中的思想探究及其取用的方法未必成熟完善,但我们有理由相信,东亚学的构建和健康发展必然呼唤研究实践与理论思考一体两翼,形势相资,表里相依,齐头并进。